班级管理与心理辅导

主　编　王　晋
副主编　宫火良

河南大学出版社
·郑州·

图书在版编目(CIP)数据

班级管理与心理辅导 / 王晋主编. -- 郑州：河南大学出版社, 2021.6
ISBN 978-7-5649-4745-3

Ⅰ.①班… Ⅱ.①王… Ⅲ.①中学-班级-学校管理 ②中学生-心理辅导 Ⅳ.①G632.421②G444

中国版本图书馆CIP数据核字(2021)第128897号

责任编辑 李亚涛
责任校对 郑　鑫
封面设计 马　龙

出版发行	河南大学出版社
	地址:郑州市郑东新区商务外环中华大厦2401号
	邮编:450046
	电话:0371-86059750(高等教育与职业教育分公司)
	0371-86059701(营销部)
	网址:hupress.henu.edu.cn
排　版	河南大学出版社设计排版部
印　刷	郑州市运通印刷有限公司
版　次	2021年6月第1版
印　次	2021年6月第1次印刷
开　本	787 mm×1092 mm　1/16
印　张	16.5
字　数	391千字
定　价	41.00元

(本书如有印装质量问题,请与河南大学出版社营销部联系调换)

前　言

偶然的际遇，我和班级管理结缘。山西大学侯怀银教授来河南大学参加学术活动，闲聊中侯教授建议我做好两件事情，一件是博士阶段学术志趣的持续研究，另一件是对接教育实践做好班级管理研究。在他的眼里，人文社科的学者脱离鲜活的实践是不行的，关注班级管理既可以为基础教育改革实践做些事情，也可以促成教育理论创新有持续活力。2019年6月，我应东北师范大学于伟教授和张聪博士邀请参加"中国班主任研究"圆桌论坛，并做了《班主任成长的组织支持：本土经验与域外视角》的主题报告。2019年12月，我带着两位研究生参加"2019年班级特色文化建设"论坛暨江苏省教育学会班主任专业委员会第11届年会（常州市第二实验小学），并见到了齐学红教授。南京师范大学的齐学红教授在班级管理领域深耕多年，在全国影响很大。她鼓励我既然选择了远方，就要坚持走下去。根据师范专业认证持续整改的要求，教师教育学院统筹全校教师教育课程建设，班级管理课程正好缺一位课程负责人，时任教师教育学院院长的李永鑫教授鼓励我承担起来。一次次的际遇，可能就是必然了。在做课程建设的时候，我被提名为中国教育学会班主任专业委员会第二届理事会理事。找到组织之后，倍感重任在肩，干劲十足。

教师教育学院考量教师教育课程设置时有两个原则：满足职前教师教育所要达成的毕业要求和教师教育课程的总课时不宜过多。根据《中学教育专业认证标准》中"班级指导"方面的表述："能够在班主任工作实践中，参与德育和心理健康教育等教育活动的组织和指导，获得积极的体验"，研究决定，班级管理和心理辅导两个领域共享两个学分，并委任心理学系的宫火良教授协同参与课程建设。在2020年春节前后，我和宫老师多次沟通课程建设事宜，试图联通两个领域。在王洪席、姚松、孟艳、邢小丽、李惠娟和王丽君等几位博士的大力支持下，课程如愿地开设了起来。李永鑫院长认为教材建设是课程建设的重要一环，时常督促教师教育必修课程的负责人跟进教材建设工作。王萍副院长组织开展了线上课程建设工作，并且将河南省的知名班主任介绍给我。时至今日，这门课程已经开设了三个学期。2021年9月，班级管理与心理辅导课程被遴选为河南大学2021年度校级精品在线开放课程，并推荐参与省级精品在线开放课程的评选。

前言的写法有千百种，以学术生活史的角度来写似乎并不常见。吴康宁教授曾经论述过真问题的判断标准:对社会、对研究者而言都有价值最为理想。明显,这门课程对于师范生培养的意义非同一般,而且我喜欢这门课程,授课团队喜欢这门课程。讲述学术生活史旨在说明喜欢这门课不仅仅是感性的,同时也是理性的。

　　课程学习需要教材,但学习好课程不仅仅需要教材,发自内心想学好这门课程的同学一定能够学好这门课程。真心希望同学们学有所成、知行结合、贡献社会、成就自我。

2021 年 11 月

目 录

第一章 班级管理导论 /1
    第一节 班级与班主任 /1
    第二节 班级管理概述 /12

第二章 班集体建设 /21
    第一节 班级与班集体 /21
    第二节 班集体组建 /27
    第三节 班级日常管理 /37

第三章 班级文化 /45
    第一节 文化、学校文化与班级文化 /45
    第二节 班级文化建设的重要性 /50
    第三节 构建班级文化 /54

第四章 班级活动开展 /66
    第一节 班级活动的概述 /66
    第二节 班级活动的意义与组织开展 /75
    第三节 班级活动的设计与组织实施 /79

第五章 走班制教学及实施 /86
    第一节 推行走班制教学的依据及价值 /86
    第二节 走班制教学的内涵及类型 /89
    第三节 深化走班制教学改革的有效路径 /93

第六章 家校合作的理论与实践 /99
    第一节 家校合作的概述 /99
    第二节 家校合作的理论探索 /106
    第三节 家校合作的实施 /109

第七章 心理健康概述 /119
    第一节 心理健康的含义 /119
    第二节 心理健康的评估 /123

第三节　心理健康的影响因素　/128

第八章　中学生学习心理与应对策略　/134
　　第一节　中学生的学习特点与辅导　/135
　　第二节　中学生的认知特点与学习　/148
　　第三节　中学生常见学习心理问题与辅导　/157

第九章　中学生的情绪特点与情绪调节　/172
　　第一节　中学生的情绪发展特点　/172
　　第二节　中学生的不良情绪及其调节方法　/177

第十章　中学生的问题行为与应对　/191
　　第一节　中学生问题行为概述　/191
　　第二节　问题行为的影响因素　/195
　　第三节　问题行为的预防与应对　/199

第十一章　中学生人格的完善和发展　/214
　　第一节　人格概述　/214
　　第二节　中学生健全人格的培养　/220
　　第三节　中学生人格发展不足与对策　/226

第十二章　中学生自我意识的发展　/233
　　第一节　自我意识概述　/233
　　第二节　中学生自我意识的发展　/237
　　第三节　中学生自我意识偏差及辅导　/240

第十三章　中学生的人际关系　/246
　　第一节　人际关系概述　/246
　　第二节　中学生主要的人际关系　/250
　　第三节　中学生阶段的人际困扰　/254

后记　/258

第一章 班级管理导论

本章包括两部分内容：一部分是班级与班主任，另一部分是班级管理概述。第一节主要帮助大家认识班级的概念，班主任的内涵、基本素养以及班主任工作的内容和方法。第二节主要帮助大家认识班级管理的一般原理和方法、班级管理中的问题及应对策略。

第一节 班级与班主任

一、班级的概念

文艺复兴时期的著名教育家埃拉斯莫斯（Kermit Erasmus）率先正式使用"班级"一词。17世纪捷克教育家夸美纽斯（1592~1670）在《大教学论》中提出了"班级授课制"，对班级进行了论证，奠定了班级的理论基础。夸美纽斯提出把学生组成班级，由一个教师面向班级共同授课。他认为："一个教师同时教几百个学生不仅是可能的，而且也是要紧的；因为，对教师，对学生，这都是一种最有利的制度。"[1]其还阐述了他所主张的班级形态的基本特征。例如，在班级组织上"每组由一个学生去管理，管理的学生又由上一级的去管理"[2]；在学级和学年的安排上"国语学校的一切儿童规定在校度过六年，应该分成六班"[3]；教学方式上"绝对不进行个别教学……而只同时一次去教所有的学生"[4]；对于教室安排"如有可能，每班应有一个教室，以免妨碍其他班次"[5]。到了18世纪、19世纪，班级授课制逐渐成熟，在欧洲被学校广泛采用。

在我国，班级形态始于汉代太学（当时的最高学府），采用的是大班讲课和高年级学生辅导低年级学生相结合的形式。我国学校教育班级组织形式的雏形是1862年清政府

---

[1] 夸美纽斯.大教学论[M].北京：人民教育出版社，1984：139.
[2] 夸美纽斯.大教学论[M].北京：教育科学出版社，1999：125.
[3] 夸美纽斯.大教学论[M].北京：教育科学出版社，1999：216.
[4] 夸美纽斯.大教学论[M].北京：教育科学出版社，1999：125.
[5] 夸美纽斯.大教学论[M].北京：教育科学出版社，1999：216.

在北京开办的"京师同文馆",其采用编班分级授课,成了我国班级教学的引路者。到 20 世纪初,清政府废科举、兴学堂,我国学校的班级形态逐步地普及。

在班级发展过程中,对班级含义出现了许多不同的理解,有学者认为班级是集体指导儿童读、写、算等各项学习的组织形式。[①] 还有学者认为班级是一个社会系统,成员之间具有共同的价值观,彼此间具有相当稳定的复杂互动关系。[②] 龚浩然,黄秀兰指出班级主要是指在学校中,由一群目标一致、组织机构健全、成员相对稳定,并共同接受一定的规章制度约束的分级别的学生所组成的教育教学基本单位。班级作为基本的教育教学单位,有自己的特点:成员具有相似性;组织具有严密性和强制性;活动具有目的性与计划性;班级正式组织生活的有序性;教师具有权威性。[③] 李学农博士认为同一年龄段、发展水平相当的一群学生根据学校的安排固定地聚集在一起,形成了"班";又因"班"处在一定的教育阶段上,这就是"级"。班级是学校为实现一定的教育目的,把处于一定年龄阶段、文化程度大体相同的学生按照一定的人数规模建立起来的基层教育组织。[④]

综上所述,班级是学校为实现一定的教育目的,将年龄相近、知识程度基本相同的学生进行编班分级并共同接受一定的规章制度约束的基本教育单位。班级是学校进行教育和教学活动的基本组织单位,是教师和学生开展活动、进行信息交流的最基本的组织形式。班级是班主任工作的对象,是建立和培养班集体的基础和条件。同时班级也是学生学习成长的主要场所。

二、班主任概述

(一) 班主任的概念

1902 年,清政府颁布的《钦定学堂章程》规定:"学生每班应置教习一人,其教法则每一教习将所认定专教之一班学生按日分门教授。"1904 年,清政府颁布并施行的《奏定学堂章程》中规定,小学各学级设置本科正教员一人,"通教各科目","任教授学生之功课,且掌所属之职务。"由一个教师负责担任一个学级的全部学科或主要学科的教学制度,称为级任教制。1932 年规定中学实行级任制。1938 年又把中学的级任制改为导师制,负责班级组织教育工作的教师称为级任导师(相当于班主任)。20 世纪 30 年代,在中国共产党领导下的解放区,当时办的小学、中学、师范学校和抗日军政大学等每个班级中率先设有班主任。中华人民共和国成立后,曾一度在中小学设级任主任,后又撤销级任主任设班主任。[⑤] 班主任的职务一直沿用至今。

之后有相关的政策和条例对班主任的职责和工做作出明确规定。1978 年的《全日制中学暂行工作条例》(试行草案)中规定学校应当加强对班主任工作的领导,选派政治觉

---

① 鞠延宝.论班级管理[J].上海师范大学学报,1999:28(5):15-16.
② 吴明隆.班级经营与教学新趋势[M].上海:华东师范大学出版社,2006.
③ 龚浩然,黄秀兰.班集体建设与学生个性发展[M].广州:广东教育出版社,1999:112-113.
④ 李学农.班级管理[M].北京:高等教育出版社,2004.
⑤ 顾明远.《教育大辞典》(第一卷)[M].上海:上海教育出版社,1990:233.

悟较高的和较有教学经验的教师担任班主任。1988年,国家教委颁发了《中学班主任工作暂行规定》《小学班主任工作暂行规定》,对中小学班主任的地位、作用、任务、职责、原则、方法、条件、待遇、奖励和领导等,都做了明确扼要的阐述和规定。① 2006年6月,中共中央国务院颁布的《教育部关于进一步加强中小学班主任工作的意见》中指出:"中小学班主任是中小学教师队伍的重要组成部分,是班级工作的组织者、班集体建设的指导者、中小学生健康成长的引领者,是中小学思想道德教育的骨干,是沟通家长和社区的桥梁,是实施素质教育的重要力量。"②2009年8月,教育部又颁布了《中小学班主任工作规定》(以下简称规定),在《规定》中,教育部就学校班主任的"配备与选聘、职责与任务、待遇与权利、培养与培训、考核与奖惩"五个方面做出了明确的规定。③

从班主任的历史沿革来看,可把班主任理解为是指按照学校的要求,全面负责一个班级学生的思想、学习、生活等工作的教师,是班级的组织者、领导者和教育者,是学校办学思想的贯彻者,是联系班级任课教师和学生团队组织的纽带,是沟通学校、家长和社会的桥梁。

(二) 班主任的地位和作用

1. 班主任是班级建设的设计者和领导者

班级是由个性差异的学生群体组成的教育单位,班主任管理的对象是个性差异的学生,因此需要班主任通过大量的工作有计划、有目的组织建设一个班集体。班级建设的设计是指班主任根据学校的整体办学思想,在主客观条件许可的范围内提出的相对理想的班级模式,包括班级建设的目标、实现班级目标的途径、具体方法和工作程序。其中,以班级建设目标的制定最为重要。班级目标的设计主要依据两个方面的因素:一是国家的教育方针政策和学校的培养目标;二是班级群体的现实发展水平。

班主任在班级管理中的领导影响力主要表现在两个方面:一是班主任的权威、地位职权,这方面构成了班主任的职权影响力;二是班主任的个性条件,这方面构成了班主任的个性影响力。良好的班集体不是自发形成的,它依赖于班主任的领导与组织,因此,班主任要善于利用职权影响力和个性影响力来领导和组织班级。

2. 班主任是学生全面发展的引导者

班主任是全面负责一个班级学生的思想、学习、生活等工作的教师,同时也是和学生接触最多的教师,在学生心目中占据特殊的位置,对同学们也有不一般的影响力。班主任身上肩负着培养学生德智体美全面发展且被社会接受的合格公民的历史重任。中小学生也正处在身心发展的重要时期,他们在学校不仅仅需要科学文化知识得到增长,同时还需要不断地认识自己,发挥自己的潜能,培养自身适应社会、独立生活的能力。因此,班主任在班级管理的过程中,不仅要通过教学传授科学文化知识,同时还需要不断丰富教学内容,不断地发掘具有教育价值的教育资源,对学生的道德进行培养。除此之外,班主任还需要观察了解每一个同学,因材施教,善于开发挖掘学生的潜能,促使学生具有更多的发

---

① 方天培、董燮清.班主任工作教程[M].上海:复旦大学出版社,1991:4.
② 教基[2006]13号:《教育部关于进一步加强中小学班主任工作的意见》.
③ 教育部2009年8月颁发,《中小学班主任工作规定》.

展可能性。

3. 班主任是协调人际关系的主导者

交往是人际关系形成和发展的重要途径和手段。学生的人际关系主要包括师生关系、同伴关系、与家长的关系等。研究班级中的交往行为,指导学生形成良好的人际关系,是班主任的重要使命之一。班主任对学生交往的指导主要包括以下几个方面:第一,要把学生作为交往的主体,研究学生交往的需要及其能力的差异性,指导学生正确认识周围的人,懂得如何避免和解决冲突,建立积极的交往关系。第二,设计内容充实、交往频率高的交往结构。第三,在与学生的交往中建立相互间充满信任的关系。同时班主任也是沟通学生与学校、家庭、社会的桥梁。班主任也正是在国家的教育要求以及教育政策、学校的发展要求等指导下来协调各方面对学生成长的影响。

4. 班主任是班级中其他任课教师的辅助者

在我国班级授课制的影响下,我国学校一个班级中有好几位教师任教,这些教师和班主任共同组成了一个教学小团体,共同为这个班级的教育教学工作服务,而班主任在这个小团体中的作用就是为各位老师提供辅助,减轻各位老师教学以外的班级负担,使各位老师相互配合,形成教育合力,提高班级教育教学质量。学校中除了文化知识的学习之外,学校组织及其开展的教育活动对学生的全面发展具有重要的意义,这也就要求班主任把课堂教学与各种教育活动协调一致,以发挥良好的教育作用。

(三)班主任的领导方式

库尔特·勒温(Kurt Lewin)等人把教师的领导方式分为专断型、放任型和民主型。后来,李皮特(Ronald Lippett)等人又将专断型领导方式分为强硬专断型、仁慈专断型。不同的领导方式的特征以及学生的典型反应见表1-1。

表1-1 教师领导方式的类型、特征及学生的典型反应

类型		特征(教师的心理特征及行为表现)	学生的典型反应
专断型	强硬专断型	① 对学生时时严加监视 ② 要求学生立即无条件地接受一切命令——严厉的纪律 ③ 认为表扬可能宠坏学生,所以很少给予表扬 ④ 认为没有教师监督,学生就不可能自觉学习	① 屈服,但一开始就不喜欢甚至厌恶这种教师 ② 推卸责任是常见的事 ③ 易激怒,不愿合作,而且可能会在背后伤人 ④ 教师一离开课堂,学生就明显松垮
	仁慈专断型	① 不认为自己是一个专断横行的人 ② 表扬学生,关心学生 ③ 专断的症结在于他的自信 ④ 以"我"为班级一切工作的标准	① 大部分学生喜欢他,但看穿他这套方法的学生可能会恨他 ② 在各方面都依赖教师,缺乏创造性 ③ 屈从,缺乏个人的发展 ④ 班级工作的量可能是多的,而且质也可能是好的

类型	特征(教师的心理特征及行为表现)	学生的典型反应
放任自流型 (放任型)	① 在和学生打交道中几乎没有什么信心，或认为学生爱怎样就怎样(放任自流型) ② 很难做出决定(放任型) ③ 没有明确的目标 ④ 既不鼓励学生，也不反对学生；既不参加学生的活动，也不提供帮助或方法	① 不仅道德差，而且学习也差 ② 存在"推卸责任""寻找替罪羊""容易激怒"的行为 ③ 没有合作 ④ 谁也不知道该做什么
民主平等型 (民主型)	① 和集体共同制订计划、做出决定 ② 在不损害集体利益的情况下，很乐意给个别学生以帮助、指导 ③ 尽可能鼓励集体的活动 ④ 给予客观的表扬与批评	① 喜欢学习，喜欢同别人尤其是教师一起工作 ② 工作的质和量都很高 ③ 相互鼓励，而且独自承担某些责任 ④ 无论教师在不在课堂，引起问题行为的动机很少

三、班主任应具备的基本素养

江苏省江阴市华士中学赵俊良老师提出了班主任形象的八点要求：(1)率先垂范，给学生以楷模感；(2)理解学生，给学生以亲切感；(3)善于创新，给学生以敏锐感；(4)富于同情，给学生以信任感；(5)豁达坦率，给学生以宽厚感；(6)办事果断，给学生以效率感；(7)谦虚诚恳，给学生以民主感；(8)博学多才，给学生以钦佩感。[①] 这一概括基本反映了一个班主任应该具备的修养。

在《中小学班主任工作规定》中也指出，班主任应具备"作风正派，心理健康，为人师表；热爱学生，善于与学生、学生家长及其他任课教师沟通；爱岗敬业，具有较强的教育引导和组织管理能力"等素养，据此，我们可以将班主任的素养概括为道德素养、知识素养、能力素养、人格素养和身心素养五个方面。

(一) 道德素养

"百年大计，教育为根本；教育发展，教师是关键；教师素质，师德最重要。"这是时任教育部部长周济在2004年全国师德论坛的重要观点。班主任的工作本来就是一种"以人格育人格，以道德育道德"的教育过程。班主任的道德素养主要指的是与班主任工作相关的道德素质，主要包括爱岗敬业、热爱学生、为人师表等。

爱岗敬业是班主任最基本的职业道德，是班主任对待自己的职业时所应具有的道德素养。忠诚于自己所从事的教育事业是教师敬业精神的首要标准，是一个教师必备的、最基本的心态。爱岗敬业就是班主任首先要热爱自己所从事的工作，具备高度的职业自觉

---

① 龚浩然,黄秀兰.班集体建设与学生个性发展[M].广州:广东教育出版社,1999:336.

性和工作主动性,时刻不忘自身的责任。同时懂得创造、欣赏教师职业,感受教师职业快乐积极的生命状态。

热爱学生是班主任面对教育对象时所应具有的道德素养和情怀。热爱学生,就要面向全体学生,尊重关心每一位学生,平等民主地对待每一位学生,不能歧视任何一个学生,哪怕是有的学生有生理或心理的缺陷。

为人师表是班主任自身应具有的道德素养。班主任的劳动具有很强的示范性,他的一言一行都会对学生产生潜移默化的影响,因此,班主任必须重视自身的身教影响,班主任要作风正派、为人师表,具有良好的道德品质和行为习惯;教育学生守法,自己就要带头遵纪守法。现代班主任要模范遵守社会公德,严于律己,作风正派,以身作则,注重身教,要经常认真地运用自省、自勉的方式预防和克服各种不良的思想和行为。

(二)知识素养

班主任首先也是一名教师,因此要具备精深的学科专业知识素养。专业的学科知识素养对于树立班主任在学生心中的崇高威信具有十分重要的作用,专业知识是班主任自身专业素养的基础。"教师的专业知识底蕴厚实,课堂教学能力才能达到高屋建瓴、游刃有余的境地,这是教师深入浅出地向学生传授知识的基本条件。教师的学科知识造诣深,就能做到对教材融会贯通,就能针对学生的知识状况,从实际出发,重新组织好教材、写好教案,做到有效地传授知识。"①因此教师要不断地加强自身的专业学科知识素养,同时还要扩展自身的知识视野,广泛涉及其他学科的知识。

强化自身教育理论知识的学习。班主任是一种具有特殊性的教师,他不仅面对的教育对象是全体学生,他所要处理的事务也是学生的一切事务。因此,这也决定了班主任所从事的教育活动是复杂的。班主任不能仅依靠直接的经验从事教育工作,必须掌握丰富的教育科学理论知识。安东·马卡连柯(Makarenko)深有体会地说:"我非常尊重教育理论,离开教育理论,我是不能工作下去的,我很喜爱教育理论。"②班主任只有系统地掌握教育学、心理学、教育心理学等教育理论知识,才能把握学生身心发展的年龄特征,根据教育规律实施班级教育工作。

丰富自身的实践性知识。班主任的实践性知识是其在教育教学和班级管理实践中所形成和运用的知识。教师实践性知识是在长期的教学实践中不断反思获得的实践性知识。班主任独特的实践知识是班主任实现专业发展的重要保障。这需要在教学实践中保持在"行动中反思"和"行动后反思"的观念,不断地扩展自身的教育实践性知识。

(三)能力素养

班主任的能力素养是其在教育教学的实践活动中形成的工作实践能力,是班主任专业发展的外在表现。其主要包括教师的组织能力、表达能力、协调能力、敏锐的洞察能力、反思能力等。

组织能力。这项能力对班主任来说尤为重要。班主任面对几十名学生,而这些学生在各个方面都存在着很大差异,要让大家团结一致、齐心协力,没有班主任所表现出来的

---

① 李大键.新课程背景下中小学教师应具备的素质结构[J].继续教育研究,2004(2).
② 马卡连柯著,吴式颖等编.马卡连柯教育文集(上卷)[M].北京:人民教育出版社,1985:227.

非凡组织能力是不可想象的。班主任的组织能力主要表现在对班级工作的组织与管理方面。

表达能力。其主要是指班主任在教育过程中能清晰、生动而又有说服力地向学生表达自己的思想,以此教育和影响学生的能力,它包括语言表达能力和非语言表达能力。这都需要注意表达艺术,与学生谈心时要循循善诱、和蔼可亲,使学生心悦诚服。表扬学生时要注意恰如其分,同样,批评学生更应因人而异。

协调能力。协调能力是指班主任在其工作中与各方面的交往和协调的能力。班主任要负起协调各种教育力量的责任,其中包括与班级中其他任课教师的配合,以谦虚、友好、协商、探讨的姿态协同解决课程问题,争取家长等社会各界力量的支持与关心,协调学生干部与群众的关系、各种组织的关系,以及学生集体与成人等各方面的关系,为学生创造一个良好的发展环境。

敏锐的观察能力。俄国教育家乌申斯基曾说"想从一切方面教育人,就必须从一切方面了解人"。班主任要善于观察了解学生的需要,调动学生的主动性和积极性,不仅勤于观察,而且目光敏锐,能从学生的一举一动、一言一行,甚至极微小的情绪变化上,感知学生的思想和心理状态,及时采取针对性教育和防范措施。

反思能力。教师的反思能力是教师着眼于自己的教育教学活动来审视、分析和评价已经做出的某种教育教学行为及其结果,并设计、决策和改善未来教育教学行为及其结果的能力。[①] 对班主任来说,教育实践经验固然重要,但是一味地实践而没有反思就不能成为专家型班主任,只有对教育实践进行反思才能提高班主任的专业能力。班主任要经常反思自己的教育观念,不断反思自己的教育言行和教育方法,切实做到为了学生的全面发展。

(四) 人格素养

俄罗斯教育家乌申斯基说:"教育者的人格是教育事业的一切。"[②]班主任工作也是一种以人格育人格,以心灵浇灌心灵的职业,这一特殊职业决定了班主任人格的重要性。要促进学生健康人格的形成,班主任首先要有高的人格素养,要有乐观开朗的性格、坦荡宽广的胸怀、积极进取的精神、正确的角色认知、饱满的工作热情、融洽的人际关系、较强的自我调控能力以及创新精神,要有善于接受新事物的能力和勇于面对挫折的勇气。良好的人格素养,是班主任成为人师的最重要的心理基础。

(五) 身心素养

健康的身体是班主任从事教学工作的基础和保障。班主任应该具备积极锻炼的意识,在工作中做到劳逸结合,注意放松自己,经常进行体育锻炼。

班主任的心理素质不仅直接影响着管理的效果,还影响着学生的发展。班主任健康的心理素质应包括以下内容:① 广泛的兴趣;② 积极的情绪;③ 乐观的态度;④ 坚强的意志。班主任要重视自身心理的保健工作,善于自我心理调节,保持良好的心态。

---

① 刘志军.教育学[M].北京:高等教育出版社,2011:105.
② 张承芬等.教师心理[M].济南:山东教育出版社,1984:6.

[案例]

学生喜欢什么样的班主任?

什么样的班主任在学生眼中才是好班主任?让我们换个视角,看看一群六年级小学生是怎样评价班主任的——

1. 工作负责,关心、体贴学生。
2. 对待学生亲切、温和,很少发脾气,极少体罚学生。
3. 尊重学生,处理问题公平、公正。
4. 带领学生参加实践活动,班级活动丰富多彩。
5. 所带班级班风正、学风浓,富有朝气。

资料来源:中国教育报,2007-01-22.

四、班主任工作的内容与方法

班主任是教师队伍中的一部分,班主任工作的内容非常多,与教师的工作内容相比,它有共性,但也有个性。

班主任工作的内容主要有:了解和研究学生、组织和培养班集体、进行个别教育工作、协调各种教育力量、做好班主任工作计划与总结等。

(一)了解和研究学生

了解和研究学生是班主任工作的前提和基础,同时也是班主任做好班级管理工作的先决条件。

1. 了解和研究学生的内容

(1)了解和研究学生个人情况。具体包括以下内容:思想品德状况、集体观念、劳动态度、人际关系、日常行为习惯;思维特点、智力水平;体质健康状况、个人卫生习惯;课外与校外活动情况;兴趣、爱好、性格等。另外,还有学生个人的个性特点、个体的家庭情况等。

(2)了解和研究学生的集体关系。具体包括以下内容:班级风气、舆论倾向、班集体的发展情况、班干部状况、班级传统作风、同学之间的关系等。另外,还有处于特定年龄阶段学生群体的心理特点。

(3)了解和研究学生的学习和生活环境。具体包括以下内容:了解学生的家庭类型、家庭物质生活与精神生活、家长的职业、思想品德和文化修养、学生在家庭中的地位、家长对学生的态度等。

2. 了解和研究学生的主要方法

观察法是了解学生最常用的方法之一,即在自然状态下,班主任有目的、有计划地对学生的各种行为表现进行观察的方法。

谈话法,即班主任有目的、有计划地通过与学生面对面谈话以深入了解学生情况的基本方法,具有灵活、方便、容易了解事情细节、有利于感情沟通等特点。

调查访问法,即班主任通过向学生本人或知情者采用访问、开调查会和座谈会等形式,从侧面间接地了解学生的方法。调查法包括问卷法、座谈法等。

分析书面材料法,即班主任借助学生的成长档案、成绩表、作业等书面材料对学生进行了解的方法。

3. 建立学生档案

班主任在全面了解学生的基础上,对掌握的材料进行分析处理,并将整理结果分类存放,即建立学生的档案。建立学生档案一般分四个环节:收集—整理—鉴定—保管。

(二) 组织和培养班集体

班主任的教育对象是学生集体,班主任又是全面负责一个班级学生的思想、学习、生活等工作的教师,因此,组织和培养班集体是班主任工作的中心环节。

1. 帮助学生确立共同的奋斗目标

学生集体具有共同的奋斗目标是班集体形成的主要标志。这个共同的奋斗目标应在班级建设的过程中起着导向、激励的作用。这个共同奋斗的目标要适合本班学生的年龄特征和班级具体情况。一般由全体师生共同确立,应先易后难,循序渐进,逐步提高。同时目标既要有可行性又要富有挑战性。

2. 培养班干部和积极分子

班级在建设的过程中需要有坚强的领导核心,严密的组织纪律。而在这个班级团体中除了教师,学生也应该积极地参与到班级建设的过程之中,班干部和积极分子就应运而生。班主任应当在充分了解全班学生情况的基础上,在各项活动中发现和培养积极分子,选拔各方面发展较好、关心集体、在同学中有一定威信、能起模范带头作用、具有一定工作能力的学生来担任班干部。同时要对他们严格要求,支持他们的工作,使他们的能力通过工作锻炼得到提高。除此之外,班主任也要随时发挥其敏锐的观察力,注意发现和培养新的班干部和积极分子,使更多的同学增强自信心,参与班级建设的过程。

3. 营造良好的班级环境

班级环境建设不仅包括班级物质文化环境建设,同时还包括班级精神文化环境建设。班级物质文化环境主要体现在班级的布置上面。考虑到学生的特点,一般要简洁,高雅。还可设置图书角、英语角等学习场地,打造良好的班级学习环境。同时还可以组织学生建设班级绿化工程,不仅调节教室气氛,还美化环境。

班级精神文化环境建设主要体现在班级凝聚力、班风、集体舆论和人际关系方面。其中班级舆论需正确引导。正确舆论的树立与否,是衡量班集体是否形成的重要标志之一。正确的舆论是在各种活动中逐步形成的。班主任要通过组织和指导学生的各种活动来树立正确的集体舆论。

4. 组织开展多样的班级活动

班级活动的开展是一个好的班集体建设的重要途径之一,班级集体活动可以使学生的主体地位得到发挥,促进班级集体人际关系更进一步发展,有利于建立良好的班风,增强班级凝聚力。同时也有利于培养学生形成良好的思想品德,促进学生人格的健全发展。班级教学活动占时比较长,但它的意义重大,班级活动通常进行的形式有主题班会,比较单一乏味。因此班主任可以丰富班级活动形式和内容,提高班级活动的水平和质量。

(三) 进行个别教育工作

班主任做好个别教育工作,包括做好先进生的教育工作、中等生的教育工作和后进生的教育工作,并且要与集体教育结合起来。

1. 先进生工作

在一个班级中,思想好、学习好、纪律好、劳动好、身体好的学生一般被称作先进生。先进生一般在同学中具有威信,因此做好先进生培养工作对班级建设具有重要的作用。他们一般自尊好强,充满自信;有强烈的荣誉感;有较强的超群愿望与竞争意识等心理特点。对于先进生的教育,班主任应注意以下几点:既要严格要求,防止自满;又要不断激励,帮助其战胜挫折;消除嫉妒,公平竞争;发挥其自身的优势,带动全班进步。

2. 中等生工作

中等生又称"一般学生"或"中间生",是指在班级中各方面都表现平平的学生。中等生分为三类:第一类是思想觉悟较高、想干而又干不好的学生;第二类是甘居中游的学生;第三类是学习成绩不稳定的学生。中等生有两个共同特点:一是信心不足,二是表现欲不强。这种学生在班级中占据多数,因此抓好中等生的培养工作对于提高学校教育质量具有重要意义。那么对于中等生的教育,班主任应注意如下几点:首先要重视对中等生的教育;其次根据中等生的差异性特点,有的放矢地进行个别教育;最后给中等生创造充分展示自己才能的机会,增强他们的自信心,促使他们向先进生转化。

3. 后进生工作

后进生通常指那些学业方面表现不佳或者有不良品行的学生。后进生一般具有如下心理特征:不适度的自尊心;学习动机不强;意志力薄弱;是非观念模糊。后进生工作在班主任的个别教育工作中处于首要地位。对于后进生的教育班主任应注意如下几点:首先要关心爱护后进生,尊重其人格;其次要培养和激发其学习动机和兴趣;同时要树立其学习的榜样,增强是非观念;再次则根据后进生个别差异,因材施教;最后要善于发掘后进生身上的"闪光点",增强其自信心和集体荣誉感。

(四)协调各种教育力量

班级建设工作是由多方面的教育力量合力进行的。它不仅包括学校内部各教育因素的力量,如各班级任课教师。同时还包括学生的家庭力量,还有社会力量。班主任协调校内外各种因素的影响需做到以下几个方面。

协调学校内部各种教育因素之间的关系:① 协调与科任教师之间的关系。班主任要协同科任教师形成统一的教育要求;协调科任教师之间的人际关系;协调科任教师与学生的关系。② 协调与学校各级领导之间的关系。③ 指导和协助共青团工作。

协调学校教育与家庭教育之间的关系:班主任做好家访、开好家长会、及时与家长联系等。同时帮助家长树立正确的家庭教育观念,指导家长采取科学的教育方法以及建立平等的亲子关系等。

协调学校教育与社会教育之间的关系:① 发挥客观环境的教育作用来影响学生。② 利用社会信息教育影响学生。③ 利用社会教育机构教育影响学生。④ 利用社区中的人才和教育基地教育影响学生。

(五)做好班主任工作计划与总结

班主任工作计划一般分为学期计划、月或周计划以及具体的活动计划。学期计划比较完整,一般包括三大部分:① 基本情况;② 班级工作的内容、要求和措施,这部分是整个计划的中心、主干;③ 本学期主要活动与安排。

班主任工作总结,是对整个班主任工作过程、状况和结果做出全面的、恰如其分的评估,进行质的评议和量的估计。班主任工作总结一般分为两类:全面总结和专题总结,总结工作一般在学期学年末进行。做好总结应注意两点:一是平时注意对班主任工作资料的积累,二是注意做阶段小结。

[案例]

大扫除中尝试培养学生组织能力

在班级集体活动中,学生总要有分工合作,这种尝试可以培养学生的组织能力。可是我们常常不敢真正地放手让学生尝试,隐隐担心:他们还只是小学生呢,培养组织能力从何谈起?可是我的班级管理新尝试实践却证明:教师不尝试放手,就不知道尝试教育的机会在哪里;真正放手让学生尝试,他们会给你意想不到的成长。

我校规定每周二、周四下午搞卫生大扫除,可是对于二年级的娃娃来说,他们连扫地都不太会,真的能自己组织好大扫除吗?开始的时候我不放心,亲力亲为把全班分成了3个大组,每组选出6个小班长,事无巨细地对小班长进行培训,指导他们合理安排劳动人员:4人提水,4人搬桌凳,4人扫地,4人拖地,2人擦瓷砖和窗户。我渐渐放手,发现小班长们不仅干得很好,而且在尝试中进一步总结了组织分工的经验。他们向我提出:提水人员尽量安排高大、有力气的男生;干活仔细的女生擦瓷砖和窗户;搬桌子需要合作,因此4人要分为两个小组,等等。这些组织细节都是孩子们从尝试中亲自得来的,有些甚至是我意想不到的。我听取了学生们的宝贵意见,下一次大扫除的时候就让他们放手去做。果然,这样分工更合理,学生干扫起来也更有干劲。现在,18个小班长已经能够独立地、自觉地组织学生保质保量地完成我们班的大扫除工作。在劳动中,一大批小班长的组织能力得到了锻炼。下学年,我打算让更多学生轮换着当小班长,更加放手去培养他们的组织能力。

资料来源:李光琼.班级管理新尝试[J].人民教育.2014(15):40-41.

双向选择同桌,互帮互助,争做"荣誉桌"

对于大孩子来说,班主任管得太紧,学生有抵触,老反抗;管得太松,班级的纪律又太差。班级管理是个讲求平衡的哲学,要想做到适度,就要发挥孩子自己的主观能动性,让他们自己管理自己。

根据六年级孩子的心理和年龄特点,孩子们正处于青春过渡期。这个时期的孩子开始有自己的小心思。我大胆尝试,打破传统的男女生同座的排位法,让同桌进行双向选择,可以女生和女生一个座位,男生和男生一个座位,前提是同桌的两个孩子必须互帮互助,共同进步,争当"荣誉桌"。荣誉桌制度是一周一评,凡在纪律、卫生、上课发言积极性、作业等方面做得好的孩子即可入座荣誉桌。荣誉桌的位置是班级孩子认为最好的位置,荣誉桌的外观是漂亮整洁的(由老师布置)。这样一来,虽然是男生和男生、女生和女生坐一桌,但说话的同学少了,共同努力学习的多了;打闹的同学少了,愉快的同学多了。想想看,和自己喜欢的同学同桌,还能相互比赛学习,谁又能不心情愉快呢?

这学期,结合孩子们好胜的心理,我把班级的量化评比定名为"龙飞凤舞",寓意是让男生和女生在纪律、卫生、学习等各方面互相比赛,互相竞争,达到你追我赶,你强我不弱的目的。这半个学期,尤其是男孩子,思想波动比较大,所以需要为他们树立一个目标,让他们有不断前行的动力。现在看来,孩子们的精神劲头还不错,希望通过这项活动真正让"龙凤"舞出新风采!

资料来源:中国教育报,2014-09-05。

第二节 班级管理概述

一、班级管理的一般原理与方法

(一)班级管理的概念

班级管理首先源于班级的产生,夸美纽斯在他的著作《大教学论》中,首次提出"班级授课制",在班级组织发展的过程中,其实班级管理也在慢慢萌芽。一般来说,班级管理是以班级为载体,解决班级问题的教育管理。就目前来讲,对班级管理的认识和研究是较为系统的,许多学者提出了自己的见解。我国教育管理学专家贺乐凡将班级管理定义为:"学校管理者通过班主任的领导和学生的积极参与,把班级的全体同学组成有共同正确目标,有严肃的组织,有正确的舆论,有经常的活动交往,有旺盛的士气的集体,并使班集体成为教育、管理的主体的管理活动。"[1]劳凯声认为:"班级管理包括学校领导对班级的管理,又包括班主任对班级的管理,还包括学生的自我管理,班主任对班级的管理是指班主任按照教育目标和学校教育计划的要求,对班级进行组织、指导、协调、控制,建立和发展班集体以全面实现班级管理的目标。"[2]鲁洁从两个层面上来阐述对班级管理的理解:"学校领导对班级的管理(班级外部管理)和班主任对班级的管理(班级内部管理)"。前者包括班级编制、委任班主任及开展各种以班级为单位的活动等。后者则是"班主任按照学校计划和教育目标的要求,充分利用和调动学生以及班级内外的力量,进行班级教育任务的组织、指导、协调、控制等各种活动。"[3]白铭欣提出:"班级管理是班主任按照一定的要求和原则,采取适当的方法,建构良好的班级集体,为实现共同目标不断进行调整和协调的综合性活动,是班主任对所带班级的学生的思想品德、学习、生活、劳动、课外活动等多项工作的管理教育的活动。"[4]这些研究和论述对于我们理解班级管理的内涵有一定的借鉴意义。我国台湾地区的朱文雄认为:"班级经营是教师在施教历程中,为了达成班级教育目标,使教育活动能顺利进行,运用有效方法,处理班级中的人、事、物,以培养学生内在的自我控制、自治自律、人格发展、气质塑铸、心智发展、良好习惯和班级秩序等。"

---

[1] 贺乐凡.学校管理研究[M].北京:文化艺术出版社,1993:126.
[2] 劳凯声.班主任工作实用全书[M].北京:开明出版社,2000:218.
[3] 鲁洁.教育学[M].南京:河海大学出版社,1990:276-277.
[4] 白铭欣.班级管理论[M].天津:天津教育出版社,2000:19.

国外有关班级管理的研究对班级管理定义的论述中,较有代表性的主要有以下几种:美国学者詹森(L.V.Johnson)等人认为:"班级管理是建立和维持班级团体,以达成教育目标的历程。"美国学者艾默(E.T.Emmer)则将班级管理视为:"教师一连串的行为和活动,主要在培养学生班级活动的参与感与合作性,其范围包括了安排物理环境、建立和维持班级秩序、督导学生进步情形、处理学生偏差行为、培养学生工作责任感及引导学生学习。"古德(C.V.Good)则将班级管理定义为:"为处理或指导班级活动所特别涉及的问题,如纪律、民主方式、补充和参考资料的使用与保管、教室的物理特色、一般班务处理及学生社会关系。"①

从以上对班级管理的各种定义来看,我国学者在班级管理中,较重视班主任的作用,强调班主任在班级管理中的管理与领导作用。而国外关于班级管理的研究中,强调管理的服务功能,如为学生的学习及其他活动提供良好的环境及秩序保障等。综合以上文献,将班级管理定义为:班主任、任课教师、学生等与班级有关的人员根据一定的目的要求共同处理班级事务,在民主协商的基础上,通过计划、组织、协调和控制等手段,对班级中的各种资源(人、财、物、时间、空间、信息)进行一系列管理的活动。这一活动的根本目的是实现教育目标,为学生提供良好的学习环境与条件,使学生主动、全面、个性化发展。

(二) 班级管理的功能

1. 有助于教学目标的达成,提高学习效率

班级组织产生的根本原因是为了更有效地实施教学活动,因此,运用教学技术手段来精心设计各种不同的教学活动,以及组织、安排协调各种不同类型学生的学习活动,是班级管理的主要功能。班级管理实施的实质是建立良好的班集体,营造更好的班级氛围,为教育教学活动提供有力的支持。

2. 有助于维持班级秩序,形成良好的班风

班级是学生交往的主要场所,是学生群体活动的基础。因此,调动班级成员参与班级管理的积极性,共同建立良好的班级秩序和健康的班级风气,是班级管理的基本功能。

3. 有助于锻炼学生能力,让学生学会自治自理

班级管理的过程不仅仅是班主任及其教师实施管理的过程,同时也是作为"学生管理者"的学生管理的过程。其重要功能不仅是教师帮助学生成为学习自主、生活自理、工作自治的人,同时也要帮助学生进行社会角色的学习,获得认识社会、适应社会的能力,这对学生的人格成长具有极其重要的促进作用。

(三) 班级管理的内容

1. 班级组织的建设

班级组织建设是班级管理最根本的任务。其目标是把随机的学生群体,逐步建设成为一个发展目标明确、组织机构健全、行为规范有序、有凝聚力的班集体。只有班级组织建设好才能使班级稳定发展。班级组织建设主要包括班级组织机构和班级组织规范体系的建立。其中班级组织机构分为班委会制度、值周班长制、建立各种类型的小组、班级学生会议制度;班级组织规范体系的建立包括班级组织制度行为规范、集体舆论和班风。班

---

① 周杰.班主任与班级管理[D].上海:上海师范大学.2011.

级组织建设的首要原则是有利于教育。

2. 班级日常管理

班级日常管理就是教师为达成班级管理的目标,将个人的意志想法同班级组织的要求结合起来,规范学生的行为,促进班级的有序运行。班级日常管理的内容包括思想管理、纪律管理、学习常规管理等内容。思想管理是指对学生的基本思想进行引导、教育和规范。纪律管理是班级常规管理中最重要的内容。学习常规管理包括对学生学习态度的管理及教育和学习活动的常规管理。

3. 班级活动的管理

班级活动管理是指班级管理者设计、组织、开展各种各样的教育性班级活动,其目的是实现班级的目标。班级活动是学校教育活动的重要组成部分,不仅是班级教育的重要形式,同时也是发展学生素质的基本途径。班级的教育管理是通过各种活动实现的,组织开展相关活动是班级管理的重要内容。

4. 班级教育力量的管理

班级的主要管理者是班主任。班级教育力量的管理主要是指班主任对影响班级发展的各种教育力量的协调,班主任在班级治理的过程中,学校、家庭、社会各种教育力量有机结合,形成一个多维结构的教育整体网络,各种教育力量齐抓共治,形成合力。班主任在协调和统一各种教育力量中起着桥梁和纽带的作用。

(四) 班级管理的模式

1. 常规管理

常规管理是指为使班级学生达成统一的行为规范,通过制定和执行成文的规章制度以及不成文的集体舆论管理班级的经常性活动。班级常规管理是建立良好班集体的基本要素。

班级常规管理是一项创造性非常强的育人活动,需要班主任和相关教师在工作中努力探索,不断实践。班主任及时协调跟班老师和各科任老师,加强班级学生的教育和管理;搞好班干部的培养和使用,加强班风和学风建设;勤跟班,了解学生的学习情况,关注学生的思想动态;组织班级学生积极地参加学校的各项活动。

2. 平行管理

平行管理是指班主任通过对集体的管理去间接影响个人,又通过对个人的直接管理去影响集体,从而把对集体和个人的管理结合起来的管理方式。班级平行管理的理论源于马卡连柯的"平行影响"的教育思想。马卡连柯认为,教师要影响个别学生,首先要影响学生所在的班级,然后通过学生集体与教师一起去影响个别学生,这样就会产生巨大的教育力量。

3. 民主管理

民主管理是指班主任及教师在班级管理的过程中引领班级成员服从集体的正确决定和承担责任的前提下,主动积极参与班级管理的一种管理方法。班级民主管理的实质是班主任在班级管理的过程中,调动学生自我教育的力量,使每名学生都积极主动地参与班级事务。可建立健全班级规章制度,依"法"治班。实行班委会的定期民主选举和班干部轮换制。设立"值日班长"和"值周班委"。

4. 目标管理

目标管理是以美国泰勒的科学管理方法和行为科学理论为基础形成的一种管理方法。它是一套有系统、有计划并加以执行的目标管理制度,包括目标管理的规划和推动,目标的制定、沟通、追踪、修正、评估和目标绩效奖罚等内容,以一套科学的方法,来提高组织管理效率,确保自治的稳定运营。

班级目标管理是指班主任与学生共同确定班级总体目标,然后转化为小组目标和个人目标,使其与班级总体目标融为一体形成目标体系,以此推动班级管理活动实现班级目标的管理方法。

(五) 班级管理的原则

班级管理原则是班级管理者组织全班学生,参与学习、劳动、文体、社交等多项教育与管理活动,有效实现班级管理目标的指导思想和行动准则。这是对班主任及任课教师组织班级活动、处理班级事务的基本要求。

1. 方向性原则

管理是一种有目的的活动,管理工作必然有方向。任何管理都是为了实现一定的管理目标,管理目标是管理活动的前提,管理目标体现管理的方向。班级管理的方向不是完全由班级自身决定的,而是由一定的生产力发展水平与生产关系发展状况,同时也由特定历史时期的政治、经济与文化等方面所决定。坚持班级管理的方向性原则,是班级管理的首要原则,方向性原则就是指班级管理工作必须坚持正确的方向,用正确的思想引导学生。这是班级工作受社会政治经济制约的客观规律的反映,也是我国社会主义教育的性质、目的、任务及其特点所决定的。

2. 全面管理原则

班级管理是班级管理者面向学生全体的管理活动。班级管理要面向全体的学生,在班级管理过程中教师要引导学生全体参与、全程参与。在班级管理的内容上也要注重管理内容的全面性。班级管理与一般管理活动相比有其独特性,它要实现全体学生德、智、体、美、劳全面发展的教育目标。因此,学生管理必须面向全体,从整体着眼。

3. 自主参与原则

自主参与原则是指学生是班级的主人,是班级管理的主体。"把班级还给学生"是让学生真正意识到自己的主体地位,担负起班级管理和发展的主要责任。班级是学生自主管理的场所,让每一个学生都参与班级的管理,要从每一个学生的实情出发,放手让学生开展活动,最大限度地发挥他们的主动性、积极性和创造性,引导他们主动参与班级管理。学生自主意识较强,他们是班级的被管理者,也是管理者,一旦他们真正参与管理,班级管理效率将成倍提高,班级的发展将获得强大的原动力。

贯彻自主参与原则时要注意增强民主意识,切实保障学生主人翁的地位和权利。教师必须及时采纳学生的正确意见,接受学生的监督。发展和完善学生的各种组织,逐步扩大班委会等组织的权限。努力创造一种民主气氛,为学生行使民主权利提供机会,创造条件。充分调动学生参与班级管理的积极性和自觉性,要把加强对学生的管理与自我管理结合起来。

4. 教管结合原则

教管结合原则是指辩证地统一地看待班级的教育工作和班级的管理工作。具体地说，即班级管理者对学生既要坚持正面引导，耐心教育，又要有必要的规章制度要求学生约束其行为，实行严格的教育管理。只有这样，才能获得教育的实际效果。

贯彻这一原则，管理者首先要用科学的道理和正面的事例，对学生进行启发诱导，调动其接受教育的内部动力，使他们在思想、品德、学业、生活等方面沿着正确的方向发展。其次，管理者要引导学生制定必要的规章制度，并认真执行，经常检查，及时总结，进行评比。

5. 发展性原则

班级自主管理要尊重学生差异，承认学生具有发展的潜力，让每一个学生都能实现在原有基础上的发展。基础教育的个体的"潜在性"和"差异性"决定了教育的长期性和发展性。发展性原则是指教师要以发展的眼光看待学生，不仅要善于发现学生身上出现的问题，更要把握学生的过去，很好地预测学生将来可能出现的问题。

贯彻发展性原则。首先，教师一定要关注学生的发展潜力，创造一切机会开发学生的发展潜能。其次要承认不同学生之间发展的差异。最后，要善于设立适宜的班级目标激励班级成员，引导学生积极自主地制定班级的远、中、近的努力目标以及小组、个人目标，发现和激发学生的"最近发展区"。

6. 平行管理原则

所谓平行管理原则，是指管理者既通过对集体的管理去间接地影响个人，又通过对个人的直接影响去影响集体，从而把对集体和个人的管理结合起来，以收到更好的管理效果。

坚持平行管理原则应遵循如下要求：第一要组织、建立好的班集体。第二，要善于发挥班集体的教育作用。第三，要加强个别教育。

[案例]

民主公开竞选班委，给更多的孩子展示自我的机会

以前班委都是老师指定，限定了一部分孩子的能力，比如有的孩子虽然学习不好，但管理能力不差，完全可以做好卫生或文明监督的工作。所以，这学期，为了全面锻炼孩子们的能力，新学期的第一次班会我们就以"毛遂自荐做班委"为主题，先让孩子选出自己最感兴趣、最有能力做好的职位，并在这个职位下面写上自己的名字，然后再民主选举，最后是选中班委进行任职演讲。这一次班委竞选，的确起到了良好的作用，一是选中的班委孩子们信服；二是这些孩子选中的职位都是自己有能力做好又感兴趣的，所以，班级工作在这次班委竞选之后，很快走向了正轨。

资料来源：中国教育报，2014-09-05.

（六）班级管理的方法

1. 调查研究法

调查研究法是班级教育管理者有目的、有计划、有系统地搜集学生的相关资料，了解班级学生和班级整体情况，把握班级特点，解决班级教育管理问题的方法。

调查研究的内容包括了解学生个体和班级整体的情况。学生个体情况包括个体的思想品德、学习兴趣、学业成绩、学习方法、兴趣爱好、个性特点、人际交往、家庭情况等。班级整体情况包括班级舆论、班风、班级群体及其核心人物、班干部情况等。调查研究法一般可以通过访问、开座谈会、问卷等具体方式。

2. 目标管理法

目标管理法是班级教育管理者和班级学生根据社会发展要求、学校任务和班级实际情况，共同规划班级或个体在一定时间内要达到的目标，并将目标分解成一定的层次，逐级落实，通过采取一定的措施，努力使目标实现的一种管理方法。

实行目标管理，必须尽可能对班级总目标进行科学的分解，形成班级目标体系并落实到小组、学生个人身上，使每个小组、每个学生明确各自的努力方向，从而提高班级教育管理的实效。在目标的检查反馈中，管理者要引导学生对照个人和班级目标，检查目标实施的情况，并根据反馈信息对目标进行必要的调整，以保证目标的实现。同时要根据学生对目标的实施情况，对学生加以指导，促使学生及时调节自己的行为，尽自己最大的努力实现目标。

3. 情境感染法

情境感染法是班级教育管理者利用或创设各种教育情境，以境育情，使学生在情感上受到感染的方法。

班级教育管理者要从班级的教育要求出发，把教育情境设置和教育目标结合起来，形成最佳的教育契机，将学生置身于典型的、目的明确的情境之中，通过亲身的感受，激起丰富真切的情感体验，并在学生间互相感染，使全班学生形成情感的共鸣，从而达到学生情感体验与外部教育情境的和谐一致。

4. 规范制约法

规范制约法是用规范、制度等约束学生行为，促使学生逐步形成良好行为习惯的方法。

班级规范的内容一般包括两个方面。一是学生在学习、生活中应该遵守的准则，具体可以包括课堂规范、作业规范、出操规范、卫生规范、劳动规范、就餐规范、宿舍规范等。二是执行或违反规范的奖惩规定。

在运用规范制约法时，要注意以下几点：第一，引导学生共同制定班规，从而使班规得到更好的认同。第二，注意加强指导和监督，防止规范软化现象。第三，适当运用奖惩手段，优化规范的运用效果。第四，教师要起榜样作用。

5. 舆论影响法

舆论影响法是班级教育管理者通过健康向上的集体舆论，形成积极的、浓厚的班级学习、生活的环境氛围，从而对身处其中的每个学生产生潜移默化的影响的方法。健康的班级舆论是良好班集体形成的重要标志之一。

班级教育管理者在日常的教育教学和生活中，要善于根据教育要求、班级规范引导学生对好的言谈举止给予表扬奖励，对不良的言谈举止给予批评谴责，在班级中形成一种正确的舆论氛围。

6. 心理疏导法

心理疏导法是班级教育管理者运用心理学知识和方法，对学生给予辅导、疏导或进行沟通，解开学生心理症结，使学生保持心理平衡，促进其心理发展的方法。

心理疏导法的常用方式有心理换位法、宣泄疏导法和认知疏导法三种。

心理换位法就是与他人互换位置角色，即站在对方的角度思考、分析问题，以此来体会理解对方的情绪和思想，进而化解双方的矛盾，防止和消除不良情绪。

宣泄疏导法就是将受挫者遭受挫折后所产生和积累过多的消极情绪宣泄出去，以维持其生理、心理的平衡，进而能积极地适应和应对挫折的方法。

认知疏导法就是通过引导使学生改变不正确的认知和信念，树立正确的心理认知，以消除或减弱不良的心理情绪和行为的方法。

7. 行为训练法

行为训练法是指在学生的日常学习、生活、劳动等实践活动中，班级教育管理者运用心理学的行为改变技术对学生的错误行为进行矫正，使其知行统一，形成良好的行为习惯的方法。

二、班级管理中的问题及应对策略

（一）班级管理中的问题

1. 班主任对班级管理目标比较生硬，缺少人文性

受应试教育的影响，部分班主任在管理上比较急功近利，在具体的教学执行中易忽略以生为本。由于受到分数压力和教师权威的制约，班主任对班级实施管理的方式多偏重于专断型。由此极易造成班级管理中的因果关系：学生学得好，极易受到鼓励，并越来越好；学生学得差，受到批评，并越来越差；受到鼓励的，不断进步成为好学生；受到批评的，逐渐退化为"双差生"。学生的学习成绩成了评价学生唯一的标准，学生的综合素养和能力发展被忽视。学生在成长过程中的独特性和个性化人格，都在专断的管理模式中被抹杀了。班级管理成为教师实施个人专断管理的活动。

2. 班主任管理方式缺少民主性

在基础教育阶段，班主任管理学生往往将主观意志比较强，同理心不够，管理学生时比较简单粗暴。往往自己的主观意志凌驾于学生之上，没有考虑学生的心理承受能力，缺少语言教育的艺术性；班主任在管理行为上相对简洁，缺少管理行为的科学性。在他们的主观意愿中，学生必须绝对服从班主任的权威，无条件执行班主任的管理条例。而且在管理的过程中，学生没有主动参与进来，班干部也只是执行班主任的权威命令，缺少管理上的自主权和主动管理的意识。

3. 班级管理制度缺乏活力，学生自主参与班级管理的程度较低

当今中小学班级管理中存在着这样一些问题：班级干部人员相对固定，部分学生干部"干部作风"严重，不能平等地对待同学，而能为班级做点事情的学生，却缺少机会；学生在社会大环境及部分家长官僚作风的影响下，往往把班干部看成是荣誉的象征，只把本该是"群众的代表"的班干部看成是"老师的助手"；学生都想当班级干部、当个好班级干部，为自己的班级贡献一分力量，但班级管理中缺乏"每个人都是班级小主人""争取做合格的班级小主人"的意识引导。这说明在班级管理中，班干部特殊化、多数学生在班级管理

中缺乏自主性是比较普遍存在的问题。

4. 班级管理的教育资源利用不充分

班级管理的教育资源主要是指班主任对影响班级发展的各种教育力量的协调,学校、家庭、社会等都是班级管理的重要教育资源,只有各种教育资源形成一个多维结构的教育整体网络,拧成一股绳,形成合力,班级管理才能更好地发挥其作用,实现班级管理的目标,促进学生的健康发展。但在实际的班级管理之中,其管理还是闭塞的,并不能做到学校、家庭、社会的有机结合。班主任在进行班级管理时缺少与家长的联系,家访次数也很少,只有当学生出现严重问题的时候才会想起与家长沟通。即使有沟通交流,交流内容也仅是针对学生成绩,很少涉及学生的思想品质、个性发展情况、心理健康等方面内容。科学技术飞速发展,学生可以通过网络以及媒体去了解新鲜事物,但很多班主任的工作方式仍未改变,很多可以用来教育学生的社会事件及社会热点被忽略。

(二) 班级管理问题的应对策略

1. 不断加强班主任自身的专业素养

一般认为,班主任最让人信服的是个人人格魅力。但是,班主任人格魅力的形成离不开自身专业的素养。这种专业素养直接体现在其业务能力上,这种业务能力,包括班主任的教学能力、管理能力、交际能力、处理问题的能力等。只有业务能力强,班主任才会有条不紊地处理好班级各种事务。基础教育阶段的学生人生观、价值观、世界观和学习观都处于形成时期,班主任对学生的成长有着十分重要的影响作用。因此,班主任需要培养自身的专业素养,形成自己独特的管理风格。在管理时讲究管理的艺术,建立平等的师生关系,制定符合学情和班情的具体策略,从而提高管理学生的针对性,形成积极向上的班级管理氛围。

2. 满足学生的发展需要,建立以学生为本的班级管理机制

班级管理的核心即学生的发展。班级管理的实质是让学生的潜能得到最大的开发。在现代学校教育中,班级活动以满足学生发展需要为出发点和归宿点,是一种培养人的实践活动。现代教育强调以学生为主体,明确学生在班级中的权利和义务,激发学生在班级活动中的主体性,促进学生主动、和谐地发展。班级管理应以学生为核心,建立一套能够持久地激发学生主动性、积极性的管理机制,确保学生的可持续发展。

3. 培养学生自我管理班级的能力

班级管理制度的改革重点是将以教师为中心的班级教育转变为学生的自我教育,即把班集体作为学生自我教育的载体。班主任应积极探索并创新班级管理模式和方法,提高学生参与班级管理、班级学习活动的积极性和主动性,又能使学生学会合作。班主任要有意识地为学生创设参与班级管理的机会,尽可能多地增设班级管理岗位,让每一个学生都各尽所长,都尽可能地参与到班级的管理之中,使班级管理成为教育学生的一项重要资源,使学生在班级管理中得到锻炼、得到提高。班主任要让学生独立去组织、设计和开展班级活动,给学生提供展现自我的机会和平台,不断增强学生自我参与管理的积极性和为集体服务的热情。因此,学生在班级管理中充分地展现自我,潜能得到发挥,必然能推动学生在班级中自主管理水平能力的提高。

4. 充分利用班级管理教育资源,加强班级管理的校外合作

班级是学生在学校参与学校生活的载体,家庭是学生回归现实生活的归宿。因此不

可忽视家庭在班级管理中的重要作用。如召开家长会与家长交流，共同探讨学生在学校和家庭中遇到的问题，并针对这些问题提出相应改进措施并制定实施计划。再或者家访，深入到学生家庭之中，更深层次了解每个学生，使班级管理更具体、更有针对性。社会是每个人生活中必不可少的生存场所，学生是具有社会性的人，学生适应社会，服务社会也是班级管理的目标之一，因此社会在班级管理中的作用更不可忽视，教师要关注社会热点和带有教育价值的社会事件，充分挖掘其背后所隐藏的教学价值，这对于班级管理的深层次提升具有重要的意义，同时对学生的三观以及人格的培养具有重要的意义。

[案例]

放手把活动教给学生

很多班主任都不敢放手让学生自己组织活动，每次活动下来，自己总是累得半死，而学生也索然无味，怨声阵阵。这是由于班主任没有考虑学生的思想心理状况，只依照自己的主观愿望行事，往往事与愿违，达不到预期的活动效果。班主任要相信学生的能力，充分发挥学生的智慧，从活动的策划、组织到开展都尽可能地交给学生，使学生感受自身的成就和价值。当然，对学生提出的但没被采纳的方案班主任要及时处理，也要进行鼓励，并建议他们积极协助活动开展。在活动中班主任应尽量多鼓励、少批评，多指正、少指责，多参与、少旁观，发挥学生的个性才能和创造能力，调动学生的参与激情，使他们乐于开展各种班级文化活动。

资料来源：张万祥，席咏梅，破解班主任难题[M].福州：福建教育出版社，2006：125-126.

第二章 班集体建设

第一节 班级与班集体

　　班级是学校教育活动的基本构成单位,是促进学生社会化的重要场所;班级生活更是学生学校生活的关键部分。在学生成长与发展过程中班集体扮演着重要"角色",其产生的影响在广泛性、深刻性、关键性与综合性等方面无可替代。对班级属性如何定位,对班级与班集体的概念如何辨别,在很大程度上影响着班级建设,更有利于我们更深刻地理解班主任工作的目的,更好地把握班主任工作的方法。

一、班级与班集体

　　简单地说,学生入学分班之后,就有了"班级"。但是,师生之间,学生与学生之间,彼此陌生,虽在同一教室里学习,但关系并不是很密切。此时,还不能说,这些在一起学习的学生是一个"班集体"。随着共同学习、活动的增多和班主任工作的开展,班级产生了班委会、活动小组等组织,同学之间开始彼此相识,逐渐产生了认同感和归属感,此时,班级就开始走向"班集体"。

　　班集体主要指将学生按年龄和知识水平分成有固定人数的教学班,经过一定的培养,使其成为具备集体特征的正式群体。① 班集体并非单个学生的简单集合,而是班级发展的高级形态。其学生参与度、社会性、心理发展等方面明显表现出高于班级群体的水平。班集体既可以被看作规范化的社会组织,又可以被看作以集体主义为价值核心的社会心理共同体。相较其他社会组织,班集体最大的特点在于其先天所具有的"教育性"。

　　班级和班集体分属于不同的概念范畴。班级强调组织名称概念,班集体侧重于价值观念和组织构成。学生入学分班形成的"班级"需要在一定的条件和长期发展下成为"班集体"。班集体一旦形成,身处其中的每一个成员都会潜移默化地受到持续而深远的影响。班集体作为学校育人的基本的单位,具备其他学习组织无法替代的作用和价值。"班

---

① 谢维和.班级:社会组织还是初级群体[J].教育研究,1998(11):3-5.

级"过渡到"班集体",一方面是班级建设与长远发展的必然要求,另一方面也是实现集体教育价值的必然选择。

二、班集体的存在形态

班集体的存在正是依据社会主流教育发展要求,为学生提供丰富、系统、专业的教育资源,以达到相应的教育目的。因此,班集体可以被定义为一种"教育性组织"。受到班级建设者的教育观念、学校教学环境、学生发展情形等多方面的差异影响,尽管不同班级同属于一个教育性组织,但它们却展现出不同的存在形态。而不同形态的班集体给学生提供的发展可能性在方向、质量和程度上存在较大差异。一般认为作为教育性组织的班集体其存在形态主要有:管理集体、学习集体、团结集体、自主集体、民主集体等。[①]

管理集体是指那些严格管理学生并以维持学习秩序为最高目标的班级形态。作为管理集体形态存在的班集体,师生被放置于管理者与被管理者的人际关系之中。从班级中的人际关系来看,管理集体中的教师依据一定的规章制度和社会主流价值观念来规范和约束学生的思想和言行。教师的工作重心在于搞好教学工作,完成好上级分配任务,而学生则需要配合教师、服从管理。此外,在学生群体内部,一方面会依据管理规范要求形成明显的层级节制关系,班干部配合教师工作,管理和监督学生;另一方面,分数也成了衡量学生品行的关键因素,学生也因此被划分为不同层级或类型。从成员性质来看,管理集体突出特点在于:班级成员角色较为单一、固定,且表现出明显的而非人格化特点。在管理集体中,教师成了专门的知识传授者和班级主要管理者。在一定程度上教师拥有绝对权威,对学生的思想、言行进行约束和控制。班级管理中各种正式的规章制度逐渐成为教师权威和班级秩序的主要工具。学生则沦为知识的接受者与被管理者的角色,成为有待塑造成符合预期要求的未成熟者。[②] 学生被要求服从教师指令,并严格遵守班级规章制度。因此,管理集体中受到成员人际关系及非人格化成员特征影响,其发展目标表现为:在班级中建立严格的规范制度,以便引导学生形成社会需要的价值观念,控制学生的思想与行为,保证学习知识所需要的课堂秩序。在这种班级目标的影响下,班级活动机制建设受到较大影响。一方面,各类学科教学活动处于核心地位,且具体的学习任务由处于"绝对权威"地位的老师统筹安排,学生被要求按照教师指令完成相应任务。另一方面,班级还要完成学校自上而下安排的各项任务,包括对学生展开思想教育的"德育"项目。处于这种管理集体形态下的班集体中,学生更多受到严格制度的管理和控制,个体独特性与群体特点难以充分发展,逐渐成为被动的知识接受者、任务执行者。

学习集体通常指班级建设围绕着知识活动展开的一类班集体形态。[③] 学习集体的目的表现在以学科知识内容为中心,借助教师专业化指导,学生自觉投入,师生、生生交流互助,逐渐打造良好的集体学习氛围,实现学习目标。在这种发展目标影响下,师生角色不

[①] 李伟胜.试析新世纪班级建设的目标[J].华东师范大学学报(教育科学版),2004(03):25-30+80.
[②] 吴康宁.论作为特殊社会组织的班级[J].教育理论与实践,1994(02):10-13.
[③] 片冈德雄,吴康宁.班级社会学探讨[J].华东师范大学学报(教育科学版),1985(03):37-42.

再单一、固定。教师成为学生学习的"引路人",他们致力于学科内容专业化指导和班级学习体制建设。教师的权威最初来自于社会,之后随着班集体建设的推进,教师更多依靠人格的力量,包括价值观念、文化修养、行为规范等打造自身权威,构建具有凝聚力的规范性集体。此外,教师还引导学生自觉参与班级建设,包括唤起学生的自我管理、自治活动,引导与组织班级管理等,在此过程中明确学生的主体地位。简而言之,教师不仅要"教学科"还要"教集体",即将两者有机结合,形成学习规范,打造"支持型氛围"。教学活动也成了教师指导下学生自觉参与的集体活动。学生通过在集体学习过程中充分相互作用,自觉地融入学习情境中,逐渐养成自主学习习惯,并逐步学会自立与合作。学生除了知识交流外,在情感上相互支持,在认知上相互理解,在集体学习中分工合作,养成良好的学习氛围,协作完成学习任务。在学习集体形态中,班级成员之间的关系从认知交往逐渐拓展到人格、意志与民主合作等深层次交流。因此,可以说学习集体更强调将正式的规章制度与人格化的班级管理方式相连接,注重让学生理解并认同班级规范,逐步内化为个人行为准则。学生在学习集体形态的班集体中,学习方式上表现出较为自主、主动、合作的状态。但是,师生之间仍从属于知识传授任务,学生仍处于从属地位,学生发展仍以知识学习为核心。

　　团结集体是指以集体主义思想为核心,统一学生的思想和行为,展现出班级成员团结一致状态的班集体形态。这种班级形态的发展目标在于,打造共同价值观念、目标向度与团体任务,形成具有高度凝聚力的组织团体。① 其以人与人之间的"社会性"为基础,追求以亲社会的价值观导向建构强大的集体凝聚力,并将其作为衡量班级发展目标和学生行为规范的关键指标。在个人与集体关系上强调个人服从于集体,关注统一性、标准化,忽视学生个体独特性。在此影响下,教师成为社会代表,向学生传递社会集体价值观念,明确班集体建设目标,并通过班集体展开各种教育,以期统一学生思想,打造高度一致的集体。学生一方面,被要求通过班集体教育克服个人主义观念,养成集体主义精神;另一方面,学生要形成集体奋斗目标,对集体活动态度一致并积极参与,逐渐养成集体行为规范并被自觉接受,形成高效一致的组织机构。总体来说,团结集体形态下的班级规范表现为从接受、顺从向理解、同化转变,最后逐渐内化为班级成员集体认同并自觉遵守的行为规范,并使其成为班级集体意志的重要体现。② 受其影响,班级活动常常以小队或班级为单位展开,且较为重视班级大型活动。班级活动大部分以思想教育、道德教育、传统教育为主,其中尤其强调,个人服从于集体统一领导,个人存在价值也取决于其与集体利益的一致性程度,甚至强调为集体利益牺牲个人利益。此外,学生之间的交往也要以是否符合集体利益为评判标准。在团结集体形态下的班集体在建设过程中,学生逐渐形成亲社会行为、集体价值观和统一行为规范。尤其在学生意识形态方面表现出突出的集体主义色彩,但是忽视个体独特性发展。

　　自主集体强调兼顾班级统一和学生群体的自主性,追求将集体主义精神与学生个性发展有机结合。班集体既是教育目的也是教育手段,即班集体创设的目的是提供优化的

---

① 叶澜."新基础教育"探索性研究报告集[M].上海:上三海联书店,1999.
② 叶澜.实现转型:新世纪初中国学校变革的走向[J].探索与争鸣,2002(07):10-14.

微社会环境，为班级成员的个性发展和能力提升创设条件。教师要依据社会发展需求、学校教育要求、教学工作计划等指导学生自主创设活动计划，引导学生互助实施，从而促使学生在活动中实现个性和能力的双重提高。学生在自主集体形态的班级中被赋予更多独立自主权。例如，学生可以根据自己的意愿组成合作小组，小组中的成员之间建立起民主平等的合作关系，人人都可以在小组活动中充分展现个人特长，人人都可以是班级的主人翁。在班级活动中，"自主集体"倾向于采用民主形式让学生逐渐实现自治管理，主要体现在：一方面，实现学生对班级组织系统的自治管理，发动全体学生参与班级准则、班级目标、班级管理体系建设中，尤其通过对照"学生守则""学校培养目标"寻找个人和班级与这些标准的差距，逐步确立班级发展目标。此外，通过讨论班级工作岗位设置，通过民主选举、定期轮岗确立班委成员，让学生在班级组织系统建设与管理过程中充分挖掘自身才能，找到在班集体中的满意角色。① 另一方面，实现学生对班级活动的自治策划与实施。教师可以引导学生根据学校工作要求和班级实际状况，自主策划有针对性的班级建设活动，逐渐形成系列化的主题教育。在活动中强调活动计划的契合性、活动组织的严密性，推动分工合理、团结协助的班集体建设，让每个人都能根据要求完成"角色"任务，实现"角色"价值。学生在自主集体形态的班集体中，其自主学习能力和组织实施能力获得较好的施展空间。此外，相对"团结集体"形态而言，"自主集体"更重视对学生个性的培养，而不局限于统一学生思想与行为。

民主集体追求让每一个身处其中的班级成员都能充分展现自己，并形成主动发展的能力和动力。班级活动机制的设置通常会考虑学生的个体需求、学生群体之间的交往互动、学生与家庭社会的相互作用等各个角度。班集体成为学生展现自我，自觉实现全面发展的舞台。学生在参与班级事务管理和组织活动开展过程中充分交往互动，开拓精神世界，提高生命质量，使班集体逐渐成为提升个体生命价值的民主集体。② 在这种班集体中，师生关系更多地展现出一种"发现者"与"主动展现者"，"促成发展者"与"发展主体"关系。教师为学生充分发展创造契机，并进行专业化指导。教师可以利用其专业化的学科知识和心理学知识，深刻感受和辨析学生在发展中遇到的各种现象和问题，从中发掘和创造推动学生发展的新的可能性。学生拥有更多的主动权和发展动力，逐步成为追求自身全面发展的主体。学生的发展需求在日常班集体建设中获得关注，并激发学生的学习动力。学生还能借助与班级成员交流互动，逐步形成明晰的自我认知和自主发展能力，在参与民主集体建设过程中丰富自身认知，提升个体生命质量。此外，为了适应现代社会民主、法治发展需求，民主集体形态下的班集体建设既追求充分挖掘和培养学生独立人格，也强调依班级建设需要创设并遵循一定的规范。例如，在班级中民主设立各种岗位，在对岗位负责人展开民主评议过程中选择、创造科学合理的班级生活规范。在民主班集体中，逐渐建构起的"权威"，更体现良好的品德修养和为学生服务的能力。学生在这样的集体中有利于形成个体主动发展的动力和能力，学会团结协作，并在民主参与的过程中提升生命的品质。

① 吴立德.班集体建设与学生个性发展[J].人民教育,2006(Z1):28-30.
② 叶澜.教育创新呼唤"具体个人"意识[J].教育参考,2003(04):6-7.

三、班集体的构成要素

从整体性原则来看,事物是由各个要素组成的有机整体,各要素之间、要素与整体之间、整体与所处环境之间相互作用、相互影响、相互制约。① 班集体也可以被看作是由共同目标、人际关系、组织机构、良好规范、丰富活动等要素构成的复杂多样又开放包容的教育社会系统。这样一个教育组织系统的整体目标在于,通过班主任对班集体的建设与管理逐渐推进学生的社会化进程,实现学生的全面发展,成为合格的社会主义建设者和接班人。

"共同目标"——班集体建设的方向指引。彼得·德鲁克(Peter F.Drucker)提出"目标管理理论",即希望组织通过设置共同目标来达到激励、引导人们的动机和行为,将现实期望与目标有机结合,达到管理目标要求。② 基于此,"共同目标"作为一种推进班集体建设的重要方法和手段,其"导向"作用日益凸显。一方面,设置班级"共同目标"的实质在于运用"整分合原理"对总目标展开分解、细化,再将分解的目标综合,从而发挥大于总目标的实践效果。班集体"共同目标"既应包括班集体的德、智、体、美、劳方面发展的总目标,也应该包括学生个性发展、品德建设、能力提升等个人目标。既要采取科学有效的方式实现总目标,又要因材施教制定适合学生不同天赋和才能的分目标,满足社会发展对人才多元而又多层次的需求。另一方面,设置"共同目标",是班集体建设的进一步科学化,也对建设者提出更高要求。"共同目标"要求,依据现实情况将班级职责明细化和目标明晰化,确定班级管理机构、管理人员和管理对象的发展方向和预期成果,强调采取有效的步骤和措施逐渐实现既定目标,并建立良好的监督反馈和考核机制以加强制度保障,从而使班集体建设目标化、规范化、制度化、科学化,充分挖掘学生各方能力,推动学生全面发展。

"人际关系"——班集体建设的基础。班集体是学校实施教育教学管理的基本单位,也是学生学习和生活的主要场所。班集体中的"人际关系"指班级成员在长期的共同学习和生活过程中逐步建立起来的相互关系,主要包括生生关系、师生关系、个人与集体关系等。优秀班集体都有一个良好的集体心理氛围。成员之间建立了友爱、团结、和谐的人际关系,既有竞争又有合作,既能保持个性的独立,又能进行深入的情感交流。③ 此外,良好的"人际关系"也是学校促进学生社会化、提高教育教学质量的重要手段。在班集体建设过程中可以借助组织手段,优化班级"人际关系"网络建设。良好班级关系的形成有赖于班级成员之间长期、持续而充分地互动交流,并以丰富多彩的班级活动为载体,打造良好的班集体关系结构。因此,在班集体建设过程中应多开展能够引起班级成员共同兴趣的活动,推动班集体成员之间的团结协作。如体育比赛、集体劳动、集体春游等。此外,也要积极发挥"领袖"的关键效用,引导班级小团体健康发展,也要关注班级中的"孤独者"。

---

① 陈如平."整体建构":学校改进的实践模式[J].中小学管理,2015(04):18-20.
② 许一.目标管理理论述评[J].外国经济与管理,2006(09):1-7+15.
③ 宋广文,刘凤娟.试析良好课堂气氛形成的条件[J].中国教育学刊,2010(S1):55-58.

"组织机构"——班集体建设的骨架。学习型组织理论认为,组织中所有成员都应该积极参与相关工作,使组织逐步形成持续学习和适应变革的能力。① 班集体作为一种学习型组织,其组织机构要素包括:班主任、班委会、少先队、团支部委员会各种小组(学习值日、板报、考勤、课外兴趣等小组)。良好的组织机构是班集体发展、进步与提升的关键,对构建优秀校园文化和促进学生发展具有重要作用。管理者要打造"学习型"班集体,一方面,需要不断改进教学及管理方式,学会倾听、激励和指导,逐步营造良好的学习氛围,调动全体成员参与的积极性,提高整个集体的学习能力。另一方面,一定要明确班集体组织机构各自的分工和责任,使其在班级工作中切实发挥作用,否则,这些组织就会成为摆设而徒有虚名。

"良好规范"——班集体建设的重要保障。没有规矩,不成方圆,优秀班集体建设必须有班级"良好规范"支撑与保障。班集体规范建设的关键要素在于:打造自觉的纪律,形成健康的舆论。加强班集体规范建设需要从显性规范、隐性规范两个方面着手。"显性规范"指班级要根据《中学生守则》和《中学生日常行为规范》,结合班级实际,通过民主途径制定能够实际操作的规范,并通过执行这些规范,营造健康的舆论,建设良好的班风。例如,在班集体建设过程中所形成的课堂行为规范、自习行为规范、卫生习惯规范、日常行为规范、纪律习惯规范、考勤行为规范等,从制度层面对学生的行为加以规范和引导。"隐性规范"是显性规范的有益补充和延展,通常指在学校和班集体中由学校所传递但未加明确的规范、理想信念、价值观念等,广泛存在于各种类型的班集体中,其中的典型代表是班风建设。班风是班集体大多数人思想、情感、意志的综合反映,良好的班风在潜移默化中规范学生行为,塑造学生品格,是一种无形而又巨大的教育力量。②

"丰富活动"——班集体建设的助推器。"活动要素"在班集体建设中扮演着十分关键的角色,有着特殊地位。目标的实现、组织机构技能的发挥、班风的培养、人际关系的形成,都与活动的开展有着直接关系,可以说,没有活动的开展,就不会有班集体的一切。活动有计划性和临时性两种,对于开学、放假、毕业、重要纪念日等时间段开展的活动以及主题班会、团会、队会,要有计划性;对于偶发事件、新的思维苗头,要机智地抓住机会,开展临时性的活动,一定要注意学生参加的深度和广度,只有这样,才能提高活动的教育实效。

[案例]

"巧手"班集体

近几年我所教授的班级是住宿班,根据班级和孩子们的特点,我们开展了多种多样的具有自己特色的班级活动。

我现在带的这个班,从一年级第二学期开始学习剪纸,仅仅一年的时间,应该说同学们的剪纸水平已经相当不错了。我们班的李怡同学,从4岁开始学习剪纸,曾经多次获得了海淀区、北京市组织的艺术比赛特色工艺的一、二等奖,在我们的剪纸活动中,我就请他来当我们的小老师。

---

① 陈国权,郑红平.组织学习影响因素、学习能力与绩效关系的实证研究[J].管理科学学报,2005(01):48-61.

② 骆郁廷,吴楠.启发自觉与制度规范:学风教育的双重视角[J].中国高教研究,2019(04):68-73.

现在,剪纸已经成为我们班流行的一项业余活动,很多孩子拿起剪子就能来一张。我们教室的柜子上、墙上、板报上,到处贴的都是孩子们自己的作品。就是因为这把小剪刀,2007年,我们中队被西苑中心学区命名为心灵手巧的"奥运特色中队——巧巧中队"。

人常说"心灵手巧",在我看来"手巧"更能促进"心灵",孩子们因为经常动手,更能提升他们的空间想象能力,思维创造能力,帮助他们开阔眼界,走进多彩的世界。除了剪纸,我们还有泥塑、工艺品制作等多项手工活动,做到了大家都动手,人人有爱好。而孩子们的这些爱好又促使家长们在周末主动带着孩子们走出去,去参观,去学习,去制作,让孩子们学习生活得更快乐。

思考:结合案例试分析如何打造特色班集体?

第二节 班集体组建

一、班集体建设规律

班级不等于班集体,班级的组成也并不代表着一个班集体的组建,从班级到班集体是一个由量变到质变的过程,主要分为以下阶段:

探索阶段——扶着走:九月份前后,属于初始年级的班级,往往是班集体组成的初始阶段。同学们和老师刚刚组成一个新的班集体,相互之间并不熟悉,班集体组建的开始是班主任按课表上课,班集体中的各成员之间处于不断地互相探索的阶段。

聚合阶段——半放手:学生个体间进行不断地分化和聚合,同学之间的接触与了解也逐步增多;家长以及科任教师开始发挥力量,在教师对班集体中的同学的品行和能力有初步的、相对充分的了解之后,建立起班干部组织机构。一支精干的班干部队伍就如一块磁铁,能形成一个"磁场",吸引周围同学,"磁化"周围同学。[①] 此时的班集体处于已初步确立了共同的奋斗目标,但还未深入学生心灵的半放手聚合阶段。

班集体初步形成阶段——放开手:班集体初步形成阶段的情况表现为学生之间形成团结、友爱的关系氛围;班级核心建立,骨干力量也已初步形成,即使在班主任不在的情况下,班级活动能够正常进行;班集体班风已形成,学生以及家长满意度达到较高水平。

优秀班集体形成阶段:作为班集体建设的最终阶段,其特征表现为绝大多数学生已经能够很好地胜任班集体主人这一角色,定位准确;科任教师均能够高质量地完成教育教学任务;班集体已然形成良好的班风与舆论氛围;学生的个性在班集体中得以充分发展。

优秀班集体形成阶段与班集体初步形成阶段的区别在于学生的个性是否能够得到充分发展。班集体是学校的基本组成单位,班集体的建设直接决定了班集体中每一位学生所受教育的质量,同时间接决定了一所学校整体教育的质量。基于习惯散漫、情感淡薄、

---

① 房莹.如何增强班级的凝聚力[J].教育,2019(10):22.

素养单一以及人格缺陷等常见班集体建设的问题,班主任要成为班集体建设的良医,以积极的心态、冷静的思考和坚定的信念探寻问题的有效对策,以制度规范、文化浸润、评价激励为路径,有效化解班集体建设中存在的问题,积极构建学生自主管理、自由生长、自信发展的生活场,让班集体建设从"有为"走向"无为"。①

二、班集体建设基本操作程序

摸清班情:摸清班情是提出班集体建设目标的前提条件,班集体建设从摸清楚班情开始。摸清班情的客观基础方法:访问、谈话、问卷、观察。

提出目标:班集体的共同奋斗目标是班集体的理想和前进方向,班集体如果没有共同追求的奋斗目标,会失去前进的动力。一个良好的班集体应该有一个集体的奋斗目标。班主任要善于为自己的班集体制定共同的奋斗目标,以此作为班级凝聚人心的基础。另一方面,"良好的开始是成功的一半",这说明起始阶段非常重要。② 因此,要明确班级目标、发展方向和任务划分,并且为实现目标一步一步发展。要充分发挥"共同目标"的导向性价值,在确立目标时:其一,一定要通过多种多样民主的途径,使绝大多数人不仅明确,而且认同班级总目标,只有这样,班内各种组织的目标、个人目标,才会与总目标相一致,并直接指导成员的行动;其二,在总目标的统帅下,应该把目标分阶段细化,以保证目标的实现。常有的目标包括:长期目标、中期目标、近期目标。

目标设定的步骤:

发动学生参与目标的制定 → 全面了解班级实际情况 → 结合上级要求 → 对照标准找出差距 → 确定班集体建设目标

目标建立要形象,表述方法:

谁的责任 → 大体要多长时间 → 活动出现的预计效果 → 表述出来

开展活动:班级活动是促进班级成员交流互动、团结协作,增进班级凝聚力的重要方式。班级活动的开展不是越多越好,而应该提高班级活动的针对性和活动质量。在班级活动开展过程要注意切合主题,有的放矢。

单元评价:评价是教育者在教育教学中经常运用的教育方式。在班集体建设的过程中,评价不仅要注重形式的多样化,还要注重内容的精准化。③ 围绕班级目标,开展教育教学活动和实践活动后,需要对活动进行全面总结,并做出评价。单元评价要及时开展,以便于为接下来的工作安排提供参考。

螺旋发展:班集体发展过程中会出现问题,如前进、停止、后退等状况。就像班集体也

---

① 艾菁."天性有致,润德无声"——谈小学班集体建设的对策[J].知识文库,2019(18):106+121.
② 吴秀丽.浅谈如何组建良好的班集体[J].内江科技,2010,31(07):202.
③ 艾菁."天性有致,润德无声"——谈小学班集体建设的对策[J].知识文库,2019(18):106+121.

会"感冒"一样。因此班级管理者要认识到,班集体的发展呈现出非线性发展的特征,需要根据班集体发展的实际状况适时调整发展规划。

达标验收:如果班主任、学生、科任教师及家长一致认为班集体已达到优秀班集体的标准,可以请学校相关领导成立小组,对该班集体进行考察。

评定方式:

班主任自评 → 学生自评 → 科任教师评估 → 班集体建构过程中的资料 → 当场考查学生

与学生进行谈话 → 小组成员评议 → 领导鉴定 → 做出表彰

三、班级奋斗目标

班级奋斗目标从时间上分为近期目标、中期目标、长期目标;从层次上分为班级总体目标、分项目标;从内容上分为学习目标、纪律目标、生活目标、活动目标等。

对于班级奋斗目标的制定步骤:首先,分析问题、原因。其次,确定奋斗目标:如果出现奋斗目标较多的情况,首先对目标进行主次区分,从某一具体目标入手,随后逐步实现其他目标。应确定奋斗目标的性质,如目标的隶属种类等;此外,为保证目标设置方案的可行性,要对影响奋斗目标的因素进行详细分析,如个人、集体、目标本身等;随后,应制定实现奋斗目标的方式方法,可采取师生共商法、班主任定夺法等方法。最后,评析方案。

[案例]

无锡市某中学初二(5)班现有学生60人,其中男生36人,女生24人。由于该班班主任忙于工作调动,而放松了对班级工作的管理,导致班级纪律涣散,学习成绩不良,打骂现象及小群体争斗常有发生,在第一学期期末考评中,各方面成绩均落后于其他四个班级。新学期伊始,面对这样一个松散的群体,你作为一位刚从师范院校毕业担任该班新班主任的教师,应如何面对他们的纪律、学习等现状?

- 从上学期期末测试的情况归纳,班级存在的主要问题是:

(1) 学生为实现目标而努力的程度不够。
(2) 对学生干部的满意程度不够。
(3) 班级学生遵守纪律不够。
(4) 一些学生学习态度不够端正,方法不够科学。
(5) 班级重视并发展学生的兴趣爱好不够。

- 导致问题产生的原因:

(1) 学生对集体目标管理的参与度不够。
(2) 学生干部以身作则不够。
(3) 自律程度不够:科任教师纪律要求宽严不一致,课堂纪律表现不一;有些学生把学习当成"交作业账",上课时赶做其他作业,自修课又感到无事可做,不认真自修;学有余力者自修完成作业后不抓紧时间复习、预习,也放松纪律;有的学生存在尊师不够的问题。

（4）学习方法不够科学,部分学生缺乏追求巧学的思想,预习、复习工作较差。

（5）一些学生不能刻苦磨炼自己的思想和意志:学习满足于完成作业,完成作业后就不认真自修和复习、预习;锻炼耐力时怕苦畏难,训练不够。

（6）科任教师在纪律要求、预习、复习和作业布置等方面协调不够。

（7）家庭教育上的问题,宠爱多,对子女的学习和体育锻炼严格要求少;少数家长对子女期望值低。

● 解决办法——设置班集体奋斗目标:

学习目标:通过全班同学努力,使班级在本学期期末测试中,均分比上学期上升一个名次。

纪律目标:通过全班同学的努力,使班级在本学期的五个月中,违纪学生数量明显减少,争取获得一至两次学校的纪律流动红旗(一月评选一次)。

活动目标:通过全班同学的努力,使班级在本学期学校举行的运动会及其他活动中能进入前三名。

四、班级工作计划的制定

班级计划是学年或学期开学前根据国家培养目标和学校要求以及班级的具体情况,为了实现某种目标、完成某种任务、达到某种状况而制定的工作安排和行动步骤。班级工作计划按时间分为周计划、月计划、学期计划;按范围分为个人计划、小组计划、班级计划;按性质分为单项计划、综合计划。班级工作计划的结构一般分为标题、正文、结尾三部分。

标题:作为计划的开篇,应包括计划的单位、时间、内容等具体信息,使人一目了然。

正文:作为计划的主体,一般应包括如下内容:

（1）班级基本情况分析

班级概况:男女学生数,独生子女数;团员、队员数;优等生、中等生及后进生的大体比例;学生年龄、健康状况等。

班级现状:学生德、智、体诸方面的发展情况;班级学生的主要优缺点及形成原因;班级舆论导向;班级干部的协调配合情况等。

外界影响:学校、家庭、社会环境对学生思想、学习的影响等。

（2）本学期的目标要求。

（3）活动安排、时间顺序、方法步骤、具体措施,这是班级工作的施工图,是完成本学期目标要求的保障,要写得明确具体,条理清晰。

（4）注意事项、检查办法。这部分要写得明确具体,力求简洁。

结尾:即计划的落款部分,要交代制定计划的日期。

[案例]

无锡市某中学初二(5)班2008~2009学年度第一学期工作计划主要活动安排如下:

(一) 开学常规教育(9月)

1. 提出"四个一"要求：

上好第一天课；做好第一天作业；开好第一次校、班会；出好第一期黑板报。

2. 学习《行为规范》与学习常规，要求：

校内外基本一个样；各课(包括自修课)一个样；班主任在与不在一个样；各科作业规范化一个样。

(二) 健全学生集体的自我管理机构(9月)

1. 班会：总结表彰先进。
2. 调整班级干部队伍，小干部就职演讲。
3. 完善多样化小组，安排每周活动时间。
4. 安排每个学生参与班级管理的合适岗位。

(三) 健全教师集体协调机构(9月)

在学校领导和年级组长的支持下，健全以班主任牵头，以语文、数学、外语科任教师为主要成员的班级科任教师集体的协调机构，并建立相应的制度。

(四) 健全家长集体参与民主管理机构(9月)

1. 建立班级家长委员会筹备小组。
2. 召开家长会议主要内容包括：建立班级家长委员会；通报本学期班级目标及达标要求；提出家长参与民主管理建议；试行班级家长日记；建立校外辅导员队伍和校外实践基地；参与听课讲课活动，初步酝酿向中学生现身说法，宣讲自己如何遵守纪律、刻苦学习和锻炼，讲求学习方法的人选。

(五) 班级教研会(11月)

1. 期中情况分析。
2. 修正达标措施。
3. 研究如何围绕共同目标，协调教学行为。

(六) 班级期中总结(11月)

1. 期中集体素质测试。
2. 评价目标达成度，表扬各自做出的努力。
3. 分析存在问题及改进班级工作的建议。

(七) 试行学生干部轮换制度(11月)

至期末轮换两次，每次轮换干部数的1/3。

五、班级工作总结

班级工作总结按时间分：周、月、学期、学年总结；按总结人员分：学生、班干部、班主任总结；按形式分：全面总结、专题总结。

全面总结应包含前一阶段内班主任工作的情况，反映本学期班级工作计划的落实情况和全班学生德、智、体等方面变化的基本情况和原因，并找出存在的问题以及从中获得的经验。一般分标题、正文、结尾三部分。标题：即工作总结的题目，主要包括班级名称、总结时限、工作总结的类别等。正文:总结的主体和核心,一般应包括本学期班级的基本情况,如开展了哪些活动、成绩如何、有何问题等;对成绩和问题的分析;经验和体会;今后的打算及努力方向等。结尾:总结人姓名、日期,署名写到右下角。

专题工作总结:在一段时间内,班级某项工作或某个方面所做工作的总结,在活动结束时就要进行。一般分标题、正文、结尾三部分。标题:班级及活动的名称。正文:总结的主体核心,包括活动的目的、时间、基本情况、成绩、问题及其原因分析、经验和体会等。结尾:总结人姓名、日期,署名写到右下角。

六、班干部的培养和作用的发挥

能否形成一个团结和谐、有集体荣誉感、积极向上的集体,班干部是关键。班干部是教师与学生之间沟通的桥梁,是教师的信息库,是师生情感的联络人,并且是协助教师管理好班级的得力助手。学生干部在班集体的建设过程中起着桥梁和火车头的作用,所以班主任要善于发现、培养一大批学生干部,通过学生干部进行班级的自我管理。[①]

班干部在整个班集体中处于重要的核心地位,因此班主任在挑选班干部的时候,应该谨慎考虑,通过学生的学习档案对全班学生有个大致的了解,比如说学生的性格、各科学习成绩、家庭环境以及在过去的班级生活中是否担任过职务等。[②] 此外,还要加强有关班干部的思想政治教育,提升其思想认知与道德品质。从而通过班干部的积极带动形成良好的学习氛围以及优秀的班级作风。

1. 班干部的职责分工

班长:负责宏观调控班级所有事物,上情下达,下情上传。

团支部书记:负责团委的工作和团费的收缴,组织学校团委开展的活动等。

学习委员:主动做好围绕学习开展的各项工作,协助教师搞好教学工作,带领各科科代表做好工作,在科代表请假时,完成科代表的工作。

科代表:负责各科作业本的收集、发放,联系各任课教师,完成各科教师布置的作业。

体育委员:负责早操、课间操和体育课的领队工作,负责协调组织学校的体育比赛,如运动会、球赛、越野赛等。

生活委员:负责平日及大扫除的卫生工作,主要是检查、督促、把关工作,发现问题及时组织同学清扫,并负责平时的信件报刊的收取和发放。

宣传委员:负责收集班级活动素材,负责办黑板报、板报。

文娱委员:保管班上的娱乐物品,指挥唱歌,编排节目。

组长:负责小组内本子的收发、学习讨论的组织和检查,以及费用收缴。

2. 班干部的特点

要求领导能力强;班主任管理幅度相对较小,容易集中精力。

---

① 吴秀丽.浅谈如何组建良好的班集体[J].内江科技,2010,31(07):202.
② 黎月婵.新课改下的班集体创新性建设之我见[J].科学大众(科学教育),2019(02):76-77.

3. 班干部的产生

预先了解 → 宣布职责 → 准备竞选 → 明确分工

4. 班干部的培养与使用

首先,班主任应信任和支持班干部的工作,这也是基础所在。其次,班主任在班干部工作过程中应积极指导和鼓励班干部的工作,主动关心班干部工作的进展,并及时对班干部进行工作原则方面的教育。最后,在每一阶段末尾,班主任应对班干部的阶段性工作进行总结和评比。

七、班会的组织

班会主要承载了学校道德教育的内容与功能,是教师、学校,甚至社会对学生进行正确价值观培养、树立积极向上的人生态度的主要途径。班会能够有效体现班会组织者,尤其是教师的"另一面形象"。教师往往是通过一定的活动来达成与学生之间心灵的碰撞,是一场"走心"而非"走脑"的互动之旅,且活动形式又通常异于平时的知识教学,大家可能会走动起来,会有身体的接触,更多的眼神、语言的互动,为这个共同体之间的不同成员心灵交流增加了催化剂。通过班会这一教育活动,能让班级里的每个成员更加了解彼此,培养集体观念。同时也方便教师今后的施教工作,为教育工作提供了更明确的方向。[1] 班会组织的基本形式有两种,一是班级例会,二是主题班会。

班级例会,是指以班级为单位定期召开的全班学生大会,包括两大类,一是民主生活会,以引导学生开展批评与自我批评,进行自我教育为内容的例会;二是班务会,以研究讨论班级内一些较为重大的事务性工作为目的的例会。班级例会是班主任实施班级管理的重要途径;也是班主任建立和巩固班集体的重要手段。

班级例会所包含的主要内容为确立班级目标和班级工作计划;表彰好人好事,选举、改选或调整班级干部;评选"三好学生"和优秀学生干部;总结班级工作;处理偶发事件;结合国内外形势对本地本校发生的重大问题进行学习、讨论、辩论等。对于班级例会的形式,班主任可以采取正面讲解的形式,如传达学校工作计划和有关规章制度;也可以采取座谈讨论的形式,如讨论、确立班级整体目标和讨论制定班级工作计划;主持人可以是班干部也可以是班主任老师;班级例会应注意不宜占用学生的正常学习时间;开会时间以及间隔时间长短要适度。

[案例]

当某校高一某班新生兴高采烈地来到自己的教室时,发现教室的四壁均有脱落及乱画乱涂之处,还有好几张桌椅有不同程度的损坏……这些难免使他们有点扫兴。为什么班主任杨老师不在开学前找总务处或是找几个同学把教室粉刷一下,把桌椅修理一下呢?

原来杨老师有自己的想法。她把全班学生召集起来开了一次班级例会,就这个问题

---

[1] 李昱萱.中小学主题班会现状调查及分析[J].现代商贸工业,2020,41(05):104-107.

让大家发表意见。她首先发言说:"这个墙壁破了一些,几张桌椅也坏了,总务处打算修理一下再交给我们用,是我给挡住了。是的,在这样的环境里学习和生活确实不够理想,不过一年后我们还是要换教室。大家看,对坏了的墙壁和桌椅还要粉刷修理吗?"同学们面面相觑,有人说不粉刷不修理,也有人说要粉刷要修理。杨老师说,如果粉刷了、修理了又保护得好好的,一年以后我们换教室走了,是很可惜的;不过我们却把干净漂亮的教室和完好的桌椅,留给了新来的弟弟妹妹们,给他们留下一个良好的印象,使他们明年开学时不再像我们这样为之扫兴,大家说是粉刷、维修还是不粉刷不维修呢?粉刷!维修!几乎异口同声。动工那天,全班同学在总务处的大力支持下,男同学喷浆、刷油漆、修桌椅,女生们扫地、擦玻璃,互帮互助忙得不亦乐乎,并说今后谁也不准把墙壁弄脏了,把桌椅弄坏了。

晚霞染红了西边的天空,同学们还围绕着既动嘴又动手的杨老师久久不肯离去。他们不仅亲自参加了班级管理、受到了一次集体主义教育,还尝到了艰苦奋斗、自己动手创造良好学习环境的乐趣。

主题班会,是指围绕一个教育主题,在班主任指导下,由学生自己组织与主持,全班同学都积极参加的集体活动。主题班会具有内容集中、针对性强、形式多样、生动形象、新颖别致、时代感强等特点。主题班会类型大致分为指导学习类、思想教育类、生活指导类、审美娱乐类、综合类(融教育性、审美娱乐性、趣味性于一体)。主题班会的形式丰富,主要有三种主要形式。一是漫谈、座谈、讨论形式,适合全班同学共同探讨某个问题,如"我的理想";演唱、讲故事、朗诵,适合赞事颂人,对学生进行思想品德教育,如"我爱家乡";二是参观访问、瞻仰,适合对学生进行爱国主义、集体主义、社会主义和勤俭节约、艰苦奋斗的传统美德教育,如在烈士塔前、烈士陵园内召开"继承先烈遗志"主题班会;三是报告会,适合于介绍英雄、模范光辉事迹,向学生进行革命传统教育。在开展主题班会,建设班级精神文化的过程中,要保证行动全员化,既是集全班智慧、力量共建精神文化的要求,也是成果共享、实现教育成果最大化的要求。[①]

主题班会的设计质量是决定班会开得成功与否的关键所在。首先,应结合班集体的具体情况,选取适合本班班情的主题。其次,应针对内容安排、时间顺序、环境布置、会址选择等因素对主题班会进行精心构思。在主题班会的准备过程中,应提前制定计划,确定主持人人选、选好典型发言人、写好解说词以及落实地址选择,对于班会的环境布置都要落实到人,并有人对主题班会的全过程进行指导、督促。此外,要注重班会的形式,尽量选择合适的形式并保证其多样性。其中,应发挥班委的筹备和组织作用,确保班主任发挥着启发、引导作用,并在末尾做出总结性发言。

[案例]

做一个文明中学生

● 指导思想

针对个别同学在言谈举止和学习上有不符《中学生日常行为规范》的现象,决定召开一个以"做一个文明中学生"为主题的班会,以进一步约束个别同学的言行。

---

① 林小萍.论班级精神文化建设的价值和策略[J].南方论刊,2010(07):104-105.

● 班会形式

对白、小品、个人汇报、唱歌等。

主持人乙:《中学生日常行为规范》内容向我们全面展示出当代中学生应如何塑造自己的形象,不少同学严格遵守《中学生日常行为规范》去做,但是,有个别同学未必真正领会它。今天,我们希望通过这次班会,同学们能深入地理解《中学生日常行为规范》要求,进而内化为自己的行动。

主持人甲:同学们,当我们回顾这么多年的学生生涯,大家定会滔滔不绝地讲述起一幕幕感人的情景。

主持人乙:下面,我们就请同学们踊跃发言,把感受最深的动人故事献给大家。

(同学依次讲述)

主持人甲:刚才几位同学讲述互相帮助,友好团结,文明礼貌的动人故事,令人难忘,我们为有这样好的同学和班集体而感到自豪。

主持人乙:让我们以热烈的掌声向这些好同学表示无限的祝福和崇高的敬意。

主持人甲:可是,最近发生在我们班的几件事却令人遗憾。现在,我们已经把它编成小品——《碰撞以后》,请大家先观看第一场。

第一场:两位同学,其中A在看风景,赞叹不已。B走过A身旁时,正好A转身,无意相互碰撞,便互相出言不逊,后厮打起来。此时,Q同学扮"政教处老师"上台批评双方,才得以和事。

主持人乙:在日常生活中,类似这种小事而导致事态扩大的事件时有发生。这既有损于自己的形象,又损害了集体的名誉。如果他们碰撞以后采取另一种方式,又会如何,请大家再看第二场。

第二场:A碰撞B,A先微笑地说:"对不起",B再微笑地说:"没关系",礼貌和解。

主持人甲:小品《碰撞以后》给我们留下了许多思考。特别是第二场,双方采用了友好的表情和礼貌的语言,从而化干戈为玉帛。可见我们日常生活中的"礼貌用语"是何等重要。

主持人乙:《中学生日常行为规范》对我们中学生的思想品德作了严格的规范,对学习也作了具体的要求。《中学生日常行为规范》要求我们在生活中真诚相待,学习上互相帮助。下面请大家再观看小品《帮助》。

C、D两位同学进入考场,"监考老师"宣布考场纪律,D不听,把用来作弊的书籍纸条藏满全身。开考后,D全身作弊材料被搜出,D无奈写纸条向C求援,C旁白"见难不帮非君子"。C欲作君子,便把答案写在手上让D抄。

主持人甲:确实有个别同学平时不学习,就靠考试作弊得分,欺骗老师家长更欺骗自己,请问同学们,C在考场上帮助D作弊,这算得上真正的帮助吗?请大家就此展开讨论。

(学生发言)

主持人甲:综合大家的讨论意见,我们认为:帮助别人进步才叫帮助;帮助别人堕落,是坑害。

主持人乙:现在请班主任讲话。

班主任:大家都知道:每个人在社会生活中都扮演着重要角色,进行各种各样的交流活动。所以社会需要对每个人进行纪律法规的约束。就拿中学生来说,颁布和实施《中学生日常行为规范》的目的就是为了加强对学生的社会公德及文明行为教育,使大家养成良好的习惯,促进思想文化等身心素质的提高,做一个文明幸福的人。

同学们,时代需要你们以高尚的道德和优良的行为来规范自己。我相信,这次班会后,我班同学在行为规范方面能再上一个新台阶。

主持人甲:最后一个节目,请大家合唱《中国少年先锋队队歌》。(歌声结束后)

主持人乙:"做一个文明中学生"主题班会到此结束。

[案例]

个性绰号我设计——W市B中心学校 吴XX

- 活动背景

同学之间老是起一些不好听、影响团结的外号。因为起外号,同学之间不团结,相互以外号辱骂或取笑,造成班级内部没有团结感,同时也影响了同学之间的友谊。

- 活动目的

通过"个性绰号我设计"活动,在学生心中树立起健康向上的"明星"形象,让学生在相互学习的过程中,初步形成正确的人生观和世界观。同时,通过开展系列的专题活动,克服德育空洞说教的局限性,促使学生之间的团结互助,相互以较有特点的绰号尊称,形成有个性的"班级绰号文化"。

- 活动过程

1. 作文展示

(1) 读自己写的作文,同学们欣赏。

(2) 说一说这篇作文写的是谁,写得怎样。

(3) 作文修改意见。

注:作文展示环节可以选择几篇有代表性的文章进行活动。着重要突出本次作文要抓住人物特点来写。

2. 绘画展示

(1) 将自己给同学的画像展示出来。

(2) 大家欣赏并做点评。

3. 互起绰号

(1) 先说说同学的特点。

(2) 根据作文和同学的特点给同学起绰号。

4. 互相学习

(1) 以"我向**学习"(注:**为同学的绰号)为题目说话。

(2) 互相评价对方的优点和不足。

5. 活动小结

我们要向同学学什么?

- 活动评析

这次"个性绰号我设计"活动取得了很好的效果,学生们都从这次活动中看到同学的优点,能用作文或绘画的形式把同学的特点展现给大家。现在,大部分的学生都能从别人身上看到了许多闪光点,也看到了自己的不足,树立了自己信心,更可贵的是他们受到了班级要发展团结很重要的启迪。

● 活动的延伸与建议

给同学起绰号的活动教育不能看成是阶段性的,而是一贯的。要以此为载体,开展系列的个人文化教育。让有个性绰号的同学以此为动力,好好学习,甚至以这个形象伴随他的一生一起成长。

第三节 班级日常管理

班级是学校工作的基本单位,也是学生学习的基本单位。班级日常管理对于班集体建设具有至关重要的作用,班级的日常管理不仅是一项系统的德育工程,更是学校管理的重要一环,直接影响着班风与学风形成的好坏,同时班级日常管理的效果关系到任课教师的教学效果和学生的成长与发展。班级日常管理是指班级管理者每天所要开展的班级具体的管理活动,即为了实现班级管理目标,班级管理者每天所采取的、大量的、具体的事务性的管理工作。班级日常管理是实现班级管理目标的具体环节,也是班集体正常运作的必要条件。班主任作为班级的主要管理者、学生的负责人,需要掌握一定的班级管理技能与策略来推动班集体向好发展。班级日常管理的内容主要包括以下方面:班级教学常规、班级教学环境管理、学生宿舍管理、学生假期管理、学生档案管理。

一、班级教学常规

教学常规是教育教学规律的体现,也是对教学管理过程最基本的要求。抓好教学常规建设一方面能保证学生健康成长,快乐学习;另一方面能够维持正常的教学秩序,提高教育教学质量。在班级日常管理中,需要从教学秩序、请假制度、自习制度、考试纪律、突发事件的处理五个方面来落实教学常规建设的开展。

(一) 教学秩序

教学秩序是教学系统内各个要素经过不断协调、整合而形成的条理性、规范化的有序状态,是教学工作中各种重要关系的安排。构建和谐、稳定的教学秩序,是促进教学工作顺利进行,全面完成教学任务,提高教学质量,实现学校培养目标的重要条件。在构建教学秩序时,首先要尊重学生的主体地位,以学生的身心发展规律和水平为前提,在选用教学秩序调控策略时,要充分考虑是否有助于学生身心发展,调控的手段是否科学合理,是否给予学生自由表达观点和自由活动的空间与权力。其次需要师生共同参与,有效配合,保证教学规则的合理性。一方面教师在教学过程中起主导作用,教师要精心设计与组织教学,采用多样化的教学方法,使教学活动生动有趣,从而有效吸引学生的注意力。另一方面,学生在教学活动中起主体作用,学生要自觉养成自我管理与自我控制的能力,自觉遵守教学秩序,尊重授课老师及其他学生的权利,规范自己的课堂行为。最后,教学秩序的牢固树立还需要教师不断提高自己的权威。权威的建议：一方面需要不断完善自己的知识结构体系，提高教学专业化能力；另一方面还需塑造自己的人格素养，提高其内在权威。①

（二）请假制度

学生最重要的任务是学习，班级是学生学习的主要场所，班主任是学生在学校生活的主要负责人。有效加强学生工作管理，保证学生的安全，需要制定合理请假制度。首先要明确请假规则，请假分为事假、病假、公假三种情况，需要请假的同学要结合自己请假的具体原因，及时与班主任取得联系，说明请假理由。其次要规范请假程序，假条一般交由班长进行管理，请假的同学应到班长处领取假条，按要求填写，并须提供有关证明，假条写好后需交于班主任签署意见并办理有关手续。再次，如果学生应有急事但无法事先请假的，应在规定的天数内由学生家长或介绍的教师代为办理补假手续。最后请假期满，返校后必须及时到班主任处销假。

（三）自习制度

自习就是学生自己对所要学习的功课进行预习或温习，自习是一种学习手段，是学生学习知识的重要组成部分，在学生学习成才中扮演着举重若轻的角色。建立班级自习制度可以从以下方面入手：一是对学生进行明确的要求，规定自习时间学生不得迟到、早退、无故请假。学生不得随意在外闲逛，离开教室必须征得值班老师的同意。二是值班教师要在规定的时间内到达教室进行辅导，并负责自习纪律和秩序的管理。如遇特殊情况，需及时向值班领导进行反映，及时处理并如实做好有关记录。三是值班领导应认真对校园进行巡视与检查，记录处理学生中的违纪现象和校园内的突发事件。

（四）考试纪律

明确考试纪律，杜绝学生考试舞弊。在素质教育的背景下，考试仍然是一个重要的评价手段，学生的成绩也是衡量教学效果的重要指标。班级个别学生为了取得良好的成绩，获得老师或父母的表扬，又或者是碍于同学情面，在考试中自己或者帮助其他同学进行作弊。考试舞弊现象屡屡发生，困扰着班级教师与学校的管理者，如何有效地解决考试舞弊，需要从以下方面做起：一是对学生进行思想政治教育与道德法律教育，树立正确的学习目的，提高学生的是非观，懂得考试是检测学习结果的一种手段，让学生明白作弊对自己和整个班集体带来的不利影响。二是要明确考试纪律，加强考试管理，对监考人员进行有效的管理及培训，严格管理考场，不给学生舞弊以可乘之机。②

（五）突发事件的处理

正确有效地处理突发事件。班级突发事件就是指班级管理过程中发生的，不受个人主观控制，事先难以预料，具有偶然性、非常态性的，但又必须做出反应并加以处理的事件。班级突发事件包括班级成员交往中的矛盾冲突、家庭变故造成的学生身心变化、打架斗殴等校园暴力事件，校园的安全事故等。班主任在处理班级突发事件时要遵循以下原则：一是教育性原则，坚持以说服教育为主，以理服人，尊重学生人格，要以教育学生为最

---

① 张文峰.强化教学管理　确保教学质量[J].中国高等教育,2006(Z3):69-70.
② 陈敏.改进高校考试管理制度[J].山西师大学报(社会科学版),2012,39(S2):121-123.

终目的,而不是以惩罚学生为目的。二是针对性原则,在处理班级突发事件中,应该做到具体问题具体分析,对待不同的突发事件要采取不同的方式。三是因材施教的原则,考虑学生的年龄特点和性格特点,有针对性地采取不同的处理方式。四是公平性原则,在具体的突发事件中,一定要深入调查事件的起因,在认真分析的基础上得出问题的解决方案,不得有任何偏袒与歧视。五是依法处理的原则,面对较为严重的突发事件,班主任可以上报学校、公安与司法部门予以协调与解决,以求处理结果能够有法可依。班主任需要灵活合理使用这些原则,使得班级突发事件得到及时有效的处理。①

二、班级教学环境管理

班级是学生学习与生活的重要场域,班级教学环境是指班级中有形的、静态的自然环境、设施以及时空环境,是对学生的发展产生影响的各种外部条件的总和。苏霍姆林斯基曾说:"只有创造一个教育人的环境,教育才能收到预期的效果。"一个优雅、舒适、愉悦的环境会对学生产生潜移默化的作用,不仅能给学生增添学习与生活的乐趣,消除学习后的疲劳,还能对一个人品德的培养,习惯的形成产生深远的影响。教学环境主要包括教室座位的编排、教室的布置与班级卫生的管理。

(一)座位的编排

座位的编排是指学生日常座位次序的排列方式。教室是学生学习和生活的场所,学生大多数时间都是在教室中度过的,不同的座位安排直接影响到班级中师生的交往和生生交往,影响学生之间的交流及学习的动机、态度。合理的座位编排能够使整个班级看起来干净整齐,最大限度地利用教室的空间资源,提高学生学习的效率和老师授课的教学效果。

1. 座位编排的方式

教室座位编排的方式对教师授课、师生互动、学生的学习方式都有直接的影响。班主任要充分了解班级座位编排的相关知识,结合班级的实际情况,从而使座位的安排与自己的教学意图相符合。座位的编排主要有以下方式。

行列式,这是最传统、最常见的座位编排方式。教师站在教室前方进行讲授,与前排的同学接触较多,互动较多,但往往会忽略后排的学生。

圆形式,圆形的座位编排方式是学生围成一个大圆圈进行教学活动、课堂讨论、观点分享等活动。这种编排方式有利于学生之间、师生之间的言语与非言语交流,为师生之间的活动提供更大的空间与更多的机会。但如果班级人数过多,教室空间过小,就不适宜采用圆形式的座位编排方式。

小组式,小组合作讨论是新课改提倡的教学方式,小组式的座位编排有利于学生自主学习、合作学习和探究学习。每一个小组4~6人,小组之内的同学可以自由交流自己的观点与建议,能够促进学生个性化的发展。

---

① 齐学红.班级管理[M].北京:北京师范大学出版社,2015.

2. 座位编排的注意事项

一是要避免按成绩进行座位编排,座位不应该成为教师奖励惩罚的工具,按照成绩编排座位很可能会伤害学生的自尊心,打击学生的学习积极性。二是要避免根据学生的平常表现来编排座位:避免表现好,听话懂事的学生坐前排,调皮捣蛋的学生坐后排。三是教师安排座位时,不能依据自己与家长关系的远近来安排座位,与家长关系好的坐在好的位置,与家长关系差的坐在较差的位置,这样的编排方式明显带有功利性色彩。

3. 座位编排时需要考虑的因素

生理因素:根据班级成员的身材特征因素进行座位编排,另外学生固定使用一个座位时会对学生的视力造成不良的后果,因此要定期进行座位调换。

心理因素:考虑到学生的心理因素,人际交往需要是学生在班级里一个重要的需求,座位的编排能够直接影响学生之间的接触、交流与沟通。在座位的编排中,根据不同学生的性格与气质类型进行排位。

地域因素:地域相同或相近的学生(同一社区、同一乡村等)坐在一起容易产生狭隘的乡土观念,或者形成不易控制的非正式群体,可能会影响学习效果。

（二）教室的布置

教室的布置要集中体现以学习者为中心,为学生的学习服务。在教室布置中要遵循以下的原则:一是教育性原则,教室布置的意义不仅是为学生提供快乐学习的场所,更重要的是要充分发挥教室的教育意义。二是针对性原则,每个班级都有自己独特的个性特点,在教室布置时要考虑班级和学生的个性,使每一位学生各尽所能、各显神通,发挥自己的聪明才智,设计出具有独特个性的教室。三是要遵循经济性原则,教室不是游乐园,教室的布置不单单是为了好看,最重要的是要发挥其特有的潜移默化的教学效果。在教室布置时,一方面要突出新颖性,另一方面又要兼顾经济性,合理利用教室的不同空间。

在教室前黑板的正上方可以张贴本班的班训,班训集中体现了班级的精神面貌,在班训的选择时,既可以使用精心选择的词组,如自信、自律、友爱、团结等;又可以选取整齐一致的短语,如爱班守纪,勤奋努力,不到终点,绝不放弃。在班训的设计与粘贴时,要考虑空间比例、制作方式、字体颜色等因素,要保证不影响老师正常授课。

前黑板的左右侧也可以充分的应用。在黑板右侧可以建立班级管理天地,粘贴《学生守则》《班级公约》《操行评定管理细则》《班团干部名单及职责》《学习小组分组名单》《扫除轮流表》《课程表》等,明确班级各项纪律制度。黑板的左侧可以打造为班级公布栏,张贴临时性的内容,如学校的各项通知,学校各周的各项检查等。有效利用前黑板的两侧,充分发挥其对学生进行日常管理,维持班级秩序正常运作的作用。

在班级的前后门口的进出墙壁可以作为荣誉墙,既可以用来张贴班级所获得的奖状、奖牌与取得各种荣誉,也可以用来表扬当月成绩优异,进步突出的同学。

班级的后黑板是锻炼学生能力,进行自我展示的平台,学生可以通过后黑板来表达自己内心的声音,展示自己独特的才华。在设计墙报时要突出主题,围绕近期发生的热点问题精心设计。在内容上既可以在书籍与报刊中获取资料,也可以从学生的实践生活中挖掘有关素材。在形式上要丰富多样、不拘一格,在老师的有效指导下使学生自主地参与墙报设计的全过程。

教室左右的墙壁既可以张贴名人肖像,名人名言,发挥榜样的作用,在潜移默化之中激发学生的学习热情,调动学生的学习动机;也可以张贴一些著名的美术作品,提高学生的审美水平,使美育渗透到学生的生活之中。①

(三) 班级卫生的管理

班级卫生是班级中每一位学生学习生活的需要,保持良好的卫生习惯也是我国优秀的生活文化传统,《弟子规》有云"房室清,墙壁净,几案洁,笔砚正"。干净整洁的教室能够使师生心情愉悦、身心健康。班集体成员在进行卫生打扫与保持的过程中能够感受到劳动的美,热爱劳动,并懂得珍惜劳动成果。班级卫生管理是班级日常管理的重要组成部分,需要班主任与每一位班级成员认真对待。

班主任要强化教育,增强学生的卫生意识。抓好班级的卫生工作,有利于让学生在劳动中养成良好的卫生习惯,有利于培养学生理解、尊重别人劳动的良好品质。更主要的是让学生在劳动的过程中体验快乐和实现自我价值,从而增强学生做事的责任心。班主任要高度重视班级卫生工作,可以充分利用班会和自习时间,不失时机地进行卫生方面的宣传和教育,引导学生对日常的卫生工作保持足够的重视并积极参与班级卫生的打扫与保持。

建立与完善班级卫生管理制度。首先,一方面建立卫生管理轮值制度,要求班级成员定期轮换,确保每一人都要参与到班级卫生管理中,帮助每一名学生树立班级卫生管理主人翁意识;另一方面对于每个值日小组要设立小组长,负责为组内成员清扫任务的分配及维护任务,并及时向班主任汇报卫生管理工作情况。其次,做好值日表的编排,贯彻落实岗位责任制度,使每一位同学都能明确自己班级卫生打扫的任务及相应的责任,激发学生的自我管理潜能。

加强家庭卫生教育指导,形成家校教育合力。班主任要经常与家长取得联系与沟通,一方面要引导家长言传身教,积极发挥良好卫生习惯的模范带头作用;另一方面也要鼓励孩子参与到家庭劳动中,培养其独立自主的生活习惯。

三、学生宿舍管理

宿舍是学生除了教室以外学习和生活的又一重要场所,宿舍管理是班级管理的重要组成部分。只有妥善解决学生"住"的问题,才能保证他们有充沛的精力和良好的状态投身学习之中。加强宿舍的管理与服务,直接关系到学生的人身安全和生活学习环境,关系到正常的生活秩序和教学秩序。同时,宿舍又担负着育人的任务,宿舍是学生进行思想交流的场所,管理得当不仅可以为学生创造良好的学习环境,更可以培养学生良好的世界观、价值观和生活习惯,从而培养具有全面素质的人。由此可见,宿舍管理是进行和谐班级、和谐校园建设的有效前提。

建立好宿舍管理制度。德谟克利特曾说:"凡事都有规矩。"宿舍管理也同样如此,建立健全的科学管理制度可以使学生宿舍有章可循,有规可依。一个宿舍的学生可以在学

---

① 李义根.论教室环境布置的育人功能[J].教育科学论坛,2018(10):77-78.

校的有关规定下,结合自己的想法,共同制定本宿舍的《宿舍卫生管理制度》。并通过建立相应的违纪扣分制度来严格执行和相互督促,以此来维护宿舍的正常秩序,为营造一个干净卫生、宁静舒服的居住环境提供良好的制度保障。

发挥宿舍长的作用。"火车跑得快,全靠车头带",宿舍长在整个宿舍建设与管理中发挥着领头羊的作用。首先,实施宿舍长轮流制,锻炼宿舍每一位成员参与宿舍管理的能力。① 其次,实行宿舍长负责制,在明确的职责内行使管理权,严格贯彻宿舍制度的全面有效落实。再次,宿舍是一个小集体,共同目标是前进的动力。宿舍长应与宿舍成员积极沟通,制定符合相关宿舍发展的特定目标,如针对宿舍的学习情况,制定大家在此前学习排名的情况下,大家共同提升相应的排名。最后,宿舍长在宿舍方面应经常组织开展丰富多彩的集体活动,在交往中增进了解,加深友谊,增强宿舍集体凝聚力与向心力,如在节假日、某个成员生日等时间点组织宿舍成员集体聚餐,讨论各自最近的学习生活问题,但是活动的开展不能影响学生正常的学习和学校的相关规定。

使宿舍成为温馨的家园。学生在校的一半时间里都是在宿舍度过的,宿舍就是学生的第二个"家"。和谐融洽的宿舍氛围有利于提高学生对宿舍的认同感与归属感。首先,宿舍成员可以充分发挥自己的聪明才智,制定具有特色的宿舍名,如静心斋、舒服家等;其次可以发动学生在美的原则下布置宿舍,打造属于自己的温馨小窝;最后,宿舍成员还可以一起拍张"全家福",张贴在宿舍的门口或墙壁上。②

四、学生假期管理

学生假期管理是班级管理的一部分,随着学生假期越来越多,学生除去在学校学习的时间外,大部分时间在校外生活。学生在校外生活的质量,以及学校外面环境对于学生的影响,是直接关系到每个学生身心健康成长的关键因素。学生如能在假期中过得充实、安全和有意义,对于他们的学习、成长将起到很大的促进作用。因此,学校与班级应将假期管理纳入到学生管理中来,加强对学生的假期管理,并对学生进行有效的引导,真正以学生为本,为学生服务,将学生教育工作延伸到假期管理中,实现对学生的全程管理。

学生安全无小事,班级要强化安全法制教育,提高防范意识。一方面加强学生的遵纪守法教育,班主任教师利用假期前的时间组织学生观看专题录像,增强学生防火、防盗、防骗及自我保护意识。严禁学生打架斗殴,涉足网吧、游戏厅等有害身心发展的场所,教育学生不得参加可能危及自己或他人人身安全的活动。另一方面,落实各项安全措施。班主任要和家长密切配合,对学生进行全面的安全教育,如遵守交通规则,安全使用煤气与电器,不到河塘、水库等危险的地方玩耍,家校合力,共同帮助学生度过一个安全的假期。

打造学习型假期。假期不仅仅是休息的过程,也是充电的过程。首先,教师在布置作业时具有针对性,学生掌握不够好的内容、学期的重点内容、为接下来授课做铺垫的内容

---

① 刘玉兰,李明新.从寄养到教养:让住校生幸福成长——北京小学寄宿制教育的全面探索[J].中小学管理,2016(11):19-23.

② 张大勇.学生宿舍文化建设与学生综合素质的提高[J].中国成人教育,2003(07):53.

应是假期作业的重点。同时在作业的布置要分层,既要使学困生吃得消,又要使优等生吃得饱。其次教师要有效引导学生们进行阅读,既可以向学生推荐相关的书目,也可以使学生自行选择有价值的图书,在阅读后督促学生做相应的读书笔记。最后,学校可以开发与设计假期选修课程,如"中国戏剧鉴赏""篮球规则与打法"等学生较为感兴趣的课程。通过学生的自我学习,形成良好的假期学风,让广大学生过一个学习型假期。

培养学生的社会实践能力,打造实践型假期。积极鼓励学生参与各种社会实践活动,让学生们走向社会,了解社会,既丰富了学生的假期生活,增加了他们的社会知识,又陶冶了学生的情操。在保证学生安全的前提下组织学生进行一些必要的社会调查与实践,既可以让学生走进大自然,感受祖国的大好河山,名胜古迹,从而开阔学生眼界,增长学生见识,也可以参观革命烈士纪念馆、博物馆、地方史志馆,增强学生爱祖国、崇拜英雄、爱家乡的自豪感。通过一系列的社会实践活动,提高学生的社会适应能力,使假期变得更加充实、更加富有意义。[1]

五、学生档案管理

学生档案是指学校在招生录取、教学、学生管理及各项活动中直接形成的具有保存价值的并经过立卷归档集中保存起来的各种文字、图表、声像等不同形式的文件材料。其真实地记录了学生从入校及在校期间各科学习状况、社会实践、思想生活的全过程。学生档案管理的主要目的在于对学生在校期间的活动资料进行统一全面地收集整理,对学生性格特征、个人素质、能力水平等方面进行多方位的考察并记录,保证档案资料的准确性、完整性、连续性,并为有关机构对于学生资料的查询提供有效途径。学生档案管理不仅对学生今后的就业非常关键,也在一定程度上彰显了学校及班级学生管理工作的水平。为了更好地对学生档案资料进行管理,需要从强化师生档案意识,建立完善的档案机制,提高档案信息化管理水平等方面入手。

强化档案意识。[2] 首先,学校管理层要转变学生档案管理的理念,充分认识到学生档案资料管理的必要性。可以设置一名副校长专门分管学校档案管理工作,邀请相关的档案骨干为学校档案管理队伍做培训,强化档案管理人员的专业技能。其次,班主任要在工作中强调学生档案对于学生升学、出国深造与就业等各个事项的重要性,帮助学生树立正确的档案意识。最后,对于学生本人来说,要明确档案对自身前途发展的重要性,在档案资料的填写过程中要确保信息准确、真实,不漏填、少填。

建立完善的档案机制。学生档案资料的管理需要充分的顶层设计。首先,重视档案管理制度建设,可以参考《中华人民共和国档案法》《中小学生学籍管理办法》等相应的法律法规与规章制度,结合学校学生档案工作的实际情况制定档案资料管理制度。其次,明确各职能部门在学生档案管理过程中的职责与义务,严格规定档案收集、整理、鉴定、保管等各工作环节的相关要求。最后,完善档案专业人员的管理、培训、职称评定制度,为师生

---

[1] 吉从琴.让班级管理与学生的假期安排同行[J].教育教学论坛,2013(40):19-20.
[2] 唐莹.以学生档案为例谈加强高校生档案意识的有效途径[J].兰台世界,2012(35):86-87.

提供更加优质的档案服务。

提高档案信息化管理水平。① 信息化管理是档案管理的必然发展趋势,学生档案管理必须与时俱进,通过信息化建设,使学生档案管理的各个环节和各项内容能够更加快捷、方便。一是,要加大对档案管理信息化的投入,配备完善的现代技术设备,对于陈旧和损坏的设备,应安排专项经费进行维修与升级。二是,要在信息化建设工作的基础上,考虑信息安全、信息管理和系统的后期维护,应注重学生档案信息的更新与维护,运用信息技术对信息进行安全防护,避免因病毒和黑客攻击造成信息外泄。三是,建立打造一批能够适应信息化的档案管理队伍,学校一方面需要对现有的档案管理人员进行专业化的网络信息技术培训,另一方面向社会吸引一批信息化人才,充实学校档案管理队伍。

---

① 何祖华,种金成,路颖,徐俊.基于信息化时代高校学生类档案管理模式研究[J].兰台世界,2012(23):56-57.

第三章　班级文化

第一节　文化、学校文化与班级文化

一、文化的内涵

作为人类社会所特有的现象,文化是人类在其社会历史发展中不断创造、总结、积累下来的物质财富与精神财富的总和。文化既包括世界观、人生观、价值观等具有意识形态性质的部分,也包括自然科学和技术、语言和文字等非意识形态的部分。

二、文化的重要性

人类由于共同生活的需要创造出文化,文化在维持人类社会正常运转的各个方面发挥着主要的功能,具有十分重要的意义。

（一）文化对于社会的重要性

文化通过其对社会生活的渗透与引导,对社会力量具有凝聚与导向的作用。作为价值体系和行为规范,文化提供着关于是与非、善与恶、美与丑、好与坏等社会标准,并且文化可以通过社会教育而内化为个人的是非感、正义感、羞耻感、审美感、责任感等,从而提高人们的道德情操、认识水平和人生境界,凝聚社会力量。社会的发展离不开社会力量的凝聚,社会力量的凝聚有赖于民族认同,民族认同则主要来自文化认同。[①] 此外,文化作为一种精神力量,能够在人们认识和改造世界的过程中转化为物质力量,从而对社会的发展产生深刻影响。

文化与社会经济政治紧密相连,互相影响。先进、健康的文化能够反作用于政治与经济,为政治建设和经济建设提供正确的方向指引、不竭的精神动力与强大的智力支持。一方面,文化有利于社会政治文明的建设,良好的文化对于创建社会精神文明和促进政治领

---

① 杨耕.文化的作用是什么[N].光明日报,2015,2015-10-14(13).

域的进步有着十分重要的意义。另一方面,在经济发展中,文化教育事业的蓬勃发展培养了一代又一代高素质人才,文化产业也迅速崛起,人民的文化消费更加丰富多元,文化生产力对于现代社会经济的发展具有不可忽视的作用。

(二)文化对人的重要性

文化对人的影响是潜移默化且深远持久的。文化对人的影响来自于特定的文化环境与形式多样的文化活动,无时无刻不影响着人们的实践活动、认识活动,以及思维方式。

文化的作用是以社会规范"化"人,进而发挥理性对"人的行为"的主导作用。每一种文化都提供具有约束性、普遍起制约作用的行为规范。① 积极、健康的文化提倡正确的价值观,如社会主义核心价值观等内容,这些都有利于平衡现代人的心态,解决精神困惑,从而提高人民的文化素质。一个人的世界观、人生观、价值观是在各种文化因素相互交织、共同影响下,在长期的生活与学习过程中形成的。文化具有塑造人的重要意义。优秀的文化能够丰富人的精神世界,增强人的精神力量,促进人的全面发展。多元丰富的文化活动是丰富自身精神世界,培养健全人格的重要途径;具有感染力与感召力的文化成果与文化作品能够使人的精神力量倍增,产生推动自身进步的心灵动力;优秀的文化是人们赖以生存、发展的精神食粮与营养来源,对于促进人的综合素质的全面发展具有不可替代的重要意义。

三、学校文化的内涵

学校文化是一所学校的灵魂所在,是学校全体成员共同创造和经营的文明、和谐、美的生活方式。学校文化根植于社会文化的土壤,和社会文化有千丝万缕的联系,又具有其自身鲜明的特征。学校文化是在学校这一特定的场景中,由师生共同参与的教育实践活动方式与物质形态的总和。学校文化包括精神文化、制度文化、行为文化和物质文化。其中,精神文化是学校文化的核心,核心价值观是学校文化的灵魂。②

按照呈现形态,可以把学校文化简要概括为物质和精神两个层面,或是显性文化与隐性文化两种形态。学校文化既包括了校园建筑、环境建设、文化宣传布置等显性的要素,也包括了人际环境、心理环境、精神文化等隐性的要素。其中以校园的物质环境为代表的显性文化对学生具有重要的德育价值,如校园建筑、校园内的活动仪式等。除此之外,学校内的隐性文化包括有校风、学风、班风、教风,以及校园人际关系等内容,这些隐性的学校文化更是以"润物细无声"的方式深入影响着学生。丰富的校园精神文化,和谐、友善的校园人际关系与班级人际关系是最具有德育价值的学校隐性文化。

四、学校文化的重要性

学校文化是一所学校的生命所在,代表着学校的核心优势,更是学校能够蓬勃发展,

---

① 杨耕.文化的作用是什么[N].光明日报,2015,2015-10-14(13).
② 张东娇.论学校文化管理中的价值重塑与流程再造[J].教育科学,2014,30(2):9-12.

始终具有生机的源泉。

(一)学校文化具有导向与调适功能

学校为学生创设出具有审美观赏性的校园自然环境,和谐而友善的人文环境,以及具有深厚文化底蕴的校风、学风,这些都属于学校文化的范畴,将对学生的一生产生极其深远的影响。优美丰富的校园景色、工整有序的校园陈设、整洁平坦的校园道路、宽敞明亮的教室环境,以及先进齐全的教育设施等,都从方方面面使学生感受着学校文化对其道德素养与行为习惯的浸润及导向。学校文化以润物细无声的方法浸润着每一位在学校学习生活的学生与老师。良好的学校文化能够从价值取向、行为目标和规章制度三个部分对全校师生产生正面、积极的导向作用,有助于引导师生树立正确的人生观、价值观,规范师生的言行。教师的行为规范是校园文化的重要体现,不论是教师的责任担当还是职责的履行,不论是纪律的操守还是治学精神,无一不受学校文化的影响和约束。而教师作为教育活动中的主导者,其行为规范也就自然会影响学生的行为规范。[1]

学校文化通过行为规范以及道德素养对全校师生进行导向的同时,也对其有一种调节与适应的功能。良好的学校文化能够使人在学校文化建设的过程中健康成长,学校文化从环境调适、人际调适和心理调适三个角度影响着校园里的每一个人,有助于培养师生良好的心理素质以及必备的各项技能,促进其身心健康而均衡的发展;帮助其拥有健全的人格并掌握正确的人际交往方式,从而建立起和谐、友好的校园人际关系。学校文化对于全体师生的行为举止与道德素养的影响是不可估量的,学校文化以潜移默化的方式影响着师生的身心,为师生的未来发展提供着持续性的养分。因此,建设良好的学校文化对于开展学生的德育教育、形成亲密和谐的师生关系、促进全校上下的共同发展等都具有重要的意义。

(二)学校文化具有凝聚与辐射的功能

学校文化体现着一种办学理念和内在精神,体现着教育责任以及教育价值取向的诉求,体现着全校师生对人生目标与社会理想的追求。学校文化是为全体师生所共同认同的价值取向,这样的群体意识具有十分强大的凝聚力,促使师生都能够自觉地调整而后凝聚在一起。一方面,由于学校文化是由全体师生共同建设的成果,因而能够把校园内的每一分力量凝聚在一起,而后内化为开拓创新、不断进取的集体动力,激励全体师生为共同的发展目标而努力奋进。另一方面,学校的每一位成员作为学校文化建设的主体,也能够感受到自身的集体归属感、集体责任感与集体荣誉感,并在此影响下逐步养成团结合作的精神。这是学校文化对于个人的吸引力,以及个人对于学校这一集体组织的认同感与向心力。

学校文化除了对学校内部存在有利影响,也对学校外部,即社会外界产生着一定的影响。学校文化向外界发挥其文化影响的功能就是学校文化的辐射功能。通过学校文化的建设,学校向外界展示自身由内而外显现出来的综合风貌与精神文化等内容并对外界产生影响,从而在社会范围内造成良好的效应。与此同时,学校文化的辐射功能也在双向地影响着学校自身的建设与未来发展。

---

[1] 闫洪德.论学校文化及其价值功能[J].新课程,2020,(25):200-201.

五、班级文化的内涵

著名教育家杜威曾说过:"学校包含特别的环境,它用专门的设备来教育学生。"班级是学校育人环境中最基本的单位,是构建学校文化建设体系的关键,更是学校教学工作有序开展的基本保障。如果说学校是教育的"大社会",那么班级则是教育的"小家庭"。在"小家庭"中形成的班级文化是班级建设的灵魂所在,更是学校文化的核心构成,能够给班级成员精神层面的感染与熏陶,以"润物细无声"的方式浸润学生的心灵,产生"蓬生麻中,不扶而直"的强化效应。但班级文化建设并非一蹴而就的,必须重新审视班级文化建设含义,积极营造班级文化氛围,充分挖掘班级文化的育人效用,进而推进学校文化的建设。

通常班级文化指在班级内部长期形成的、获得普遍认同的、具备独特价值的思想观念、价值取向和行为准则的总和。[①] 班级文化既是将学校文化内化于心的过程,又受不同因素影响而展现出独特文化特质,影响学生个性发展与品格塑造,主要包括:物质文化、制度文化、观念文化等内容。

班级物质文化建设是班级文化建设的实体部分,主要涵盖教室环境、设施陈设、宣传标语、文化墙、图书角、荣誉奖章等各类实体物质。不同类型的班级通常具备不同形态的班级物质文化,我们往往可以借助班级物质文化具体形态上的差异发现班级建设特点,甚至发现学习氛围、班风、班气的差异。如班级教室地面不留一片纸屑通常意味着该班级具备良好的管理机制、自控能力和团队意识。苏霍姆林斯基曾说过"无论花草树木种植,还是图片标语张贴,又或是墙报设计,都可以从审美的高度精心规划,充分挖掘其潜移默化的育人效应,并最终连学校的墙壁也能说话。"班级物质文化建设离不开物质帮扶和资金投入,但是物质与经费投入不一定能够打造良好文化育人环境,它需要班级成员精心设计,合理安排布局,充分利用班级物资营造文化育人氛围,达到"润物细无声"的效果。

班级制度文化建设是班级文化建设中的制度层面,主要包括班级中的各类有形化、条理化、明确化的规章制度、行为准则、纪律要求等,同时也涵盖班级长期发展中形成的无形的习惯和约定俗成的规范,以及在教育教学活动中养成的班级传统和班风、班貌等。[②] 班级制度文化具备有形和无形两种形态。如《班级守则》是有形班级制度文化的典型代表,《班级守则》中不同的内容反映了不同的班级管理理念和教育观念,其对学生思想养成和行为塑造产生了深远影响。此外,在班级制度文化建设中尤其要关注那些不成文的,却能集中反映班级传统、风气与习惯的非正式制度文化。某些有经验的班主任虽然对学生的具体行为规范要求比较模糊,看似"管得不紧",但长期积淀的班级传统、班级习惯以及一些约定俗成的规则却能有效约束和规范学生行为,协调各种关系。基于此,在班级制度文化建设中,不仅要制定科学有效合理的有形规章制度,更要善于挖掘、提炼、宣扬班级优秀传统和习惯,在潜移默化中促进学生成长。

---

① 海国华.积极建设班级文化构建学生精神家园[J].中国教育学刊,2008(08):25-27.
② 张祥兰.班级文化场域建构:价值选择与关系调适[J].中国教育学刊,2016(08):51-54.

班级观念文化建设是班级文化建设的观念层面,包含班级思想观念、意识形态和价值取向等。在班级文化建设中,观念文化通常是无形的却又无处不在,它借助"隐性课程"的形式对学生世界观、人生观和价值观的塑造产生深远影响。班级观念文化建设集中表现在班风与学风上。班风和学风在班级长期教学实践过程中逐步养成,体现了一个班级的文化积淀,一经形成往往不易消散,成为班级全体成员共同的行为准则和价值信念。良好的班风和学风对学生的个性养成和品格陶冶所产生的正向激励效应,是其他教育形式难以匹敌的。如"认真严谨"的品质在班级管理、学习习惯、教学要求等方面展现出来,并在长期积淀中逐渐形成文化育人氛围,促进学生形成严谨认真的品格。因此,要在班级建设中致力于班风、学风建设,借助"隐性课程"潜移默化教育学生,发挥班级文化育人效能。

此外,班级文化建设还应包括教师文化、学生文化、课程文化等多种形式亚文化形态。[①]

教师文化是学校文化的重要代表。在学校文化建设过程中,教师文化在一定程度上影响学校价值系统和学校文化传统建设。尤其教师"教书育人"的职责,更决定了其行为方式必须要遵循一定的道德规范和价值原则。教师不仅要用专业知识教化学生,更要用自身良好品格、道德素养以及规范的行为去影响、感染学生。学生从老师那里除了习得基本的知识和能力,也能通过老师的言传身教,接受世界观、人生观和价值观的熏陶。由此观之,教师作为社会主流文化的承载者与传播者具备"双重身份",既是学业导师,又是人生导师。因此,教师必须不断提高其文化素养。然而社会上存在关于"文化素养"的认识误区,如认为教师都是具备专业知识的"文化人",其文化素养已足够高了。但是,教师掌握专业学科知识并不意味着具备良好文化素养;"有文化"也未必都有"人文精神"。"知而不行,非知也。"文化被人掌握了仅仅处于"知"的状态。要使文化内化为人的素养,则需要将其渗入到人的心灵,逐渐转化为一种精神,并指导人的行为。因此,要将提高教师文化素养作为班级文化建设过程中的关键内容。

学生文化是指受到学生身心发展的特定需要,以及学生之间相互作用而形成的独特群体文化。学生文化具备非正式性、多样化、互补性的特点。"非正式性"强调没有经过学校、班级、教师等有意组织和安排,通常是在学生日常交往过程中,受到共同的价值观念和行为习惯影响而自觉结成群体。此外,学生文化作为一种"隐形教育形式",其对学生的影响也是非正式的。学生文化构成一种"学习情境",处于这种"情境"中的每一个学生会或多或少地受到"场域"影响,在不知不觉中逐渐习得这种文化,并影响学生行为表现。学生文化的多样化常指文化类型的纷繁多样。例如,种族、地区、民族特征、社会背景、年龄特征、心理需要等多种因素的相似性与共同性,促使学生形成多种多样又相对独立的文化群体。互补性常指不同文化群体形态之间的互补性,学生文化本身就是对学校主流文化建设的有益补充。由于学校主流文化难以包含学生生活的所有内容,学生文化作为有益补充方式充分展现了学生生活的意义与价值。在班级文化建设过程中要重视对学生文化的了解、适时引导,推动昂扬向上、积极进取的学生文化建设。避免与主流文化相悖的

---

① 谭英海.略论班级文化及其对学生发展的作用[J].当代教育科学,2003(10):6-7+16.

学生文化滋生负面影响,从而有效推动学生文化建设。

课程文化普遍具有狭义与广义之分。狭义上"课程文化"主要强调各种教材文化的集合,关注静态积累;广义上"课程文化"强调学生在一定教学情境中所获得的所有教学经验的过程,侧重动态发展。课程作为一种特定文化形式,是悠久文化传统和长期文化积淀的产物,更是人类精神文明的重要体现。同时课程有着区别于其他文化的特质:它总是以社会或社会群体的主流文化为指导,并将主流文化转变成学生能够接受且乐于接受的方式。学生在日常学习和与教师交流过程中潜移默化,或多或少地受到主流价值观的熏陶。课程文化的育人价值不仅体现在课堂教学过程中,还熔铸于丰富多样的课外活动上。因此,在日常班级文化建设中要将"第一课堂"和"第二课堂"有机结合。通过"第一课堂"开展好学生必修课和选修课教育,不断提高学生的文化素养和科学知识积累。引导学生形成正确的世界观、人生观和价值信念。借助"第二课堂"开展名师讲座、专题研讨、名著精读、艺术欣赏、文艺会演、体育锻炼等多种类型文化活动,丰富学生课余生活,逐渐提高学生的审美情趣与文化修养。此外,还可以组织学生参与社会调查、参与社区服务工作等让学生在实践中养成良好行为习惯,不断提升自身修养。

第二节　班级文化建设的重要性

班级是学生成长与发展的关键领域,肩负着立德树人的重任。作为与学生成长密切相关的潜在教育方式,班级文化建设既是将学校文化内化于心、彰显于行的过程;又反映学生群体的个性文化特质,直接关系到学生个性发展与品格塑造。因此,要探讨班级文化建设对学生发展的长效价值,发掘班级文化建设的重要性,需着重关注理论层面和实践层面上的班级文化育人价值。

一、基于"场域理论"的班级文化育人价值分析

法国社会学家皮埃尔·布迪厄(Pierre Bourdieu)在其"场域理论"中指出,"场域"是"各个位置之间存在的客观关系的一个网络或一个构型,这些位置是经过客观限定的"。进一步说,"社会场域是由附着了某种权力形式的各种位置之间的一系列关系构成的。由社会成员按照特定的逻辑要求共同建设,是社会个体参与社会活动的主要场所,也是集中符号竞争和个人策略的场所"①。由于"场域"是具备特殊引力的合理构型,各种具有文化特性的要素可以充分融入其中,经由彼此竞争、磨合等作用方式,不断改变"场域"结构,促使整个"场域"朝着各要素利益获取的方向调整。班级文化"场域"同样是一个能够吸引相关各方力量,协同推动班级建设,促使班级成为适合学生健康成长的合理"场域"。

---

① 皮埃尔·布迪厄,华康德.实践与反思:反思社会学导引[M].李猛,李康,译.北京:中央编译出版社,1998.

既然文化是绵延不断的,那么班级文化"场域"也应该是一种持续生成、发展的"生命体验场"。处于班级文化"场域"中的学生,受"场域"内外力的相互作用,在潜移默化中促使其个性发展与品德塑造。

一方面,班级文化"场域"的育人价值体现为塑造学生的共同价值观念、规范学生行为。班级文化又称"班级群体文化",是班级全体或部分成员共同的理想信念、价值观念、行为态度的综合体。① 班级文化"场域"的育人价值集中表现为塑造学生共同价值观念、规范行为习惯,是班级成员互相磨合、适应、包容、合作达成的成果,也是班集体公认的价值规范与行为准则的总和。任一文化"场域"对人都具有某种强制性要求,这种强制性体现在某种特定文化"场域"具有的内驱力使身处其中的人不得不遵守。而班级文化"场域"的强制性表现在,班级借助规章制度不断规范和约束学生行为,以适应文化"场域"要求。这里所指的规章制度主要包括学校宏观管理要求、社会对学生行为规范的要求、学生民主讨论制定的班级管理规定等。② 这些班级规章制度规范和引导学生形成正确的价值观、思想态度和行为准则,逐渐提高学生自我约束力。例如,在班级文化建设中,借助班级公约、班级愿景、班级目标等展现班级核心价值观建设要求,并将其作为班级规章制度,规范和约束学生行为。学校的规章制度和育人观念可以借助班级文化"场域"传递给学生,并逐步演化为学生的行为准则,为引导学生形成正确的价值观奠定坚实基础。

另一方面,班级文化"场域"的建设有助于培养学生品格,激发学生集体意识。学生个性与良好品格的培养,必将是一个漫长而复杂的过程,需要来自班级文化"场域"的支持与塑造。班级通过开设多种类型的实践活动、打造积极向上的班级风貌、建设和谐友爱的人际关系来丰富学生的生活阅历与情感体验,进而塑造其良好品格,推动其个性发展。班级文化的"凝聚力"主要体现在,班级能够借助一定的方式把内部成员的个人利益与班级的目标、命运和前途紧密连接,使个人与班级"荣辱与共"。尤其由班级成员共同创造的班级文化,更是寄托着他们的共同目标和价值追求,彰显着他们的思想态度、价值观念与文化习性。这些班级文化能激发其成员对班级目标、班风班貌、准则规范的认同感与归属感,体会到作为班级成员的责任感、使命感与自豪感,从而有助于形成班级凝聚力,增强班级集体意识。例如,学校举办的大型文艺、体育、科技等竞赛活动,能够有助于培养学生集体荣誉感,形成团结合作、友爱互助的班级文化氛围,增强学生的团队意识和集体意识,从而发掘学生的个人潜能,提高学生的积极性。此外,班级各项集体活动也能充分锻炼学生的个人表达能力、灵活应对能力和人际交往能力,使其逐渐树立强大信心,促进其个性发展与良好品格的形成。

总而言之,班级文化"场域"借助其独特方式,潜移默化地影响学生的成长与发展。其育人价值表现在:一方面,借助班级规范、制度建设和各种组织活动塑造学生的价值观念、规范学生行为习惯;另一方面,打造个人与班级的"共同命运体"。在培养学生个性与良好品格的同时激发学生的集体意识,打造极具向心力、凝聚力和发展力的班级文化氛围。

---

① 殷蕾.基于场域理论的班级文化育人研究[J].中国教育学刊,2018.(02):64-67.
② 谭海英.班级文化建设的作用、原则和措施刍议[J].基础教育研究,2013(07).

二、班级文化建设中的实践价值探究

班级文化建设具有丰富的内涵与实践价值。加强班级文化建设无论对学校整体文化建设层次的提升，还是班级建设的全面加强，又或是促进学生个体的社会化和身心全面发展，都具有重要的推动作用。

（一）班级文化建设是助推学校文化建设的关键抓手

学校文化是学校的灵魂与支撑，是学校全体成员共同创造和努力经营的文明、和谐、美好的教育生活方式，是在学校核心价值观指导下的思想观念和行为方式的总和，更是学校生活全部和本身。① 班级文化作为学校文化建设的关键内容和主要表现形式，是学校核心价值观在班级层面的具体落实和深化，班级文化建设的成效直接关系到学校文化建设的质量与水平。因此，加强班级文化建设既是助推学校文化建设的内在要求，更是关键抓手。只有把单个班级文化建设好、发展好，学校整体文化建设的进一步深化与发展才能有更为坚实的基础，不至于因缺乏支撑而成为"无本之木""空中楼阁"。然而，从文化建设的实践层面来看，存在部分学校对学校文化建设重视度高、资金投入量大，对班级文化建设相对轻视、关注较少。这种重视"学校文化"建设，轻视"班级文化"建设的氛围，致使部分专门从事班级管理工作的教师对班级文化建设的自觉性不高，随意性较强，甚至演变成对班级文化建设不加管理、听之任之的状态。因此，必须要重视和加强班级文化建设，从根本上助推学校文化建设的深化与发展。

（二）班级文化建设是加强班级管理的重要手段

班级作为学校教学的基本组成单位，贯穿于整个教育教学过程，并影响着学校整体教育教学成效。有效的班级管理保障学校教育教学活动的顺利实施，促进班级教学目标和学校育人目标的达成。正如我国著名教育学家冯恩洪说的："环境是种重要教育力量，我们可以告诫学生不能随地吐痰，这是一种教育，但我们还应该创造出一种环境和氛围，让学生不好意思随地吐痰。这是一种更高层次的教育。"然而，传统的班级管理较多地对规则与纪律的服从，轻视对学生自我意识的唤醒和精神力量的培育，从而在某种程度上限制班级文化环境育人效用的发挥。班级文化作为班级群体成员共同创造出来的学校亚文化，是班级成员共同价值观念、精神追求、行为准则的集中体现。它能够充分展现班集体的独特精神风貌，并将逐渐熔铸于一切班级管理活动中，潜移默化地发挥其教育教化、激励鼓舞、规范制约、凝聚同化等功能。良好班级文化氛围一旦形成，会不自觉地借助多种形式融入班级成员生活和学习的各个方面，无形中塑造学生的价值观念、思想态度和行为习惯②。身处优秀班级文化环境中的学生，也会体会到班集体建设带来的责任感、归属感与自豪感。因此，作为班级管理者必须要重视班级文化建设，并将其作为加强班级管理的重要手段。

---

① 张东娇.学校文化建设成就美好教育生活[J].中国教育学刊,2019(04):48-52.
② 刘红云.班级文化建设略论[J].学校党建与思想教育,2011(03):82-83.

(三) 班级文化建设是促进学生全面发展的重要途径

所有教育活动的最终目的指向受教育者的发展,这种"发展",从来都不是指某一方面、单一的发展,而是受教育者作为一个整体的人的全面发展,意味着要形成一定优良品格或是获取人格上的发展。① 苏联教育家马卡连柯曾说过:"没有良好的教育环境而能培养出真正可贵品质的例子,我从未见过;或者说,有了正确的教育工作而滋生出堕落的品格,也是不存在的。"②学校教育要养成学生健全人格和自我同一性,促进学生全面发展。班级作为学校教育教学的基本构成部分,应该为每一个学生的全面发展创设良好的教学环境和学习氛围。班级文化建设作为班级教学实践的主要构成要素之一,在创设昂扬向上的教育情景、丰富学生的文化体验、养成良好行为习惯等方面起到关键作用。此外,班级成员还能借助班级创设的实践机会,营造团结向上的班风学风,构建友爱和谐的人际关系,丰富学生的情感体验,促进其个性发展。例如,"主题班会""趣味比赛""班级文化墙设计"等丰富多彩的集体文化活动,不仅能拓宽学生的视野,而且能够培养学生的组织协调能力和社会实践能力,促进学生全面发展。

[案例]

会说话的墙壁

教室、楼道的墙壁上都是孩子们的作品。老师们认为不在于作品多么精致,而在于教育的创意,给孩子们搭建展示自我、促进交流的平台。很多孩子有自己"领养"的"地盘儿"。"我的地盘我做主"。"心情树""感恩树""问题墙""班级公约""希望墙"等有教育价值的创意。传达生动而又深刻的信息,分别让孩子们学会表达情绪、感恩他人、欣赏同伴、沟通交友的具体方法。

本学期"班级文化墙"活动主题是:"大眼睛走读中国——我眼中的 xxx 省。"三至六年级要求学生在深入了解相关省份的基础上,将所学、所想、所感,以文章的形式,在"班级文化墙"的文章展览专栏上展出。二年级要求学生了解相关省份地理状况、经济发展、风土人情、名胜古迹、少数民族等,把感兴趣的内容记录下来,制作出有班级特色和地域特色的班级文化墙。一年级的主题是"宝贝上学乐",一个班级负责一个省份,这样孩子们可以互相学习,了解我国的各个省份。

[案例]

班级文化建设谁负责

班级共 52 名学生,班级情况表现为:

首先,性别比例严重失调,男生 40 名,女生 12 名。

其次,班级总体学风、班风较差。学生思想上集体荣誉感不强,学习不努力,作业拖沓,错误率较高。尤其是双休日,作业质量更差。其中,刘某、马某同学几乎从不写作业。除数学课班级纪律较好外,其他课堂纪律都很差。闫某、王某、袁某等卫生习惯较差,总是在课本、作业本上乱涂乱画。而且班级学生经常带零食到校,且随意乱扔纸屑,做值日不

---

① 叶柳.论班级文化建设的价值、策略与原则[J].教学与管理,2019(12):68-70.
② 马卡连柯.父母必读[M].北京:人民教育出版社,1979.

够自觉。赵某、王某、杨某经常与同学打架，不尊重老师，甚至课堂上直接与任课教师争吵，影响极坏。

再次，特殊情况学生较多。班级中父母离异较多，且有些父母经常无所事事，管教孩子方式有暴力倾向等。受此影响，孩子通常存在拖沓作业、爱打架、说谎、偷窃、破坏欲强等问题。

最后，班上那些成绩不错的孩子家长却又较为关注考试成绩，存在对品德行为养成不够重视的情况。

面对本班的情况，班主任与各科老师一致认为，问题比较复杂，不是靠某一项具体的措施能解决好的，更不是靠一方努力能够解决的。班级文化建设到底应该谁负责？

思考：结合两个案例中不同班级的情况，试分析展开班集文化建设的重要性？

第三节 构建班级文化

一、外显班级物质文化

班级物质文化是班级文化的重要组成部分，是指班级的内外教学环境和各种教学设施所表现出的物质文化形态，属于班级文化的硬件，是班级文化的基础及其水平的外显标志。班级物质文化主要包括各种教学设施、墙报、宣传栏、图书角、生物角以及班级标志物等。古人云"山光悦鸟性，潭影空人心"，西方学者杜威也曾说"要想改变一个人，必须先改变其环境，环境改变了，人也就改变了"。教室是学生学习生活的地方，也是教师教书育人的主要场所。一个整洁、明丽、温馨、优雅的班级环境能激发学生的学习积极性，陶冶情操，消除学生的疲劳，增添学习的乐趣，会产生潜移默化的教育作用。[①]

班级物质文化建设的过程是一个科学的过程。首先要遵循主体性的原则，学生是各种教学活动的主体，教室是学生成长的场所。要让学生做班级物质文化建设的主人，充分发挥其主观能动性，用自己的双手营造一个温馨、舒适的班级家园。其次要遵循个性化原则，在进行教室布置和班级标志物的设计时，要考虑班级和学生的个性，使每一位学生各尽所能、各显神通，发挥自己的聪明才智，设计出具有独特个性的教室。最后要遵循实用性原则，教室不是游乐园，教室的布置不单单是为了好看，最重要的是要发挥其特有的潜移默化的教学效果。在教室布置中，一方面要重视教室的教育意义，另一方面要避免"圣诞树"式的设计，既要具有艺术性，又要兼有实用性。

（一）利用教室墙壁

心理学家认为良好的环境对人有着积极的影响，优美的教室环境能够给学生带来美的感受，提高学生的审美能力，陶冶学生的学习情操。教室中的墙壁也可以作为教育的素

[①] 齐学红.班级管理[M].北京：北京大学出版社，2015：78.

材,促进学生思维的发展。传统的教室周围都是空无一物的白色墙壁,看起来单调而又压抑,不能给学生带来轻松愉悦的感受。因此,要合理利用教室墙壁,将墙壁打造成为班级的特色景观。

首先,前后门口的进出墙壁可以作为展示墙,用来展示学生的各类作品,比如书法、剪纸、绘画等作品,并进行定期更换。也可以用来表扬当月成绩优异、进步突出的同学。

其次,左右的墙壁可以粘贴名人肖像,名人名言。依据阿尔伯特·班杜拉(Albert Bandura)的强化理论,榜样能够激发学生内在的学习动机,促进学生的自我发展。在进行名人肖像与名人名言选择时,第一要与班级的奋斗目标和实际情况相适应,第二要发扬民主精神,让学生们自己进行选择,第三要注意定期更换。

最后,发挥后黑板的作用,一是后黑板的平台化,将后黑板打造为学生进行民主管理的平台。班委的选举情况,班级各项常规制度规范,以及类似"足球先生""才艺大师"等荣誉称号在后黑板进行公示。二是后黑板的人文化,可以把学生的照片和所获奖状贴在后黑板上,制作学生海报,增强班级的凝聚力,学生的团队意识,真正让学生感受到自己是班级大家庭中的一员。

[案例]

现在班上推行一个新玩意——学生海报,是我在看篮球赛时突发奇想的。

在篮球队里,每个球队主场都挂着球员的巨幅画像,我想这何尝不能用在我的班级里呢?学生可以把自己的照片贴在班级的后黑板上,当学生走进教室时,看到后黑板上全是他们的照片,预示着这是他们自己的班级,他们是班级的主人,这是一件多么令人自豪的事情呀!每天一进门就看见自己的微笑,以愉悦的心情开启每天的学习。同时也时刻提醒自己不能偷懒,勤奋学习,因为自己时刻看着自己,监督着自己。(N市第24中学)

(二) 挖掘教室的角落

班级的角落既是大家容易忽视的地方,也是班级管理中的一大难点。在大多数的班级中,角落一直是用来放置垃圾桶或者打扫工具的地方,这样既不美观又不卫生,因此,要合理利用教室的角落,发觉角落的价值。

读书角:马克西姆·高尔基(Maxim Gorky)曾说:"我读的书越多,我对世界就越感到亲切,生活对我变得越加明亮和有意义。"班主任要在有效的指导下让学生进行图书的选择,利用班费的形式进行图书的购买,不断充实班级书柜。班主任还可以选择一名学生担任"图书大使",对班级图书进行有效的管理。师生一起营造读书氛围,让角落成为书香弥漫的一方小天地。

植物角:植物角的作用在于培养学生的爱心、耐心和恒心。在班级的角落建设植物角,可以使教室具有生活的气息,充满勃勃生机,让学生的生活富有情趣,引导学生关爱生命。教师和学生可以根据自己的爱好,把自己喜欢的盆栽带到学校,并定制一些木质栅栏,将盆栽放置在栅栏之中,营造生机盎然的教室环境。①

(三) 设计班级的标志物

个性化的班级标志物主要包括班训、班歌、班徽等。在设计中,班主任要调动全班学

---

① 齐学红,袁子意.班主任工作十日谈新手上路[M].北京:教育科学出版社,2015:40.

人人参与,要体现班级理念和特色;并在各种场合中通过各种活动来展示班训、班歌、班徽。班级标志物的设计不仅有助于增强学生的创造力、合作力、动手能力,还有助于学生对班级产生强烈的认同感和自豪感,增进学生彼此之间的交流与信任,增强班级的凝聚力。

班训是班级特色和个性的高度概括,是班级文化的标志。它主要以简洁流畅的语言对班级里的学生进行要求、训导、规范与告诫,良好的班训能够激励学生刻苦学习,积极进取,对教育具有间接和隐形的效果。制定班训时要从班级的实际情况出发,充分征询老师和班级学生的意见,让班训得到全班师生的认可,从而成为班级的共同目标。

音乐能够舒缓身心,陶冶情操,提高其审美能力。班歌的演唱能够催人奋进,增强学生的自信心、勇气、自豪感,展示班级整体的良好风貌。在班歌的创作中,学生们即可以发挥自己的才智作词作曲,也可以选用一些旋律轻快,耳熟能详的歌曲作为班歌,如《团结就是力量》《爱拼才会赢》等。

班徽是班级文化的象征,在宣传和培养班级集体感中发挥着重要的作用。例如,池州市某班的班名为"向阳花班",班徽整体上是一朵向阳花的形状——花瓣代表孩子们,他们手拉手围成一圈,暗喻本班的班训"团结合作";花朵两边的叶子就像羽翼,寓意同学们为了共同的理想努力飞翔;花朵中间的红色心形代表同学们团结一心,红心里的嫩芽则代表希望。

二、提炼班级精神文化

班级文化的核心是班级精神文化,它是一个班级的灵魂。德国哲学家卡尔·西奥多·雅思贝尔斯曾说:"创建学校的目的,是将历史上人类的精神内涵转化为当下生气勃勃的精神,并通过这一精神引导所有学生掌握知识和技术。"教育不仅是获取知识的过程,更重要的是精神成长的过程。① 列夫·尼古拉耶维奇·托尔斯泰曾说:"人的精神力量比体力更富有生命力。"因此,精神成长对于学生至关重要。班级精神文化是在班级核心价值体系基础上形成的具有延续性的共同的认知系统和行为方式,是一个班级本质、个性与精神面貌的集中反映。班级精神文化的内容包括:班级的共同奋斗目标、人际关系、班级舆论、班级精神、班风等方面。良好的班级精神文化建设能够自觉或不自觉地影响着学生的精神世界、价值观念、行为方式,培养学生高尚的品质,促进学生身心健康发展,为学生的一生发展打下坚实的思想与精神基础。

在班级精神文化的建设中,首先要遵循立德树人的原则。教育最本质的目的是教书育人,成人是成才的首要前提,只有做好人,才能做好事。在班级精神文化的建设过程中,要渗透爱国主义、集体主义、传统美德等内容。其次要遵循主动性的原则,杜威充分肯定了学生经验的重要作用,建构主义认为学生的学习过程是一个自身不断建构的过程。学生参与班级精神文化的建设,也是自己不断反思、不断实践、形成良好道德品质的过程。最后要遵循发展性的原则,教育现象学大师马克斯·范梅南曾说:"看待儿童,就是看待可

---

① 雅思贝尔斯.什么是教育[M].北京:三联出版社,1991.

能性。"学生的成长过程是动态发展的过程,班级精神文化建设要以学生的发展为出发点和落脚点,符合学生的兴趣需要,身心发展水平,促进学生健康全面可持续发展。

(一) 确立班级共同目标

目标是集体发展的方向与前进的动力,共同的奋斗目标是班集体发展的愿景与规划,是维系班级师生共同进步与发展的纽带。蒙田曾说:"没有一定的目标,智慧就会丧失;哪都是目标,哪儿就都没有目标。"明确的目标对于班集体建设具有举足轻重的作用:能够激励学生的内在动机,提高班级凝聚力,促进学生自我发展。班级目标的确定应注意以下方面:

班级目标具有阶段性,一般分为短期目标、中期目标、长期目标。短期目标是指在近期的教学阶段所要达到的具体目标和相应的成绩;中期目标是指每一学年所要明确的奋斗方向;长期目标可以具体理解为在教育的过程中培养社会主义的接班人,未来社会的领军人物等远大的愿景。在班级目标的建设中,要结合班级的真实情况和学生的实际水平,合理制定每阶段目标,使短期目标、中期目标、长期目标紧密联系,层次递进。①

班级目标的制定要具有可行性,在目标的制定时,要充分考虑班级目标是否有实现的可能性。目标的制定要具体、现实,避免好高骛远与盲目空洞,要让学生们能够通过自己的努力达到制定的目标。

班级目标的制定要体现民主的精神,只有在民主的氛围与制度下,学生才能真正说出自己的心声,发挥其主动性与创造精神,积极参与班级目标的建设。只有在民主方式下确立的班级目标才能反映学生们的意愿,才能成为学生们不懈追求的奋斗目标。

(二) 营造和谐的人际关系

和谐的人际关系是班级精神文化建设的基本目标,每一个学生都是班集体的一员,其个体心理发展与学习活动都是通过一定的班级成员群体并在一定的人际交往中进行的。现代班级人际关系主要包含两个方面:一是民主平等、尊师爱生的师生关系;二是团结友爱、互帮互助的生生关系,这两个关系是班级人际关系的重要方面,两者缺一不可。和谐友爱的班级人际关系不仅能够让学生产生归属与爱的需要,满足学生的精神需求,还能形成友好合作的学习活动氛围,促进班集体各项工作的开展。

师生关系是人际关系的重要方面,构建和谐的师生关系关键在于老师的作用。无论是班主任还是各科任课教师,都要公平地对待每一位学生,给予班集体成员充分的关爱与信任。主动打破传统的教师权威形象,积极参与学生的集体活动,与学生进行交流与沟通,了解学生的真实想法。在学习上做学生的引路人,在生活中做学生的好朋友。

生生关系是构建和谐班级人际关系的又一重要方面,学生生活的大多时间是在班级,同学之间的人际关系对于学生的成长有着重要的作用。首先,要发挥教师的作用,对同学之间的沟通交往进行有效的指导。其次,建立民主科学的班级规范,引导与规范学生的言行举止。最后,"真诚、理解、宽容、接受"应成为学生进行人际交往的行为准则。

(三) 培养健康的班级舆论

班级舆论是班级精神文化建设的起点,是指班级中多数人赞同的观念、态度与意见,

---

① 海国华.积极建设班级文化 构建学生精神家园[J].中国教育学刊,2008(08):25-27.

能够影响制约每个学生的心理,规范每个学生的行为。马卡连柯指出:"集体舆论的监督,能够锻炼学生的性格,培养学生的意志,能够培养学生良好的个人行为习惯,能够培养学生对集体的责任感与自豪感。"良好的班级舆论是一个班级形成良好班风与学风的基础,也是一个班级具有向心力与凝聚力的前提条件。和谐、健康、积极的班级舆论能够引导学生正确分辨来自生活中的各种信息与意见,自觉提倡与鼓励正确的东西,拒绝和抵制错误的东西,从而使班级中的每位成员在内心形成正确的标准与规则。

健康的班级舆论需要正确的价值观。班主任与任课教师要积极引导学生树立正确的价值观,可以通过授课、班会等各种活动使学生形成正确的价值判断,树立正确的是非观,荣辱观和美丑观,提高思想道德水平。

发挥榜样的作用,榜样具有强烈的说服力与示范作用。班主任可以选取班级中具有影响力和号召力的先进分子作为班级成员学习的榜样,引导学生努力向榜眼看齐,最大程度发挥榜样在班级舆论培养中的领头羊作用。

培养积极向上的班级舆论,需要加大宣传。一方面,班主任要经常组织学生学习国家法律制度,社会主义荣辱观、学校的规章制度。另一方面,要充分利用黑板报,墙壁的布置等物质文化来形成和谐的班级舆论氛围。①

(四)塑造良好的班风

班风即一个班集体的风气,是由班级成员共同营造的一种集体氛围,反映了班级成员的集体精神面貌与个性特点,体现了班级的内在品格与外部形象,引领着班级未来发展的方向。优良的班风能够影响班级成员的团结,增强班级的荣誉感与归属感,对学生起着良好的熏陶与感染作用。作为集体整体的一种气氛,良好的班风能为班集体的健康发展提供雄厚的精神基础。

塑造良好的班风,首先要发挥班主任的表率作用。"学高为师,身正为范","其身正,不令而行,其身不正,虽令不从"。班主任的一言一行都会对学生的发展产生深刻的影响。班主任要以身作则,严于律己,爱岗敬业,以博大的胸怀来呵护学生,以平和的心态影响学生,以高尚的品格感染学生,以丰富的学识指导学生,只有这样持之以恒,才会收到"无声胜有声"的效果,发挥班风的应有作用。

开展丰富多样的班集体活动,在活动中彰显班风。班集体活动的开展,对于增强学生向心力,提高班级凝聚力,推动班风建设具有重要的作用。组织班级活动时,一定要选择学生喜闻乐见的主题,动员班级学生共同参与,明确各自的分工,共同完成精心设计的班级活动。

群策群力,共同塑造奋发有为的班风。培养良好的班风,不只是班主任一个人的事情,要积极发动全体的任课教师、学生家长一起参与班风的建设。一方面,班主任要经常与各位任课老师取得联系,随时发现班里存在的问题,把握班集体发展的最新动态。另一方面,班主任要定期与学生家长交流沟通,听取家长对于班风建设的有关意见,邀请家长参与班风建设,为优良班风的形成架设坚固的桥梁。

---

① 陈国平.班级精神文化的构建[J].教育评论,2008(01):71-72.

三、建构班级制度文化

古人云:"国有国法,家有家规,没有规矩,不成方圆。"制度是任何一个组织进行规范化与科学化管理的基础与前提。因此,班级制度文化是班级文化必不可少的重要部分,其为班级精神文化与物质文化的建设提供了制度上的支持。班级制度文化指全体班级成员在长期的班级实践活动中所形成的,同时被全体班级成员所认可和遵守的各项制度、规范以及相应的监督机制在内的文化形态。班级制度文化通过民主、科学的方式得以制定,为班级的整体发展营造出和谐有序的教育氛围,从而有效地促使学生不断提高自我管理的能力,实现从"他律"到"自律"的转变。班级制度文化是班级全体成员的智慧结晶,是一种无形的教育力量。①

班级制度文化的形成不是一蹴而就的,而是一个循序渐进、不断完善的过程。首先,要多元参与,采用民主科学的方式制定班级的制度。其次,要不断完善班级的制度,丰富班级制度文化的内容。再次,要采取相应的方式使班级文化制度得到有效的落实与执行。最后,要针对班级制度文化建设相应的监督机制。

(一) 明确班级制度的制定方式

班级制度的制定是班级制度文化形成的起点,班级制度制定的核心就是是否以学生的成长发展为立足点,制定的方式是否民主、是否科学、是否合理。科学的制定方式对于班级制度文化的发展起着事半功倍的作用。在班级制度的建立中,应充分考虑到以下的问题:

充分认识班级制度文化建设的内涵与目的,有效制定班级制度。在班级制度开始制定时,要让班集体全体成员认识到班级制度文化的建设不是一种负担,而是能够规范班级秩序、提高班级管理水平、为学生学习和教师授课营造良好氛围的有效手段。班级制度文化建设的核心目的就是使学生的价值观、思维方式、言行举止与制度文化的内容相适应,并且为学生创造一个积极向上的学习生活氛围,最终推动班级文化的发展与班集体的整体建设。

多元主体参与制度的制定。制度的制定不仅仅是班主任自己的事情,应该是教师、学生共同参与的过程。制度的制定本质上是为了服务于学生更好的发展,学生是班级的主人,在制度的制定中最具有发言权。在制度的制定中,应让学生进行充分的讨论与商议,老师给予适当的指导,并参考学生家长的合理建议确定班级的有关规章制度。②

科学地制定班级制度。教师是班级制度建设的主力军,教师要积极学习关于班级制度文化建设的先进理念和经验,参与相关的研讨会进行深入的交流与沟通,并结合班级的实际情况,制定符合班级特点的科学制度体系。

(二) 完善班级制度文化的内容

班级制度的内容是可以丰富的,形式也是多样的。但并不意味着制度就是越多越好,

---

① 裴素青.让班级文化落地生根[M].郑州:大象出版社,2018:11.
② 王丽娜.班级制度文化建设"三要"[J].思想政治课教学,2014(01):93-94.

要避免过分的庞杂冗繁。在制定制度时,既要考虑学生的心理发展水平和需要,又要兼顾班级的实际情况和个性特点。

建立合理健全的班干部管理制度。班干部是班级管理的骨干力量,班级可以通过民主选举或者推荐的方式建立起有威信、有责任心的班委会。同时,可以设置多个岗位,实行岗位轮换,尽可能地让每一位学生都参与到班级管理中来。让学生自己进行民主管理,搭建起自己心中理想的管理平台。

建立公平的奖惩制度。在班集体中纪律严明,奖惩结合对于学生具有重要的教育意义。一方面要完善奖励制度,建立奖励机制,激发学生的学习热情与积极性。另一方面要合理引进惩戒制度,及时规范学生的不良行为,培养学生的责任感与社会感。①

(三)确保班级文化制度建设的落实与监督

班级制度文化建设是一个长期的过程,需要时间的不断检验。一个制度制定出来后最重要的就是落实与监督。有些班级"只打雷不下雨",班级管理常常得不到应有的成效,一个重要原因就是缺乏制度的有效落实与相应的监督机制。

要不断强化制度的落实。首先,班主任应进行有效的指导,使班级成员充分认识到制度的重要性。其次可以采用多种方式,如定期检查评比、学生自行检查等,促使学生自觉遵守班级规章制度,养成良好的行为习惯。

班级制度文化的建立离不开有效的监督机制。一方面,学校要明确班级制度建设的相关要求,针对不同年级、不同班级的实际情况出台相应的制度,规范班级制度文化的建设,考察班级制度文化建设的措施、进展与落实情况。另一方面,监督的主体应是多元的,要重视学生家长对班级制度文化建设的作用。通过家长会、电话交流的途径,认真听取家长对于建设班级制度的意见与建议,并汇报其实施的措施与情况,有效发挥家长的监督作用。

[案例]

我的班规我做主

学期开始,我让学生们写下"我们班的班规应该怎么建"的建议,同时从文明礼仪、责任、感恩等几方面着手。我设计了家长调查问卷,进行了学科老师小采访,将这些结果作为参考,最终大家以小组为单位一起讨论出详细的方案。根据结果,我们还一起评选出了五名"最佳建言献策小明星"以及三个"最强建设小组"。有心的同学,还编出了顺口溜:

准时起床,上好早操;整理内务,井井有条。

上早自习,朗读最好;饭后小扫,天天做到。

预备铃响,静候老师;专心听讲,积极思考。

L 国际学校初中部 王XX

四、铸就班级行为文化

班级行为文化是班级的一种"活文化",主要是人们在日常生活活动中表现出来的特

---

① 王丽娜.班级制度文化建设"三要"[J].思想政治课教学,2014(01):93-94.

定的行为方式和行为结果的积淀,在班集体中,行为文化就是班级同学行为的一种外显。班级行为文化既是对班级精神文化的诠释,也是对班级制度文化的检验,是班级文化中不可替代与重要的组成部分。而行为文化的建设最有效的途径就是设计与开展具有针对性、组织性的班级活动,通过活动这一载体有效规范学生行为,促进班级整体的文化建设。

首先,开展主题班会活动。主题班会是班级最常见的活动之一,形式是多样的,可以是讨论、演讲等,内容是丰富的,可以以培养良好的行为习惯、公民道德建设、阶段性班级工作、重大节日纪念为主题。在开展主题班会时,应联系本班的实际情况,尽可能地挖掘身边的教育资源,充分调动学生的积极性与主动性,力使每一名学生都能在每一次的主题班会活动中思想有所启发,行为有所改进。

其次,开展有趣的文体活动。轻松活泼的文体活动有利于学生放松身心、愉悦心情、锻炼身体、陶冶情操。一方面班主任老师要积极设计与组织班级的特色活动,如班歌的创作,经典老歌学唱等。另一方面要鼓励学生积极参加全校性的文体活动,如冬季长跑、羽毛球比赛、歌咏比赛等,使得每一位学生充分表现和发挥自己的才能,在活动的体验中获得成长。

再次,开展评比与竞赛活动。榜样的力量是无穷的。在班级管理中,可以设置诸如"优秀学生干部""班级之星""学雷锋标兵"等荣誉称号,在评选时要发挥民主精神,用激励与发展的眼光看待学生。另外也可以结合班级环境,开展"自创班级格言""学雷锋手抄报"等评选活动,并择优张贴在班级的后黑板上,促进学生积极参与。

最后,开展社会实践活动。可以有效结合综合实践课程,适时引导学生走出课堂,到社区中参加服务,到街道打扫卫生,到敬老院慰问老人。通过参加这些社会实践活动,为学生个性的发展和潜能的发挥创造条件,培养学生的实践能力与社会责任感。

五、班级文化过程中需要规避的问题

(一) 班级文化建设趋于形式化

1. 教师对班级文化建设意义的理解存在偏差

在班级文化的建设过程中,教师是班级文化建设的主体之一,对班级文化建设起着积极的推动作用或是消极的阻碍作用。作为班级文化建设的主要引导者,教师对班级文化建设意义的理解直接关系到建设的质量,教师对班级文化建设的管理理念对后续开展一系列的班级文化管理工作有着很大的影响。因此,教师应该从自身的思想做起。首先,要保证班级管理者具有科学、合理的管理理念,教师能够与时俱进地更新自身认知,这样才会有助于班级文化的建设。然而,目前教师的理解存在诸多问题。一旦教师对班级文化建设意义的理解出现偏差,片面地认知与实施工作会使得班级文化的建设走入误区。其次,陈旧、脱节的班级管理理念无法衍生出优秀并且具有生命力与创造力的班级文化。

由于我国对于班级文化建设的探索起步较晚,我国具体教育情况与班级文化建设相结合的经验不足,在开展建设的进程中存在着诸多问题。其中,缺乏高效、合理的班级文化建设模式与方案,导致大部分班级管理者对于班级文化建设的认知仍停留于陈旧的理念,并没有自身独特的看法与认知。同时,诸多班级在还没有准确了解自身的教育情况、班级情况之前,为应付检查或是参加评选,直接将陈旧、模式化的班级文化建设理念推进于不同班级中。因而在班级文化建设的过程中表现为部分学校之间的互相盲目模仿与照搬,各个班级的文化建设模式呈现出"换汤不换药"的现象,存在严重的雷同化问题。

2. 班级文化建设模式呈现雷同化,建设过程流于形式

此外,作为班级管理者,教师对班级文化建设的理解不够准确,认知深度不足。在建设的过程中,未能及时意识到班级文化建设的重要性。许多教师在班级文化建设的过程中,对于建设内容的选择,偏向于注重常规管理,从而忽视学生各方面综合能力的培养,未能准确认识到开展班级文化活动在班级文化建设的过程中具有十分重要的意义。多数教师在繁重的教学压力下,错误地认为开展丰富的班级活动不仅占用了教师自身的休息时间,对学生的学习精力也是一种浪费。这就导致班级文化建设的过程中,部分教师为应付差事而随意开展一些内容陈旧、流于形式的活动,未能正确引导学生对于班级文化的认识,以及抑制了学生参与班级文化建设的积极性。开展各项活动是推动班级文化创新性建设的重要方式之一,多元丰富的活动形式有助于培养学生树立团队合作的意识,增强其集体荣誉感,进而提升班级整体的凝聚力。倘若班级管理者仅仅是简单地将班级文化建设理解为班级的日常管理工作,如查考勤、管卫生、看纪律、抓成绩等,缺乏对班级文化建设的创新性想法,对班级文化建设的有效实施与长远发展有着一定的不良影响。

(二)班级管理随意化

"没有规矩,不成方圆",目前的班级文化建设存在着缺乏明确的班级管理规章制度这一问题。无论是建立一个优秀的班集体,还是建设优秀的班级文化,最首要的就是不能没有完善且合适的班级制度文化。班级制度文化是指以班规班纪为主要内容的班级师生共同制定的认同且遵守的行为准则和道德规范所表现的文化形态。要想构建出契合本班特点的班级制度文化,就需要教师时刻了解、掌握实际的班级情况,并能够据此进行独立且深度的具体分析。在结合本班情况的前提下,开展班级文化建设,根据每个班级的独特性来制定适合不同班级的规章制度。同时,陶行知先生说:"学生自己共同所立的法,比学校所立的更加近情,更加易行,也更加深入人心。"因此,在制定班级规章制度的过程中,要注重管理的民主性,可以采用班级全体同学共同商议、举手表决的方式,集思广益地征求班上同学的建议与想法,从而制定出真正适合本班的规章制度。最后,在制度实施的过程中,应设置适当的规则试验期,如果现有内容存在不足之处,教师应带领全体同学及时地进行修改与完善。

[案例]

班规究竟谁说了算?

俗话说:"国有国法,家有家规。"班规对一个班集体来说自然必不可少。被委任为班主任后,老师头脑中马上想到的就是"没有规矩不成方圆"的古训,他决定以制度建设为抓手,来促进学生行为习惯和良好风气的养成。因为找到了班级管理的思路,对即将开展的班主任工作,老师充满了信心。经过几天的深思熟虑和明察暗访,考虑到班级生活所涉及的方方面面,老师煞费苦心拟的一份长达60条3000多字的班规终于出炉了。它内容详尽:学习、纪律、劳动、卫生等无所不包,而且措辞严密,没有漏洞,这应该是份不错的制度吧?老师暗自想到。然而实施的效果并不是很好,不仅班级的各项工作排到了年级倒

数,老师还收到了一张来自同学的匿名小纸条。

（一）谁的班规？谁说了算？老师在定规矩时,考虑过同学们的心愿吗？

（二）班规内容太多,谁能全部记得住？难道还要天天随身携带来对照自己的一言一行,班规全部是不准、不许之类的条款,显得冷冰冰的不近人情。而且有些要求太高,难以做到,怎么办？

看到纸条,老师陷入了深深的沉思。

班主任应该是"教育型的管理者"。管理是教育的手段而不是教育的目的。"育人为先"始终是应该秉承的教育理念。所以制度管理的最终目的不是用他律来强行制约学生的行为,而是通过规范的强化和认同,通过民主管理的过程来唤醒学生的主体意识觉醒,将行为内化成自律。班主任是班集体的一员,因而也是契约约定的双方之一,应该受到制约和同样遵守约定,发挥教育的引领作用。

(三) 班级文化管理方法与途径简单化

1. 教师管理权威绝对化

民主、平等、和谐的班级氛围有助于提高学生参与管理班级事务的积极性与创造性,班级里的每个成员都能在集体中提出自己的想法,发挥对集体事务的促进作用,促使全体师生能够齐心协力地搞好班级文化建设。然而,在目前的班级文化建设中,普遍情况依旧是教师充当着主导者的角色,学生成为被管制的对象,无法平等参与到班级文化管理工作中,在班级文化建设中出现学生主体地位缺失的问题。教师主导制定硬性的班级制度,学生没有选择的权利,只能被迫服从,这样不仅剥夺了学生实现自我管理的机会,也会打击学生的积极性,甚至造成部分学生的逆反心理,从而对学生的身心发展产生负面影响。

[案例]

某个班主任向来都是"独权者"。那一周,他的班级轮到值周,需要在学校门口、车棚等安排学生值日,负责维持学生的进校秩序。班主任早早地把全班分成5个组,每个组有哪些同学,每个组负责哪一天的值日,每个同学负责哪个工作,等等,都做了非常详细的分工安排。班主任以为安排得非常得当。但是,当他公布这一安排时,座位上的同学像热锅上的蚂蚁,叽叽咕咕的,大声小声地说着自己的意见。有几个胆子较大的,像是作为班上其他同学的代表一样,向班主任表示了不满。"为什么要这样安排？""我们不能自己选择吗？"……班主任万万没有想到这么简单的一件事情,学生们会有如此多的意见。

作为一名班主任,应该力求"把主动权还给学生",发挥每一位学生的主动性,让每个学生在自主活动中培养自我教育的能力。学生在自主管理、自主生活、自主教育的过程中,可形成强烈的集体荣誉感,从而促进班级良性发展。学生是班级的主人,只有充分地调动他们的积极性,让每一个人来关心集体的利益,班级才会不断完善起来。让班级成为学生的精神家园,让学生成为这个精神家园的主人,让学生参与到班级文化建设的过程当中来,充分感受班级文化带给他们的影响。

2. 缺乏灵活的教育方法

在倡导五育并举的大背景下,大多数教师仍过度注重智育,而忽视了学生的全面发展。教师为了快速、简单地达到一定的教学目的,往往会对学生采取以学业成绩为单一标准的评价制度,以考试成绩的好坏、分数高低来进行相应的褒奖与惩罚。对于不同情况的学生，教师应采取灵活多变的教育方法进行因材施教。教师一味强调学习要求，忽视学习指导，对于提升学生的成绩毫无助益。教师要及时发现不同学生在学习过程中出现的问题，对症下药，调动学生学习的内在积极性，教给学生科学的学习方法，培养学生良好的学习习惯，并创设良好的学习环境，这对学生学习成绩的提高具有重要意义。但在目前的班级文化建设过程中，身为管理者的教师大多还是过于强调学习要求，而不注重对学生学习兴趣与学习习惯的培养，缺乏对学生学习方法的有效指导。

此外，教师对于教育方法的选择也会影响教育成果的质量与效果，诸多教师为了在短时间内快速提升学生的学习成绩，所采取的最主要的教育方法依旧是批评教育，通过批评、鞭策，甚至是惩罚的方式取得最为显著的教育效果。虽然批评教育能够在有限时间内达到教师的目的，但是这种教育方法的不良影响也会随之而来，并且带有同样显著的负面效果。教师依据学业成绩对学生进行区别对待，对于成绩较为落后的学生采取挖苦、讽刺、道德绑架等方式进行教育，会导致成绩较为落后的学生自尊心受到伤害，并且难以感受到教师对其的关注与教导，进而失去学习的兴趣，导致其学习态度出现问题，甚至出现自暴自弃、破罐破摔的现象；甚至部分情绪较为激动的学生会对教师产生厌恶、敌对的情绪，容易酿成更加严重、不堪设想的后果。

（四）班级文化建设中的评价文化主观化

学生评价是指在一定的教育价值观的指导下，根据一定的标准，运用现代教育评价的方法，根据学生的现有表现以及未来潜能发展情况进行价值判断的活动。教师对学生的评价会直接影响到学生的身心发展及成长。然而，在目前的班级文化建设中，教师对学生的评价主要存在缺乏层次化、人性化的问题。

1. 缺乏层次化，以单一标准抑制学生个性发展

班级文化管理中的评价环节，教师普遍以学业成绩好坏为单一标准来评价所有的学生，将独特个体局限于固定的框架中，忽略学生的个性化发展。传统教育本身的痼疾——以选拔和升学为目的，导致它弱化了教育评价的诸多功能，而仅对总结性功能情有独钟。传统教育片面追求升学和少数学生智育方面的发展，与之相应的教育评价的目的则是把适合继续接受教育的学生从教育对象中选拔出来，它是强调宏观控制、注重结果的单维度评价。[1] 受传统教育观念的影响，分数高低与学生好坏被直接联系起来，这种错误的评价标准导致教师以学业成绩为单一指标来评价学生，与我国的教育方针以及对人才的要求相悖，无法真正培养德、智、体、美、劳全面发展的高素质人才。在目前的班级文化建设中，对于每个具有独特性的学生，缺乏以不同指标进行评价的具有层次化的标准。

[案例]

某中学高三班主任："成绩排在15名到25名这类学生，是升学考试的重中之重，升学率的高低全看这批学生往哪摆。安排座位时一定要慎重，前后左右不能给他不良的影响，这类学生的周围不能安排调皮的学生、爱说话的学生、小动作多的学生，而是要安排成绩好的学生，给他正向的激励与帮助；不能安排好学生的话，也要安排一个老实、规矩的学生，这样才不会影响他的学习。"

---

[1] 吴迪.多元性：素质教育评价的特征[J].中国教育学刊,2001,(4):38-40.

事实上,以适应人类理性的觉醒和大工业生产的需要而产生的竞争式教育方式,开始就包含着对秩序、纪律、惩罚、控制的自觉追求和明显的偏好。教师以成绩高低作为安排学生位置的唯一参考标准,对于提升全班同学的学习积极性,以及学生的身心健康发展均有不良影响,应选择公平、公正、公开的方法让学生自主地选择座位。

2. 缺乏人性化,以固定眼光忽视学生潜能

此外,教师常常仅以学生现有的表现来进行评价,没能认识到学生是处于发展过程中的主体,忽略其存在的内在潜能与创造力,不善于发现学生的特点与长处,不利于其健康、长久的发展。任何事物都不是静止不动的,而是处于不断发展的,学生更是如此。教师应充分、全面地认识每一位学生,细心挖掘学生身上可能存在的长处、内在潜能,以及各种闪光点。教师采取静态评价,用固定不变的眼光看待处于不断进步的学生,会打击学生自我改进的上进心,不利于学生的健康成长与全面且长远的发展。因此,教师在对学生进行评价时,不能以静止的眼光,不能仅仅以现有的状况对处于不同发展阶段的学生进行相应的评价。

第四章 班级活动开展

　　班级活动是班集体建设的重要途径,是班级教育的载体,是实现教育目标的中介桥梁。这就需要我们每位老师掌握班级活动的内涵、作用、特点,学会开展班级活动的基本理念和基本原则,能够组织好班级活动。班级活动是一个班生命力的具体体现,教师根据不同阶段开展相应的活动,开展丰富的班级活动,能使班集体产生巨大的吸引力和凝聚力,让班级活动成为有效的教育资源,促进学生发展。

第一节 班级活动的概述

一、班级活动的内涵

　　活动是人类特殊的存在方式,教育活动是实现个体社会化和社会个体化的根本途径,班级活动是班主任向学生进行政治、思想、道德、心理教育的基本形式,也是学生个体进行自我教育的一种行之有效的方式。教育以儿童的活动为基础,以儿童的自动为评价标准,使教育与生活、知与行、能力与意志品质的发展协调统一。班级活动对学生的成长和班集体的建设具有非常重要的作用。

　　关于班级活动的理解有广义和狭义之分。广义的班级活动,指教育者为了达到一定的教育目的,组织班级全体成员参加的一切教育活动,包括班级课堂教学活动、课外活动、社会实践活动等。狭义的班级活动则是指在学科教学以外,教育者为了达到一定的教育目的,组织班级全体成员参加的教育活动,包括综合实践活动、课外活动或"第二课堂"等。从以上分析可以看出,班级活动具有综合性、全体性和阶段性的特点。

　　班级活动是一个动态、开放的系统。它既可以在校内开展,也可以在校外开展。在校内主要是由学校领导、教师、班干部等组织开展的活动;校外活动则是由学校领导、教师和校外教育机构负责人组织指导的,直接领导相关机构对学生进行教育的活动。班级活动可以分小组进行,也可以把全班作为一个集体开展;可以由学校领导、教师发起和组织,也可以由学生和社会教育机构相关人员发起和组织。班级活动可以是计划内预设的,也可以是随着教育教学的进展而渐渐生成的。另外,班级活动还与学校的少先队活动、共青团活动,以及社团兴趣活动等共同组成学校课外活动组织体系。

二、班级活动的类型

[案例]

王老师所开展的班级活动①

王老师是一位优秀的初中班主任,在他所带的班级中,三年共开展了下列有代表性的、丰富多彩的班级活动:班干部竞选、班级布置、批评与自我批评会、课外阅读、文艺联欢、游园活动、文艺比赛、养蝌蚪、科技制作、足球比赛、手工制作、社区服务、讲座、报告、参观访问等。这些活动丰富了学生的生活,成为他们成长过程中的宝贵的基石和不能磨灭的记忆。

案例分析:

王老师带领学生所开展的班级活动丰富多彩,许多活动属于不同的类型和系列。班干部竞选、班级布置属于班务活动;批评与自我批评会属于民主生活会;课外阅读属于学习活动;文艺联欢、游园活动、文艺比赛属于文娱活动;养蝌蚪、科技制作属于科技活动;讲座、报告、参观访问属于主题教育活动。由此可见,根据不同的角度划分,班级活动会形成不同的类型和系列。

班级活动丰富多彩,对其进行科学分类,可以加深对班级活动的认识,也可以为班主任有具体地进行班级活动方案的设计与组织实施提供参考。依据不同的分类标准可以对班级活动进行不同的分类。从班主任经常组织的班级活动来看,可以分为以下几种:

(一) 班级例会

班级例会是班级组织实行民主管理的例行班会,是属于班级的常规活动,主要有一般性班会和晨会两种。其中,一般性班会是最经常的一种班级活动,主要围绕班级运行中的常规问题而展开,如学期初举行的班务工作计划,每月或期中进行的班级建设评价,或者讨论班级中大家关心的问题。晨会则是在每天早晨上课前进行的活动,主要安排当日活动,如值日生讲评,简短的表扬或批评,通报重要信息等。晨会形式不限,可以是班主任主讲,也可以是值日生汇报或三分钟演讲等。每次晨会虽然时间较短,但是它的意义不能忽视的,认真地组织好晨会,能促进班级的建设和管理。

(二) 主题班会

主题班会是班会的另一种形式,主要是根据班级学生的年龄特点和成长中的实际问题,拟定一个大家感兴趣的主题,经过充分的准备而实施。与一般性班会相比,它具有较强的针对性。在内容上可以是独立的主题,也可以是系列的主题。如围绕"环境污染"这个主题,分别以"现场实验""实验反馈""信息搜集""实地调查""征集环境污染治理妙招"等主题,形成系列主题班会。就形式而言,可以采用主题报告会、主题汇报会、主题讨论会等。由于主题班会需要比较多的准备时间,不宜经常举行,一般每个学期举行一到两次即可。

---

① 张作岭,宋立华.班级管理[M].北京:清华大学出版社,2019:142.

（三）文体活动

文体活动主要以丰富学生的课余生活、活跃班级气氛、增进心理交融、增强班级凝聚力为目的。主要形式有：诗歌朗诵会、音乐晚会、故事会、联欢会等，还有体育竞赛、各种文体兴趣小组活动等。一般而言，活动前要有策划，节目应事先排练。班主任和任课教师要争取有自己的节目，教师的积极参与，有利于营造良好的气氛。

（四）学习活动

学习活动主要是指为了调动学生学习的积极性，扩大学生的知识视野，以班级全体成员为对象而开展的活动。主要形式有：作业展览、学习经验交流会、学习方法指导、知识竞赛和智力竞赛、课外阅读活动等。

1. 作业展览

在班级一角设置作业展示栏，可以张贴学生得意的作业，也可以是教师推荐的作业，面向所有学科，请学生作评判，重在对学习成果进行交流，认真学习别人的长处，提高学习效果。

2. 学习经验交流会

可以邀请本班、其他班级或其他学校学习优秀的同学来讲述其学习心得，也可以请学习进步比较大的同学交流取得学习进步的经验。

3. 学习方法指导

一般采用讲座的形式，请任课教师或者同学就某一科的学习方法作具体介绍，也可以从综合的角度说明有效学习方法的一般步骤。

4. 知识竞赛和智力竞赛

主要结合学生的学习和发展特点来开展，出题、组织竞赛、裁判可以完全由学生来负责，教师做好指导工作即可。

5. 课外阅读活动

由任课教师或班主任推荐阅读书目，成立班级图书园地，可以定期或不定期举行读书交流会。

（五）科技活动

科技活动的开展主要是为了丰富和开阔学生的视野，满足学生的求知欲和多方面的兴趣爱好。主要形式有：科技参观、科技班会、科技兴趣小组等。

1. 科技参观

组织学生参观当地的自然博物馆、科技馆，看科普电影等。

2. 科技班会

科技班会是主题班会的内容之一。与任课教师或科技辅导配合，以科技实践或介绍科技新成就为主，如生态、地质、环保、计算机等方面内容。

3. 科技兴趣小组

可以选择组织电子玩具制作、航空模型、教具制作、天文、地理、数学、物理、化学等小组。

（六）社会实践活动

社会实践活动是学生接触社会、观察了解社会、增长知识、增长才干的有效途径。班主任应有计划、适当地组织学生走出校门,走上社会,培养社会责任感和义务感。主要形式有:参观访问、社会调查、社区服务等。

1. 参观访问

参观访问工厂、农村、部队、重点建设工程、英模事迹展览、著名文明古迹、纪念馆、博物馆等。

2. 社会调查

这种活动比较适合于高中学生,主要针对学生在思想认识上的问题,选定调查课题。调查之前要做充分准备,制定调查计划,列出调查提纲,对调查所得的数据和资料进行认真的统计、分析,并要求学生写出调查报告。

3. 社区服务

社区服务主要与学校所在的社区联系,提供适合学生服务的项目。

(七) 劳动活动

劳动活动主要用来树立学生的劳动观念,培养劳动的习惯。主要形式有:自我服务性劳动、社会公益劳动、组织服务性劳动小组等。

1. 自我服务性劳动

一是家务劳动,要求学生在家中自己的事情自己做,学会并承担收拾房间、洗衣、洗刷餐具、做饭等家务劳动。二是学校内的自我服务性劳动,如上班值日、饭厅值日、宿舍值日以及建校劳动等。

2. 社会公益劳动

班主任根据学生年龄特点和社会需要,组织宣传遵守交通秩序,节假日帮助社区整理环境、打扫卫生,帮助军烈属、孤寡老人、病残人打扫卫生,以及种花、植树、除虫等活动。

3. 组织服务性劳动小组

如学雷锋小组、理发组、土木维修组、自行车修理组、修鞋组等。

至于学校根据有关规定安排的劳动技术课、生产劳动和社会实践活动,班主任要坚持组织学生积极参加,并达到规定的要求。班级活动的形式灵活多样,重要的是班主任要充分发挥自己和学生的创造性,使班级活动丰富多彩。

也有学者根据班级活动的地点、时间和功能进行分类,主要包括以下几种:

(一) 根据活动地点分类

1. 校园内组织的活动

校园内组织的活动是指在学校里组织的班级活动,包括例行性班级活动、专题性班级活动和综合性班级活动。例行性班级活动又称班会,主要处理一些班务,引导全班同学对班级进行民主管理。在新学期开始时,班级需要通过班会制订或修改班级目标、工作计划、规章制度等。专题性活动是指依据学校的统一安排或者学生的实际需要,以中心议题的方式组织的班级活动。其中的议题可以是面对某一普遍问题而对集体进行教育的活动,也可以是学习一定知识的活动,还可以是开发学生思维、启发学生想象的活动。综合性班级活动由一系列形式多样、具有不同目标、但却有一定关联性的活动组成。这类活动因其形式多样、内容丰富、娱乐性强,较受学生喜爱,且寓教于乐、潜移默化,不仅能取得很好的教育效果,还会促进集体成员间的情感交融,让集体形成积极向上的力量。

2. 走出校园的组织活动

走出校园的组织活动是指组织班级学生走出校门,为接触社会、了解社会、服务社会而开展的活动。组织校外班级活动,可以使学生更贴近地了解社会,受到思想品德教育,丰富健康情感,促进社会适应能力,促进学生的社会性发展。校外班级活动形式多样,可以启用各种社会资源,进行不同的活动,如以了解社会为目的的社会调查、社会考察;以培养学生的劳动观为目的的勤工俭学、支农支工活动;以培养学生道德品质为目标的社区义务劳动、敬老爱幼、拥军优属活动;还有各种参观、瞻仰活动等。

(二) 根据活动时间分类

1. 一般性班级活动

一般性班级活动指那些周期性组织的活动,包括季节性活动和常规性活动。季节性活动是指在一年的特定时令、节日和纪念日展开的活动,如夏令营、冬令营、春游、秋游、清明扫墓、重阳登高、学雷锋日等。这些活动时间有一定规律,年年重复,并且有一定的模式。常规性活动一般是在班会时间内进行的活动。

2. 随机性班级活动

随机性班级活动是指利用学生在学习、生活中碰到的偶发事件而及时开展的活动。它常常是临时决定的,一般时间短,但针对性很强。这种活动会使学生产生强烈的情绪感受,印象深刻,效果往往很好。

(三) 根据活动功能分类

根据班级活动的目标与功能,可将其分为精神引领类、学习促进类、个性发展类和社会适应类四种。本书关于班级活动设计与组织的分类秉承此种思路进行。下面就每一类别的具体内容及其功能作详尽论述。

1. 精神领域的引导

精神引领活动的主要目的是协助学生形成积极健康的精神面貌,包括优良的道德品质、积极的思想感情、健康的心理素质等。比如,每年清明时节组织学生到烈士陵园进行扫墓,对学生进行革命传统的熏陶和爱国主义教育;组织学生观看爱国主义教育电影等。这类活动重点使学生在过程中体验某种情感,在参与活动后更要体现出与这种情感相应的行动。杜威曾经指出:"物体可以在空间运动,可以具体地传递,理想和渴望却无法整个地取出、插入。"精神活动离开个体的体验便不复存在。其次,不能为活动而活动。班级活动是教育的一种方式、一种手段,其目的是学生的发展。虽然活动具有分散、独立的性质,但班级教育目标却具有一致性。教育目标作为班级活动的主线,贯穿于班级活动的前后。再次,组织班级活动不能急于求成,不能期望一次活动能实现很多目标。学生的发展是逐渐的、长期的,是在一天天的生活、活动中慢慢实现的。

在班级活动中,学生可以径直走进自然,在"蓝天下的学校"尽情地享乐;或者间接地接触自然,认识孕育、哺育人类的自然。他们总是流连忘返于大自然的怀抱,或者在大自然面前表现出惊讶、喜悦,或者在梦中坐上"小小的船"……学生们在班级活动中丰富着对自然的认识,理解着人与自然的内在联系。不但如此,学生们在欣赏着大自然的奇妙的同时,也体会着与自然的亲切感情,这份感情带领他们在往后的班级活动中、在自己的生活中关心大自然,考虑、探究自然问题,身体力行,用自己的一颗心保卫自然,做自然的一部分。

在班级活动中,学生在与同伴、老师、他人的交流合作中,学会尊重他人、关心他人,在走进社会的过程中,学会关心社会、服务社会,懂得对社会负责任。

2. 学习促进类活动在更大的范围内将知识普及化

学习促进类活动侧重于学生对一定知识、技能、学习方法的获取与练习。如各种知识竞赛、演讲、科技创新、课题设计等,可以针对学科教学的内容,也可以针对日常生活中的问题,既有益于知识与方法的习得、保持,又可以促进学生独立探索的能力、合作的能力、解决问题的能力,还可以形成他们的社会责任感和产生解决问题后的成就感。

由于班级活动是在学科教学之外进行的、完成一定的教育任务的活动,所以它除了自身对学生具有发展价值之外,也是课堂教学的有益补充。

活动中,学生不但目睹了新知识的产生,体会了运用已有知识的快乐,分享了合作的愉悦,也在自然中掌握了适合于自己学习的方法与技能。比如,通过社会调查、手工制作、小发明等活动,学生可以把理论知识运用到实践中去,并在实践中探索方法,提升能力。班级活动还能促进学生学习情感、态度的形成。

3. 个性发展类班级活动

个性发展类活动关键是为了让每个学生充分晒出自己特长、挖掘自己潜力、发展自己优势而开展的一些活动。学生在这类活动中能够充分表现自己,体现自己的"光亮"。不同的个体具有不同的特点、不同的优势。在展示了自己优势的同时,学生会体会到成功的喜悦;在看到了别的同学的长处时,会自觉向他们学习。学生在活动中促进了对自己、对同伴的认识,也为老师了解他们打开了一个"窗口"。班级活动跟学科教学最大的区别在于它不强求一致(包括目标、行为、形式等方面),而是倡导学生自主参与,因此能够促进学生个性的发展。

在班级活动中,学生可以自由、自愿、自主地选择一定的责任,并承担责任的后果。学生可以单独承担责任,也可以合作承担责任,这是因为存在不同的选择。学生在选择和完成任务的过程中,获得了权利意识,培养了责任观念。这为他们的社会化打下了扎实的基础。在班级活动中,学生通过同伴、老师获得对自己的认识;在与大家的合作中,了解自己的不足与长处;在展示自我的同时,改进自己的缺点。班级活动帮助每一个学生准确地认识自己,得到同伴与老师的积极肯定,这些正是自我悦纳的来源。

4. 社会适应类班级活动

社会适应类活动重点让学生习得社会生活必要的规范、技巧,以及生活所需的基本智慧,让学生能够智慧地生活。这类活动既包括学生基本生活习惯的养成,也包括社会实践能力的提高,还包括介入社会政治、经济、文化所需基本素质的形成。学生是在社会中生活着的人,必需的生活技巧、生存技能、权利意识、义务观念是美好生活的主要保障。班级开展社会适应类活动能够帮助每个学生很好地总结和掌握一些社会规范、生存技巧,了解社会与人生,训练并生成生活智慧,为往后踏入社会做好准备。

在班级活动中,学生了解社会有两种方式。一种是走入社会,直接认识社会。有许多班级活动是直接与实际社会生活相关联的。学生在与社会直接的接触中获得了一些社会经验,体验了社会和个体的关系。另一种是间接认识社会。比如说,在一次班会上,有同学向大家介绍交通规则:"要讲公德,守法规,听指挥。九不准是:不准骑车带人;不准骑快车、走快车道;不准骑车闯红灯;不准抢行猛拐;不准骑车扶肩并行、追逐竞驶;不准乱穿马路、跳跨护栏;不准在马路上追跑打闹;不准在马路上围观起哄;不满12岁不准在马路上骑车……"在班级活动中,类似的机会有许多,这都能够帮助学生很好地认识社会。

班级活动中有一部分是以"服务社会"为主题的,这些活动主要是为了使学生直接参与社会服务,体会服务社会的意义。学生在参加一些力所能及的活动的过程中,不但可以获得成就感,发现自己的价值,还能够认识到社会需要他们,也体会到服务社会后的成就和喜悦。

[案例]

异彩纷呈的小队活动

沐浴着十七大顺利召开的春风,乘着"实现宏伟蓝图,做好全面准备"主题活动的东风,我同三(5)中队的孩子们一起走出教室,走出校园,走向社会,走向生活,实践、体验、感受、领悟,由队员们自由组合成各种"特色小队",开展了丰富多彩的中队活动。通过活动,大家发现问题、研究问题、解决问题,充分激发出队员们的想象力和创造力,较好地锻炼了队员们融入社会、实际生活的能力。

1."储蓄罐"小队

现在的孩子们大部分都是家中的"小皇帝""小公主",随着社会经济的发展、人们生活水平的提高,孩子们手中掌管的零花钱也越来越多。这些"皇室贵族"们是如何动用"小金库"里的资金呢?"储蓄罐"小队的队员们就对全校学生使用零花钱的情况进行了深入调查。通过调查,队员们了解到,许多同学的零花钱都用在购买高档玩具、品牌服装、可口零食上,乱花钱的浪费现象特别严重。为此,小队队员们就"如何使用零花钱才更有价值"的问题,进行了激烈的讨论。最后,由该小队向全校提出倡议,开展"省用零花钱,献上一片情"活动,并在中队内设立了一个储蓄罐,让大家把平时省下来的零花钱存在里面,捐给希望小学或患重病需要援助的人,献上自己的一片真情。

2."小书虫"小队

"书山有路勤为径""书籍是人类进步的阶梯",关于书籍的名言名句数不胜数,其实告诉大家的都是一个道理,要想获得知识就必须博览群书,充实自我。正是这样,我中队几位爱看书的少先队员自发组成了"小书虫"小队。在全校"百科知识"竞赛中,该队的小队员,对许多古今中外的历史事件、天文地理知识、飞禽走兽的生活习性谈论起来头头是道,表现得非常出色。为了让更多的同学懂得读书的道理,该小队在学校里成立了"读书角",队员们主动把家中的好书带到这里互相传阅,定期开展读书体会的交流活动,同时帮助那些从前只看电视动画片、VCD影碟片的同学改变学习态度,加入到"小书虫"小队里来。通过这些活动,宣传了"多读书,读好书,好读书"的意义,使小队员们感受到了读书的乐趣,体会到了知识的魅力,在全校又掀起了爱读书的热潮。

3."绿苗"小队

当今世界上最热门的问题之一便是环境保护问题。"绿苗"小队的队员们也想为环保出一分力。他们利用课余时间,对学校周边的餐馆进行了调查,发现许多店主还在购买和使用一次性的木筷和塑料快餐盒。队员们看在眼里,急在心里,为了使店主意识到这样做的危害，大家上网查找到许多乱砍滥伐树木造成水土流失、塑料快餐盒造成白色污染的资料，然后制成宣传单，向各家餐馆进行宣传，并把这一情况反映到市环保局。从这以后，"绿苗"小队的队员们发现，学校周边的餐馆都在使用竹筷子和可回收利用的纸餐盒。

在体验日记中，队员们都写道：少先队员也可以用实际行动来当好环保小卫士，我们要让地球妈妈变得更美！这次有意义的活动刚刚结束，小队员们又忙着策划下一次"回收废电池"的活动了。

4. "太阳花"小队

六种不同颜色的小太阳花，六个少先队员，都有着共同的愿望：爱校、护校、美校。首先，小队队员们发出"低低头，弯弯腰，伸伸手"的口号，号召全体队员珍惜他人劳动成果，爱护公共环境卫生，不乱扔乱倒垃圾，看见地上有杂物，自觉主动拾起，放入垃圾筒内，从而创造了一个优美舒适、干净整洁的校园。其次，小队队员们组建卫生清扫小组，义务打扫校园内的卫生死角，清洁校外围墙的瓷板面砖。虽然每次劳动过后，队员们都满头大汗，满身污渍，但是一看见被打扫过的地方露出干净的外表，他们又开心地笑了。再次，小队队员们细心地发现，老师办公室的电脑很容易沾染灰尘，他们又自己凑钱买来"电脑防尘罩"，送给每个办公室……"太阳花"小队所做的一切，不仅受到了校大队部的表彰，也为中队增添了荣誉。

5. "爱心天使"小队

本中队有九个孩子都居住在市湖滨小区，优越的地理条件把他们聚在"爱心天使"小队里。他们的宗旨是：帮助弱者，援助他人，传递真情，奉献爱心。"爱心天使"小队的队员主动出击，与湖滨小区居委会联系，在居委会主任的介绍下，热情帮助社区里的军烈属90高寿的李代娣奶奶，解决她生活中的不便和困难。每逢周末，不论是刮风下雨，小队队员们都准时去给老人打扫房屋卫生，陪老人谈心聊天，帮忙添购一些生活必需品。后来，队员们发现湖滨小学里有几个父母双双下岗的贫困学生交不起学费，买不起学习用品。于是，队员们又与湖滨小学二(4)中队的林某接上了"手拉手"对子，大家把家里的小人书、旧玩具拿出来义卖，将义卖后所得资金150余元全部捐献给贫困学生，同时还捐赠了不少学习用品。

小队队员们用自己的真情实意，在社区里传递着颗颗爱心，这些行为受到了孤寡老人和社区居民的高度评价，也带动了更多的同学、社区居民投入到"爱心天使"的活动中来。

6. "丑小鸭"小队

在学完了《丑小鸭》一课后，同学们都对白天鹅充满了好奇心，可在我们的生活中却难以见到它的踪迹。在实施素质教育的今天，在减负之后，孩子们有更多的时间去做他们感兴趣的事情。当孩子们从电视上得知市郊的赛城湖每年都有野生的白天鹅栖息，相同的去向使他们组成了"丑小鸭"小队，走上了观察野生白天鹅、保护野生动物之路。

为了全面了解野生白天鹅的生活习性，小队队员们走进图书馆，走访动物学专家，了解到许多有关野生动物的知识；在赛城湖实地观察野生白天鹅后，大家记录了详细的观察笔记，拍摄了大量白天鹅栖息的照片和录像片，带回中队进行宣传，使大家意识到保护野生动物的重要性。此外，该小队还申报加入了WCS野生动物保护小组，取得了一定的成绩。

（资料来源：江西省九江市双峰小学崔婷）

三、班级活动的特征

班级活动为学生取得思想启蒙,提高处事能力,学习待人之道提供场所和机会,使个体在班级活动中日趋成熟,为走进社会施展才华奠定坚实的基础。积极向上的班级生活和丰富多彩的班级活动为加强学生的技能技巧、兴趣爱好发挥着非常积极的作用。学生在班级活动中增进其自我意识的发展和健康个性品质的形成,从而形成个体健全的人格。班主任要想组织好每一次班级活动,需要掌握班级活动的特点,针对不同年龄段的学生,针对性地开展班级活动。班级活动具有活动性质的自愿性、活动主体的差异性、活动内容的丰富性、活动形式的多样性、活动方法的自主性等特点。①

（一）活动性质的自愿性

在班级活动中,学生可以根据自己的兴趣爱好、自由地选择何种内容、何种形式、何时开展的班级活动,而教师只能加以劝导不能强迫,即教师可以在学生选择活动过程中施加一定的影响,进行必要的指导和说服,但不可以违背学生的意志去命令学生参加。因为,如果学生确实对某项班级活动不感兴趣,一味强迫是不利于学生的个性发展和培养的,相反,有时候会引起学生的抵触情绪,不利于接下来的班级管理。

（二）活动主体的差异性

班级活动的主体是学生,而学生的性格、志趣、爱好等方面是各不相同的。这就体现出学生的差异性。作为班主任就要善于发现他们的优势,从而根据学生的"闪光点"因材施教,设计适合学生的活动,让他们展示自己的才能,以充分发挥每个个体的潜能与特长。

（三）活动内容的丰富性

由于班级活动的内容不受学科课程标准的限制,因此,只要符合教学要求,又有条件开展的活动,都可以纳入到班级活动之中。班级活动既有综合性的活动,也有单项活动,可以组织各种科学兴趣小组,搞科技发明,举办科技讲座等,培养学生讲科学、爱科学、学科学的兴趣;可以开展各种安全教育活动,指导学生如何安全保护自己,热爱生命、珍爱生命;可以开展各种文艺活动,培养学生的审美的能力;可以开展各种体育活动,培养学生坚韧的性格和顽强的意志,掌握各种运动技巧。活动内容丰富多彩,同学们可以根据自己的情况选择适合的活动。

（四）活动形式的多样性

班级活动的规模可大可小,形式灵活多样。从组织的规模看,有全班、全年级乃至全校性的群众性活动,有各种小组的活动;从具体的方式来看,可根据学生的年龄特征、知识水平、设备条件以及指导力量等,采用多种多样的形式,可以做模型、采标本、搞社会调查,办各种展览;也可以搞演讲、书评、讲座、报告会等。

（五）活动方法的自主性

教师最好放手给学生自己组织班级活动,学生在台上主持,教师在旁边"欣赏"。处

---

① 齐学红.班级管理[M].北京:北京师范大学出版社,2015:130-131.

于中学阶段的学生,自主意识得到很大程度的发展,他们更乐于自己组织、自己设计、自己动手操作进行某次班级活动。班主任这个时候则需要放松控制,放弃包办代替,给予学生一定的自主性。学生通过独立的活动设计,向师生展示自己的能力和成就,从而进一步增强其信心,使其主动性、创造性得到更充分的发挥。

第二节　班级活动的意义与组织开展

一、班级活动的意义

[案例]

让"家庭生活"丰富多彩

不少学生产生厌学情绪,一个很重要的原因就是觉得校园"家庭生活"单调乏味,除了学习就是学习。其实开展一系列有意义的活动,不仅能激发学生的生活热情,还能为其提供展现才情的大舞台,提供广阔的赛场,使他们能公平、合理、适度地竞争,激发他们拼搏向上的精神。同时,一系列有意义的活动可以密切师生、同学之间的关系,为"家庭成员"之间搭起友谊的桥梁,使大家相知、相容、相助、相亲、相爱……

(资料来源:张万祥等.破解班主任难题[M].福建教育出版社)

苏联教育家赞科夫曾经说过:"只有儿童集体的丰富多彩、生气蓬勃的生活,才是每一个学生开花结果的条件。如果认为只要对学生进行个别工作就能使他得到多方面的发展,那是一种很大的误解。"班级活动是班主任实施班级组织建设的重要途径。班级活动因活动范围的广泛性、活动内容的丰富性、活动形式的多样性深受学生的喜爱,在教育过程中有着课堂教学所不能代替的作用。班级活动作为学校教育教学活动的重要组成部分,对于学生发展、班集体建设具有重要的意义。

(一) 有助于学生身心的全面健康发展

在班级活动中,学生广泛地接触自然、接触社会、接触科学技术与文艺体育,活动空间广阔,人际交往增多,从中可以体察社会生活,了解科技动态,拓展文化事业,培养高尚情操,提高各种能力,在德、智、体、美、劳诸方面得到全面发展。班级活动的丰富性,还给学生提供了多种选择的机会,适应了他们的兴趣、爱好和特长,发挥了他们的主体精神,从而促进了他们个性的充分发展。

(二) 有助于班集体的形成和发展

班集体是在班级成员参加共同活动的过程中逐步形成的。班集体的奋斗目标是通过一个个班集体活动得以实现的,顺利地完成一个活动,就是向目标跨进了一步。班集体的组织结构及其功能是在班级活动中发挥作用的,在活动的组织实施过程中,通过加强分工协作,使班干部得到充分的锻炼,全班成员的参与积极性被调动起来,从而形成坚强的领导核心。班级活动激发学生的工作责任感和集体主义精神,帮助学生学会正确处理人与人、个人与集体、小集体与大集体之间的关系,同时形成正确的集体舆论和良好班风。在班级活动中,全班同学充分交往,互相了解,建立友谊,使班集体产生强大的向心力和凝聚力。总之,班集体是在班级活动中形成、发展和巩固的。

(三) 有助于学生主创精神的培养

学生是班级活动的主人,班级活动的开展应以他们为中心。学生在进行某次班级活动的设计、组织、实施、评价时,会积极地查阅资料,多方面寻求帮助,不仅促进学生自由自觉学习,而且在这个过程中会激发思维的火花,有意想不到的创造性凸显。

(四) 可以促进人与人之间的交往

正常教学之外,适时地开展一些班级活动,这种活动密切了教师与学生、学生与学生、学生与家长、学校与家庭之间的关系,充实了学生的生活,使学生更多地体验个体同他人、集体、社会的复杂关系。学生是处在不断发展中的社会个体,他需要在不断的互动过程中实现自身的社会化,完成角色认同,而班级活动则是学生个体实现此种变化的重要场域。

二、班级活动的主要内容

班级活动是对学生进行教育的重要载体。班级活动的内容十分丰富,主要涉及思想品德教育、劳动教育、科技教育、文体教育、心理健康教育这五个方面。

(一) 思想品德教育

以思想品德教育为内容的班级活动主要是对学生进行思想政治方面和道德品格方面的教育。学生在生活和学习的过程中经常会遇到各种各样关于思想品德方面的问题,比如人际关系问题、网络道德问题、公共道德问题等。而处于青少年阶段的学生,其德行的养成还未成熟,还需要教师及时予以正确教育和指导。因此,思想品德教育一直以来都是班级活动的主要内容之一。以思想品德教育为内容的班级活动主要围绕培养学生树立远大的理想抱负、坚持正确的政治方向、养成高尚的道德情操和良好的品格素养,以及使其具备较强的思想品德能力而展开。

(二) 劳动教育

以劳动教育为内容的班级活动主要是围绕培养学生形成正确的劳动观点、养成良好的劳动习惯以及形成熟练的劳动技能等方面的内容而展开的。我国一直强调教育要和生产实践相结合,劳动教育也是班级活动的主要内容之一。以劳动教育为内容的班级活动通常包括:(1) 教育学生自己做自己的事情,如洗衣服、叠被子、洗手帕等;(2) 教育学生做家务,如做饭、洗菜、修理家庭一些简单生活用具等;(3) 教育学生从事生产劳动,如刺绣、园艺、编织、植树造林等;(4) 教育学生进行公益劳动,如清洁社区卫生等。让学生在活动中切实体会劳动的艰辛,从而培养学生热爱劳动、尊重劳动人民的思想情感,养成爱护他人劳动成果的习惯。

(三) 科技教育

以科技教育为内容的班级活动主要是围绕巩固和加深学生的科学技术知识、开阔学生的科学视野、完善学生的科学思辨能力以及培养学生的创新精神等方面的内容而展开的。具体而言,以科技教育为内容的班级活动通常包括:(1) 科学知识,即经验上被证实一致的规律和逻辑,包括生态、能源、环境等方面的知识;(2)科学技能,即会使用一些基本的工具、仪器并运用科学理论解决问题;(3)科学精神,即"从科学成就和科学探索中概括衍生出来的关于人在处世行事中所具备的一种精神气质,是一种追求对世界和人生的深刻认识和理解的执着的探索精神"。

(四) 文体教育

以文体教育为内容的班级活动主要涉及学生文化娱乐和体育方面的培养。其内容往往围绕熏陶学生文化艺术气息,提升学生体育健康知识和体育技能以及培养学生对文体美的领悟等方面内容来展开。以文体教育为内容的班级活动通常包括:(1)文娱方面,如小品、相声、歌舞、绘画、朗诵等;(2)体育方面,如田径运动(如投掷、跳跃等)、球类运动(如篮球、排球、乒乓球、羽毛球等)、表现类运动(如健美操、艺术体操、武术等)、游泳、体育游戏。在活动中学生可以发挥自己的特长、丰富文化生活、陶冶文体情操。

(五) 心理健康教育

以心理健康教育为内容的班级活动主要围绕普及心理健康知识、树立心理健康意识、了解调节心理的方法以及认识心理保健的常识和技能等方面的内容来开展的。以心理健康教育为内容的班级活动通常包括:(1)心理健康知识,主要包括心理健康的自助知识、心理异常原因的知识,如何获取心理健康信息的知识等;(2)调节心理的方法,如宣泄情绪法、转移情绪法等;(3)心理健康的技能,如合理控制自己情绪的能力、善于规划学习时间的能力、良好进行人际交往的能力等。在活动中学生的心理素质得以提高,他们能正确认识自我,提高自我教育的能力,增强承受挫折和适应环境的能力,形成健全的人格。

三、班级活动的组织形式

班级活动以什么样的形式进行,教师需要根据学生的身心发展特点、班级活动的具体内容以及本班学生实际情况来选择。内容与形式是相互作用的关系,内容决定形式的同时,形式也会影响内容展示的效果。一般来说,班级活动主要有以下几类组织形式。

(一) 讨论的形式

"讨论"是指"就某一问题交换意见或进行辩论"。以讨论的形式组织班级活动就是让师生围绕一些共性的话题和问题,在主持人的引导下,班级全体成员共同开展探讨,各自发表自己的意见和看法。讨论的主题可以是人际关系问题、学习问题、社会问题、学生心理健康问题等。尤其是以思想品德教育和心理健康教育为内容的班级活动经常采取讨论式开展活动。例如,"我们的班风是什么""谈中学生上网的利与弊""考试前如何调整自己的心态"等。讨论式可以打破长期以来灌输式教育的传统,"在灌输式教育中,知识是那些自以为知识渊博的人赐予在他们看来一无所知的人的一种恩赐"。以讨论形式开展班级活动,学生是活动的主体,他们独立思考并且自主抒发自己的意见,同时也认真倾听他人的看法,从而培养自己的自主性和包容心。

(二) 竞赛的形式

以竞赛形式开展的班级活动就是让学生通过进行一些班级竞赛来决出名次高低。各类内容的班级活动都可以运用竞赛的形式取得良好的活动效果。例如,歌唱比赛、舞蹈比赛、朗诵比赛、篮球比赛、运动会等以文体教育为内容组织的竞赛式班级活动，各类科技知识竞答赛、小发明比赛等以科技教育为内容的班级活动。当今社会，机遇和挑战并存，竞争与合作齐肩。借助竞赛这种形式开展班级活动，可以在活动中树立学生的竞争意识，培养学生参加集体活动的积极性、促进学生成就效能感的形成、激发学生的上进心以及养成良好的团队合作精神。

（三）表演的形式

以表演的形式开展的班级活动就是让学生在活动中展示自己的艺术才能。表演者可以是全体学生也可以是部分同学，表演的内容可以根据学生自己的特长、爱好来决定。学生可以进行文艺性的表演，也可以进行技巧性的表演；表演的节目既可以是原创的，也可以是改编模仿的。表演式的班级活动通常适用于以文体教育为内容的活动的开展。学生可以在活动中表演诗歌朗诵、相声、书法、小品、舞蹈、魔术、歌曲、乐器等。在活动中，学生的胆识、才干、特长都可以得到锻炼，相应的组织和协调能力也能得以提升。

（四）参观的形式

以参观形式开展的班级活动就是让学生走出学校，走向现实社会生活，让学生接触现实生活的社会资源，扩大学生的视野，增强学生对社会的感性认识。百闻不如一见，参观是班级活动重要组织形式之一。例如，历史文化博物馆、植物园、动物园、科技展览馆、天文台、福利院、农场、养殖场、港口、工矿企业等，这些都是组织学生参观的好场所。一般而言，班级社会实践活动、班级主题教育活动以及一些科技活动的开展都喜欢采取参观的组织形式，这可以让学生更加直观地获得对周遭社会和生活感性的认识，激发他们的思维潜能。

（五）调查的形式

以调查形式开展的班级活动主要是帮助学生有目的地通过对社会现象的考察、分析、研究来认识社会生活的发展规律及其本质。一般而言，班级社会实践活动经常采取这样的形式开展。调查的范围很广，可以涉及经济、政治、文化、军事、科技、教育等方面。调查可以通过实地调查、问卷调查与资料调查来达到活动开展的目的。例如，城市交通堵塞问题的调查、中学生手机使用情况的调查等。

（六）报告的形式

以报告形式开展的班级活动主要有两种：一种是由学生自己担任报告人汇报自己的生活和学习体会；另一种是请知名人士、社会精英、专家学者等榜样人物作演讲的报告。学生作为报告人主要是汇报自己身边发生的事情，这样就比较有熟悉感，将身边看得见、摸得着、学得到的典型事件以报告的形式表达出来，具有很强的说服力和针对性。而请社会榜样人物进行演讲报告，同样可以引起学生的共鸣，其震撼力往往更强。尤其是一些专家学者的报告，其学理性往往可以激发学生对问题进行探究的欲望。

（七）综合的形式

由于班级活动内容的丰富性，因此往往需要多种形式相互配合。以综合的形式开展的班级活动主要就是将讨论、竞赛、表演、参观等方式综合起来使用，从而使班级活动的开展发挥最大的效益。一些班级活动是系列开展的，这就需要多种组织形式来协同配合。

除此之外，按照活动人数的多少，也可以分为班级集体活动、小组活动和个人活动。

（1）班级集体活动是在班主任的直接领导或指导下由班委会、少先队组织开展的。

它可以在单位时间内使班级全体学生受到教育,对活跃班级学习很有帮助。班级集体活动中,比较普遍的有班会活动、少先队活动、劳动、节日活动等。

(2)小组活动是班级活动的基本组织形式。它机动灵活、小型多样,能照顾到不同学生的兴趣、爱好,使学生得到更多的学习和锻炼的机会,有利于发展学生的个性、才能。它分为学科小组、科技小组、文艺小组、体育锻炼小组、公益服务小组、家庭学习小组等。

(3)个人活动是学生在班委会指导下进行的独立活动。它包括阅读、观察、练习创作、书画、制作模型等。这种活动能够使有特殊才能的学生得到充分的发展。

第三节 班级活动的设计与组织实施

一、班级活动设计的基本理念

开展班级活动的目的是为了使学生在活动中获得丰富的直接生活经验和真切体验,使学生不断学会认知,将活动目标内化为学生的自觉行为。班级活动开发者应具备下列基本理念。

(一)以学生发展为本

以学生发展为本是班级活动开发的基本价值取向。以学生发展为本,要求将学生发展的内在需求、可持续发展的需求置于班级活动开发的核心地位。在选择活动主题、设计班级活动时应充分考虑学生发展的内在需求、动机和兴趣,否则,学生就会缺乏参与班级活动的内在动力;同时,也要求老师在活动中充分尊重学生,承认并关注学生的差异性,联系学生实际开展班级活动。

(二)面向学生完整的生活世界

学生完整的生活世界是班级活动内容开发的源头活水。学生与自然、社会、他人等生活世界具有不可分割的联系。班级活动坚持面向学生完整的生活世界开发班级活动内容,引导学生不断地回归自然、回归生活世界,认识世界,建立与生活世界的有机联系。

(三)坚持学生亲历活动过程

亲历活动过程是学生获取直接生活经验和真切体验的必由之路,而且能使学生逐渐形成正确、完整的认识自我和认识生活的能力。

(四)关注新课程背景下班级活动的新特点

班级活动在班级建设中起着不可替代的作用,新课程背景下的班级活动有了很大的改变:①班级活动的形态由散珠式变为课程式。以前班级活动的随意性较大,而当前班级活动更加强调"预设性",班主任和科任老师、学生在分析当前学生教育需要的基础上,对各学年或者各年段的班级活动进行规划,包括目标、内容、方式、评价手段等各要素,构成课程。②班级活动的内容由空泛化变为生活化。本着"儿童中心,生活中心"的开发原则,班级活动的主题就是从学生真实的生活世界发现问题;或者是学生终身发展必需的,班主任将其提炼成问题,通过学生个体和班集体活动进行探究,寻求解决问题的办法。③ 班级活动的方式由表演型变为体验感悟型。设计学生喜爱的体验型的班会活动形式,寓教于乐,寓教于动,寓教于生活,通过学生亲身体验,感同身受,从而达到自悟、自我教育、同伴相互激发感情的教育目的,实现促进学生成长的价值。

二、班级活动设计的基本原则

在班级活动的设计与组织中,应遵循教育性原则、针对性原则、主体性原则、开放性原则、生成性原则、创造性原则、易操作性原则等基本原则。①

(一)教育性原则

班级活动是一种有目的的行为,以促进学生的发展为根本目的,富有教育性是班级活动的内在追求。因此,班级活动的设计要寓教育于活动中,寓学习于活动中,最大限度地发挥班级活动的教育作用,不能盲目地为活动而活动。同时,活动内容要健康,格调要高雅,防止庸俗、不健康的情调对学生产生不利影响。

班级活动的教育性原则,不仅要看组织活动的动机,更要看组织活动的效果,要把两者统一起来。盲目性是教育性的大敌,对班级活动的设计与组织,班主任既要考虑内容的教育性,又要考虑形式是学生所乐于接受的,而且应面向全体学生。教育性是班主任教育职责和教育能力的综合体现。

(二)针对性原则

针对性原则,是指班级活动的设计与组织,一要针对学生的年龄特点和身心发展需要。同一内容的活动,在各个年龄段都可以进行,但具体的内容层次和方法应有所区别。二要针对班级里实际存在的问题,活动总是要有目的的,越是能够针对班级里现实存在的问题开展活动,效果就越好。三要针对社会上对学生有影响的现象开展班级活动,对社会上富有积极意义的"热点"现象,可以通过活动引入班级,促进班级的发展和每个成员的成长。对于消极的或比较复杂的社会现象,则要通过活动,引导学生认清现象的实质,分清是非,自觉抵制消极影响。一般而言,班级活动的针对性越强,收效越大。

(三)主体性原则

这一原则强调学生是班级活动的主体。无论是活动主题的确定和设计,还是活动的准备与实践,都应由学生自己组织和安排,班主任只起到指导的作用,其领导艺术就在于使班级这个整体运转起来,最大限度地调动全班同学的积极性,使他们自主地投入到班级活动中去。主体性原则要求在班级活动中消灭"死角"。每次活动,都应该有"预谋",事先给活动中可能出现的"死角"安排合适的"角色",让他们动起来。在活动中,悄悄改变他们的认识,使之潜移默化地接受影响,使班级活动达到理想的教育效果。

(四)开放性原则

这一原则主张班级活动的内容和实施都应具有开放性。内容应以学生的知识、经验和生活世界为背景,并随着学生生活的变化而变化;实施时可以向学校的各年级开放,也

---

① 谌启标,王晞等.班级管理与班主任工作[M].福州:福建教育出版社,2007:157-160.

可以与其他年级或班级联合组织开展,既增加了班级之间的了解,也可以提高活动的质量;班级活动也可以向家长和社会开放,向他们征求意见和建议。封闭性的班级活动,则容易与学生的个性发展和社会实际需要产生冲突,缺乏应有的效应。

(五) 生成性原则

该原则是由班级活动的过程取向所决定的。每一个活动都是一个整体,而非完全根据预定的目标按部就班的过程。随着活动的不断开展,新的主题也不断形成,学生在这个过程中兴趣盎然,认识和体验不断加深,创造性的火花不断迸发,这是班级活动生成性的集中表现。例如,一个以"亲情"为主题的班级活动,首先开始的是"感受亲情",在活动的开展中,可以衍生出"回报亲情""我爱父母"等一系列内容。

(六) 创造性原则

要保持班级活动的高度吸引力,在设计和组织中就必须遵循创造性的原则。班级活动的创造性原则,一方面表现为活动内容的创造性,即具有新鲜、近距离和真实的特性。班级活动唯有丰富多彩、新颖出奇,才能满足青少年活泼好动、求知求新的需要,有效激发同学们积极参与的热情,使活动的开展富有实效,否则会大大降低活动效果。另一方面,创造性还表现在班级活动形式上的创新。只要肯开动脑筋,即使同一个题目,也可以根据班级的不同,实际导演出内容各异、形式多样的活动来。近几年来,班主任在实践中创造了许多富有创新性、反映时代特点的活动形式,如"系列教育活动""辩论式教育活动""热门话题"等。实践表明,这些形式是学生所欢迎的。

(七) 易操作性原则

该原则强调班级活动的设计要具有很好的可行性。具体要求是:① 注意活动的规模。日常活动基本上是每天进行的,因此要短、小、实。短,即时间短。小,即解决小问题。实,即解决问题要实际。② 注意活动的频率。一个学期,班级主题活动的次数不宜过多。活动过多的话,学生会花很大的精力在班级活动上,造成一些学生静不下心来,其结果必然会影响学习。活动过少,学生会感到枯燥、乏味,滋生出一些不健康的思想,导致班主任疲于应付偶发事件。③ 活动准备充分。在举行主题班会这样的相对大型的活动时,应做好充分的准备工作,应预计可能发生的问题,以及预防的办法和应急措施,这样,操作起来才能有条不紊。

[案例]

放手把活动交给学生

很多班主任都不敢放手让学生自己组织活动,每次活动下来,自己总是累得半死,而学生也索然寡味,怨声阵阵。这是由于班主任没有考虑学生的思想心理状况,只依照自己的主观愿望行事,往往事与愿违,达不到预期的活动效果。班主任要相信学生的能力,充分发挥学生的智慧,从活动的策划、组织到开展都尽可能地交给学生,使学生感受自身的成就和价值。当然,对学生提出的但没被采纳的方案班主任要及时处理,也要进行鼓励,并建议他们积极协助活动的开展。在活动中班主任应尽量多鼓励、少批评,多指正、少指责,多参与、少旁观,发挥学生的个性才能和创造能力,调动学生的参与激情,使他们乐于开展各种班级文化活动。

(来源:张万祥等.破解班主任难题[M].福建教育出版社)

三、班级活动设计与实施的基本步骤

（一）确定活动的主题

班级活动的主题，主要根据班级学生的年龄特点、发展要求、思想倾向和学校德育的总体安排而选择，这是组织好班级活动的第一步。在确定班级的活动主题时，班主任应注意以下两个问题：

1. 班主任是班级活动的规划者

班主任作为班级活动的规划者，应对每项要组织的活动要有"主心骨"，做到事先心中有数。尤其要关照这样几个方面：一是班级活动的主题是否与班集体奋斗目标、班集体建设计划相吻合，是否适合当前班集体建设的需要；二是观察班级学生的当下表现，看看是否有急需解决的热点问题；三是注意班级活动是否符合学校教育计划和教育活动安排，不要在时间安排和内容选择上产生冲突。

2. 发动学生讨论，征求意见

班主任可以采取个别交谈或开小型座谈会的方式，把自己的设想讲给学生听，允许学生提出独立的见解，认真收集、整理学生的反馈信息，作为确定活动主题的重要参考。

（二）制定活动计划

班级活动主题确定之后，要由班主任和班委会共同制定活动计划，步骤如下：

1. 明确教育目标

制定计划时，首先，班主任要明确班级所在年级的阶段教育目标；其次，班主任要了解班级学生的年龄特点和发展需求；最后，明确学校的工作计划和班级活动主题。

2. 设计实施步骤

班主任应开好班委会，主要就班级活动的具体内容和实施环节进行充分探讨。其中，涉及活动的方式、具体的步骤、人员分配、会场选择、环境布置、活动器材配置等各项事宜，考虑得越具体越好。

3. 拟定计划书

根据以上讨论的结果，形成初步的活动方案，拟定计划书。班级活动计划书一般主要包括：活动的内容与目的、活动的基本方式、活动的组织领导、活动的时间安排、活动的具体准备工作、活动的地点、活动的总结。

4. 征求意见

班主任或班委会应利用班级例会的时间，具体阐述计划书即拟定的初步活动方案，或把计划书展示在班级的公告栏中，广泛征求学生意见。应设置不同的学生意见反馈途径，可以直接告知班委会，或利用信箱的无记名的方式提供，目的是完善活动计划，增强同学的认同感和参与意识。

（三）落实组织准备工作

班级活动的准备工作除一般的内容选择，落实活动步骤及人员安排，确定活动时间、地点，准备活动场地和活动器材之外，还应具体明确总负责人、宣传负责人、对外联系负责人、组织发言负责人、布置会场负责人、活动主持人等。在落实组织准备工作中，要特别注意处理好四个问题:一是针对班级存在的问题开展活动,要关注与"问题"有关的同学的活动角色,要选择合适的"角色"让他们承担,以突出活动主题,发挥教育作用。二是综艺式主题班会,在有限的空间、很短的时间内进行,总体设计、节目安排不要脱离现实,不要生搬硬套大场面的表现形式。三是要发动和安排全体同学积极参与到活动中来,不要有遗忘的角落。四是充分试用活动中的设备,尽量避免出现设备失灵的现象。

(四) 布置会场

布置会场的基本原则是适合活动主题,创造良好的环境气氛,有助于活动的有效开展。会场的色彩、物体的摆放以及音乐的播放等都应服务于活动主题。

(五) 活动实施

这是班级活动的关键部分,直接决定着班级活动的成功与否。在班级活动的实施中,班主任除了严格按照计划的步骤予以实施外,应特别注意以下几个问题:

1. 全班同学的精神状态

活动实施前 1~2 天时间,班上要创造一种准备积极投入活动的态势,排除一些干扰因素。

2. 处理活动中的偶发事件

班级活动实施过程中,并非每一个环节都能完全按照班主任和班委会制定的计划步骤进行,常有始料不及的偶然事件发生。这时就需要针对改变的情况对原先计划好的活动进行修改。除非出现令活动不得不停止的事情,否则应确保活动继续进行下去。

3. 主持人的精神状态和能力

班级活动实施,要求主持人全身心投入,精神振作。其情感、语言、动作,要足以感染和带动全班每一个同学。主持人在活动中就是带头人,是指挥者。除了熟练地准备好主持词之外,还需要有应变能力,灵活、幽默地处理现场问题。一旦出现问题,班主任应注意观察,及时救场。

(六) 活动总结

班级活动结束后,班主任应组织全体同学对活动情况进行一次总结性的评价。可以从整体的角度出发,总结活动经验,谈谈活动的感想和收获,谈谈活动组织中的不足,反思问题存在的原因等;也可以从学生个体的角度出发,对其在活动中的表现进行评价,并给予适当的表扬或指正。总结是班级活动的必要环节,也为更好地开展班级活动积累经验。必要时,班主任应进行书面总结。可以有以下两种写法:

1. 班级活动全面总结

班级活动全面总结是对活动的准备和实施情况作比较相近的陈述,主要由标题、正文、日期三个部分组成,最好使用点面结合的阐述方式。标题要写明班级名称、活动的时间、总结的类别,可以使用副标题,凸显班级活动主题;总结的正文要阐述所开展的活动,取得的成绩,存在的问题,经验和体会,今后的打算或建议;最后,在文末留下总结人姓名、总结时间。

2. 班级活动专题总结

班级活动专题总结不同于班级活动的一般性总结,是基于对所开展的班级活动的反思而生成的,主要以问题的方式,从探讨的角度,针对班级活动的某一点进行比较深入的总结。可以是班级活动中的个案,也可以是班级活动的难点、热点等问题。文体不限,内容不要求全面和细致,但要求有较强的针对性,是对问题形成后的相对抽象的思考。因此,要求班主任有较好的反思和生成问题的能力。

总之,班级活动是一个班级生命力的具体体现,在不同阶段开展相应的丰富的班级活动,能使班集体产生巨大的吸引力和凝聚力,促进学生发展。

四、班级活动组织的注意事项

在班级活动中,班主任主要承担着班级活动的策划者、指导者、参与者和点评者的角色,以学生为主体,教师为主导。班主任需要充分把握好自己的角色定位,充分履行自己的职责,将班级活动设计好、组织好、开展好。那么,班主任在组织班级活动时要注意哪些事项呢?

(一)注意运用新技能,创新活动

班级活动如果每次都是一样,则不利于调动学生参与活动的积极性,也不利于活动的顺利展开,更不利于达到活动目标。相反,在班级活动中,班主任注意运用新技术让活动创新,可以达到如下效果:

首先,可以激励班集体的建设。班主任在每学期,可以运用新技能,设计新的班会主题,可以根据不同年龄段的学生来设定新学期之初的班会主题,可以采用不同的形式来组织班级活动,可以让班级活动在信息技术和多媒体的辅助下更为丰富多彩。此外,班主任还可以根据节令和纪念日,利用新技术将班级活动年年更新,从而激起学生的兴趣,达到教育的意义。如每年的母亲节,班主任就可以借用新技术采用不同的活动形式,包括为母亲做电子贺卡,给母亲发一封电子邮件等。这样,通过不同形式、不同内容的创新性的班级活动,就可以调动学生的活动积极性,增加他们对班级的归属感。

其次,有利于发展、完善学生的个性。班主任如果在班级活动中采用新技术,就可以借助于丰富多彩的班级活动,帮助学生树立理想、信念。如将天安门升旗录成视频,让学生观看,进而让学生谈谈升旗的感受;如为了激发学生生活热情、提高学习兴趣,可以将一些科技活动的影像资料做成PPT,让学生欣赏等;如为了让学生尽显自我价值,可以在每次班级活动,利用不同的多媒体形式,借助互联网向学生展示最新的自己,从而不断地激励学生,不断地挖掘学生的潜能。

(二)要注意主题的深入挖掘

当班主任要组织一系列的班级活动时,要注意的是活动的主题要深入挖掘,不能浮于表面,否则会达不到活动的目的。班主任在组织班级活动,尤其是主题班会活动时,更要挖透,让学生在活动中各显其能,从而收到更大的教育效果。

[案例]

W老师在新学期开展了"让生命焕发绿色生命"的主题教育,形式为课内与课外结合。共开展了四项活动:一是创建班级绿意角;二是开展"我是绿色小卫士"主题班会,组织"我是绿色小卫士"的征文;三是播一颗绿色的种子,写植物的观察记录;四是创作"人与自然"的绿色环保画。

通过这一系列的活动,深刻地强化了学生的生命教育意识、绿色环保意识,把植绿、爱绿、护绿植入到学生的实践行动中。而且整个活动的环保意识、生命意识辐射到社会、学校、教室、家庭,让学生在活动的过程中受到教育,也在活动中增强了班级的凝聚力,进而有利于建设一个良好的班集体。

五、班级活动的样例

(一) 韩国:"道德教室"

十分重视保持传统文化的韩国强调道德教育要渗透到日常实践中去,因此,韩国十分重视青少年的养成教育。通过设置"道德教室",对学生进行行为规范的训练。仅礼节教育方面就涵盖许多内容:个人生活礼节,包括坐、立、走的姿势,与人谈话时的语调、眼神及面部表情,接、递物品时的举止;家庭生活礼节,包括对教师、前辈、同窗的礼节;社会生活礼节,包括在社会交往中的鞠躬礼、举目礼、注目礼等;国家生活礼节,包括对国旗、国歌的礼节等等。

(二) 中国台湾:"道德两难问题"讨论

台湾要求教育者对学生的品德教育避免说教和硬性灌输,而是提倡通过一些具体的情境设置,给学生提出问题,让学生回答,在思考回答问题的同时形成对事物的正确判断。他们实行的道德两难问题讨论法,促使学生对其进行充分的思想冲突,使学生经过思考、选择后提出自己的想法,激发讨论,激发道德认识上的冲突,增进认识能力。对于这类问题,教师往往扮演唱反调的角色,以将问题引到无法快速妥协的认识冲突。以激发重新界定思考历程,从而提高道德认知能力。

(三) 日本:磨砺教育

日本是最重视磨砺教育的国家之一。为了从小培养学生顽强坚忍的意志和强悍健壮的体魄,日本不少中学坚持每天让学生光脚在石子路上行走、跑步。有一个日本教育团还实行了一项"无人岛"训练。在一个没有交通,也无人迹的地方,学生必须生存一周,利用自然环境,自己挖坑洞当临时厕所,自己找柴生火做饭,自己动手找食物,连盐也自己熬制。总之,离开大人,断绝一切通讯联系,一切生活问题由他们自行解决。此外,日本的中小学几乎每年都要定期举办"田间学校""孤岛学校"或"森林学校",组织孩子们到田间、海岛或森林去"留学",不仅让孩子了解农村生活,更重要的是让他们从小经风雨、见世面,培养他们吃苦耐劳的精神以及克服困难的毅力。如今在日本,这类"吃苦"活动开展得较为广泛,不仅得到政府的出资支持,而且企业界、社会团体也纷纷解囊赞助,家长们更是主动送孩子去锻炼,以便他们将来能够在现实生活中经受风浪。

(四) 新加坡:社会实践教育

新加坡教育界认为学生在课堂上获得了道德知识,在现实中还要有身体力行的机会,不然,便会造成"知行不一"的现象。因此新加坡十分重视学生的社会实践。近年来逐步将中小学的上、下午班改为单班制,使学生有更多的时间参加学校的活动和课外活动。活动形式多种多样,生动活泼,如各种文体活动,课外的兴趣学习小组活动,学校配合政府或民间团体开展的礼貌周、孝顺周、清洁运动、国民意识等,组织学生参加,以此强化学校的道德教育。此外,学校还组织学生参加社会服务活动,为残疾、贫困、孤老等人们献爱心。

第五章 走班制教学及实施

走班制教学作为一种新型的教学组织形式,最早起源于国外的大学之中,后被美国率先引入中学教育,其兴起与发展是以"课程选修"和"分层教学"为基础的。在我国,新高考改革的启动与实施,促使走班制教学成为基础教育学校深化教育教学改革、转变育人方式的核心任务与重要内容。那么,为什么要推行走班制教学?其教育价值和内在意蕴是什么?进一步而言,在新时期,该如何进一步深化其实践路径?本章拟对上述议题做出回答与分析。

第一节 推行走班制教学的依据及价值

一、推行走班制教学的政策依据

从 2014 年至今,国家在诸多教育政策文本中多次提及走班制教学,对基础教育学校变革教学组织方式提出了相关要求。为更好地了解走班制教学,我们选取若干具有代表性的教育政策文本进行解读与分析,以期拓展、深化我们对其的理解和认识。

2014 年 9 月,《国务院关于深化考试招生制度改革的实施意见》(以下简称《实施意见》)正式颁布,标志着我国新一轮高考改革正式启动。《实施意见》明确提出要"改革考试科目设置。增强高考与高中学习的关联度,考生总成绩由统一高考的语文、数学、外语 3 个科目成绩和高中学业水平考试 3 个科目成绩组成……计入总成绩的高中学业水平考试科目,由考生根据报考高校要求和自身特长,在思想政治、历史、地理、物理、化学、生物等科目中自主选择。"此制度设计的突出特点即是破除高中沿袭已久的"大文大理"固化教育模式,提倡让学生能够多元选择,比如学生可能擅长物理和生物,却在学习化学时比较吃力,这种情况下学生可以选择政治、历史或地理中的某科进行替代。此种思路就是为了最大限度地发挥学生的学科优势,顺应学生的天赋和个性,让每个学生都能各展所长、各尽其能。总之,高考新政旨在破除"文理分科"旧制对学生个性和兴趣的束缚与规约,赋予学生选科和选课的自主权,以期逐步实现培养学生综合素质、促进学生个性发展的教育目标。所以,为达到此诉求,就需要变革传统教学组织方式,进行走班制改革。

2014年12月,作为《实施意见》的配套文件之一,《教育部关于普通高中学业水平考试的实施意见》(以下简称《意见》)出台。该《意见》明确指出:"调整教学组织方式,满足学生选学的需要,把走班教学落到实处。"此文件进一步明确了要把走班教学扎根落地。可见,在新高考改革背景下,传统的固定行政班制度已难以满足学生自主选课的多样化需求,教学组织方式亟待突破。而走班制教学因其内在的独特优势成为基础教育学校教学组织方式变革的必然选择。

2017年3月,教育部等四部门关于印发《高中阶段教育普及攻坚计划(2017—2020年)》的通知中提到:"增强普通高中课程选择性,推进选课走班,满足学生多样化需求。"2018年8月,教育部《关于做好普通高中新课程新教材实施工作的指导意见》指出:"加强和改进教学组织管理,有序推进选课走班。省级教育行政部门要完善适应选课走班需要的教学组织管理制度和学分认定办法……逐步形成行政班和教学班并行、科学规范、高效有序的教学组织运行机制。"这两个政策文件,从"推进"到"有序推进",进一步强化了实施选课走班的规范化、制度化。同时,又创造性地提出了要"行政班和教学班并行"的指导意见。这说明人们对如何满足学生实际需求,进而促进学生个性发展的教学组织方式变革有了更为深入、周全的认识和理解。

2019年6月,国务院办公厅印发的《关于新时代推进普通高中育人方式改革的指导意见》中提出:"普通高中新课程新教材全面实施,适应学生全面而有个性发展的教育教学改革深入推进,选课走班教学管理机制基本完善……普通高中多样化有特色发展的格局基本形成。"此文件的突出特点是要求走班教学的管理机制要进一步健全与完善,进而强化了其保障措施,有利于该制度的真正贯彻和"落地"。

2020年10月,中共中央国务院印发的《深化新时代教育评价改革总体方案》中提出:"国家制定普通高中办学质量评价标准,突出实施学生综合素质评价、开展学生发展指导、优化教学资源配置、有序推进选课走班、规范招生办学行为等内容。"此政策文件是我国近些年来关于教育评价改革的纲领性文件,它不仅指出了学校办学质量评价、学生评价改革的发展方向,还特别提及选课走班的"有序推进"。可见,走班制教学在整体教育评价改革中占据重要地位。

结合以上分析,在我国相关政策文本的表述中,无论是要"落到实处""推进",抑或"有序推进""基本完善"等,从根本上来说都强调了实施该制度的重要性和紧迫性。可以说,走班制教学已成为新高考改革语境下学校变革教学组织方式的重要"抓手",具有显著的教育学价值与意义。

二、推行走班制教学的教育价值

在新时期,走班制教学在基础教育学校的创造性探索和实践,对祛除固定行政班教学的流弊、促进学生的个性成长与发展,进而形成特色化的学校育人模式具有重要的价值和意义。

(一)祛除固定行政班教学的流弊

在行政班级制下,教师对所有学生授受的教学内容、采用的教学方法以及给予的评价标准如出一辙,进而忽略了学生在天赋、特长及兴趣等方面的差异性。正如有学者指出的那样:"传统的行政班之所以称为行政班,就表明组建这个班级的标准,并不是学生自主选择的结果。"① 如果将行政班级制看作是大工业生产时代的缩影,那么学生的教育就像是流水线上的产品制作,标准化、模式化、雷同化倾向严重。而走班制教学设计则打破了按"学习水平"等单一尺度组建班级的定向思维,进而基于学生的学习兴趣和个人选择,并采用多元化的标准组织教学班,如专业性相近的学生编为同一教学班,学习兴趣相投的学生编为同一教学班等。如此,不仅有利于教师因材施教,而且可以减少有的学生"吃不下"、有的学生"吃不饱"的两极分化现象,进而提高学生的学习效能和质量。

(二) 促进学生的个性成长与发展

就学生培养而言,在传统的教学组织形式下,学生的学习选择是被动甚至被迫的,学习什么科目都需要按照学校规定好的课程表进行,有些学科并不是他们所喜欢的,学习起来枯燥乏味、无法投入,更有些学科不是他们所擅长的,学习起来相当吃力、事倍功半。总体来看,课程设置统一化、标准化,课堂教学高度集中化,学生学习场所固定化,学习过程模式化、规范化是其弊端所在。此种教学组织形式虽提高了教师教学效率,保障了教师按时按量地完成教学任务,但实则是一种"见于齐而疏于异"的人才培养方式,违背了因材施教的教育理念。在新时期,走班制教学的实施则着力于改变这一现状,它以扩大学生的学习选择权为中心,打破了原来固定的行政班级和统一的课程安排,学生可以根据自身需要和喜好自主决定学习哪些课程,然后在特定时间到相应的教学班上课。也就是说,学生可通过走班制教学制定属于自己的课程表,即根据自己的兴趣爱好、个性特点灵活选择课程,形成"私人订制"的课程表。这样不仅确立了学生的学习主体地位,而且激发其主人翁意识。总之,走班制教学是实现学生个性化成长与发展的重要路径。

(三) 形成特色化的学校育人模式

受传统应试教育思想的规约与束缚,部分学校较为关注学生的考试成绩、排名,相对忽略了对其综合素质和个性特长的培育,致使学校育人模式陷入典型的"千校一面""千人一面"的困境与泥沼,缺乏自主办学特色。面对新时期教育改革的时代要求,基础教育学校倘若墨守成规、不思变革,终将与未来教育的发展相脱轨。而走班制的实施将推动学校育人模式的变革和发展。首先,从课程建设方面来说,学校不再是提供给学生"A套餐"和"B套餐",而是种类丰富、内容多元的"自助餐"。为实现此愿景,学校就需要基于自身特色和教育资源,开足开齐相关课程,丰富课程种类,完善课程体系,进而打造一批特色鲜明、品质卓越的校本课程群,这实则是为学生扩大了可选择的课程范围,打造了学校育人特色。其次,从教学模式变革角度来看,每个学校在组建教学班的时候,需要结合学生自身的实际情况决定应该按照什么样的标准,比如学生的学习水平还是学习兴趣,抑或是两者综合考虑? 这也将成为学校育人模式重塑的一大特色。最后,学校实施走班之后将打破原来的行政班建制,重新组建各具特色的教学班,学生管理工作需要开创新的思路,这无疑为学校特色化发展开辟了全新路径。总之,走班制实施带来的是学校教育教学工作全方位、深层次的系统变革,进而有助于学校形成特色化的育人模式。

---

① 周彬.高中走班教学:问题、路径与保障机制[J].课程·教材·教法,2018(1):54-59.

第二节 走班制教学的内涵及类型

一、走班制教学的内涵

关于走班制教学的内涵,不同学者基于不同的理论视野和教育观念而有不同的认识和判断。下面我们选择较具代表性的观点作简要介绍。

——走班制教学是"一种按学生的认知能力和学习能力的差异来分层的教学模式。"①它强调"分层教学",目的在于提高知识授受的有效性,将学习水平相近的学生划分为相同或平行班级。这有利于优化教师教学资源配置,进而提高学生学习效率和学习效果。

——走班制教学是"学生根据自己现有的知识基础以及对各科的学习能力和兴趣去相应不同层次的班级上课,是一种不固定班级、流动性的学习模式。而传统的行政班则保持不变。"②它强调"自主选择",主张尊重学生兴趣,发挥学生特长,进而培育其优势潜能。

——走班制教学是指"学生以自身学习能力与兴趣为出发点,根据课程目标、结合教师的评价与建议,自主选择到不同类别、不同层次的班级上课……将固定的行政班和走动的分层分类教学班结合起来的教学组织形式,它使教师能够针对不同层级学生进行教学。"③此概念既强调了"教师指导",亦强调了学生"自主选择"和"基础、能力和兴趣"等,是一种更为全面、合理的界定与理解。

以上对走班制教学的定义是从不同的角度和层面提出来的。在我们看来,走班制教学是学生结合教师的评价与指导,综合考量自身知识基础、学习能力及学科特长,自主形成学习班级的一种新型教学组织形式,旨在满足学生个性化、多样化的学习需求。

二、走班制教学的特点

在新时期,走班制教学成为解决学校教育教学改革难题的重要创新举措,呈现为以下特点。

(一)课程供给多样化

课程供给多样化是走班制教学的一个重要特征,也是实现走班制教学的必要前提,其具体表现为可供选择的课程数量增加、类型丰富、层次多样。在传统的学校课程结构中,国家必修课程占据核心地位,课程设置固定、统一,课程数量较少,类型单一,"考什么,就

---

① 谭俊楚,周先进.走班制研究十五年[J].教学与管理,2018(15):17-20.
② 陈玉云.分层走班制——推进素质教育的新模式[J].辽宁教育研究,2003(10):62-64.
③ 胡中晓,刘秀峰.教学组织形式变革的新探索:走班制[J].教育与教学研究,2015(5):116-119.

教什么"的思想观念根深蒂固。自新高考政策推行以来,高中学校的"育人"导向日趋彰显,即要培养全面而个性化发展的人才,这推动了学校课程建设的整体发展。学校课程供给愈加重视学生的能力差异,选修课数量开始增加以满足学生的多样化需求。因此,学校为培养学生个性特长、发掘学生潜能优势,需要积极开发校本课程和综合实践活动课程等。如此一来,学校课程供给由"单一化"走向"多样化"。

(二)班级流动常态化

班级的流动性是走班制教学的显著特征,主要表现为上课地点、任课教师及周围学习同伴的流动变化。在行政班制度下,一个班由若干个学科教师和学生根据教学安排在教室上课,教师、学生和教室均是固定不变的。而在走班制背景下,每一个教室都有固定的课程安排,不再专供一个班级的学生使用,选择该教室所承载课程的学生皆可入内学习。学生突破原有行政班级的限制与束缚,所面临的教师、教室及学习同伴都视其选择的课程而定。如此一来,班级由"固定不变"变为"流动生成",本学期组成的教学班可能由于学期末课程的结束而随之"解体",班级的流动成了常态化。

(三)学生选择自主化

"一人一课表"是走班制教学中学生学习所展现出的创造性变革。在我们的印象中,班级授课制规定学校每一个班级都拥有一张固定的课程表,以周为单位规定不同学科的上课时间段,周周重复、僵化单调。这张课程表代表着班级内学生课程内容选择的一致性以及学期内课程安排的固定性。新高考改革则打破了这一壁垒,"3+3"或"3+1+2"的选课模式使学生有了自主选择课程的空间和权利,除了语文、数学、英语三个必考科目之外,学生可根据自己的优势和兴趣选考三门科目,学生的选择存在差异,便形成了"一人一课表"的局面。无论是必考还是选考科目,学习同一门学科的学生可能存在学习水平和学习能力的差异,将选择同一学科的学生分为不同的层次,这无疑增加了学生选择的多样性。总之,走班制既可以实现"分层教学",也可以实现"分类教学",有利于尊重学生的个性和兴趣差异。

三、走班制教学的类型

走班制教学经历了持续性的演化与变革,呈现出多元化、异质化发展势态。熊丙奇认为,"高中实行'走班制'教学可以分为四个层次:第一个层次是学校开设一些选修课;第二个层次是在必修课层面进行分层教学,让学生走班;第三个层次是必修课、选修课融合在一起;最后一个层次就是完全的学生自主选择。"[①]结合我国走班制教学的实践情况,可将其分为"科目分层走班教学""选课走班教学""选课分层走班教学"三种类型。

(一)科目分层走班教学

分层走班教学主要是指将课程按难易程度分为不同水平层次进行教学的组织形式。学生可根据自己对这几门课程的学习水平、学习能力及教师的指导意见,选择适合自身层次的课程进行学习活动。此种类型的走班教学重在尊重学生的学科成绩和学习能力差

---

① 马晖."没有班级"的学校:北京市十一学校改革考[N].21世纪经济报道,2014-03-24(005).

异,主张将水平相近的学生编制在同一教学班,以便根据该教学中学生的学习情况制定教学计划、安排教学进度,意在消解行政班教学中学生"吃不饱"和"不够吃"的现象。

[案例]

内蒙古包头二中的分层走班教学

在包头二中,你会看到有的教室标着"数学B",有的教室标着"英语C",还有的教室标着两个牌子"英语B\数学C"。这些特别的教室标牌是该校实施"走班制"教学的一大特色。

在入学时,王某的英语有些偏科,于是,在老师的建议下,他选了英语A班。A班教学内容都是适应A层学生的,这让王某学起来比在初中的时候容易了很多,"经过这一阶段的学习,我进步很快,下个学期,我准备到B班去听课。"

"走班制"教学把学科知识体系分成A、B、C(由易到难)三个层次,学生可依据自身的学习情况选择适合自己的层次。让每一个学生都能找到适合自己实际水平的教育环境和教学方式,真正创造尊重学生发展的教育。

——摘自叶飞.内蒙古包头二中"走班制"改革[N].中国教师报,2012-09-19(002).(略有修改)

评析

每个学校的行政班级中都存在学生水平参差不齐的情况,这也是班级中经常会出现所谓"优等生""中等生""差等生"称谓的原因所在。这些被冠以不同"等级"名称的学生之所以成绩、能力有别,是因为未能进入适合自身情况的教学环境中学习。学校将每个学科课程进行分层划分,无疑是为每个学生"量身打造"课程安排和学习计划,学生学习的是最适合自己的课程内容。

(二) 选课走班教学

选课走班教学主要是指学生可根据自身爱好、兴趣及特长,结合教师指导意见选择相关课程进行学习的教学组织安排。选课走班教学主要目标在于满足学生的兴趣爱好,顺应学生的个性特点,发挥学生自身特长。

[案例]

美国高中选课走班教学

美国高中学生拥有课程自主选择权,学生可在课程指导和任课教师的帮助下根据自己兴趣爱好、学业基础、学习能力和职业规划来自定义高中4年的课程。学生高中4年的课程学习情况是美国大学申请中的一项重要内容,也是决定高中毕业证是普通毕业证还是荣誉毕业证的关键。

比如,纽约州一位想取得荣誉毕业证的高中生,必须完成以下最基本的"课程要求":英文课四年(4学分)、历史课四年(4学分)、数学课三年(3学分)、科学课三年(3学分)、外语课三年(3学分)、艺术课一年(1学分)、体育课两年(2学分)、健康课半年(1/2学分);同时满足最低22个学分的"学分要求";"考试测验要求"要求学生在纽约州高中毕业会考中各科成绩达到65分以上。一位想上好大学的高中生,仅仅学习基本课程是不够的,还得学习AP课程。

美国高中的课程分为三个层次:普通课程(慢班)、荣誉课程(快班)和AP课

(Advanced Placement,高级课程,也称为大学先修课)。以加利福尼亚州的 Piedmont 高中为例,开设荣誉课程"物理、化学和统计",AP 课程包括"生物学、微积分、计算机科学、英国文学、环境科学、欧洲历史、法语、音乐理论、西班牙语、工作室艺术 2D、工作室艺术 3D、美国历史、中国语言文学",同一课程不管学习层次高低所取得学分都一样。

美国高中学生独立自主,依照个人独特课程安排走班学习,课堂上在教师的指导下进行探究式学习,课后作业强调"手脑结合",积极参加校园活动和社会实践,学习内容丰富多彩,学习方法契合此教学体系下的课程学习和学生品质培养,每位学生都尽可能地接受合适的教育。

——摘自刘璐,曾素林.美国高中选课走班制的历史、现状及启示[J].教育探索,2017(5):120-125.(略有修改)

评析

走班制的实施与"选课制""学分制"等制度设计息息相关,没有后两者的配套与支持,走班制的推行可能会流于形式。美国的选课走班制正好体现了这一特点。在高中阶段,不仅是学生打下牢固知识基础的重要时期,同时也是彰显其独特个性、发掘其优势潜能的关键时刻,所以,学校不仅要有最基本的"课程要求",同时还要为"学有余力"的同学提供"高难度"课程以供选择。这样,学生可根据自己独特的课程安排进行走班学习,从而成就最真实的自我。

(三)选课分层走班教学

选课分层走班教学又称全员全科选课走班制教学,即"学校里的每一位学生都可以根据自己的学业成绩、兴趣、特长等,选择各科不同难度层级、类别的课程,既包括了对必修课程的选择也包括了对选修课程的选择。"①它是对以上两种类型走班制教学的综合。它注重学生基础知识达标和多元知识拓展,允许学生遵从自身爱好兴趣及特长。同时,将各门各类课程划分出不同难度、等级以供学生自主选择,这是一种较为理想的走班制教学模式。

[案例]

英国伊顿公学"走班制"教学

"以学定教,分层指导"是伊顿公学"走班制"教学的一种形式,即将英语、数学、科学等不同学科按照教学目标、教学内容划分为不同等级(一般为 14 个等级,较小的学科相应减少),以学生考入时的成绩为参考,结合学生个人需求、学习能力决定其在各个学科上应进入哪个层次教学班,并为学生提供最相适应的学习目标达成度、学习内容、教学环境及适宜的辅导。每学年的伊顿内部考核(Trials)决定下一学年的学科分班,以适应学生学习能力的调整,保证班级的流动。

"自主选择,自我规划"是伊顿公学"走班制"教学的另一种显现,强调学生兴趣特点及未来早期规划。从基础阶段课程到第六学级(Six-form)课程,从普通中等教育证书考试(General Certificate of Secondary Education,简称 GCSE)到普通教育高级证书考试(General Certificate of Education, Advanced Level,简称 GCE A-Level 或 A-Level),学生根

---

① 戴季瑜.我国走班制教学的类型与特点[J].教学与管理,2016(12):54-56.

据自身兴趣特点和学习程度自主选择学习课程和考试科目,在选择中不断提升自身专业水平、加深自我认识,为大学专业学习和未来就业做好早期规划,导师及舍监为其提供指导。

——摘自周国华,马笑笑,黄睿.英国伊顿公学"走班制"教学及其特色[J].上海教育科研,2017(11):46-50.

评析

英国伊顿公学兼顾了学生的不同选择需求,为学生创造了一个宽松、轻松的成长环境。在走班制教学中,既要照顾到学生的学习能力差异,又要尊重学生的兴趣特长,的确是一个极具挑战性的设想。在当下世界范围内的学校教育当中,我们应高度尊重学生的个体差异,努力创生最适合学生的教育教学。诚如顾明远所说:"为每个学生提供适合的教育就是最好的教育、最公平的教育……给每个学生提供适合的教育,把选择权还给学生,是我国教育摆脱困境的出路。"①

第三节 深化走班制教学改革的有效路径

在新时期,走班制教学的推行与实施是一项"牵一发而动全身"的系统工程。换言之,学校要想实施好走班制,不仅要从这一制度本身入手做好相关工作,同时,还要兼顾好学校育人理念、教学资源、班级管理等一系列事务的建设。因而,要促使走班制在高中学校"站稳脚跟",需要着眼于学校教育生态的整体变革。

一、实施多样化的走班教学模式

课程是学生学习的重要载体和依托,课程结构决定人才结构,课程质量决定人才质量。归根结底,走班制教学重在"走"和"学","走"的是学生,"学"的是课程。走班制教学的目标是为了更好地实施课程,从而促进学生全面而个性化发展。因而,为了丰富走班制教学的形式,以增强其对各类学校需求的适应性,可以从课程建设方面着手。新高考语境下,基础教育学校课程要转变课程建设思路,转向兼具基础性、拓展性、多元性、选择性等特征的课程体系构建,既要满足不同学习水平的学生需求,也要满足不同兴趣爱好的学生需求。根据这一现实情况,我们可以探索不同的走班教学模式。其一,我们可以根据课程内容难易程度的不同,将其划分为不同层次的课程,而后再基于课程设定教学班,如语文A班、语文B班、语文C班等,尽可能照顾到不同学习能力的学生,让其处于最适合自己的标准和要求之下。并且,在此种走班制教学模式下,学校应允许学生在完成当前课程层次的学习之后,申请加入高一层次的教学班进阶修习。其二,我们可以根据不同的课程类型进行分类,设立专门的学科教室,原则上"教室不变、教师不变、学生变换",如语文

---

① 顾明远.把学习的选择权还给学生[J].河北师范大学学报(教育科学版),2012(1):5-7.

班、物理班、音乐班等配有专门的学科教师,学生只需按照课程时间安排到固定的教室上课即可。其三,我们可以根据课程内容模块的不同划分教学班,如语文学科分为阅读与写作班、古诗词鉴赏班、散文欣赏班等,数学学科分为立体几何班、代数班、概率与统计班等,美术学科分为油画班、素描班、水彩画班等。总而言之,探索多样化的走班制教学模式,有利于真正赋予学生选课走班的权利和自由,实现对学生独特个性、多元品质和未来发展的现实性关切。

[案例]

杭州师范大学附属中学的"三分"课程设置

在核心素养的指导下,学校架构了具有附中特色的人字结构课程体系——以提倡共同发展的德育课程和学科课程为基石,支撑起彰显学生个性化发展的项目课程。

杭州师范大学附属中学结合实际情况,实行了必修分层、选修分类、限定选修分项的"三分"课程设置,必修课程的主导价值在于培养和发展学生的共性,而选修课程的主导价值在于满足学生的兴趣爱好,培养和发展学生的个性。在开足开好国家课程的基础上,根据学生的差异与选择制订不同的教学进度方案,以满足学生差异化学习需求,让教学适合学生。

依据学生基础知识状况、智力水平、学习动机、学习方法、潜在能力等方面的差异,以"尊重差异与选择、动态反馈与递进"为原则,对语文、数学、英语课程实施分层设计。根据不同学生的兴趣特长和专业倾向,对7选3课程(物理、化学、生物、政治、历史、地理、技术)实施分类设置。遵循学生的兴趣爱好与特长,体育、艺术实施分项适配。

——摘自杭州师范大学附属中学."选课走班"有效运行的现实路径[J].人民教育,2018(Z3):41-44.(略有修改)

评析

杭州师范大学附属中学的课程建设注重学生的共性发展和个性彰显,为实施选课走班奠定了坚实的基础。学校根据学生的学习成绩和学习能力为其制定合适的课程安排和教学计划,是一种"因材施教"的教学理念,必将促进学生取得实质性的进步。对语数英必修课程进行分层,对选修课程进行分类,体音美等进行分项,此举措值得我们关注和研究。

二、建立区域性的"教师走校"机制

新高考选考机制使学生拥有了自主选课权,势必导致有些学科备受青睐,有些学科遭遇冷落。这样一来,"学科教师在不同时段、不同学校、不同学科的需求量将出现不足或富余的'潮汐现象',造成教师需求的波动性。"①换言之,即热门科目的学科教师供不应求,冷门科目的学科教师供过于求。为化解这一教学难题与困境,区域内的学校应形成教育教学共同体,统一整合、优化配置教师资源。如本校在学科师资力量短缺的情况下,可寻

---

① 纪德奎,朱聪.高考改革背景下"走班制"诉求与问题反思[J].课程·教材·教法,2016(10):52-57.

求其他学校教师对本校学科教学工作的支持和援助；在本校学科师资力量过剩的情况下，可安排教师到有需求的学校教学岗位进行授课。"教师走校"授课的方式有利于改善不同学校和不同学科师资力量失衡的困顿局面。

[案例]

"共享"教师

为了能让更多孩子前往"家门口的好学校"，部分教育条件相对出色的学校，必须甘心把优秀教师"推"出去。2015学年起，桃浦联合体内的学校，共有14位教师全面走校。桃浦地区基础教育协同发展联合体执行主任、桃浦中学校长夏青坦言，如果没有联合体这种组织形式，走校很难走起来。"现在，盘活了教师资源，教育才能均衡化。我们学校就把3位学生公认的好教师，送到兄弟学校去走校。"

有10多年语文教学经验的王莉，是三人中的一位。她认为："师资流动有助于教师成长。学校不同学生的水平也不同，在教学方法上我要因材施教，改进调整。"

联合体让区域内的十几所幼儿园、小学、初中、高中、社区学校等成为一个整体，实现教育互通互享。由于教育逐步实现均衡化，桃浦区域的小学和初中的教学质量由原先全区垫底上升到中游水平。桃浦地区的孩子也不再"东南飞"，90%的当地学生都留在了家门口的学校，甚至部分年轻骨干教师愿意留在这里教书育人。"基础教育优质均衡发展，关键是教师队伍。优秀教师有效柔性流动，能让优质教学理念在更大范围内辐射。"桃浦联合体负责人、市特级校长李金龙认为，一群学校打通后，每所学校都有自身亮点，把每个亮点集聚共享，就实现了资源增值。

——摘自许沁，陈华.桃浦的孩子上学不再"东南飞"[N].解放日报，2015-11-10(010).（略有修改）

评析

桃浦地区的学校"联合体"是当下学校教育教学取得突破创新的典型案例，不仅盘活了区域学校的教师资源，更实现了教师的专业化提升。教师走校教学如同学生走班一样，是对传统教学组织形式的一大突破。尽管受工作编制、绩效工资、教学责任、教师管理等因素的影响，教师走校教学尚且不够成熟，无法全面推广和普及。但不可否认，"共享"教师这一创新适应时代发展诉求，可以满足走班制改革之后的学校多元化需要。

三、创新班级管理模式

对于走班制教学而言，"班级管理"问题一直是一块"难啃的硬骨头"，在实施过程中始终没能得到妥善解决，阻碍走班制教学的有序推进。那么，如何处理好走班制下的班级管理问题呢？在新时期，学校应创新班级管理模式。第一，学校可单独设立负责学生日常事务管理的教师，定期组织学生开展班级会议，指导学生解决思想、学业、身心、未来生涯规划等方面的问题或开展班级实践活动以增强学生间的交流与学习。第二，学校可构建学生自主管理模式。具体而言，"教学班设一位班长管理本班的班务，同时设多个课代表负责收发原行政班同一层次学生的作业、加强与教师的信息交流等工作。行政班的管理中设置年级助理,共同参与年级组在学习、纪律等方面的自主管理。"①这样一来,不仅减轻了教师管理的负担,而且增强了教师与学生之间的沟通与交流。

[案例]

"家房"教师

美国高中采取走班教学的形式,那么,美国的高中到底有没有"班级"概念呢?答案是肯定的,而且美国中学还特别注重加强"班级"的管理与团队建设。美国的班级管理是通过"家房"(homeroom)进行的,"家房"是班级同学情感联系的纽带,"家房"教师主要负责学生的日常管理。

"家房"的成员由同一年入学的学生组成,一般为20~30人,成员相对稳定。如洛杉矶罗斯福高中将每一届新招收的学生随机分成许多班级,每个班级人数在三十人左右。

"家房"里开展活动的内容和形式多样,具体来说主要涉及以下几个方面:(1)点名考勤。(2)处理班级的事务。(3)与缺席者和后进生谈话。(4)对学生进行学业、生涯、品德、心理等方面的指导。(5)学习娱乐的场所。(6)重要的考试所在地。如决定学校排名的统考就在此进行。(7)学生各类投票所在地。(8)课前宣誓。活动结束前,全体同学起立,面对美国的星条旗进行宣誓。

可以看出,一个"家房"虽然只有2名学生代表,负责与校长进行沟通,但却承担了类似我国班级的各项功能,它为同一个年级的学生提供了在一起的机会。在整个高中阶段,同一个"家房"的同学都在一起度过"家房"时间,它是这些同学之间情感联系的纽带。因此,"家房"所开展的工作也是走班制中必不可少的一项工作。

——摘自杨光富,李茂菊.尊重个性与选择权:美国高中走班制的核心[J].
外国教育研究,2020(8):17-27.(略有修改)

评析

可以看出,美国的班级管理是通过"家房"进行的,此举可将因走班学习而被冲散的成员重新凝聚到一起。学生之间不再是"熟悉的陌生人",其可通过"家房"活动建立良好的同伴关系,并在活动过程中学会沟通、交流与合作。可以说,"家房"是走班制下班级管理模式的一种路径。

四、建立学生成长导师制

走班制教学打破了传统以固定班级为单位的僵化教学组织形式,形成了教师教学"活"起来和学生学习"动"起来的新样态。然而,由此产生的一系列问题也随之显现出来,如学生日常管理及学习指导困难等。为解决这一问题,有效的方法是建立学生成长导师制,为学生开展个性化的学业指导。成长导师制是指"在开展班级正常教学的同时,组织教师对学生的学习、生活、生涯、思想、心理等方面进行全方位个别化指导的一种教育培

---

① "选课走班"有效运行的现实路径[J].人民教育,2018(Z3):41-44.

养模式。"①此制度对学生的日常事务管理、科学合理选课和生涯规划等具有重要的指导意义。每位成长导师指导一定数量的学生,通过密切关注学生的个性、兴趣及特长,结合学生的个人意愿,指导其做出合理的课程选择。成长导师还可以开设专门的生涯规划指导课程,带领学生进行职业生涯体验活动,令学生在认识自己和专业特征的过程中,逐渐明确未来的专业兴趣和专业优势。除此之外,学生在日常生活中产生学习或者心理上的困惑,都可以寻求导师的帮助,促使思想和德行向良好方向发展。

[案例]

学生成长导师制

2014年初,学校开始"学生成长导师制"试点工作。9月,学校正式推出"全员成长导师制",在任课教师中聘请了137位教师作为成长导师,每位教师都对应指导一个学生发展共进小组(10~12名学生)。"学生成长导师制"的实施,使学校形成了"全员育人、全面育人、全程育人、全方位育人"的工作格局,促进了学生全面发展、健康发展、个性发展。

导师将全面关注学生的思想、心理、生活等方面,做学生的知心人,为学生解疑释惑,排忧解难,使不同层次的学生在理想信念、学业发展、生涯规划和心理健康等方面都得到不同程度的发展。为学生在前进路上答疑解惑、让其少走弯路。如学生小W性格较为封闭,在班级中几乎没有朋友,情绪起伏也较大,心情不好、状态不佳时,甚至会旷课,成绩也因此起起落落。导师通过沟通、走访了解,找到了问题的症结,小W初中时因病导致初三重读了一年,因此他总是感到别人用异样的眼光来看待他这样一名"复读生"。找到症结后,成长导师时常和他交流谈心、心理疏导……渐渐地这个学生放下"复读生"的包袱,变得自信开朗,参加学校组织的各类大型活动。2015年暑期,他还去参加了学校的大学生活体验活动。回来后,他给导师发了一条短信,向导师表示,他立志要考复旦大学。

在成长导师的指引下,很多优秀的学生进一步认识自我、了解自己的志趣能力,感知社会对人才的要求,寻求自我发展的最优路径。如七宝中学2015届毕业生胡顺拢同学高一时就展现出他在地理空间方面的兴趣和才华,在成长导师柳英华老师的指导下,胡顺拢同学充分发挥其对地理学科的兴趣,积极开展"一种有效的地面公交的优化调整方案研究"的课题研究,并最终在全国"明天小小科学家"评比中拔得头筹,登上了中国中学生科技创新科学家讲坛这一最高论坛。

——摘自潘蓓蕾.让学生全面而富有个性地发展——上海市七宝中学"成长导师制"的实践探索[J].上海教育科研,2016(2):62-64+61.(略有修改)

评析

面对走班制教学带来的学生管理问题,七宝中学的做法为我们提供了宝贵经验。早在还未开始进入新高考之前,七宝中学的一些做法已经初见"导师制"的端倪。在实行新高考之后,七宝中学基于以往的实践基础,深入发展学生成长导师制,真正形成了"全员育人、全面育人、全程育人、全方位育人"的工作格局,巧妙解决了学生管理的现实问题。

---

① 潘蓓蕾.让学生全面而富有个性地发展——上海市七宝中学"成长导师制"的实践探索[J].上海教育科研,2016(2):62-64+61.

五、积极推进学科教室建设

走班制教学的深度实施,不仅需要转变教学理念、教学目标和教学方法,更要重建教学环境、优化教学资源。由于学生的课程选择由"套餐"变成了"自助餐",以往按照行政班级建设的教室也应随之发生变化,不再为某一班级学生固定使用,而应根据学生选课走班情况流动使用。在这里,我们需要首先考虑教室数量的问题。"如何满足分层走班制对教室空间的需求?有校长测算过,如果实行走班制,每个学校的教室数量至少应该达到已有行政班数量的1.5倍,才可以维持正常的课程和教学安排。"①因此,学校需积极推进教室的规划和建设,增加并合理分配学科教室数量,保障教室数量能满足走班教学的需要。其次,根据学科文化特色,教师应充分利用教室的空间资源,打造独特的教学环境,使学生能够置身于学科情境之中,从而达到有效教学的目的。这主要是指在布置教室环境时要体现学科的显著特点,如墙体设计、图画粘贴、黑板装饰、桌椅摆放、物品购置等,全方位打造学科育人文化。此外,除了校内学科教室规划,校外也需建设特殊的"教室",方能为学生提供更加全面的选择。学校应与社会博物馆、科技馆、文化基地、生态基地等通力合作,建设多种类型和主题的校外教育实践基地,开设社会实践活动课程,令学生在切实体验、亲身经历的过程中培养解决问题和实践创新的能力。

[案例]

浙江大学附属中学重新规划学习空间

一是划分教室学习空间与非教室学习空间,教室学习空间指普通教室、学科功能教室、普通实验室和创新实验室,为正式学习提供环境;除教室外所有场所称为非教室学习空间,为非正式学习提供支持。

二是将非教室学习空间分为校内学习空间与校外学习空间,在校内通过改造走廊、图书馆、食堂和宿舍等,实现一人一书柜,为选课走班提供支持;在校外通过建立课程与活动基地,帮助学生开展实践性学习。

三是依据网络使用情况,将学生学习空间分为现实学习空间与虚拟学习空间,并基于现实学习空间建立信息化学习平台与数据处理系统,充分利用"互联网+"的技术,为学生提供全方位的学习支持。

——摘自俞晓东.选择与适合:新高考触发学习变革的学校管理创新[J].教育科学研究,2018(6):24-29.(略有修改)

评析

教室是实现走班制的重要影响因素。从现实来看,每个班级拥有属于自己固定的教室,各种类型的学习活动都在同一间教室开展。而浙江大学附属中学为满足学生选课走班需要,则打破了原有"一班一教室"的固定格局,将教室重新划分使用空间,如建立学科教室、实验室,并建立校外实践基地等,真正做到了学生怎么"走",教室怎么改。

---

① 文东茅,林小英,马莉萍,李祎.能力建设与高考改革同行——对浙江高考改革试点的调查[J].中国高等教育,2015(12):7-11.

第六章 家校合作的理论与实践

家校合作作为教育和学校改革的主题,在美国、英国、法国等国家,都将家校合作作为教育改革的重要组成部分。家校合作是当今学校教育改革的一个世界性的研究课题。我国教育部门提出了家校共育的观点,就是希望家庭与学校能够共同努力,把孩子教育好。家庭教育与学校教育本应形成合力,但有时两者也会互相掣肘,合力反而变成了阻力。

第一节 家校合作的概述

班级管理过程中家校合作是教育获得成功的重要因素。一名合格的班级管理者,懂得如何处理好学校与家庭的关系,正确认识家校合作的意义,理解家校合作中不同主体的权利和义务,从而追求学校和家庭合作的有效模式。

一、家校合作的内涵

家校合作这一理念最早在国外被提出,后来逐渐被引进国内。美国约翰斯·霍普金斯大学的 NNPS 研究中心主任兼首席科学家爱普斯坦(Joyce L. Epstein)在深入研究了美国中小学校与家庭、社区关系后,将家校合作的含义扩展为"学校、家庭、社区共同合作";我国朱庆澜著作的《家庭教育》对家校合作提出了初步看法,他认为教育是学校老师和家长共同的事,在孩子的教育问题上家长和学校要站在统一战线上。由此我们可以看出,家校合作强调了学校、家庭和社区对孩子的教育和发展负有共同的责任,并且三者对孩子的教育和发展相互影响。

家校合作就是指教育者与家长(和社区)共同承担儿童成长的责任,也可以泛指家长在子女教育过程中,与学校一切可能的互动行为。包括当好家长、相互交流、志愿服务、在家学习、参与决策和与社区合作等六种实践类型。家校合作是现代学校制度的组成部分,其总体目标主要包括以下方面:使家庭教育和学校教育成为一个一致的过程;使家庭支持学校教育;使学校帮助家长解决其在教育子女过程中遇到的各种问题。

二、家校合作的价值

（一）对学生发展的意义

1. 促进学生学业发展

学生之间成绩的差距归根到底是学习态度和学习习惯的差别，而学习态度和学习习惯往往受家庭教育影响最大。良好的家校合作与沟通可以找出形成孩子不良学习态度和习惯的根源并对症下药，端正孩子的学习态度，培养孩子良好的学习习惯，从而促进学生学业发展。

2. 形成良好的道德品质

学校教育中虽然设有思想品德课，却主要停留在言传层面上，没有条件考查学生是否落实到行为层面上，父母便恰好能够承担这一任务，观察孩子的行为并及时进行强化奖励或消退惩罚。

3. 预防学生不良问题

如果学校和家庭联合，孩子在学业上和道德品质上出现掉队的情况时，就能及时被发现，也能将问题解决在萌芽状态。学校和家庭保持良好合作关系，老师和家长加强联系，在孩子升学初期、人生特别阶段等特殊时期不仅能使学生感受到来自家庭和学校的关怀，更能帮助孩子少走弯路，健康成长。

（二）对家长发展的意义

1. 更新教育观念

"学而优则仕"的传统教育价值观在家长头脑中根深蒂固。很多家长认为孩子学习好就行了，对于国家开展的素质教育和德智体美劳全面发展的理念并未从心底里接受。学校教育与家庭教育联合起来之后，便能够得到家长的理解与支持，进而用先进的教育观念影响家长。

2. 增长教育经验

许多家长不具备系统的教育知识，大多数都是第一次当父母，也没有经验。而学校的教育主体——老师有着丰富的教育知识和经验，家校合作就提供了一个教师向家长传授教育科学知识的平台。同时教师可以举办家长育儿座谈会等形式，请家长们交流自己的育儿心得，教师适时点拨，家长在交流中获得育儿经验。

3. 促进亲子交流

孩子上学以后，每天在学校的时间最长，家长想要了解孩子在学校的情况只能通过询问孩子这个渠道，如果孩子不愿谈论父母便无从了解。家校合作使父母随时了解孩子在学校的情况，也让孩子能够感受到父母对自己的关心，促进亲子沟通，改善亲子关系。

（三）对学校发展的意义

1. 提升教育效果

家校合作能使教师与家长之间关系融洽，让家长了解孩子在学校的情况，让老师了解学生在家的性格特点和行为习惯、兴趣爱好等，这使得教师在学校能够更有针对性地对学生进行教育。教师和家长相互配合，及时沟通，不仅便于教师开展工作，同时能够形成教育合力,提升教育效果。

2. 丰富教育资源

学校的教育资源是有限的,教师的知识面也是有局限性的。学生家长来自社会各界,从事各种职业,具有教师缺乏的各类专业知识和技能。通过引导家长参与学校课程的开发,能促进家庭教育与学校教育之间的资源整合,相当于学校为将家长的知识融入课程中去进而展示给学生们提供了一个良好的平台,让学生学到更多。

3. 提升办学水平

学校成立家长委员会等组织,让家长直接参与学校校务管理,有利于学校全面认识自身存在的问题,努力改进自己的工作,提高教育教学质量和管理质量。为了保障家长的知情权、监督权,学校不可避免地要增强其工作的透明度。因此,家长参与能够提高学校教育、教学、管理质量,不断提升学校的办学水平。

三、家校合作的类型

(一) 当好家长

1. 当好家长的内涵

由社区和学校帮助家长,三方共同努力,提高家长的教育水平,帮助所有家庭建立视孩子为学生的家庭环境,充分发挥家长的教育作用,让家长当好"家长"这一身份。

2. 当好家长的活动实例

(1) 创设良好的家庭学习条件,以适应子女在不同阶段的学习;(2) 设立家长学校,为全体家长进行家庭教育指导培训,以面授、研讨会、录像或网络等形式开展家庭教育讲座;(3) 通过多种媒介,如家长手册、校报、致家长的一封信、学校网站、QQ共享或短信平台等,向家长提供营养、健康、安全、学习辅导和教育福利政策等方面的信息;(4) 学校在调查的基础上,确定家长的需要和关心的重点问题,提供场地或其他条件,利用社区内志愿者资源,合办家长教育讲座;(5) 向家庭提供社区内有关家庭支援服务的活动和资源信息,如向他们提供选择夏令营、兴趣班等方面的信息;(6) 开展特殊时期的家访或讲座,如孩子进入幼儿园、小学、初中、高中前家访,帮助家长和孩子一起顺利度过不同学段衔接阶段的适应期,或者在特殊事件后,指导家长如何帮助孩子;(7) 鼓励教职员工向家长宣传维持良好亲子关系的重要性;(8) 建立支持及帮助困难家庭达到学校最低要求的资助政策;(9) 向家长推荐亲子阅读或家庭教育方面的书籍或音像资料目录,或者借阅相关书籍、音像资料给家长;(10) 向需要的家长介绍选择适合各年级学生阅读的课外书的知识以及各科课外辅导书的使用知识。

3. 当好家长可能面临的挑战

(1) 向所有家庭提供如何当好家长的信息,不仅是在学校参加活动的家长,而是所有需要这些信息的家长;(2) 与家庭分享有关教育、学校和儿童成长方面的信息;(3) 确保所有提供给家庭的信息清晰、有用,与学生的学习成功和行为改善密切相关。

4. 当好家长的预期结果

学生方面:(1) 理解家长监督,尊敬家长;(2) 通过家庭教育形成积极的个性、习惯;

(3) 会合理安排时间用于家庭作业、干家务或其他活动；(4) 良好的或不断进步的出勤率；(5) 意识到教育和学校的重要性。

家长方面：(1) 在孩子学习过程中，对当好家长、孩子发展、家庭学习条件变化有所理解并抱有信心；(2) 提高家庭教育水平，认识到当好家长面临的各种挑战；(3) 感受来自学校、社区和其他家长的支持。

老师方面：(1) 理解家庭背景以及家长对子女的关切、目标、需求和看法；(2) 尊重家庭的教育贡献和努力；(3) 理解学生的多样性；(4) 了解自己与家长分享孩子成长信息的技巧。

(二) 相互交流

1. 相互交流的内涵

相互交流是指家庭和学校双方要进行交流沟通，有助于更好地理解对方，构建家校双向沟通的有效形式，交流学校教学和孩子的教育问题。"对学校教学和学生进步的交流"意味着将学校、家庭、学生和社区联系起来的双方、三方和多方交流；

2. 相互交流的活动实例

(1) 利用不同的沟通工具，加强双向接触，如通知、电话、便条、学校网站、班级QQ群等；(2) 相互交流；(3) 家长学生一起领取成绩单，并召开学情分析会，与家长一起分享学生能力和学习意愿的资料；(4) 每周或每月将学生表现联系卡送达家庭供家长评阅，并请家长反馈意见；(5) 向家长提供有关学科要求、学习计划和活动方面的信息；(6) 向家长告知学校家校合作活动的计划，并提醒他们将确定下来的计划标记在日历上；(7) 公开学校有关改革计划、纪律规定、考评制度、办事指南、组织机构等方面的信息；(8) 就学生的正面行为、学业进步与家长沟通，而不只是在有问题时才联系家长；(9) 培养教职员工与家长沟通的技巧，鼓励教职员工重视与家长的双向沟通；(10) 了解家长对孩子作业的看法，并相应地做出调整和反馈；(11) 重视通过各种途径征集到的家长反馈意见，并在统计、整理或采纳后感谢家长的参与；(12) 鼓励家长之间结成互助联盟，推动家长之间的相互交流；(13) 每年开展面向全体学生的家访一次，必要时开展跟踪活动，向家庭介绍学校、班级、教师和孩子的情况，了解家庭的背景特点和学生的在家表现；(14) 每年至少召开家长会两次，家长会要考虑家长的工作时间、照顾更小的孩子、安排家务等；(15) 组织开展教师与家长、家长与家长之间的联谊活动。

3. 相互交流可能面临的挑战

(1) 反思所有通知和其他书面或非书面交流资料的可读性、简洁性、形式和频率；(2) 评估重要交流的质量(如日程安排、会议内容和程序、简报、成绩单和其他交流)；(3) 建立明确的家校双向交流的渠道。

4. 预期结果

学生方面：(1) 知晓自己的进步，知道需要采取何种行动保持或提高分数；(2) 了解学校在学生表现、出勤率和其他领域对学生行为的政策规定；(3) 对课程和学习计划做出切合实际的明智决定；(4) 知道自己在家校合作关系中的作用：既是信息传递者又是交流者。

家长方面：(1) 了解学校教学计划和政策；(2) 监督并了解学生进步；(3) 对学生

问题提出有效反馈;(4)与教师互动,畅通与学校和教师的交流。

老师方面:(1)能够与家庭开展多样性交流,并清晰知道自己与家长沟通的能力;(2)肯定和使用家长网络进行交流;(3)更加了解家长关于孩子学习和进步的观点。

(三) 志愿服务

1. 志愿服务的基本概念

家长队伍可以成为学校发展的有力的友军,因此学校可以招募并组织家长志愿者帮助和支持学校工作。"志愿者"是指任何时间、任何地点支持学校教学和学生活动的任何人,他们参与的活动不仅是指学习日在校内进行的计划和活动,也指他们观看学生活动、体育比赛和表演。

2. 志愿服务的活动实例

(1) 对家长的兴趣、专长和空暇时间进行调查,以便在学校各种活动的安排上,协调家长参与义务工作。调查既可以专门调查,也可以在发出的通知或致家长的信后附设调查。(2) 制定学校、年级和班级志愿者活动计划,以帮助教师、管理者、学生和其他家长。(3) 设置专业工作组,为各专业工作组的活动征集志愿者。专业工作组可按活动类型设课程指导、安全防卫、社会实践、家庭教育、咨询宣传等工作组,也可按目标类型设学术目标工作组、学生行为改善工作组和学校、家庭合作氛围改善工作组等。(4) 鼓励家长参与学校组织的各项活动,家长会、个别家长见面会、学校开放日、亲子活动、运动会、开学毕业典礼、毕业典礼、节庆活动、成年礼、升旗仪式、入团入队仪式、竞赛等,即使他们仅仅是来做观众。(5) 组织对家长志愿者的培训,确保他们了解志愿服务的程序和相关要求。(6) 发展本班家长之间的联系网络,鼓励他们相互沟通与互助。(7) 为家长志愿者提供办公和会议场所、资源。(8) 对家长的参与和志愿者的贡献表示谢意,尊重家长不同类型的参与。(9) 为那些因为各种原因不能到校参加义务工作的家长,设计参与义务工作的方案,以便他们在家里或者工作单位仍有其他参与途径。(10) 培训教职员工营造让家长感到受欢迎的氛围,并善于利用家长中的教育资源。

3. 志愿服务可能面临的挑战

(1) 从家长中广泛招募志愿者以使所有家庭知道他们的才华随时受欢迎;(2) 为家长志愿者活动提供灵活的日程安排以使有工作的家长也能参与;(3) 培训志愿者:将志愿者的时间、专长与学校、教师和学生需要相匹配,认可志愿者的努力,调动其积极性。

4. 志愿服务的预期结果

学生方面:(1) 获得与成人交流的技能;(2) 通过志愿者辅导,提高知识与技能;(3) 了解家长和其他志愿者的各种技能、能力、专长和贡献。

家长方面:(1) 体谅和理解教师的工作,增强对学校的适应性和在家完成学校活动的适应性;(2) 提升自己参与学校工作、与孩子打交道时的自信,感受到自我提高;(3) 知晓家庭在学校受欢迎和重视;(4) 提升完成志愿者工作的特别能力。

老师方面:(1) 以新的方式使所有家长参与学校活动,包括不愿参加的家长;(2) 知晓家长才华以及他们对学校和孩子的兴趣;(3) 在志愿者的帮助下,更加关注每个学生。

(四) 在家学习

1. 在家学习的基本概念

家长有的可能自身文化水平不高，有的可能因为长期忙于工作而没有及时学习教育孩子的方法，所以学校应该尽可能地向家长提供如何在家帮助学生的信息和方法，包括帮助孩子做家庭作业、完成课程相关活动、进行学习决策和计划。家长在家帮助孩子意味着鼓励、倾听、反馈、表扬、引导、监督和讨论——不仅仅是"教"学校科目。"家庭作业"不仅指独立完成，也指学生在家或社区与他人的互动，它使学业与现实生活相连。

2. 在家学习的活动实例

（1）向家长提供学校在每门功课上对学生的要求和期望；（2）利用校报、学校网站或家长手册等途径，向家长介绍各年级学生需要掌握的学习知识与解题技巧；（3）告知家长学校布置家庭作业的基本考虑，以及家长如何在家辅助子女学习、适当协助并敦促子女完成家庭作业；（4）举办个别座谈，帮助家长了解如何改善子女学习技巧，以克服学习困难或增强时间和学习任务管理能力；（5）定期布置需要学生与家长互动完成的家庭作业，以共同讨论学生课堂所学内容和课堂学习的经验；（6）向家长分发学校教学挂历，在挂历上注记家长和学生在家所要进行的活动；（7）家庭在学校的指导下开展数学、科学、社会、音体美和阅读等亲子活动；（8）学校向学生布置假期作业或活动安排；（9）鼓励家庭参与制定子女全年的学习目标、升学或工作计划；（10）鼓励家长和孩子一起讨论确定作息时间表，并敦促其遵守；（11）鼓励家长带子女一起去书店、图书馆以及通过参观博物馆、科技馆等增长见识。

3. 在家学习可能面临的挑战

（1）设计并实施互动式家庭作业（每周或双周），强调学生通过讨论所学知识向家长汇报的责任，并使家庭知道其子女课堂作业的内容；（2）当有几门家庭作业时，教师之间要协调作业量，确保不会因为作业太多而让家庭疲于应付；（3）及时为学生和家庭提供各阶段毕业所需成绩、当前成绩方面的信息。

4. 在家学习的预期结果

学生方面：（1）通过完成家庭作业和课堂作业获得技能、能力，并提高考试分数；（2）完成家庭作业；（3）对学业的积极态度；（4）将家长视同于教师，将教师视同于家长；（5）自我意识到作为学习者能力的提高。

家长方面：（1）知道每年在家如何支持、鼓励、帮助学生；（2）讨论有关学校、课堂作业和家庭作业的话题；（3）知道每年的学校教学计划，了解孩子每门课程所学的内容；（4）对教学技能有鉴赏能力；（5）理解孩子作为学习者的角色。

老师方面：（1）更好地设计家庭作业；（2）尊重家庭时间；（3）认识到单亲父母、双职工和接受较少正规教育的家庭在激发和增强学生学习积极性方面同样有帮助；（4）对家庭参与和支持表示满意。

(五) 参与决策

1. 参与决策的基本概念

"决策"是一个合作过程，是为完成共同目标分享观点和行动之过程，它不是相左观点间的权力斗争。参与决策是指家长参与学校管理可以提高家长的积极性，学校应该适当放权,让家长参与学校决策,从而提高决策有效性,培养家长领导者和优秀的家长代表。"家长领导"具有真正的代表性,他们有机会倾听其他家庭的意见,与之沟通并给予支持。

2. 参与决策的活动实例

(1) 组织家长委员会等家长组织,增强家长的领导力和对学校活动的参与;(2) 为涉及家长利益的决策、容易引起疑虑或家长关注的事项,向家长提供清晰、易懂、公开的讨论程序和沟通渠道;(3) 为家长和教职员工建立伙伴关系、共同决策提供培训;(4) 通过多种形式向家长征集有关学校发展、管理、教学、活动方面的建议,并及时向全体家长反馈,向有贡献的家长表示感谢;(5) 鼓励家长参与评价教师和部门的工作;(6) 利用学校开放日、家长会、校长接待日,使个别家长的意见和建议得到反映;(7) 在学校显著位置悬挂意见箱,在学校网站设置电子信箱、留言本等以方便家长随时对学校提出自己的意见;(8) 问卷调查,了解家长对学校工作的满意度;(9) 为家长提供参与决策所需要的背景知识,包括决策本身的知识、现行学校规章制度等资料。

3. 参与决策可能面临的挑战

(1) 家长领导必须具有代表性(要考虑社区、社会经济地位等不同因素);(2) 提供培训使家长领导能够代表其他家庭,在家长和学校之间起到沟通作用;(3) 让学生和家长拥有决策权。

4. 参与决策的预期结果

学生方面:(1) 意识到在学校决策中,自己家庭的代表性;(2) 认识到学生权利的内容;(3) 感受到自己作为学校成员对学校建设和发展的责任。

家长方面:(1) 对影响子女教育的政策提出意见和建议;(2) 对学校有归属感,不再说"你们学校",而说"我们学校";(3) 知晓在学校决策中家长的声音;(4) 通过联系与其他家庭分享经验;(5) 通晓学校和当地政府的教育政策。

老师方面:(1) 改善学校管理,推进现代学校制度建设;(2) 明白在政策形成和决策中应考虑家长观点;(3) 在委员会和领导中给家长代表与教师具有平等的地位。

(六) 与社区协作

1. 与社区协作的基本概念

社区不仅是指学生家庭和学校附近的社区,还指那些影响学生学习发展的社区。社区意味着所有对教育质量感兴趣并受其影响的家庭,而不仅是那些有孩子在校读书的家庭。社区有着丰富的资源,是家校有效合作不可或缺的因素,所以要积极地与社区进行合作,识别和整合社区资源与服务,改善学校教学、家庭实践以及学生的学习和成长。评估社区不仅凭社会和经济质量之高低,而且凭支持学生、家庭和学校的优势和资源。

2. 与社区协作的活动实例

(1) 向学生和家庭提供社区有关健康、文化、学习、医疗、娱乐、社会支持以及其他资源和服务的信息;(2) 与社区合作;(3) 与社区商业机构、服务团体、机关事业单位发展伙伴关系,以提高学生知识、促进学生学习或为家庭和学校提供协助;(4) 以学校的名义,为参与学校活动的家长请假,并为需要的家长出具相关证明材料;(5) 培养学生及其家庭参与社区服务的意识与技能;(6) 提供与学习技能和才能有关的社区活动信息,包括学生暑期计划、夏令营、兴趣班等;(7) 鼓励社区内的居民加入到学校的志愿者行列;

(8)向社区宣传学校办学、管理方面的表现,利用社区宣传栏发布学校通知、传播家庭教育知识、展示学校办学成绩;(9)配合社区建设计划,学生、家庭和学校为社区提供服务,如废品回收利用、艺术、音乐、演戏和为老人或他人开展的活动,或者相关社会管理方面的宣传动员活动;(10)邀请校友参加为学生服务的发展项目,并以导师身份提供上大学和工作计划的信息;(11)向社区开放学校的体育运动设施、图书资料室、学习或会议场所。

3. 与社区合作可能面临的挑战

(1)解决有关合作活动的责任、资金、员工和场所等问题;(2)与社区保持良好的沟通,确保学生和家庭参与社区计划、获得服务的机会;(3)将社区的教育资源与学校目标相匹配。

4. 与社区合作的预期结果

学生方面:(1)通过丰富的课程和课外经验提高技能和才能;(2)了解职业,并知道如何选择未来教育和职业;(3)在与社区联系的过程中,获得有关计划支持、服务和资源。

家长方面:(1)家庭和孩子知晓并利用当地资源以提高学习技能和才华,或者获得所需的服务;(2)在社区活动中与其他家庭间良好互动,增进与社区其他家庭的接触;(3)知道学校在社区中所扮演的角色和社区对学校的贡献。

老师方面:(1)意识到社区资源可以丰富课程和教学;(2)利用家庭教师、社区志愿者和其他人帮助学生并增加教学实践技巧;(3)有效地将学生和家庭推荐给所需的服务。

第二节 家校合作的理论探索

一、家校合作中家长的权利与义务

家长与学校的有效合作直接决定着学校教育的效果,在互动过程中家长既享有权利,又要履行一定的义务。家长在家校合作中主要包括权利和义务。

(一)家长参与学校教育的权利与义务

家长应有以下权利:(1)知道学校怎样教育他们的子女;(2)了解学校的政策和计划并对此做出回应;(3)采取必要的措施,保护子女的受教育权利不受任何人剥夺侵犯。(4)认可学校在日常生活及教学上承担的责任。

(二)家长参与学校教育的义务

《中华人民共和国教育法》中"未成年人的父母或者监护人应当为其未成年人子女或者其他被监护人受教育提供必要条件,未成年人的父母或者其他监护人应当配合学校其他教育机构,对其未成年子女或者其他被监护人进行教育,学校、教师可以对学生家长提供家庭指导教育。"家长参与学校教育的义务如下:

（1）保障子女获得同等的教育机会和合适的教育；（2）为学校教育其子女提供必要的条件和资料；（3）为子女创设一定的家庭学习环境；（4）与学校合作并支持学校的工作。

二、家校合作的理念

(一) 和谐教育的理念

教育的和谐发展是指把教育作为社会生态系统的一个子系统，并使其置身于社会生态系统的发展运行中，通过合作、协调、创新等手段，实现教育系统与社会、教育系统内部诸要素之间的良性互动、和谐发展。家校合作教育则集中地表现了教育和谐的这一理念。

(二) 全景教育的理念

所谓全景教育，乃是明确地以人的全景发展为基本宗旨的全视野、全思路的教育。全景教育理念以人的全景发展为目的，强调教育的时间进程和教育的横向布局的全景性。在横向布局上，它包括教育形式的全景性，即不同的教育类型以多样化的形式、彰显不同的风格和特色，形成一个充满张力的全景性的教育体系；教育内容的全景性，即教育内容充分地体现教育的全面性、适切性、差异性和多元性；教育活动方式和过程的全景性，即针对不同个体和群体的具体情况、教育形式、内容及其与教育全景的逻辑与价值关系，充分考虑教育活动方式和过程的适切性、多样性、完整性和连续性等。

(三) 责任分散的理念

家庭、学校和社会是教育的共同责任主体，个体的健康成长和全面发展有赖于多元责任主体间的协同互动，教育的责任也理应由家庭、学校和社会共同承担。教育是一个统摄社会、家庭和学校的多维系统，教育责任必须合理地分担。家校合作教育正是基于一种共同的责任意识，筑构"三位一体"的育人格局，实现学校、家庭、社会在教育方向和内容上的一致，实现教育时空上的紧密衔接，发挥各种教育因素的互补作用和多渠道影响的叠加效应，形成一股责任分担而又融合的强大合力，以达到教育的最优效果。

三、家校合作的多学科视角

(一) 教育学

从教育学角度来说，教育学是研究人类教育现象和解决教育问题、揭示一般教育规律的一门社会科学。教育是广泛存在于人类生活中的社会现象，是有目的地培养社会人的活动。学校教育作为一种培养人的活动场所，离不开家庭的配合。教育也不仅仅存在学校中，在家庭中也会有教育行为的发生，所以需要进行家校合作。

(二) 管理学

从管理学看来，由家长参与监督和决策，能够增强家长在学校管理中的责任感，提高教育质量；从父母教育权的演变历程来看，父母既是孩子的法定监护人，也是纳税人，教育权是亲权的组成部分。所以父母参与教育，是理所应当且大有益处的。

(三）社会学

社会学的研究对其起了较大的推动作用，切入点包括社会资本、社会分层与流动、家庭社会职能等。根据社会学理论，家庭和学校是儿童社会化的两支最重要力量，只有加强两者之间的合作，才能突出各自的教育特点，形成综合力和协同力，促使儿童顺利社会化。若只有学校而没有家庭，或只有家庭而没有学校，都不能单独地承担起塑造人的细致、复杂的任务。

四、家校合作的模式

（一）"以校为本"的家校合作模式

"以校为本"的家校合作是以学校为中心的家校合作，是以学校为中心延伸出去的能够满足家长需要的各项活动。在这一模式中，学校起主导、领导、指导等作用。

"以校为本"的家校合作的总体目的：(1) 使家庭教育和学校教育成为一个一致的过程；(2) 使家庭支持学校教育；(3) 使学校主动地为家庭教育提供指导、服务、心理咨询；(4) 使学校帮助家长解决在教育子女过程中遇到的各种问题；(5) 强化学校的自我管理。

"以校为本"的家校合作模式的运行过程：(1) 校内外环境分析；(2) 策划和组织；(3) 分工和指导；(4) 执行；(5) 评估。[①] 校内外环境分析，分析校外因素，包括社会环境、政府政策和办学宗旨、家长的能力和态度；分析校内因素，包括教师的态度和社交能力、工作量、学校政策、管理形式以及人力、财力等。通过对这些因素的分析，确定如何引导家长活动或提高活动的层次。通过对环境的分析，有针对性地制订家校合作的目标、活动和政策；然后根据家校活动计划，进行合理的分工，给予有效及时的支持；最后评估，是对前面过程的检验和评估，目的是衡量家校合作目标、活动和政策是否符合实际、是否有效，进而对各阶段工作做出反馈。"以校为本"的家校合作模式的整个运行过程是一个循环过程。"以校为本"形式多样，通常有家长开放日、家长学校、家长会、家访、电访、成立家校合作委员会等形式。

（二）"以家为本"的家校合作模式

"以家为本"的家校合作模式是指由学校或社区指向家庭的、能够配合学校教育的各项活动。家庭作为中心，学校与家庭或社区合作项目的施行、资源利用、家长教育者及其他支持系统均向家庭指向或聚拢，其目的在于全力培训学生家长，以提高其教育子女的能力，使家长成为"家庭教师"。"以家为本"的家校合作模式主要有以下几种类型：家长学校、社区家长与儿童发展中心、家庭学习活动等。

"以家为本"的家校合作模式，具体操作步骤如下：

家庭内外环境分析。该步骤的目的是了解和熟悉每个家庭，这是制定"以家为本"家校合作的首要环节。家庭内部环境因素应包括：家长的健康状况、教育素养、受教育程度、经济状况、年龄、民族、职业、兴趣特长、需求、家庭的构成、学生的年龄、健康状况、智力水

[①] 张作岭，宋立华.班级管理[M].北京：清华大学出版社，2019：215.

平、性格特点、兴趣爱好等。家庭外部环境包括：亲戚、邻里、社区状况、文化环境等，对家庭的分析越细致，获得的信息越多，家校合作的效果越好。

策划和组织。通过对家庭内外环境因素分析，确定影响家校合作的有利因素和不利因素，并据此将合作家庭分类，以便有针对性地实施合作。对有利于合作的因素进行充分利用，对不利于合作的因素加以纠正或消除。例如，通过分析发现，某学生家长文化素养较高（大学毕业具有一定的专业知识和技能，是工程技术人员），但缺乏教育素养（教育子女方法简单），针对这类家长，对他进行教育子女方法的培训，同时指导家长充分利用他的特长（如帮助学生建立家庭实验室，培养孩子的动手能力和创造能力等）。

分工和指导。"以家为本"的家校合作活动由学校或社区牵头，由专职或兼职人员负责实施。这类工作人员称之为"家长教育人员"及"家长教育辅助人员"。首先，学校或社区在该项工作上进行合理分工，明确职责。如由学校负责此项活动时，要由一名主管副校长作为负责人，召集相关部门（如政教处）人员具体负责，并聘任专人（如各年级辅导员或各班的副班主任）作为"家长教育辅助人员"实施此项工作。其次，由学校或社区委派专职人员即"家长教育人员"，对"家长教育辅助人员"进行集中培训，专职人员的工资由地方财政划拨。

执行。由家长教育辅助人员按计划对家长进行指导和培训，控制活动进度和类型。活动期间学校或社区保证活动场地和经费，并确保社区、学校、家庭的大力支持。因此，执行阶段又可分为宣传引导阶段、实施及调整阶段和总结提高阶段。计划的执行可按年、学期、季度为时间单位进行，长远规划和近景目标相结合。执行阶段是合作活动中的关键和实质性阶段。

评估和反馈。由学校或社区对活动效果进行阶段性评估，从而为下一阶段家校合作的进行提供参考。家长教育辅助人员则在具体操作中不断对每次活动做出评估，及时有效地调整活动的内容、进度、类型，使活动最大限度地促进家长教育子女能力的提高。

总之，家校合作并无固定模式，要获得有保证的家长参与教育的确是一件异常艰难的事情。作为教育工作者，应探索更有效、更加切合实际的家校合作的模式。

第三节　家校合作的实施

一、我国家校合作的现状及存在的问题

（一）我国家校合作的现实情况分析

1. 党和国家对家庭教育的重视

家校合作是将学校教育和家庭教育有机结合的重要方式，已引起国家的重视。1986年颁布的《中华人民共和国义务教育法》和1995年颁布的《中华人民共和国教育法》赋予家庭、学校依法保障适龄儿童、少年接受义务教育的权利。2018年9月在全国教育大会

上,习近平总书记从"四个第一"的高度明确了家庭教育的重要地位,指出"家庭是人生的第一所学校,家长是孩子的第一任老师,要给孩子讲好'人生第一课',帮助扣好人生第一粒扣子。"党的十九届五中全会审议通过的《中共中央关于制定国民经济和社会发展第十四个五年规划和二〇三五年远景目标的建议》,该建议中指出要"加强家庭、家教、家风建设""健全学校家庭社会协同育人机制"等。

2. 学校教育难以单独承担的重任

学校教育在人的身心发展中起主导作用,但是并不意味学校教育对学生承担所有任务,学校教育不能满足所有适龄儿童和青年接受教育的需要。面对激烈的社会竞争环境,学校教育为了迎合学生和家长的需要,可能逐渐背离了其育人的本质功能。学校可能更注重教给学生怎样考高分,怎样通过大学入学考试,而对学生能力是否得到了提高、素养得到培育观照不够。

3. 家庭教育具有个别教育的优势

家庭是人生的第一个课堂,家长是孩子的启蒙老师。家庭教育具有个别教育、因材施教的优势。大家都知道"孟母三迁"这个古老而又经典的故事,良好的家教和环境的优化终于造就了圣人孟子。著名文学家老舍在纪念他母亲的时候写道:"从私塾到小学、到中学,我经历过起码有百位教师吧。其中有给我影响的也有毫无影响的。但是我真正的老师,把性格给我的,是我的母亲。母亲并不识字,她给我的是生命教育。"

4. 现代素质教育的需要

素质教育是一种与应试教育完全不同的教育观念,其目的不单是为了选拔人才,更主要的是发展人,使人充分发挥自身的潜能并获得持续发展。它强调实践能力和创新意识,而这些能力仅靠学校培养远远不够,需要学校、家庭和社会的通力合作。在提倡素质教育的今天,家校合作正在成为人们日益关注的话题,重视家校合作是全面提高教育质量的关键环节。在社会教育资源中,学生家长是最有利用价值的资源之一,尤其是城市的学生家长,他们分布于社会的各个阶层、各个行业,具有教师们缺乏的专业知识和技能,通过家校合作将不同层次的家长资源进行整合利用,有利于极大丰富学校的教育资源。

素质教育重视学生对知识的理解与应用,着重提高学生发现和解决问题的能力。因此,要求学生广泛地吸取社会各方面的知识,积极参加社会实践,把学习成果有效地运用到生活中去。家庭是学生接触社会的第一站,是其综合能力的培养基地。因此,有了家长的积极参与,才能加快素质教育改革的步伐。

(二)我国家校合作存在的问题与偏差

1. 家庭和学校责任与边界不清

父母和教师对于家校共育的意义和价值认识还不够,家长和教师在家校共育行为方面,存在过度相互依赖,出现问题相互推脱责任的问题。许多教师仍然认为家庭是学生的第一课堂,家长是学生的终身老师,教师面对的学生群体较大,很难兼顾到每个学生的各方面发展,因此家庭应该对孩子的教育负主要责任,学生的多方面发展还是依靠家长的管教。

一些家长认为自己的职责就是照顾好孩子的饮食起居即可,还有许多家长认为自己的文化程度不如学校老师高,害怕教育不好孩子,所以过度地将教育的责任推给学校,忽视了家庭教育的重要性。大部分的教师和家长均认为在孩子的教育问题上,学习方面教师应担负主要责任,其他方面则由家长负主要责任,教师多数是在孩子犯错误时才会寻求家长的支持与帮助,而家长只有在孩子的学习成绩出问题时才想到找教师。

2. 家长与教师家校共育能力不足

许多教师缺乏应有的家校共育能力,胜任力明显不足。教师在家校合作领域的相关知识较匮乏。在学校开展的培训活动中,对于家校共育这方面也未涉及。年轻教师缺乏交流经验,没有太多的互动手段,在遇到和学生父母沟通问题时从心理上感到害怕,不知道如何处理,甚至还会造成家校矛盾、冲突。依然有不少教师没有真正了解家校共育的价值所在,也对自己在家校合作中的定位缺乏清晰的认识,所以家校共育的相关行为就会出现偏差。家庭教育是非常重要的,父母在孩子的一生中更是占据重要的地位,家庭教育应该从自发走向自觉。但是目前,大部分家长的认识还有待提高,即使有些家长有较高的认识,但自己的文化水平较低,家校合作的知识更是缺乏。

由于家长、教师家校共育能力不足,导致家校合作缺乏计划性和连续性。在不同的学习阶段,应有不同的合作内容和合作形式,而现在的家校合作,从小学到中学,合作内容和形式基本上是相同的,而且是以学校为单位,缺少学校间纵横向的联系。家校合作缺乏互动性和平等性,现在的学校在组织活动时很少关注互动性,更没有把家长放在平等的地位上,合作基本以学校为中心,由学校单向向家长传递信息,但是家长在家校合作中的地位是和学校和社会平等的。

3. 亟待改善的家长会

家长会是学校与家长进行沟通、交流的主要方式,也是形成"家校合力"的主要渠道,对学校的整体发展具有重要的意义。可是一直以来,家长会始终停留在传统的以班为单位的、由班主任唱主角的报告会上,其促进教育教学的作用不仅没有得到很好的体现,反而产生了许多负面影响,为班主任工作带来了许多麻烦与困难。

传统家长会的弊端主要有以下几点:(1)家长会成了班主任演讲的舞台。班主任的"一言堂",使得教师与家长之间难以进行深入的交流和沟通,也使得老师与家长之间的距离拉大,违背了家长会的初衷。(2)告状,诉苦,责骂成为主题。家长会上班主任大都把重点放在学习和纪律方面,对学习行为表现差的学生反复点名批评,把一道道罪状呈现给家长。家长们的思想压力极大,回家后责骂体罚孩子成家常便饭。(3)气氛沉闷,内容单调枯燥。会议内容往往只是一些关于学校、任课教师及其班级情况的简单介绍,或者是学校在学习、管理、家长辅导方面的要求,以及班级里存在的问题通报等。(4)成绩分析成为重心。传统意义上的家长会,成绩分析和汇报是重中之重,家长会往往会变成向家长汇报在校表现和考试成绩的新闻发布会。年级排名、成绩宣布,忽视后进生在其他方面的优点,深深伤害了部分学生和家长的自尊及积极性。

4. 家校合作内容狭窄

受我国长期以来形成的封闭教育体制和应试教育选拔人才方式的影响,教师和家长在平时的教育中首先注重学生的文化教育,关注更多的是文化课成绩而忽视品德教育和心理健康教育,导致家长和教师交流内容以学习成绩为主,对学生的心理健康和其他方面很少关注。但文化的缺失或许不是真正的缺失,性格和心理上的缺失才是真正的缺失,尤其在提倡素质教育的今天,家长和教师更不能把学习成绩当作唯一的教育指标,要着重关注学生的心理倾向、行为表现、品德发展、实践技能等方面的能力发展。"教育"不仅是"教"知识,更重要的是"育"人,即教学生学会做人,做一个对社会有用的人。另外,家校合作内容大多围绕孩子的教育展开的,很少涉及学校的日常事务管理,这是由于学校不愿意让家长参与进来,因为教师队伍管理起来就不容易,家长这一群体具有非常大的不确定性,如果参与到学校日常事务中来,对学校的管理将是一项巨大的挑战。但是家长参与到学校的管理事务中来,可以帮助家长理解学校的有关决策,更好地配合学校安排,同时,也有利于学校吸收更多的合理建议,有助于学校自身的发展和变革。

二、家校有效合作的影响因素

(一)家庭方面

家校合作的一个重要因素就是家庭,许多家庭受传统观念影响,认为将学生送入学校就是教育的全部内容,忽视了家庭教育的重要性,因此,受这种观念影响的家长往往忽视与学校之间的沟通联系,更加不会主动地针对学生的发展、学习情况去和学校合作,共同为学生的发展助力。在一些家庭中,父母工作比较忙,陪伴了解孩子的时间少之又少,大部分时间由老人照顾孩子,老人仅仅负责照顾孩子的饮食起居,然而对与学校的合作、对孩子的家庭教育都由于自己精力和文化水平的不足而难以完成,学生的家长忙于工作又没有更多的精力与学校互动,这也是影响家校合作的一个重要原因。

(二)学校方面

学校在家校合作中起着组织和引导的重要作用,而一些学校思想观念陈旧,并没有对家校合作引起一定的重视。在一些学校中,仍然保持着传统的教学方式,学校单一通过教师的教学去提高学生的学习成绩,却没有注意到其他因素对学生的学习与成长起到的重要促进作用。一些学校师资力量短缺,大多数教师的工作量比较大,在完成日常的教学工作后,没有足够的时间与精力与家长进行沟通联系;或是一些教师的家校合作意识不够强,教师待遇没有合理的提升与分配,导致部分教师与家长的沟通缺乏积极性和主动性;还存在着一些教师缺乏正确的思想指导,没有掌握正确的教学方法,从而忽视了和家长的沟通交流。

(三)学生方面

学生往返于家庭和学校之间,在促进家校合作中起着重要作用。学生也是家校合作的中心主体,是该模式活动的对象。学生可以将教师的想法和意见传达给家长,也可以将家长的问题反馈给教师,从而促进家校合作的进步。然而一些学生由于师生关系紧张等因素,害怕老师"告状",不敢如实向家长传达教师的意见,这就导致学校与家庭之间的沟通出现了障碍。

三、家校合作的基本策略

（一）营造家校合作的氛围

（1）充分发挥行政部门的权力作用；（2）学校要从教师的观念着手，帮助教师端正与家长合作的态度；（3）在家校合作的过程中，学校方面应起到主导作用。

（二）提高家长的教育水平

（1）通过宣传和咨询手段，激发家长关心教育、支持教育的热情；（2）通过开办家长学校、举行系列讲座的形式，传授家庭教育知识；（3）举办家长会，强化感性教育。

（三）保障交流渠道的畅通

（1）开办家校通信，可分为校级通信和年级及班级通信。展示学校工作计划、目标、年级组、班级情况等；（2）开通家校热线，回答家长提出的各类问题。

四、家校有效合作的方法

（一）记录学生日常点滴，与家长分享成长瞬间

学校可以组织教师对学生在校内参与学习、活动等瞬间进行记录，采取照相、录小视频等方式将学生的学校生活进行整理，利用手机微信群、公共空间等方式向家长分享这些学生的可爱、感动的瞬间，使家长充分了解学生在学校内的情况，便于和学校进行沟通交流。而这样也能够增进家长对孩子的了解，促进家长与孩子的交流，增进双方感情。

（二）学校与家庭共同努力，实现有效家访

在一些学校中，教师由于工作量大，教学任务重，家访制度早已形同虚设；还有一些教师自身对家访的重要作用没有深刻的认识，在家访过程中大多流于形式，没有真正地与家长沟通交流，了解学生的校外生活状况，使家访变得劳而无功。因此，学校要健全完善教师家访制度，同时提高家长的教育意识，双方互相配合，进行有效家访，使家访能够真正地达到它本来的目的，加强家校合作。

[案例]

走入孩子的家庭　走入孩子的内心

1. 家访背景

记得班里有个叫小祖的学生，他平时在学校话不多，很腼腆，胆子小，很听老师的话，上课时认真听讲，遵守课堂纪律，布置课堂习题，他都认真去做。表面上看来是个特听话的孩子，怎么学习一直都是中等偏上水平呢？而且这个孩子在下半学期经常出现完不成作业的情况，后面教育了他、与他聊天，但后面还是偶尔完不成作业，真叫人生气，只好每次都跟他妈妈反映，我微信上、电话上和家长联系，得到的答复是：他们也管孩子，也很重视他，但孩子在家就是不听妈妈的话，甚至是在学校一个样，在家里又是另一个样。一个看上去很听话的孩子怎么会故意不完成作业呢？怎么可能是妈妈口中所说的又懒、又爱跟妈妈暴躁地发脾气呢？后来发现其实他家里生活条件还算可以的，可能是他们太心疼孩子纵容孩子，这个孩子就变得放松起来，导致行为习惯、时间观念都不怎么好，有时候还故意偷懒向家长撒谎、不完成作业,很爱玩。

2. 家访过程

最近,我走进了小祖的家,本来是想电话家访的,和家长聊了十多分钟,我说:"如果你们方便的话,明天我能去家里和您聊一下吗?"他的妈妈答应了。他家是在出租屋,房子不算大,妈妈全职带孩子,爸爸上班赚钱,当我走进她的家门,她把我领进了屋,房子也就30多平方米,刚一进屋感觉屋子不大,东西很多,显得比较挤。他妈妈向我介绍了家里的情况:她是全职妈妈,他们家两个孩子都一直由她带,由于爸爸要赚钱养家,就比较忙,没什么时间照顾孩子。由于孩子比较叛逆、不怕妈妈,所以他们也不怎么会辅导孩子学习,而且对孩子的教育管得比较宽松,所以有些事情就由着孩子,作业也不知道做得对不对,有没有全部完成。因为爸爸每天工作上的事情很多,这个家基本全是妈妈在打理,爸爸很少有时间帮忙教育孩子。

听了妈妈的描述,我首先向她妈妈汇报了孩子在学校的一些情况和孩子身上的一些拖拉、偷懒、不诚实等问题,希望家长能够和老师一起帮助孩子,使他在学习上有所进步,和其他孩子一样,充满自信,快乐地生活、学习,希望家长做的就是多和孩子交流,多问问孩子学习的情况,如果有问题可以随时和老师联系,应该让孩子养成良好的学习与行为习惯,他用胆怯的眼神看着我,我告诉他:一、其实你在学校的表现很好的,你很听老师的话,但是在家里也要做到听父母的话,你早上担心迟到,说明你在乎学习在乎老师的感受,但是你不能因为怕迟到而对妈妈发脾气、不吃早餐,甚至妈妈追你出去跟着你一路还一直发脾气顶嘴,你要知道你的迟到是因为你自己造成的,是你的拖拉酿成的,跟别人无关。做错了,我们就要勇于承担自己的过错、不埋怨他人,然后改正。二、为什么每一次考试之后老师会教育你、妈妈会很生气批评你?你知道吗,老师、妈妈不是因为你的分数低而难过,而是看到你一次次的留大半张空白卷不做、不认真对待考试、不端正的态度,甚至你听到妈妈的批评还会顶嘴去说一些让妈妈很伤心失落的话。孩子,其实你很聪明的,知道吗?平时老师看你写作业的那股劲就感觉到了,还有你每次认真对待考试后成绩都很理想,咱们改过来吧,每一次面对考试结果都问心无愧地说我尽力就好了!他点点头,马上写了一封反思给我们看,还让他妈妈签名贴墙上了。她妈妈也表态了,限定孩子的作业时间、娱乐时间和休息时间等,让他有良好的生活习惯和时间观念,另外要把监督学习落到实处。

3. 家访反思

这次的家访特别有意义。以前,跟家长在学校见面或者电话联系,谈得更多的是孩子学习问题。不走进孩子的家庭,你永远不会知道学生家里是如何,你是永远不会知道"家家有本难念的经"形容的是如此贴切。不走进孩子的家庭,你不会知道你的学生是多么的"优秀",他们总能在特殊的环境下,努力学习,认真作业,还要帮家长干力所能及的事情。

在一次次的感动之后,我自己进行了深刻的反思。身为班主任,我们似乎关心学生学习的问题更多一些,对学生家庭生活的关心还不够。所以,在后面的日子里,我们在管理好班级日常工作的基础上,用自己的爱心去关心学生的生活,为有困难的学生尽一份力,让孩子真正体会到温暖的班集体。有时,老师的一个关切的眼神,也会给学生温暖的感觉。因为家访,我发现身边的孩子更加亲近可爱。

由此可见,当两种教育进行了科学的联合后,"教育"不再是难题,"教育出优秀的孩子"也不再有困难,关键在于,我们应把"家校协同教育"落到实处。作为教师,我们只有走进了孩子的家庭,才能把希望的种子播撒在孩子的内心!

(三) 举办多种活动,积极邀请家长参与

学校可以定期设立公开日,邀请家长进校参观,听课,对老师所教的课进行评价,与学生共同度过一天校内生活,还可以举办家长与学生共同参加的亲子活动,例如,马拉松,插花,画画等类型的比赛,在这过程中家长与学生和家长与教师之间的互动都有所增加,不仅增进了家长与孩子之间的感情,也在一定程度上增进了师生感情,增加了学生对教师的信赖,使学生愿意主动促进家校合作的发展。

(四) 家校合作的新方式——"家校 e"[①]

"家校 e"中的"家"代表家庭,"校"代表学校,"e"具有教育(educaion)、电子信息、容易三重含义。"家校 e"是指利用现代电子信息的技术手段,以最容易的方式把家庭和学校双方融入现代教育中,实现学校教育合作和教育现代化。"家校 e"系统为教师、家长、学生三方交流提供了平台,通过信息高速公路可以实现教师、家长、学生的信息互通,达到学校教育和家庭教育的融合。

"家校 e"的优越性。

1."家校 e"互动传真情,增加了教育的人文关怀性

"家校 e"信息平台上的留言实例。如重要提示类:各位家长,大家好!近段时间流行一些网络游戏,这些游戏中夹带了很多黄色打斗动作,如果流传开将会对孩子身心健康造成很大影响。除此之外还包括活动类、阶段测试、期末考试等。

2.紧扣实际问题,增加"家校 e"教育信息的有效性。

一是学生受益。通过网络,及时发布学业方面的信息,活动安排方面的信息,小伙伴之间的信息。二是教师方便。"家校 e"平台可以让老师"面对面"地为学生提供课业辅导,便于教师管理班级。三是家长省心。借助于网络信息能够做到及时沟通,家长更全面了解孩子的情况,使家长更放心、省心。

[案例]

"E'"线连家校沟通　合力助学生成长
——2019~2020 学年第二学期五年段线上家校活动

受疫情影响,很遗憾大家没有如期返校,尽管已是阳春三月,我们依然在上网课。网课已经进行了一月有余,为了加强学校、家庭、教师、家长之间的联系,更好地反馈孩子线上学习的状况,有效促成家校合力,我校开展了无接触式——线上家访和线上家长会。

1.线上家访:"云"端关注

家访是家校沟通重要且有效的方式,也是我校一直以来坚持在做的工作。疫情当前,家访工作更是不可或缺。为了更好地了解学生居家生活学习的状态,更好地保障学生的身心健康,五年段的科任老师通过电话、微信、钉钉和深入学生家庭,认真聆听家长和学生的诉求,全面分析他们面对的问题,积极帮助他们寻求好的解决办法,努力为学生的茁壮成长保驾护航。

[①] 张作岭,宋立华.班级管理[M].北京:清华大学出版社,2019:226.

2. 线上家长会："E"线同行

我校线上家长会于2020年3月30日晚召开，本次家长会由两部分组成，段长全年段集中讲话和分班级召开。邱云菊段长准时打开直播，家长们也如约纷纷上线。首先，她通过图片展示了孩子们丰富多彩的居家学习生活。接着，她从课堂表现、作业情况、亲子关系三个方面讲了网课期间出现的一些问题。然后，针对这些问题逐一给出了切实有效的建议。邱段长发言后，组织大家一起学习了厦门市开心社工服务中心提供的讲座——《懂得比爱更重要》，给家长们提供了和家人更科学的相处之道。

五、家校有效合作的运行机制

良好的家校合作运行机制主要由社会引领、领导小组、成教机构、共育活动、督导评价等组成。由政府社区、教委部门这两个社会资源作为引领，政府社区主要提供政策、财力支持，教委部门则给予理论指导培训。学校和家庭分别以领导、委员的身份参与领导小组。

（一）家校合作的机构

为了保障家校合作共育工作规范化、常态化运行，需要成立专门的部门或自上而下的家校合作共育组织，专门负责对家校合作工作的开展进行规划和设计，并安排专人负责进行有效实施，也可以通过第三方机构来组织运行，整合家长、教师、学校领导和教育专家等专业力量，建立科学的运行机制保证家校合作共育工作的有效性。

（二）家校合作反馈机制

同时，建立家校合作共育跟踪反馈机制，学校要建立健全相关的监督、反馈体系。任何活动和组织都少不了有效的监督与反馈，只有这样才能走得更远。应成立专门的工作小组，认真对待所有参与者的监督并做出反馈，收集的意见要充分落实到之后的每一次活动中，在一次次经验中摸索出成功之路。

（三）家校合作的评价机制

学校健全家校合作的评价机制，将家校合作评价机制纳入学校日常的考核工作中，并参考权威标准，将每次的活动按照不同的维度制定出一套科学全面的评价指标。将评价指标用于衡量家校活动是否有效，是否具有可推广性，为其他学校家校合作的发展提供经验和启示。制定科学的评价指标，追踪家校合作共育的过程，对家校合作共育的效果进行评价和总结，不断改进家校合作共育工作中出现的问题，保障家校合作共育工作科学有效运行。

（四）家校合作的网络平台

建立家校合作网络平台，保证家长和教师的沟通。家校合作充分利用信息化手段，建立校园网站，设立家校合作共育专栏，向家长推送学校相关政策、相关要求、活动专题、家庭教育相关知识，让家长之间、教师和家长之间在网站上充分沟通交流，大力提升网络服务的可及性及有效性。学校还可以大力拓展微博、微信和手机客户端等新媒体服务平台，拓展家校共育的信息服务渠道，为家长提供便捷的、个性化的指导服务。

总之，在教育改革深入推进的今天，家庭教育和学校教育紧密结合已成为不可避免的趋势,家校共育问题将是未来很长一段时间内我们需要认真关注的问题。家校合作作为家庭教育和学校教育紧密结合的有效途径,小到对个人发展有积极作用,大到对我们国家有积极的影响,因此值得我们付出努力去研究如何更好地开展。

[案例]

小明是一个头脑聪明、反应灵敏、口齿伶俐的男生,上课回答问题常有自己独到的见解,但学习被动,尤其不爱写字,作业常常拖拉,而且心胸狭窄,容易冲动,爱发怒,甚至常与同学发生矛盾,好打架。

在开学的第一节课上,老师就发现了他的聪明、大胆,他甚至毛遂自荐,说自己的数学成绩从来没有低于过九十分,因此申请当班干部,可是同学们(他原来的同班同学)都说他经常拖拉作业,没有一个人推选他当班干部。于是,老师鼓励了他的聪明与大胆,并给他一个当小组长的机会,看他以后的表现如何,再做决定。一学期下来,老师看到了他的很多优点(就是前面所说的:聪明伶俐、反应灵活、课堂上积极发言,而且能言善辩)可是缺点也是一大堆,尤其是拖拉作业,老师用过很多方法,可以说"软硬兼施",他就是不做作业,老师管一天,他做一天,第一天管了,第二天又拖拉。还有就是小气,以自我为中心,什么事都认为自己永远是对的,别人一个玩笑都可能使他生气,动不动就和别人打架,几乎是每周一两架。因此老师在他一个人身上花的功夫比其他人多得多,常常苦口婆心地劝说,仍起不了多大作用。而且常常在其他同学都沉浸在某一快乐中的时候,他却做出一副不屑一顾的表情。

有一次,他们班和另一个小学的一个班学生进行"手拉手"通信活动,别人都写了真名,他却写的是"暗",当其他同学收到远方朋友的信时高兴得一蹦三尺高,而他由于同学们听到"暗"的名字而笑了一下,他就把对方写给他的信撕了,做出一副苦大仇深的样子,那表情分明就是说其他同学对于收信这事表现得太幼稚、太小儿科了。之后,连续两天都是那种表情。老师把他叫到办公室,问他这几天发生了什么事,他不说,考虑到他的自尊心,老师把他叫到办公室外面,和颜悦色地问他,知道了事情的原委:原来他其实是一个孤独的小男生,就像一只刺猬,把自己紧紧包裹着,只要靠近他的人就会受到他的刺扎,孤独的他既想获得友情,又不断地刺扎靠近他的人,因此朋友很少。这次就因为他自认为要好的朋友在他和舍友打架时站在了他的"敌人"一边,他受到了伤害,所以连续几天都不高兴,还说他永远不会有笑容了,那次收信时的表现是他之前宿舍打架事件后的一个延伸,其目的就是想引起老师对他的注意而已。后来,老师找到他自认为是好朋友的同学说明情况,并让那个同学找他谈心,几分钟后,老师又看到了一个阳光、自信的孩子。可是不久后,他又由于自己的不对和同学闹矛盾而打坏了教室窗户上的玻璃。对他严厉批评和晓之以理,动之以情之后,老师和他爸爸通了电话,讲了他的在校表现,爸爸对此事表示道歉,并花了许多功夫,去了好多玻璃店,才买到了与教室窗户配套的玻璃安装上。老师又专门给他外地打工的妈妈说明了情况。这才了解到他的一些生活经历。妈妈说:他从小就是这样,总认为别人都对不起他,就连在家里和姐姐发生争执,由于他不对,大人说他一两句,他就说一家人都欺负他,再后来,通过与其妈妈的多次电话联系,老师了解到更多小明的成长经历与家庭因素,抱着不放弃,不抛弃的态度,常常跟他谈心,也视其犯错误的轻重程度采取不同的教育方式,或心平气和,或严厉打压,也常常鼓励他的优点和进步,但效果都不大(这算是一个失败的案例)。需要说明的是,两位家长都比较通情达理,还是比较配合老师的,但就是不能直面问题的实质,爸爸处理孩子的问题比较粗暴,妈妈则赏罚不够分明。

分析:

小明的家庭因素对他性格的影响。由于两岁时爸爸妈妈出去打工,把他放在家由奶奶照顾,奶奶经常教他别受人欺负,有时奶奶还由于小孩子的矛盾与别人吵架,因此养成了他与人争强好胜的性格;由于爸爸性格暴躁,遇到他犯错误的时候,常用武力对付他,使他养成了爱打架的习性。妈妈对他的溺爱也使他想怎样就怎样。

成长环境的影响。奶奶去世后,他曾被寄养在姑姑家,在姑姑家附近的村小上学一学期,后又转学,一周回家一次。不断地变换学习环境,使他要不断适应环境,争强好胜的他在遇到同学的白眼和不恭时,常常用打架解决问题,时间长了,什么事儿他都想用打架来对付。

第七章 心理健康概述

随着社会经济、科技的发展,生活节奏的加快,生活方式的改变和生活质量的提高,人们承受的心理压力也相应增加。健康的标准已不仅仅局限于身体没有疾病,心理健康也越来越受到大家的重视。但究竟什么是心理健康?如何评估个体是否处于心理健康的状态?影响个体心理健康的因素又有哪些?本章将围绕这些问题进行探讨。

第一节 心理健康的含义

一、心理健康的概念

心理健康概念的提出基于对健康的研究。世界卫生组织(WHO)给健康做出了这样的定义:健康不只是对个人不存在虚弱现象或疾病的表示,而是表示在社会、心理与生理层面处于完好状态。在健康概念中,心理健康发挥着无可取代的作用。然而对于心理健康的定义,到目前为止都没有统一论述。不同时期、不同文化背景、不同学派的研究者都对心理健康进行了界定和阐释。比较有代表性的观点如下所示:

弗洛伊德(Freud):心理健康就是"爱和工作的能力"。

艾里克森(Eriksen):勤勉地完成任务、做好工作。

班杜拉(Bandura):心理健康是"适当的社会行为"。

马斯洛(Maslow):自我实现、充分发挥个人天性的人就是心理健康者。

罗杰斯(Rogers):自我接纳是心理健康的基本元素之一。

奥尔波特(Allport):成熟的人为心理健康者。

弗洛姆(Fromm):心理健康者必须具有很强的创造性。

王极盛:心理健康指的是个人的一种良好心理状态,即以积极的反应形式去适应自身环境、自然环境与社会环境,充分发挥个人的身心潜力。

林崇德:心理健康是一种个人的主观体验,既包括积极的情绪情感和消极的情绪情感,也包括个人生活的方方面面,其核心是自尊。

刘华山:心理健康指的是一种持续的心理状态,在这种状态下,个人具有生命的活力、积极的内心体验、良好的社会适应,能够有效地发挥个人的身心潜力与积极的社会功能。

世界卫生组织提到,心理健康的含义是个体不存在心理变态或心理疾病,能够较好地适应社会生活,且自身人格健全,可以实现自身心理潜能的充分发挥,即自身能够达到的最佳心境,同时指明心理健康涵盖以下内容:稳定积极的情绪、健全的人格;有抱负、有理想,人际关系和谐,生活目标明确;自我控制能力较高,自我感觉良好。

叶一舵分析了国内外关于心理健康的定义后指出:现有的关于心理健康的定义基本上都承认心理健康是一种状态;都视心理健康是一种内外协调统一的良好状态;都把适应(尤其是社会适应)良好看作心理健康的重要表现或重要特征;都强调心理健康是一种积极向上发展的心理状态。因此,完整的心理健康的定义应该是指个体在与各种环境的相互作用中,在内外条件许可的范围内,主体能不断调整自身心理结构,自觉保持心理上、社会上的正常或良好适应的一种持续而积极的心理功能状态。①

二、心理健康的标准

心理健康标准是心理健康概念的具体化和操作化,是评价心理健康的一系列准则。古今中外的众多学者都对心理健康的标准进行了界定和阐释,提出了许许多多富有启发性的观点。

(一)国内外常见的心理健康标准

美国心理学家马斯洛和密特尔曼提出了心理健康的10条标准:(1)有充分的安全感。(2)对自己有充分的了解,并能对自己的能力做出适当的评价。(3)生活理想和目标符合实际。(4)与周围环境保持良好的接触。(5)能保持自身人格的完整与和谐。(6)具有从经验中学习的能力。(7)保持良好的人际关系。(8)适度的情绪发展与控制。(9)在集体要求的前提下,较好地发挥自己的个性。(10)在社会规范的前提下,恰当满足个人的基本需要。此标准的设立是基于"自我实现"的人能达到的标准,曾被一些研究者尊奉为"经典标准"或"标准中的标准"。

罗杰斯是继马斯洛之后人本主义阵营中最有影响力的人物,他的心理健康观建立在其"实现倾向"的理论之上。罗杰斯认为机能健全者有如下五个特征:对经验的开放性;协调的自我;机体估价过程;无条件的自我关注;与他人和睦相处。

张春兴和杨国枢关于心理健康的标准为:了解并接受自己;认识并面对现实;工作休闲并重;主动参与社会活动。

王极盛和李春荣将心理健康的标准界定为:智力正常;情绪稳定而愉快;行为协调;反应适度;人际关系适度;心理特点和年龄相符合。

江光荣将心理健康的评价维度归纳为:自我认识和自我态度、人际态度和社交能力、生活热情和有效解决问题的能力、个性结构的内在协调性。②

纵观以上心理健康标准的论述,可以发现,大多心理健康标准的表述虽各有差异和侧

---

① 叶一舵.心理健康标准及其研究的再认识[J].东南学术,2001,(6):169-175.
② 简华.心理健康标准探析[J].毕节学院学报,2006,24(3):84-88.

重,但都有很大的相似性,他们大多都是从心理健康的状态来定义健康的标准,都认为心理健康重要的是心理活动对外部的适应和内部的协调。每个人生来就面临着两大课题,即适应和发展。适应就是有机体对外部环境、条件的顺应,也是一种状态,心理活动对外部刺激的适应状态。发展,不仅指的是心理、生理还有社会的发展,人除了自身因素(心理、生理)以外,还有社会因素,即人随着个体身心发展也面临社会化,在此过程中一系列的心理变化产生都是对外部的适应和对内部的协调。作为一个心理健康的人就是能够应对外部的适应和内部的协调。

(二) 心理健康标准的提出依据

由于研究者所持的心理学理论、考察的角度不同,导致采用的划分依据也有所不同,因而心理健康标准的分歧首先就体现在确定心理健康标准的依据上。目前,主要的提出依据有6种,各种依据的要点如下。

统计测量,即根据统计学的常态分布曲线,认为处于总体平均标准范围内者为心理正常,偏离者就是异常,这种依据也被称为"众数原则",主要通过对比个体心理健康状况与社会中大多数人的心理特点来判断。"众数原则"是基于两个假设而建立的:首先,在任何时候,组成社会的大多数成员是健康的,不健康的永远是少数;其次,社会是健康的,不健康的永远是个体,也就是说,社会成员中绝大多数人的心理行为是正常的,偏离这一正常范围的心理行为可视为异常。对"众数原则"的异议主要来自一些人本主义心理学家,其中以马斯洛为代表。他认为,人天性本善,至少也是中性的。但人的天性需在一定环境条件(尤其是社会环境)下才能发展成现实的人格或心理品质。如果环境条件提供了适宜的发展土壤,个体就能顺其天性发展出良好的人格或心理品质。在极端的情况下,可能一个社会中占主导地位的文化条件本身就是异常的、压抑人性的。在此条件下大多数人都可能难以顺其天性发展,结果出现多数人心理不健全的情况,出现大量"适应良好的奴隶"。在否定了"众数原则"之后,马斯洛提出了一条与众不同思路,他认为,自我实现的人是其内在本性发展最为充分的人,这样的人才代表着真正的心理健康。由于自我实现者在全人口中只占极少数,他们在常态分布中处于一侧的尖端,故称"尖端样本统计学",即所谓的"精英思路"。

社会规范,即以社会规范作为标准来判断一个人的行为和心理是否正常。

生活适应,即以个体是否表现与生活环境及需要相一致的情感、言语、思维、行为等为依据,判断人们的心理正常与否。

临床诊断,即以本人或他人是否观察或检测到某些心理疾病的症状和致病因素,判断人的心理健康状况。

主观经验,即以个人的主观经验或感受来判断其心理健康状况。

身心发展,即以个体身心两方面成熟和发展相当者为正常,较同龄人明显低者为异常。

三、心理健康的作用

（一）心理健康对生理健康的影响

虽然我们习惯的说法是"身心健康"，但事实却往往是病由心生，"心身疾病"是近年来越来越受到人们关注的问题。医学心理学研究证明，人的健康状况是心身因素交互作用的结果。消极的心理因素能引起许多疾病，如长时间的焦虑、忧郁、悲伤、恐惧、愤怒等负面情绪，可能引起人体各系统机能失调，导致失眠、心跳过速、血压升高、食欲减退、月经失调等，这类情绪在哮喘、心脏病、糖尿病、甲亢等心身疾病中起着重要作用。在我国癌症的普查工作中也发现，心理因素与多种癌症的发病有着密切的关系。

临床研究证明，心理因素在疾病的疗愈中也起着重要作用，没有健康的心态很难保证身体的康复。积极的心理状态是增进健康的必要条件。心态积极的人，善于自我调节，使自己的情绪经常处于平和、愉悦的状态，善于平衡高强度的学习、工作与休闲的关系，身心松弛有度，热爱生活，对前途充满信心和希望，心理经常处于愉悦状态，身体机能也会处于良好状态，使人远离疾病。

美国两位心脏病专家莱·路曼和迈·弗里德曼研究了性格特征与心脏病发病率的关系。他们根据大量病例的分析提出了 A 型性格的人比 B 型性格的人更容易患心脏病的论点。A 型性格的典型表现是：雄心勃勃，争强好胜，做起事来不知道休息，生活节奏快，性子急躁，缺乏耐心，容易发火；B 型性格的典型表现则正好相反，性子温和平静，容易知足，做事从容不迫，很少发火。他们分析了 113 例冠心病患者的性格，发现属于 A 型性格的人有 80 例，占总数的 71%。事实上，弗里德曼本人原先就是一个典型的 A 型性格的人，而且为此患了心脏病，自从发现了其中的联系后，开始注意改变自己的处事态度与方式，结果从 A 型性格变成了 B 型性格，此后他的心脏病再也没有复发过。

（二）心理健康对行为绩效的影响

已有研究发现，心理健康状况与学生的学习成绩密切相关。两者间的关联性存在于各个学龄人群中，包括小学生[①]、初中生[②]、高中生[③]和大学生[④]。健康的心理是学习的基础和前提。根据学习心理学理论，广泛的兴趣爱好、强烈的动机和需要，是学生获取新知识、构筑知识结构的心理内环境。心理健康状况良好的学生普遍精力充沛，行动具有灵活性、平衡性和敏捷性，对待学习具有明确的目的性、持久性和主动性，兴趣广泛，情绪稳定，人际关系和谐，学习成绩通常也比较优异。而心理健康状况不良的学生，普遍表现为精神

---

① 郑莉君.小学生心理健康状况与学习成绩的相关研究[J].杭州师范学院学报（自然科学版），2004,3(6):531-533.

② 徐寰宇等.心理弹性保护作用下地震灾区初中生心理健康状况与学习成绩的关系[J].卫生研究，2018,47(5):749-754.

③ 丁树荣,王天奎,王本华.高中生问题行为及其与学习成绩关系研究[J].中国社会医学，1995,(3):43,44.

④ 马芳.大学生心理健康状况对学习成绩的影响[J].中国卫生产业，2015,(3):174,175.

萎靡、注意力不集中、记忆力下降、思维迟钝、情绪低落、心境郁闷、动作表情呆板,并伴有明显的躯体疾病表现,如头痛、失眠多梦、内分泌失调、消化不良等,学习成绩也相对较差。

心理健康状况也会影响人们的工作表现。杨红对石油化工企业员工的研究①、赵小明等对高校教师的研究②、蔡忠艳等对护士的研究均发现心理健康与工作绩效之间相关显著③。心理健康状况良好的员工往往具有较强的情绪复原能力,在工作中有较多积极的情绪体验,可以保证其工作的稳定性、协调性和应变能力,从而促进工作任务的完成。同样,心理健康的员工也会勇敢面对工作中的问题和压力,在工作过程中能主动热情或充满兴趣面对和解决工作任务、环境引起的问题,这是工作效率提高的有力保障。基于此,许多企业认识到个体行为与心理健康的密切关系,纷纷采取措施改善员工的心理健康状况,如谷歌借助人性化措施和提供富有含意的工作环境来调节情绪、缓解压力;苹果零售员工帮助建立秘密在线讨论组织,以排解员工积聚的不满。

第二节 心理健康的评估

如何判定自己或他人的心理健康状况?这个问题一直都是人们关注的焦点。经过漫长的实践与研究,关于心理健康的评估方法出现过很多,有些方法因为科学性较弱而逐渐被人们摒弃,当前常用的评估方法主要有心理测验、观察与访谈、神经生物学评估三大类,涉及的内容既包括心理健康水平的高低,也包括与心理健康状况密切相关的可能影响因素。

一、心理测验

心理测验是一种测量的技术。心理学家常用心理测验来测量评估人们的某种行为,作为判断个体心理差异的工具。因而,美国心理学家阿纳斯塔西娅(Anastasia)认为,心理测量实际上就是行为样本的客观的、标准化的测量。心理测量的种类很多,在学校的心理辅导情境中,运用较多的心理健康评估主要有三种:智力测验、人格测验以及心理健康类测验。

(一) 智力测验

这类测验的主要功能是测量人的一般智力水平。如斯坦福——比奈智力量表(Stanford-Binet Intelligence Scale)、韦克斯勒智力量表(Wechsler Intelligence Scale)等,都

---

① 杨红.员工心理健康对工作绩效影响的实证研究[D].辽宁大学博士学位论文,2018.
② 赵小明,韩旭东,石彬.高校教师心理健康、职业倦怠和工作绩效关系及对策研究——以青岛某高校为例[J].科教导刊,2012,(5):129-130.
③ 蔡忠艳,王建,徐玉华等.护士心理健康状况与工作绩效的关系探讨[J].中华医院管理杂志,2002,18(6):354-356.

是现代常用的著名智力测量工具。智力测验用于测量人的智力，评估人的智力水平，主要目的是测定一个人的心理能力以及心理功能的水平，对一个人的多方面能力进行评定，可以以智力测验获得的资料对一个人的认知是否混乱进行评估。在进行测验的过程中，施测者还可以对其进行行为观察，获得一些测验之外的信息。这类测验可在来访者有特殊要求时以及怀疑来访者存在智力障碍时使用。

（二）人格测验

根据心理学对人格的理解和看法，人格是可以进行测量和评估的。人格测验有助于人们对来访者人格的了解，帮助其找出问题更深层次的原因，以便有针对性地进行心理辅导与治疗。关于人格的测验一般有两种：一种是问卷法，一种是投射法。这两种测验可以在使用中相互印证。常用的问卷类人格测验有艾森克人格问卷（Eysenck Personality Questionnaire，EPQ）、卡特尔十六项个性因素测试（sixteen personality factor test，16PF）、明尼苏达多相人格测试（Minnesota Multiphasic Personality Inventory，MMPI）等。其中，MMPI 是目前世界上应用最广、影响最大的人格测验表。常用的投射测验包括罗夏墨迹测验（Rorschach Inkblot Test）、主题统觉测验（Thematic Apperception Test）、绘画测验等。其中，罗夏墨迹测验是使用最普遍的投射测验。

（三）心理健康类测验

心理健康在我们的生活中扮演着重要的角色，这类测验的主要功能就是帮助个体了解自己的心理健康水平，促进自我认识、自我评价，协助个体正确地接纳自我，不断取得心理平衡，提高心理承受能力，达到良好的心理状态。常用的心理健康类测验如症状自评量表（Symptom Checklist 90，SCL-90）、焦虑自评量表（Self—Rating Anxiety Scale，SAS）以及抑郁自评量表（Self-Rating Depression Scale，SDS）等。不同的测验侧重考察的心理健康层面不尽相同。SCL-90 涉及的心理健康领域较为广泛，从感觉、情感、思维、意识、行为直至生活习惯、人际关系、饮食睡眠等均有涉及，所以在心理辅导与治疗中使用也较多。

二、观察与访谈

（一）观察法

在心理辅导情境中，观察法就是通过对来访者心理和行为的观察进行心理评估的方法。主诉只是表达了来访者自己对事件的看法和感受，来访者的语言有时并不能表达其最真实的想法，或者并不能说明现实的情况。而当人说谎或者某些问题引起他们焦虑的时候，人们往往可以通过观察发现。除了可以在现实情境中观察来访者行为，更多的是在进行临床会谈的时候进行行为观察，包括来访者与咨询师或心理辅导老师的互动、与环境的互动，以及独处时的行为。在心理辅导过程中，对来访者的观察涉及多个方面，包括观察其态度，说话的语调、语流、语速和情感反应，其眼神、表情、动作特点、姿态、行为有无异常等。心理辅导老师或咨询师要利用好来访者表现出来的各种身体语言，帮助自己更好地对其心理状态进行剖析。在心理辅导过程中，要特别留意当辅导出现"冷场"时或双方处于沉默阶段时来访者的反应。例如，在询问来访者某一问题时，来访者突然陷入沉默，那么，这个时候就要仔细观察来访者所有出现的细微表情与动作，心理辅导老师或咨询师从来访者的表情可以推测这个问题对他来说,是不知道怎么回答还是已经对他造成某种程度的焦虑,他是否在试图回避该问题,这个问题对于他来说,造成多大程度的影响。对于言语表达困难或言语很少的来访者,行为观察的结果几乎是心理辅导老师或咨询师做出判断的主要依据。

各种身体语言传达的信息是不同的,常见情况如下:

(1) 咧着嘴笑、手掌打开、双眼平视,传达的是一种开放与接纳的态度。

(2) 谈话时,身体前倾,坐在椅子边缘;全身放松、双手打开;解开外套纽扣;手托着脸,表示对对方的谈话内容感兴趣,配合对方。

(3) 抬高下巴、坐时上半身前倾、站立时抬头挺胸、双手背在身后,掌心相对、手指合起来呈尖塔状,这是自信的表现。

(4) 吹口哨、抽烟、坐立不安、以手掩口、使劲拉耳朵、绞扭双手、把钱、钥匙弄得叮当响,反映了一种紧张的心理状态。

(5) 双臂交叉于胸前、偷瞄、侧视、摸鼻子、揉眼睛、笑时紧闭双唇,紧缩下巴,说话时眼睛看地上,双手紧握等,这些表现都是一种自我防卫的体现。

(二) 访谈法

在心理辅导中首次访谈的目的有两个:第一,心理辅导老师可以通过访谈与来访者建立良好的咨访关系,培养双方之间的相互信任感。第二,通过访谈的方式收集来访者的一般资料,对来访者的基本问题的了解,包括来访者的主诉、成长背景以及健康史等。只有在与来访者的交谈中,心理辅导老师才能察觉其问题的存在,了解其内容,分析其意义。

在访谈的过程中,有时来访者急于说出自己的苦恼与问题,一时表达毫无头绪,心理辅导老师或咨询师可帮助他们从中选择出一件事先讲,然后再说另一件事;或先了解其主要的辅导目标,然后帮助来访者围绕着这一目标展开而谈。在这个过程中,要让来访者充分发表自己的想法,但又必须引导其围绕一定的主题展开,切勿让其空无目的地泛泛而谈。在收集信息的阶段,心理辅导老师或咨询师一方面应注意引导对方的思路,另一方面亦应注意倾听对方的谈话,不是在特殊情况下不应随意打断来访者的话题,以免扰乱来访者的思路,倾听他们对目前所遇到的问题的描述以及他们对问题的想法,这个问题给他们所带来的困扰。心理辅导老师或咨询师要在对来访者的问题形成一个全面的认识的基础上,捕捉住来访者提到的那些复杂的人物、事件当中的重要信息,以利于对问题的判别分析,同时也要善于询问,注意询问的方式,利用询问收集所需要的信息。

1. 主诉

主诉即来访者对自己问题的陈述以及感受,这是从来访者的角度了解问题。来访者的诉说一般都是他(她)对事件的感受和看法,所以,心理辅导老师或咨询师首先要注意区分事实与主观描述,更要注意来访者对于他自身、他人及有关事件的看法,注意由此而引发的情绪活动,他是怎样处理自身所遇到的问题。对来访者思维与情绪的认识,有助于了解思维与情绪之间的交互作用,以便心理辅导老师或咨询师判断来访者是否存在理智与情绪不协调甚至对立的情况。

当然,在辅导的过程中,心理辅导老师或咨询师会碰到有个别来访者主诉很少或者主动言语很少的情况。当发生这种情况的时候,心理辅导老师或咨询师可以通过询问的方式了解来访者的主要问题是什么,最近是否有特殊事件发生,以及来访者在事件中的反应及表现。

当心理辅导老师或咨询师了解了来访者的主诉问题是什么之后,进一步确定辅导或治疗的目标,根据确定的目标,对主诉问题形成的原因进行深入探讨,以便对主诉问题的形成背景做完整的了解。

2. 资料收集

心理问题的产生一般都与个人的生活经历、生活背景有关。对于来访者背景资料的收集,不但有利于心理辅导老师或咨询师对来访者形成一个全面的认识,而且有利于我们对来访者问题的分析,找出其心理问题产生的社会背景。

三、神经生物学评估

在某些情况下或来访者患有某种特定精神障碍时,必须对来访者进行躯体评估以排除某些可能导致或加重现存问题的躯体疾病。当代神经生物学评估主要从四个领域入手:脑成像评估、神经递质评估、神经心理学评估和心理生理学评估。其中,脑成像评估、神经递质评估和心理生理学评估均需在医疗场域中借助一定的医疗设备由专业的医疗人员进行,因此在这里不多做介绍,仅侧重介绍神经心理学评估。

神经心理学测验的假设为:大脑的器质性病变必然导致其大脑功能性的改变,通过对病人脑功能的测查可以推测其是否有脑器质性的病变以及病变的部位和程度。按不同的标准可以对神经心理测验做出多种划分。按检测的脑区可以分为额叶功能测验、颞叶功能测验、顶叶功能测验、枕叶功能测验以及判别大脑左右两侧功能的测验;按不同的认知领域还可分为测查注意、信息处理速度、运动技能、词语流畅、工作记忆、抽象或执行功能、学习和延迟回忆等测验。

常用的神经心理测验包括:霍尔斯泰德-瑞坦神经心理成套测验(Halstead-Reitan Neuropsychological Battery,简称 HRB)(10个分测验,分幼儿、儿童和成人三个版本)、鲁利亚-内布拉斯加神经心理成套测验(Luria-Nebraska Neuropsychological Batrery,简称 LNNB)(第一个版本共11个分测验,第二个版本12个分测验)、快速神经学甄别测验(Quick Neurological Screen-ing Test,简称 QNST)等(涉及内容较少,测量需时也较短,一般20分钟左右可以完成)。

四、心理评估的原则

(一)客观性原则

以实事求是的态度去对待评估对象,避免过分依赖心理测验结果和单凭心理测验结果进行评估。心理测验结果只能作为一种评估的辅助,而不是绝对的标准。同样,我们也要避免单凭来访者的主诉对问题做出判断,一定要充分利用我们在会谈、行为观察以及采用的量表中所获得的资料进行综合分析,并用多种方法进行相互印证。

为了更好地做到客观评估,心理评估工作者应该注意几个方面:(1)在收集资料时,必须如实地详尽地记录来访者的情况。(2) 在资料的处理、结果的分析整理时应尽可能地用某种客观的尺度来评定,避免受主观偏见的影响。(3) 在做结论时,要根据客观的事实下判断,不要作过分的推论①。

(二) 科学性原则

态度和评估方法要科学,对评估结果的解释要慎重。在评估的过程中,要参考可靠的评估标准,所收集资料的来源不同、评估者使用的术语和对术语含义的理解不同、交谈检查的方法不同都会使评估结果存在差异。所以,在评估过程中,要综合国内外的评估标准,使用标准化的量表,保证施测环境的稳定性,充分了解计分方法和对结果的解释。标准化的测验保证了我们评估的有效性与可靠性,并且保证了我们评估结论的科学性。

(三) 整体性原则

防止凭主观臆测或凭片面认识而进行判断。要用系统论的观点来全面分析、评估各种信息,把握对象的整体心理特征。这里的整体性既是指综合运用多种渠道获取的资料对来访者的心理健康状况进行判定,也指对心理健康状况的各种可能相关因素的把握,如家庭环境、成长经历、人格特征等。

(四) 发展性原则

什么问题都不会是一成不变的,心理辅导老师或咨询师在做出评估的时候也要充分认识到这一点。人的成长是一个动态的过程,是会不断变化的。所以,即使我们已经对来访者的问题做出了初步的评估,还是要继续观察来访者的心理变化,观察在心理辅导的过程中,来访者哪些方面得到了改善,哪些方面没有变化,而在哪些方面又出现了非预期中的问题等。这些都有利于心理辅导老师或咨询师对来访者做出确切的评估,调整辅导方案与计划。

(五) 保密性原则

心理评估的资料是辅导内容的一部分,根据心理辅导的原则,我们要为来访者保密,尊重对方的隐私权。在许多国家,职业心理学伦理特别强调对有关个人资料绝对保密的基本权利。为遵从保密性原则和保护人格的原则,许多国家的职业伦理条例还明文规定了心理评估资料如何归档和储存②。

对于心理评估的结果,我们应该向来访者传达,让其了解情况,鼓励来访者进一步验证或修正我们的评估结果。但为避免对来访者造成标签效应,有利于辅导或治疗的进行,对于评估结果的告知应有一定的选择性。

---

① 张仲明.心理诊断学[M].重庆:西南大学出版社,2005.
② [德]鲍利克,[美]罗森茨维格.国际心理学手册[M].张厚粲主译.上海:华东师范大学出版社,2002.

第三节 心理健康的影响因素

从人类诞生以来,健康的话题就如影随形,心理健康也是如此。随着社会的发展,人们对心理健康成因的认识也渐趋科学化和综合化,大体而言,心理健康状况与生物因素、社会因素和心理因素等密不可分。

一、健康模式的演变

(一)神灵医学模式

神灵医学模式是远古时代的医学模式。远古时代,人们认为世间的一切是由超自然的神灵主宰,疾病乃是神灵的惩罚或者是妖魔鬼怪附身,对待疾病则依赖于巫术驱凶祛邪,而死亡是"归天",是灵魂与躯体分离,被神灵召唤去了。这种把人类的健康与疾病、生与死都归于无所不在的神灵,就是人类早期的健康与疾病观,即神灵医学模式,认为疾病是病人失去了生命的要素——灵魂。对于健康的人来说,灵魂居住在他体内,灵魂赋予他生命,是生命的主宰。但是"灵魂"一旦缺失,就会生病甚至死亡。同样,病人丢失生命的原因也是以各种不同方式被想象的:或是想象为病人受了惊吓,热的灵魂吓"掉"了;或者想象为有人在病人经过的路上放了一个捕捉灵魂的机关;或者是被巫师或魔鬼把灵魂"拿"走了,等等。

巫医疾病观(神灵医学模式)的神秘性,决定了它诊治疾病的方法也具有神秘性,这可以从与巫医本体论疾病观两种形式相对应的两类治病方式——"驱魔"和"招魂"上表现出来。尽管巫医模式不论是在知识形态的层面上还是在实践形态的层面上都是荒诞的,它既未揭示人体疾病的本质,也未给人们提供医治疾病的科学方法,但它的作用体现在以下三个方面:

第一,巫医模式是人类历史上第一个有结构的医术体系,它是人类形成科学医学模式过程中不可超越的一环;第二,巫医模式在巫医外衣的掩护下,保存和传播了原始人类的医药经验,并在一定程度上为古代医学的诞生创造了条件;第三,巫医模式增强和鼓舞了先民们战胜疾病的勇气和力量。

(二)自然哲学医学模式

自然哲学医学模式是运用朴素的辩证法和唯物主义观解释健康和疾病现象,把哲学思想与医疗实践联系起来,以直观的自然因素现象说明生理病理过程的一种医学模式。它是脱离于神灵医学模式的自体物质平衡观,如古希腊的希波克拉底"四液体"论、中国的"阴阳五行"理论等。

与神灵医学模式相比,自然哲学医学模式摈弃了关于鬼神、巫术等荒谬的内容,使医学与巫术相分离,立足于从物质性、整体性上去说明人体生命现象和疾病,具有朴素唯物主义和自发辩证法的思想。其主要缺陷是在细节方面不够深入,显得过于笼统,并且带有某些牵强附会的成分。

(三) 生物医学模式

公元十四、十五世纪以来,西方文艺复兴运动极大地促进了科学的进步,也大大推动了医学科学的发展。哈维(Harvey)创立了血液循环说并建立了实验生理学的基础,摩尔根尼关于疾病的器官定位研究以及魏尔啸创立的细胞病理学等一系列成果奠定了现代医学的基石,也标志着生物医学模式的建立。

生物医学模式的特点是侧重从生物学的角度,运用分析、还原的思维方式,在细节上深入考察人体生命和疾病的机制,形成了关于疾病的局部定位思想和特异性病因观念,认为人体的每一种疾病都具有相应器官、细胞或生物大分子的形态和(或)理化改变,都有确定的生物和(或)理化的原因,从而能找到相应的治疗手段。

生物医学模式的局限性主要在于:它只注重人的生物学属性,而忽略了人的社会学属性,在它的框架内没有给疾病的心理因素、行为因素和社会因素留下余地;它注重运用分析、还原的思维方式,限制了它从整体上全面地把握人体各方面的关系以及人体与环境的关系。

(四) 生物-心理-社会医学模式

在现代工业化社会中,传染病、寄生虫病、营养缺乏症等已经不再是人类健康的主要威胁,而心理、社会因素起很大作用的心血管病、脑血管病、癌症、公害病、事故和自杀、吸毒和酗酒、饮食过度、心理性疾病等已成为对人类健康的主要挑战者,对这些疾病只用生物医学模式诊断、治疗和预防,已不能完全解决问题。社会条件改变了,相应的医学模式也必须改变,不能墨守成规。病人,不单是一种生物学状态,也是一种社会状态。决定人是否患病,不仅要考虑其生物学变量,还要考虑心理、社会状态的变量,这就要求在更广泛的联系上研究健康和疾病问题。1977年美国纽约州罗彻斯特大学精神和内科教授恩格尔(Engel)提出,应该用生物-心理-社会医学模式取代生物医学模式。把人理解为生物的、心理的、社会的三种属性的统一体,人的健康和疾病不仅是生物学过程,而且有心理和社会的因素,要从生物、心理、社会相统一的整体水平来理解和防治疾病。

二、生物因素与心理健康

影响个体心理健康的生物因素包括遗传、疾病、胎内环境和分娩等。

(一) 遗传

遗传能在多大程度上影响个体的心理健康水平呢?这个问题还没有定论,但有一点可以肯定,生理是心理的基础,如果没有充分的生理条件,人的心理活动就要受到影响。心理学家们曾用家谱分析的方法研究遗传因素对个体心理健康的影响,结果发现,在有心理健康问题的学生中,其家族中有癔症、活动过度、注意力不集中病史的中学生所占的比例明显大些。双生子研究表明,如果同卵双生子中的一个患上心理障碍,那么另一个患上该病的机会有67%,而对于异卵双生子来说,只有20%。欧文·戈特曼的研究发现,父母双方都患有精神分裂症的,其后代的患病风险是46%,而一般人群中只有1%。如果只有一方父母有精神分裂症,后代患病的风险锐减到13%。

（二）疾病

除了遗传因素之外,细菌、病毒干扰、大脑外伤、化学中毒、严重躯体疾病等都可能会导致心理障碍甚至精神失常。例如,脑梅毒、流行性脑炎等中枢神经系统传染病,会导致器质性心理障碍;脑震荡、脑挫伤等可能引起意识障碍、遗忘症、言语障碍和人格改变等;甲状腺功能亢进可出现敏感、易怒、暴躁、情绪不稳和自制力减弱等心理异常表现,甲状腺机能不足可引起整个心理活动的迟钝。

（三）胎内环境与分娩

胎内环境对胎儿的生长和出生后的发展具有重要意义。孕妇的身体状况、情绪状态、怀孕时的营养、物质使用等都有可能影响胎儿的发育,进而影响其心理健康。例如,母亲孕期保持平稳的情绪和愉快的心境,对胎儿正常发育是极为有利的。孕期吸烟会引起胎儿宫内发育迟缓、引起流产、早产等,吸烟孕妇生出先天畸形胎儿如婴儿先天性心脏病的概率比不吸烟的多两倍,且多为严重心脏病。

母亲分娩过程出现异常情况也会影响到母子的安全和健康。调查表明,有心理问题的学生其母亲在分娩过程中出现早产、难产、窒息的异常情况的百分数均明显高于正常学生。临床实践表明,有些儿童患多动症是由于分娩过程异常而造成的;缺氧会使脑细胞受伤害,造成婴儿言语运动机能受损,学习说话比较困难。

三、心理因素与心理健康

人的心理是一个有机的整体,主要包括心理过程和个性心理两大部分,心理系统内部各个成分之间相互作用、相互影响。当各种因素对心理过程的影响不一致时,心理过程就会产生不协调。一般来说,影响心理健康的心理因素有情绪、动机和性格等。

（一）情绪

情绪是人类最复杂的心理活动之一,是人对客观事物是否满足自己的需要而产生的一种体验。良好的情绪有益健康,不良的情绪损害健康。国内外研究发现,癌症患者发病前的生活事件发生率较高,其中以家庭不幸等方面的事件为多,如丧偶、近亲死亡、疾病、离婚、失业、经济状态的改变、暴力事件等。调查发现,恶性肿瘤患者在发病前遭受过负面性生活事件的比例明显高于对照组。

（二）动机

动机是直接推动人们从事活动的内部动力。动机与需要密切相连,需要是动机产生的基础,动机是需要的表现形式。由于社会生活及人的心理需求具有多样性,导致人的心理经常处于矛盾状态,并由此产生心理冲突。最常见的冲突主要有以下四种:（1）双趋冲突,又称为接近-接近型冲突,指个体必须对同时出现的两个具有同等吸引力的目标进行选择时产生的难以取舍的心理冲突,也就是我们通常所说的"鱼,我所欲也;熊掌,亦我所欲也",但两者不可兼得时的内心冲突。（2）双避冲突,又称回避-回避型冲突,指个体必须对同时出现的两个目标进行选择时,两个都想回避,但是只能回避一个。也就是我们通常所说的前怕狼后怕虎,两个都想回避,但是只能回避一个。（3）趋避冲突,又称接近-回避型冲突,指个体对同一目标既想接近又想回避的两种相互矛盾的动机而引起的心理冲突。比如说我们通常所说的对一件衣服,既想要物美,又想价廉。(4) 多重接近-回避型冲突。又称为多重趋避冲突,指由于面对两个以上或多个既对个体具有吸引力又遭个体排斥的目标或情境所引起的心理冲突。比如,当大学毕业的时候,可以选择一个离家近,工作固定,但是工资较少的工作;也可以选择离家远,工作漂泊,但是工资较高的工作。这就是两个目标,每一个里面既有想要,又有不想要的,就是多重趋避。

(三) 性格

性格是人对现实稳定的态度以及与之相适应的习惯化了的行为方式。它是人通过不断的社会生活实践,在外界生活条件和心理活动的相互作用下逐渐形成的。每个人都有自己的性格特点,它能影响每个人为人处世的精神面貌。个体心理学家阿尔弗雷德·阿德勒(Alfred Adler)将此称为生活风格,并区分了四种生活风格的类型:(1) 支配-统治型。这一类型的人倾向于支配和统治别人,缺乏社会意识,很少顾及别人的利益,他们追求优越的倾向特别强烈,不惜利用或伤害别人以达到自己的目的。他们需要控制别人从而感到自己的强大。在儿童期,他们在地板上打滚、哭闹,希望父母向他屈从。如作为父母,他们又要求孩子服从,说:"因为我说了要这样"。作为教师,他们威胁学生,说:"如果你不这样做,那你就去校长办公室"。这样的人容易发展成虐待者、违法者和药物滥用者等。(2) 索取型。这种类型的人相对被动,很少努力去解决他们自己的问题,依赖别人照顾他们。许多富裕或有钱的父母对他们的孩子采取纵容的态度,尽量满足孩子们的一切要求,以使他们免受"挫折"。在这样的环境下的孩子,很少需要为自己努力做事,也很少意识到他们自己有多大的能力。他们对自己缺乏信心,而希望周围的人能满足他们的要求。(3) 回避型。这样的人缺乏必要的信心解决问题或危机,不想面对生活中的问题,试图通过回避困难从而避免任何可能的失败。他们常常是自我关注的、幻想的,他们在自我幻想的世界里感受到优越。(4) 社会有益型。这样的人能面对生活,与别人合作,为人和社会服务,贡献自己的力量,他们常常生长于良好家庭,家庭成员相互帮助、支持,人与人之间彼此理解和尊重。在这四种生活风格中,前三种是适应不良或错误的,只有第四种才是适当的。

四、社会因素与心理健康

在承认遗传所导致的先天差异的前提下,社会文化的视角更加关注后天生存环境和教养对个体健康成长的影响。从早期个体成长的家庭环境,到学校的正规教育,再到个体赖以生存的社会文化背景,乃至整个自然环境,都与一个人的健康成长相关。

(一) 家庭因素

家庭是人生的第一课堂,父母是孩子的第一任老师。家庭是个体成长中的重要影响因素。家庭对个体的影响具有一定的强制性、导向性和潜移默化性。在家庭环境中,社会经济地位、家庭气氛、父母的期望、父母的榜样作用、教养方式以及家庭中重要的生活事件等,都会对孩子产生不同程度的影响。(1) 社会经济地位。父母的受教育水平和家境经济状况常被作为社会经济地位的重要指标。曾美英等人研究发现,父母亲的受教育程度与大学生的心理健康水平间显著相关,父母亲的受教育水平在初中及以下的大学生心理健康水平相比较而言稍差。另外，李满林、罗海燕的研究表明，家庭经济特别困难的学生心理异常检出率较高。（2）家庭气氛。团结、祥和、温馨的家庭气氛有利于孩子健康成长。家庭和睦团结，孩子才能感到温暖，才能心情舒畅地学习、生活。武慧多研究了家庭环境和心理健康的关系，发现可能存在心理问题的学生与没有心理问题的学生相比，在家庭环境上表现出更多的矛盾性、更少的亲密度和情感表达。张进辅等的研究表明，和谐型家庭气氛下个体情绪更加稳定，而冲突型和离散型家庭气氛下的个体更容易出现情绪不稳定，形成冷漠、敌意、孤僻的性格特点。（3）家庭教养方式。家庭教养方式一般可分为专制型、放任型、溺爱型和民主型四种。很多研究表明，父母不良的教养方式是学生心理不健康的主要原因。刘佰桥等研究表明，父母给予子女情感温暖和理解有利于子女健康心理的形成，父母的过分拒绝和否认容易使子女形成强迫、人际敏感、抑郁、焦虑、敌对等不健康心理。

（二）学校因素

一个人6岁进入小学，12年时间接受基础教育，4年时间接受高等教育，16年的时间是学习的最佳期也是成长的关键期，若算上学前教育阶段和研究生阶段，最长的在校时间已经超过了20年。学校中教师是影响学生心理发展的主导因素，教师的心理健康水平、教育方法、师生关系、教师对待学生的态度和沟通方式等都会影响学生心理的健康成长。教师对学生关爱、尊重、信任、爱护、热情、耐心、宽容的态度有利于学生的心理健康，而忽视、鄙视、责难、冷漠、粗暴、苛求等则可能造成学生的心理问题。此外，学校中的同伴关系、班级的管理、学校的风气、环境等也会对青少年的健康成长产生影响。

学校教师要担当起辅助、催化和导引未成年人正向成长的责任。教师在一个人的心理发展中所起的作用很微妙，既可以无限夸大也可以无限缩小，因为学生所受的心理影响是隐性的、长期的、难以预期的。教师的心理问题是校园的精神污染源，像病菌一样，会在学生中传染、蔓延，给青少年的成长带来阴影。美国全国教育联合会在一份《各级学校的健康问题报告》里专门指出："由于情绪不稳定的教师对于儿童的决定性影响，就不应该让他们留在学校里面。一个有不能自制的脾气、严重的忧郁、极度的偏见、凶恶不容人，讽刺刻毒或习惯性谩骂的教师，其对于儿童心理健康的威胁，犹如肺结核或其他危险传染病对儿童身体健康的威胁一样严重。"而一个有着正向、积极的人生态度，充盈、丰富的精神世界，饱满、蓬勃的生命姿态，并不断成长的教师，本身就是一个鲜活的示范。

（三）社会环境因素

社会环境是一个人生活的大背景，众多的因素交互作用，置身其中的个体或多或少会有意无意地会受到牵连、熏染。社会风气是指社会上某一时期流行的思潮和生活方式。健康的社会风气可激励人们奋发向上，有助于培养良好的品德和团结协作、自立自强的精神，也有助于人们陶冶情操、完善人格、升华心灵。而不健康的社会风气会腐蚀人的灵魂，消磨人的意志，甚至会诱使人们走向犯罪。如社会不正之风会潜移默化影响个体，使他们产生不良的行为；暴力影视节目能激起人们的好奇、模仿等心理反应，导致攻击和犯罪行为的产生；而一些带有色情内容的网站、书刊和影视，则易使青少年的心理受到严重摧残，成为他们走向堕落和产生暴力倾向的诱因。

（四）物理环境与心理健康

我们居住的环境,小到生活的村镇,大到一个国家乃至人类共同生存的地球都会对个体的健康产生由近及远的影响。目前,最值得我们关注的是环境污染对心理健康的影响。空气、水源、噪音等污染持续影响我们的生活,对心理健康会有伤害。例如,长期在噪音的环境下生活,会出现心情暴躁、郁闷、焦虑、抑郁、注意力不集中等心理问题;雾霾容易诱发抑郁症状。在环境污染源中,铅中毒较为常见,其症状类似多动症,情绪烦躁、易冲动,注意力不集中,易疲劳,此外还有个头矮小、智力发育滞后等特征。若母亲长期生活在铅污染的环境中,孩子在胎儿期会吸收母亲血液中沉淀的铅,导致儿童血铅含量超标。日常生活中,我们接触的较多含铅物品包括:色彩鲜艳的餐具、衣饰、玩具、文具、汽车尾气、食品添加剂、化妆品和染发剂用等等。长期生活在铅污染的环境,体内的铅聚集起来,浓度逐渐增高,身心的异常会加剧[①]。

---

① 郑希付,王瑶.健康心理学[M].上海:华东师范大学出版社,2013.

第八章 中学生学习心理与应对策略

引导案例

刘雅(化名),是一位初三女生,父母亲都是公务员,她自幼父母对她的要求都比较严格,也养成了对自己高要求的习惯。由于一直严于律己,学习刻苦努力,所以学习成绩一直名列前茅。进入初中以来,综合成绩排名总在年级前十名,学校和家长也对她寄予了很高的期望。可临近中考的一个多月,开始出现紧张不安心烦意乱,并且经常整夜失眠,学习效率明显下降,考试成绩也逐步下降。老师和家长也给予了很多的关心和安慰,但这种焦虑状况并没有改善,反而愈演愈烈,并且严重影响了她的情绪,以致她经常会哭啼和发脾气,常为一些小事和父母大吵大闹,开始不愿意早起,有意躲避上学,甚至拒绝中考。父母做了大量的教育和说服工作,但收效甚微。当刘雅情绪平静的时候,会对自己的这种状态深深自责,但当情绪失控时,就会变得十分暴躁,甚至出现了自残的行为。父母看到自己心爱的女儿很担心,害怕女儿这样下去,不但中考完了,身心也会受到极大的影响。为此,妈妈带女儿跑遍了市里的几个主要医院,也服用了不少药物,虽然焦虑有所缓解,但情绪仍旧变化不定,对读书依然抗拒。

案例分析

考试焦虑通常是内因和外因共同作用的结果。外因来自于学校、家庭和社会;内因与个体的个性、抱负、早年经历、认知水平和心理承受能力等有关。从心理学的角度分析,导致刘雅考试焦虑的心理原因主要有以下几方面:

① 对自我的期望水平:刘雅周围的人对她的期望水平很高,她也接受这种期望,这样她对自己的要求就很高,所以一旦自己有少许松懈怠慢,她就会紧张、自责、内疚、焦虑,导致学习效率更差,于是更加紧张、自责、内疚、焦虑……如此就陷入恶性循环中了。

② 认知思维的模式:刘雅认为,若考不好,父母和老师都会对她失望,同学们会看不起她,她会觉得自己很无能;而且,若考不上重点高中,就意味着他以后的学习环境不够好,也就意味着他可能考不上重点大学。这种思维模式把考试结果与自我评价、社会评价、自己的前途、命运过于紧密地联系起来,是导致考试焦虑的一个很重要的原因。

③ 早期的创伤经历:在咨询师的帮助下,刘雅回忆在小学低年级时,一次考试成绩没有达到父母的期望,便被父母打骂并被撕毁考卷,然后,她又因无法向老师交代而产生比体罚更为严重的心理创伤。这种痛苦的经历沉淀于内心深处,是无意识中引发考试焦虑的重要因素。

刘雅的焦虑并不仅仅只因考试引起,其中涉及的家庭教育这一因素就需要父母的共同努力,才有可能解决。

本章我们共同探索中学生的学习特点、认知特点、学习常见心理问题及应对策略。

第一节 中学生的学习特点与辅导

中学阶段的主导活动是学习。中学生的学习不同于小学生的学习,也不同于大学生的学习,是一种具有独自特点的学习。中学生的学习是一种狭义的学习,是在学校环境中,在教师的指导下进行学习进而获得知识的过程。学习的效果受教师的教和学生的学两方面的影响。

一、中学生的学习特点

(一) 初中生的学习特点[①]

1. 学习成绩开始较激烈的分化

据调查,重点学校和普通学校初中入学考试前十名学生,一年后,只有一半左右的学生能进入班级的前茅。与此相反,升学考试成绩倒数十名的学生,一年后,重点学校有90%、普通学校有70%的人赶了上去,有的还成为班级里的佼佼者,而其他小部分人还处在落后状态。因此,初中二年级常被教育界定为学习"分化点"。

2. 自学能力的作用日益明显

进入初中以后,学生在学习上的独立性逐步增强,自学能力随年级升高而提高,自学能力强的学生的学习成绩往往更好。学生的自学能力既取决于学习习惯和学习反思能力,又取决于对学习的兴趣、期望和持之以恒的毅力。

3. 学习的自觉性和依赖性、主动性和被动性共存

初中生学习的自觉性和主动性还较差,虽然比小学生已经有了长足的进步,但是其学习的自觉性和主动性经不起引诱和干扰,常常出现波动和不稳定。

4. 智力因素和非智力因素的作用突显

从整体来看,学生学习的状况始终受智力因素与非智力因素的双重作用,但是这两种作用,在不同年龄学生的学习活动中并不是始终均衡的,在不同程度的学习活动中起着不同的作用。

(二) 高中生的学习特点[②]

1. 学习以掌握系统的理性的间接经验知识为主

高中生学习的主要途径是课堂学习,辅以适当的课外活动实践和实验课程。间接经验知识的理解一方面可以帮助学生逐步建立新的学习系统,另一方面还可以培养其综合

[①] 黄煜峰,雷雳.初中心理学[M].杭州:浙江教育出版社,1993:80-83.
[②] 郑和钧等.高中生心理学[M].杭州:浙江教育出版社,1993:第五章.

运用知识、主动探索知识和创造性地解决问题的能力。

2. 学习过程具有完整性

高中生的学习过程包括目的计划、自我质疑、独立思考（思维）、复习巩固、作业解难、系统概括、迁移创造和反馈调控，八个相互联系的环节组成的统一的整体。目的计划是指导，自学质疑是基础，独立思考（思维）是核心和主线，复习巩固是连接各个环节的链条，作业解难、系统概括是关键，迁移创造是目标，反馈调控是完善和反思学习过程的内在机制或向知识结构深层发展的机制。这八个环节的协同表现能力是学习效率的基础，也是高中生学习进一步分化的原因。

3. 内在学习动机占优势，间接动机起主要作用

内在动机占主导性地位，使中学生学习的自觉性和主动性明显发展，学习的稳定性明显增强，这充分反映了非智力因素在高中生的学习中比智力因素更重要。

4. 自学能力进一步发展

郑和钧等人调查发现，学习的全面性、步骤与准备、驾驭教材、阅读能力、做笔记列大纲、听课能力、增进记忆、写读书报告和应考能力等九个方面的"自学能力"是自学能力的统一有机整体。对这九个方面的问卷调查显示，高中生的自学能力随年级升高而提高，高一到高二发展较慢（提高1.8%），高二到高三发展较快（提高3.6%）。但是，高中生自学能力发展不均衡，主要表现在两方面：一是个体差异大，重点学校高中生的自学能力优于普通学校的高中生；二是在自学能力方面，做笔记列大纲的能力发展最差，阅读能力和听课能力发展较差，记忆能力和应试能力发展最快，其余则居中，男女生在不同的自学能力上表现出不同的特点。

5. 考试心理值得关注

考试心理是在考试活动中，主试与被试相互作用所产生的心理活动。郑和钧等人对高中生考试心理，从23个方面做了问卷调查，结果发现：（1）高中生的考试心理在考试中有所发展，但高一到高二发展较慢，到了高三却迅速发展。（2）高中生考试心理发展的整体水平并不高。（3）高中生的考试心理水平发展不平衡，不同类型的学校（尤其是重点学校与普通学校）的学生以及不同学生之间的个体差异较大。（4）高中生的考试焦虑较严重。适度的焦虑可以使高中生努力学习，沉着应试，提高考试效果；但是，较严重或严重的考试焦虑既影响考试效果，也影响考生的心理健康。

二、学习动机

（一）学习动机的概念

学习动机是指激发个体进行学习活动，维持已引起的学习活动，并使行为朝向一定学习目标的一种内在过程或内部心理状态。

根据学习动机产生的诱因来源，可以将学习动机分为内部动机和外部动机。

内部动机是指因学习活动本身的意义和价值所引起的动机，动机的满足在活动之内。内部动机来源于自身的好奇心与求知欲、挑战、自主选择和自我控制。

外部动机是指因学习活动的外部后果而引起的动机，动机的满足在活动之外。外部

动机来源于外部激励,是对学习所带来的结果感兴趣。

(二) 中学生学习动机的特点①

1. 模糊性

模糊性主要表现在以下两方面:第一,学习动机不够明确。这类学生的学习一般是被动的,主要是为了应付家长和老师。第二,无成就感。这类学生大多是混日子的学习态度,学习缺乏主动性,学习态度消极,缺乏学习策略和方法。因此,这类学生的学习成绩较差,自我效能感比较低。

2. 现实性

现实性是当前中学生学习动机的主要特征。大多数学生认为只有学习好才能考上好大学,才能有工作有前途,进而将来能够有所成就,有社会地位,才能实现个人价值。学生从实际出发而产生相应的学习动机,有其积极的因素,要给予肯定和引导。

3. 近景性

近景性主要表现为,学习是为了免受老师和家长的批评指责,为了得到老师的好评及同学朋友的尊重,为了获得学校的奖励。这类学生在学习上有较高的积极性,但这种学习动机是从眼前的利益出发的,缺乏远大的理想和抱负,有待进一步提高。

4. 情感性

情感性主要表现为为了报答父母的养育之恩,为了不辜负老师殷切的期望。这类学生觉得父母或老师为自己付出了很多,如果自己不够努力学习,会对不起他们,决心以实际行动回报他们的爱,学习比较投入。在教学中应注意培养和激发学生学习的积极情感,充分发挥情感性的积极功能。

(三) 中学生学习动机的培养与激发②

学习动机的激发是指在一定教学情境下,利用一定的诱因,使已形成的学习需要由潜在状态变为活动状态,形成学习的积极性。在实际教学中,教师应如何激发学生的学习动机呢?下面分别阐述内部动机和外部动机两大方面的培养与激发。

1. 内部动机的培养与激发

(1) 创设问题情境,实施启发式教学

问题情境是指具有一定难度,需要学生努力克服而又力所能及的学习情境。研究表明,在学习过程中问题情境的难度在50%左右,最有利于激发学习动机。为创设问题情境,教师应熟悉教材内容,掌握教材内容的结构,了解新旧知识之间的内在联系,并且充分了解学生已有的认知结构状态,从而使新的学习内容与学生已有水平构成一个适当的跨度。常用的方法有:

第一,指出与学生已有知识相矛盾的现象。例如,这么一个悲惨的故事,为什么用祝福这个标题呢?

第二,先教给学生一个基本法则,在学生理解之后,再给他们讲出不符合这一法则的事例。例如,英语动词的过去式和名词的复数规则及变形。

---

① 伍新春.中学生心理辅导[M].北京:高等教育出版社,2016:144.
② 伍新春.中学生心理辅导[M].北京:高等教育出版社,2016:145-153.

第三,提出有几种选择答案或多个答案的问题。例如,几何题的一些解题办法。

第四,结合生活中的现象提出问题。例如,有的门,走进时会自动开启,人走过后又会自动关闭。为什么呢?

第五,运用谜语、游戏、故事导入等。例如,麦哲伦的水手们绕地球一周回到西班牙,发现日记本上的日期比当地日期少了一天。这是怎么回事?

第六,注意问题类型的多样性。

(2) 培养学生学习兴趣,激发学生求知需求

学习兴趣不仅使学生渴望获得知识,而且能使学生在学习过程中产生愉快的情绪体验,产生进一步的学习需要。学习兴趣培养时,应注意:

第一,明确阐述学习目标及任务要求,使学生明晰学习目的。

第二,增加学习内容的现实感。与学生的实际生活体验相结合,使学生获得对学习价值的切身体验。

第三,学习材料要具有科学性和趣味性。学习材料的科学性是指材料内容既要正确,要符合客观规律,逻辑结构严谨,还要适合学生已有的知识背景,符合学生的年龄特征和心理发展水平。学习材料的趣味性是指材料内容要生动活泼、富有趣味,与学生的生活经验紧密联系,具有较强的实用性。

第四,在教学中适当保留一些有趣的部分,让学生独立发展,以体验新发现的喜悦。例如,偶尔做些学生预料不到的事情,使学生产生疑惑或惊喜,有利于保持学生对学习活动的兴趣。

第五,采用角色扮演、辩论、沙龙等形式呈现教学内容,可以增强学生的学习兴趣。

第六,采用合理的课堂活动结构,如合作式学习,进而充分调动学生在课堂学习中的主动性。

(3) 进行成就动机训练,培养学生自信心

阿特金森(Atkinson)认为可以通过专门的训练培养学生成就动机。成就动机训练的目的是通过学习高成就动机者的思想,言论与行动方式,增强主动积极的行为,训练步骤如下①:

第一步,实施主题统觉测验(TAT),了解学生的成就动机。麦克兰德(D. C. McClelland)创造了一种投射测验,该测验包括一系列含义模糊的图片,通过想象或幻想,对图片中所描绘的人物和事件构思出一个故事,从而可以揭示人们的成就动机。

第二步,阅读有关资料或观看录像片,识别高成就动机者的思想和行为特征。

第三步,采用集体讨论和个别谈话,帮助学生认识自己的动机倾向,了解高成就动机在学习生活中的重要意义。

第四步,组织学生参加活动,像高成就动机者一样建立与自己实际情况相符的目标,获得成功的体验。鼓励学生对自己提出挑战,选择那些成功概率约为 50% 的任务,尝试新的思想与行为方式。

第五步,在学科教学活动中教师要针对不同层次的学生设计出经过他们努力能够完

---

① 姚本先.学校心理健康教育[M].合肥:安徽大学出版社,2008:167-169.

成的学习任务,同时鼓励学生建立符合自己实际的学习目标,让学生体会成功的经验,进而确立高成就动机。

(4) 适当进行归因训练,促使学生继续努力

学业成功与失败是学生在学习活动中经常遇到的。不同的归因倾向会引起不同的期望与情感体验,由此而产生不同的学习行为。因此,可以对学生进行归因训练,建立积极的归因模式,进而激发学生的内部学习动机。

引导学生将成功归因于努力等可控的内部因素,可使他们体验到成功感和自我效能感,进一步增强其今后承担和完成任务的信心;将失败归因于努力不够,也会使学生相信,足够的努力可以在未来获得成功。同时,应防止学生将失败归因于能力差,任务太难等稳定且不可控因素,因为这种归因方式会严重挫伤学生的学习积极性和自信心,还应防止学生将成功归因于运气等外在因素。

(5) 培养自我效能感,增强学生成功的自信心①

自我效能感是一种主观的心理感受,这种主观感受影响任务选择、努力过程、坚持性以及学习态度等。当学生获得了相应的知识技能后,自我效能感就成为学习行为的决定因素。高自我效能感的学生倾向于选择具有挑战性的任务,且遇到困难时仍能坚持,而低自我效能感的学生则害怕选择具有挑战性的任务,遇到困难时容易放弃、拖延或回避。

自我效能感影响学生的自我评价和自信心,进而影响学习成绩,尤其是那些学业不良的学生,自我效能感往往比较低,对自己的学习能力持怀疑态度,遇到困难容易放弃尝试和努力,学习成绩也就难以提高。可以采取以下措施提高自我效能感:

第一,选择难易适中的任务。每个学生都有自己的专长与潜能,教师要为学业成绩不良的学生创设更多成功的机会,让他们在学习活动中,通过成功地完成学习任务,解决困难来体验和认识自己的能力,以提高他们的学习动机和自信心。

第二,通过观看与自己水平相近学生的成功,获得替代性经验和强化来提高学生的自我效能感,使他们确信自己也有能力完成相应的学习任务,由此产生积极学习的动力。

第三,引导学生坦然面对失败,掌握正确的归因方式,在失败中找到可以改进的因素,进而提高自己的学习技能,增强获得成功的自信。

(6) 维护学生自我价值,警惕自我妨碍策略

自我价值理论指出,学生有保护和表现自我价值的需要,这是个人追求成功的内在动力。随着年龄的增长,学习者越来越倾向于将成功视为能力的展现,而非努力的结果,一旦失败,学习者就可能选择逃避失败来维持自我价值。中学生常见的自我妨碍有:不参加考试、在学业中故意拖延或选择任务特别繁重的课程、标榜学习不重要、努力的人都是傻瓜等。自我妨碍策略会让学生对自己的能力更加怀疑,进而感到绝望、愤怒、焦虑等不良情绪,结果会更糟。

教师应该教给学生一种积极乐观看待能力的态度。首先,让学生意识到能力可以随着知识和经验的增加而增加。其次,让学生知道能力是拥有多个维度,多种形式的。最后,教师应努力发现学生的潜在天赋,这种天赋对学习而言是一种持续的激励。

---

① 伍新春.儿童发展与教育心理学[M].北京:高等教育出版社,2004:211-212.

2. 外部学习动机的激发

(1) 充分利用反馈信息给予恰当的评价

学习反馈是指告知学生关于其学习活动的进展情况及所取得成绩的信息。评价则是指对这种进展及成绩的价值进行判定,并给予相应的反馈(表扬与奖励、批评与惩罚)。

教师在运用反馈时应注意以下几点:第一,反馈要及时。如教师要及时批改和发还学生的作业测试和试卷等。第二,反馈的内容应包括学生对教师课堂提问的回答,课内外作业和各种考试结果等。第三,反馈主要应使学生知道什么是正确的。第四,应随时让学生了解距离自己的学习目标还有多远。第五,对学习成绩不理想的学生,不能单纯看其分数的高低,还应从各个学习环节上发现其可取之处,并给予表扬和鼓励,以增强其自信心和上进心。

教师评价是影响学习动机的最重要外部因素。评价的主要原则是对指向掌握目标(学习目标)的活动(或努力)做肯定评价,而不是进行成绩导向的评价。教师在运用评价时应注意以下几点:

第一,要使学生对评价有正确的态度,尤其是要正确对待考试和考试分数。

第二,教师评价时要尽量客观公正实事求是,以坚持正面表扬为主。多表扬但不要过度,少批评但不能没有,批评中又应带有鼓励;对于学习较差且自卑的学生,可以通过表扬其他方面的特长(如体育、音乐)来带动其学习的积极性,在他即将取得成功时,要及时给予鼓励;要考虑学生受表扬和受批评的历史;表扬和批评应建立在师生间融洽的关系,以及相互尊重的基础上。心理学研究表明,一般对学生评价时表扬鼓励应多于批评指责,这样才能更好地激发学生积极的学习动机。

常用的鼓励性语句:① 表示接纳的语句:"我很高兴看到你认真学习的样子!" ② 表示信心的语句:"这可能很难,但我了解你的能力,我相信你能做得很好。" ③ 注重努力和进步的语句:"虽然你比赛输了,但我知道你已经尽了力。" ④ 强调长处、贡献和感激的语句:"你帮我收拾好了桌子,效率真高。谢谢你!"

批评的"三明治"策略,也叫"汉堡"包原则:第一块面包就是指出优点;中间的牛肉指的是做得不对的地方,需要改进的地方;下面一块面包是一种鼓励、认可、对动机的激发。批评要因人而异。

第三,评价时应考虑学生的年龄特征、心理发展水平和个人差异。如对中学生通过集体舆论来进行表扬和批评,效果更好。对自信心差的学生,应多鼓励与表扬,对过于自信的学生则应提出更多的要求,在表扬的同时还应指出其不足之处。

(2) 科学使用奖赏和惩罚

奖赏和惩罚是激发学生外部动机的主要方法。科学有效地使用奖惩应注意以下几点:第一,奖惩应明确、具体、公正、适度、多样。第二,要以精神奖惩为主,物质奖惩为辅。第三,奖惩要与学生实际付出的努力相一致。第四,奖励宜当众进行,惩罚最好私下进行。第五,奖惩方式要适合学生的年龄特征,因人而异。

尽管惩罚对学习有一定的促进作用,但是教师在运用惩罚时要坚持对事不对人的原则,执行惩罚时既要公平一致,又要灵活有差异,在使用时必须注意以下几点:第一,偶尔使用惩罚。第二,使学生明白为什么会受到惩罚。第三,给学生提供一个可选的方法,以获得某种积极的强化。第四,强化学生与问题行为相反的行为,即当实施惩罚后,如发现学生有积极的表现,应停止惩罚。第五,避免使用体罚。第六,避免在教师非常愤怒或情绪不好时使用惩罚。第七,在某个行为开始而不是结束时使用惩罚。

(3) 正确认识和妥善处理竞争

一般来说,在竞争中学生的好胜心和成就动机更强,学习兴趣和意志力会提升。因此,多数人在竞赛下学习和工作的效率会大大提高,但是过多的竞赛不仅会失去激励作用,还会造成紧张气氛,加重学生负担,有损学生身心健康,甚至会带来人际关系紧张,尤其对学习差的学生不利。适度运用竞赛应注意以下几点:第一,按能力分组竞赛,这样多数学生都有获胜的机会;第二,按项目分组竞赛,使不同智力不同兴趣不同特长的学生都有施展自己才能的机会;第三,鼓励学生自己和自己竞争,争取这次成绩比上次好,今年成绩比去年好。

(4) 设法促进外部动机的内化

研究发现,利用外在条件来激发学习动机往往具有很大的局限性:外在惩罚设置可能抑制和削弱学生的内部学习动机。因此,促进学生外部学习动机的内化和整合也很有必要。自我决定理论指出,教师应该创设能够充分满足学生自主需求、胜任需求和归属需求的学习环境,帮助学生培养自我决定的学习动机。例如,教师可以通过增加课堂中的弹性空间、强调任务的意义和价值、承认并接纳学生学习中的消极情绪等方式,帮助学生更好地接纳那些暂时无法引起他们兴趣的学习任务。研究者建议教师减少在笔记和课本等教学材料上停留的时间,给学生提供更多自主学习的机会,鼓励学生自发提问,鼓励学生自主表达学习中的情绪,尤其是那些可能妨碍学习兴趣的负面情绪,尽量避免命令、批评,避免强行打断学生的自发探索。例如,在面对枯燥的学习任务时,教师提供更多的关于"为什么学习它"的信息,可以帮助学生理解学习的价值;同时对学生体验到的厌烦、受挫等消极情绪表示理解和接纳,学生也能表现出更持久有效的学习动机。

三、学习策略

(一) 学习策略的概念和种类

学习策略是指学习者为了提高学习的效果和效率,在学习活动中有目的有意识地使用有关的学习方式,包括有效学习的程序、规则、方法、技巧和调控方式。它既包括具体的学习方法,也包括对自己的学习活动进行调节与控制的技能。

迈克卡等(Mckeachie et al., 1990)将学习策略分为:认知策略、元认知策略和资源管理策略。

1. 认知策略

认知策略是指加工信息的一些技术和方法,这些技术和方法能较为有效地从记忆中提取信息。一般来讲,认知策略可以分为复述策略、精加工策略和组织策略。

复述策略是在识记过程中为了保持信息而对其进行重复的过程。复述策略是对具体复述方法的选择、运用和调整。具体的复述策略有:及时复习;过度学习;集中复习和分散复习相结合;防止前摄抑制和倒摄抑制;注意首因效应和近因效应;注意情境相似性和情绪生理状态相似性的影响;注意心向、态度和兴趣的影响等。

精加工策略是指把新信息与头脑中旧信息联系起来从而增加新信息意义的深层加工策略。主要的形式有以下几种:形象联想法、首字连词法、位置记忆法、勾圈画点法、摘录提要法等。

组织策略是指学习者按照材料的特征和类别进行整理、归类和编码,其方法是将学习材料分成一些小的单元,并把这些小的单元归置于适当的类别中。组织策略和精细加工策略一样,都属于加工的范畴,但组织策略的关键是构建或突出新知识之间的内在联系,使信息易于编码,而精细加工策略则是使新知识与已有知识取得联系,增进对新知识的理解。

2. 元认知策略

元认知是对认知的认知,即个体对认知活动的自我意识与调节,主要包括元认知知识、元认知体验和元认知监控。元认知知识是关于认知个体、认知任务和认知策略的知识。元认知体验是伴随认知活动而产生的情绪情感体验。元认知监控是对认知活动的计划、监视与调节。

元认知策略是解决认知策略为何用、何时用、何处用、如何用等问题,它主要包括计划策略、监控策略和调节策略。

计划策略包括设置学习目标、浏览阅读材料、产生待回答的问题以及分析如何完成学习任务。制定学习计划是有步骤地提高学习成绩和学习效果的前提。

监控策略包括听课和阅读时对注意对象加以跟踪、对所学的内容自我提问、考试时对自己的答题速度和时间进行监控。最常见的监控策略有集中注意、注意监控和领会监控。

调节策略是指学习者在学习过程中对自己的学习行为进行自我矫正时所采用的策略。调节策略与监控策略有关,例如,考试时,发现题目不会做,有经验的学生会跳过难题,先把简单的题目做完,再想办法攻克难题,而不是把时间都耗在不太会的题目上。

3. 资源管理策略

资源管理策略是帮助学生有效地管理和利用好学习资源,以提高学习效率和质量。学习资源主要包括学习时间、学习环境、努力程度和他人帮助等。

(二)学习策略的培养

1. 认知策略的培养[①②]

(1)复述策略的培养

及时复习。遗忘进程不是均衡的,而是先快后慢(艾宾浩斯遗忘曲线)。复习的时间间隔应设定为:第一次:学习一小时后;第二次:晚上睡觉前;第三次:第二天醒来后;第四次:一周后;第五次:一个月后。例如,卡片袋复习法。自制小卡片,每天把当天要复习的知识点抄在卡片上,然后用七个纸袋或信封,每袋内放置一周中某一天要复习的卡片。如某张卡片星期一复习后,就可以放入星期二的袋子中,星期二复习后又放入星期五的袋子中,有规律地分配复习。每复习一次,就在卡片右下角打个钩,钩越多,复习的间隔时间越

[①] 伍新春.中学生心理辅导[M].北京:高等教育出版社,2016:154-156.
[②] 刘电芝.学习策略研究[M].北京:人民教育出版社,2001.

长。一般有了四个钩就可以收起来了,等到一章结束或考试再复习一遍。

尝试回忆。心理学家实验发现,高效的记忆需要20%的时间用于读,80%的时间用于尝试回忆。因此,读和背诵结合,边读边背,提高复述的针对性,克服前摄抑制和倒摄抑制。

过度学习。150%的过度学习,提高的幅度最大。可以采用随时随地过度学习法。第一招:卡片法。将需要记忆的东西写成卡片,挂在床头、书桌、书架、教室展板等地方。第二招:纸条法。将需要识记的东西写在纸条上,装在口袋、包包中,在排队、等车、等电梯的时候看一看。第三招:随身听法。将需要识记的知识,存储或录制在手机等播放器中,在走路、等待时听一听。(自己录制,记忆效果更好!)

（2）精加工策略的培养

视觉联想法:大脑记忆形象信息的效果大大优于记忆抽象信息,形象记忆主要在右脑。右脑潜能巨大,要充分发挥右脑的功能,设法把抽象的材料转化为具体生动的形象。视觉联想越奇特效果越好。抽象词转化为形象词的四种方法:谐音、增减字、倒字和望文生义。动态化,动态的事物比静态的事物更容易被记住。在进行视觉联想时,尽量让物体动起来。例如,要记住"大山、汽车、桌子"三个词:大山开着汽车送桌子。夸张化:把某事物夸大或缩小,使得视觉联想更奇特。唐宋八大家:(寒柳下三叔修石拱桥)韩愈、柳宗元、苏轼、苏辙、苏洵、王安石、曾巩、欧阳修。

首字连词法:将学习材料中每一个词的第一个字(或首字母)连接起来构成有意义的词、词组或句子。如NBA(National Basketball Association)美国男子职业篮球联赛。

位置记忆法:学习者在头脑中创建一幅熟悉的场景(如卧室),在这个场景中确定一条明确的路线,在这条路线上确定一些特定的点,然后将所要记的项目全部视觉化,并按顺序把这条线上的各个点联系起来。回忆时,按这条路线上的各个点提取所记的项目。例如,人体器官(从上往下):头发、眼睛、耳朵、嘴巴、脖子、肩膀、前胸、肚子、大腿、膝盖、小腿、脚。如记12星座和12生肖。

配对联想法:根据两个事物之间的各种关系而建立起来的联想,可以从一个事物想到另一个事物。包括相近联想、对比联想、因果联想等。例如,形近字比较:烧、浇、绕、挠、侥、饶、晓、娆,用火烧,用水浇,用丝绕,用手挠,靠人是侥幸,食足才富饶,日出为拂晓,女子更妖娆。

勾圈画点:通过勾圈画点其中的重要部分,突出重要的信息,忽略次要的信息和无关信息,不仅有助于对信息的加工,提高记忆效果,而且在以后的巩固性复习中,也能很快地找到复习要点,节省复习的时间。

摘录提要:对于本身意义性强的信息材料,通过摘录要点、归纳,能促进对信息的加工,提高记忆效果。

笔记概述:对于本身意义性强的信息材料,通过笔记形式,区别主次概括整理,有助于促进更深层次的信息加工,提高记忆效果。

（3）组织策略的培养

列提纲对记忆材料进行分析概括,提炼要点,列出提纲。提纲反映了材料的逻辑关系和内容结构。有条文式提纲、表格式提纲、图示法提纲。

例如，扁鹊见蔡桓公：

时间	见	扁鹊	蔡桓公
	一见	病在腠理	"寡人无疾""医之好治不病以为功"
居十日	二见	病在肌肤	不应,不悦
居十日	三见	病在肠胃	又不应,又不悦
居十日	四见	病在脊髓	故使人问之

举例：秦巩固统一的措施（政治上、经济上、思想上、军事上）。

归类法：对记忆材料进行归纳、分类、整理，使其条理清楚，提高记忆效果。例如，你会如何记下列词语？春意盎然、冰天雪地、秋高气爽、春暖花开、烈日炎炎、金风送爽、白雪皑皑、层林尽染、骄阳似火、鹅毛大雪。

图示法是运用图示或连线、箭头等手段表示知识之间内在联系的方法。包括概念图、示意图、层级图、流程图。复杂的信息一旦被整理成一个有规律性的层次结构，就容易理解和记忆了。

2. 元认知策略的培养①

第一，每天记学习日记。学习日记的内容可包括每日学习的主要和重要内容，列出各知识点及各知识点间的关系、列出经自己反复思考仍不理解的问题以及一些容易混淆的概念列表等。记学习日记可以促进学生反思自己的学习过程、学会学习、主动控制自己的学习。

第二，增强学生对他人及自己认识过程的意识。教师可将自己对某些问题的思维过程展现给学生，也可促使学生注意某些同学对思维过程的认知，还可向全体学生呈现一个新的学习任务，让学生评价面对新的任务时，阐述解决问题的一系列步骤与方法，并进行相互评价。

第三，指导学生进行自我质疑。自我质疑能使学生逐步形成自我控制、自我检查的能力。如要求学生经常自我提问："我把握好了新学习的内容重点和难点吗？""我知道每天都在做些什么吗？""我解题方法对吗？有没有更好的解题方法？"

第四，指导学生监控评估自己的理解能力。要求学生在开始作业前认清作业的要求，并要求学生在阅读和解决问题的过程中，经常给自己提一些问题，如"这一点我理解的对吗？""这里的叙述与前面的叙述有矛盾吗？""这句话除了字面上的意思外，还有什么深层次的含义呢？"教师可用列表的形式提供对某一问题理解程度的判别标准，从而使学生能对照、检查自己的理解能力。

第五，向学生提供练习与反馈的机会。例如，让学生在实践中运用他们已学过的知识解释生活中采用相关知识制造的产品，让学生相互讲述对有关知识的理解情况等。

第六，要求学生意识到与学习效果有关的四个要素。这四个要素是：所学材料的性质特点，学习者当前的知识与技能水平，学习者当前的心理状态和检验学习效果的标准与形式。

---

① 杜晓新.元认知与学习策略[M].北京:人民教育出版社,1999:19-21.

第七,指导学生依次采用等一等、想一想、找一找、看一看和做一做进行反思。

3. 资源管理策略的培养

(1) 时间管理策略的培养

大量研究发现,学习成绩好的学生,因为善于统筹规划和安排,所以他们的时间管理能力通常也很高;而那些学习成绩差的学生,时间管理能力就比较低。因此,教师应帮助学生提高学习管理能力,有效合理地分配学习时间。

(2) 努力管理策略的培养

动机控制:在学习的过程中,学习者需要处理好动机的关系,尤其是要优先考虑和学习有关的动机,尽量避免其他事情的干扰,防止其他无关事情的动机占据优势。

自我管理:在进行自我管理时,首先要在学习之前定好学习目标,安排好学习任务和制定相应的奖惩办法;然后在规定的时间内进行学习,并记录任务的完成情况;学习结束后,按照既定的标准进行评价,给予相应的奖励或惩罚。

环境管理:学习者通过选择或者改变周围环境来促进自己的学习。例如,在学习时尽量避免接触电视、手机之类的娱乐设施;选择安静简单的空间,如教室、图书馆,这样可以帮助学习者集中注意力;还可以和成绩好的、效率高的同学一起学习,在不互相干扰的前提下,互相监督和促进。

(3) 学业求助策略的培养

学业求助主要指发生于学校情境中,以口头发问为主要表现形式,以老师或同学为求助对象的行为。工具性求助指学习者借助他人的力量以达到自己解决问题或实现目标的目的。执行性求助指学习者面对本应自己解决的问题时却请求别人替他完成。回避求助指学生虽然需要帮助却不主动求助。

要有意识地培养学生合理的求助策略,要努力为学生创造一个积极、轻松、愉快、自信的学习氛围,要帮助学生树立积极合理的学习目标。

四、学习迁移

(一) 学习迁移的概念

学习迁移是指一种学习对另一种学习的影响,或习得的经验对完成其他活动的影响。迁移广泛存在于各种知识、技能与社会规范的学习中。

广义的学习迁移策略是指利用已有的知识经验不断地获得新知识和技能的过程。如"举一反三""触类旁通"。狭义的学习迁移特指前一种学习对后一种学习的影响或者后一种学习对前一种学习的影响。

(二) 学习迁移的分类

1. 正负零迁移

正迁移是一种学习对另一种学习起到积极的促进。例如,学习数学有利于学习物理,学习珠算有利于学习心算,会弹钢琴的人学弹吉比较容易,阅读技能的掌握有助于写作技能的形成等。

负迁移是两种学习之间互相干扰、阻碍。例如,汉语拼音的学习干扰英语音标的学习,打篮球的人踢足球时容易出现手球动作,习惯死记硬背一些事实的同学在定向测试中表现不佳。

零迁移是两种学习间不存在直接的互相影响。

2. 纵向迁移与横向迁移

纵向迁移是先前学习内容与后续学习内容在不同水平的学习活动之间的迁移。例如,小学生必须要掌握加法运算,才能学习乘法运算,因为乘法运算是加法运算的延伸;数学中由数字运算到字母运算的转化——(自下而上)归纳;一般平行四边形有关内容的掌握影响菱形的学习——(自上而下)演绎。

横向迁移是处于同一抽象和概括水平的经验之间相互影响。例如,化学中锂、钠、钾等金属元素是并列的,处于同一抽象和概括水平;通过加减乘的学习后,获得的一些运算技能会促进除法的学习。

3. 自迁移、近迁移与远迁移

自迁移是个体所学的经验影响着相同情境中的任务操作。

近迁移是把所学的经验迁移到与原初学习情境相似的情境中。例如学生在考试中解某道题时,如果以前进行过相关的题型训练,那么即使这道题变换了数字和结构,解答起来依然很顺手。

远迁移是把所学的经验迁移到与原初学习情境极不相似的情境中。例如,学习文科的有些方法运用到解答数学题,课堂知识运用到社会实践。

4. 顺向迁移与逆向迁移

顺向迁移是先前的学习对后来学习的影响。例如,温故知新,举一反三,前摄抑制。

逆向迁移是后来的学习对先前学习的影响。例如,学习了微生物后,对先前学习的动物、植物的概念理解会发生变化,倒摄抑制,循序渐进。

5. 一般迁移与特殊迁移

一般迁移是把习得的一般原理、方法、策略或态度迁移到另一种学习中去。例如,获得基本的运算技能、阅读技能以后,运用到各种具体的学科学习中;数学上认真审题的态度和方法会影响到化学、物理等学科的审题。

特殊迁移是一种学习中的具体特殊性经验直接运用到另一种学习中。例如,英语中学习"eye"和"ball"之后学习"eyeball"时更容易;小朋友学习"日"和"月"之后学习"明"更容易。

6. 低通路迁移和高通路迁移

低通路迁移是反复练习的技能自动化地迁移。例如,开过自家车的人可以轻松地开从朋友那儿借来的车。

高通路迁移是有意识地将习得的抽象知识运用到新的情境中。例如,学习教育学时想到这些原理将会在之后的教育教学实践中应用;学习物理时,考虑在代数中学过的数学原理在物理学中的应用;学生在一种学习情境中抽取出了一种规则、原理、范例、图式,应用于新的情境中。

7. 根据迁移过程中所需要的内在心理机制不同

同化性迁移指直接将原有的认知经验应用到本质特征相同的一类事物中去。例如,举一反三,闻一知十,例题。

顺应性迁移是将原有认知经验运用于新情境中时,需要调整原有的经验或对新经验加以概括,形成一种能包容新旧经验的更高一层的认知结构,以适应外界变化。例如,原认为空气没有质量,经过科学演示之后发现自己错了;新的科学概念的建立过程也是一种顺应迁移;小学时认为1-100没有答案,学了负数之后发现可以有答案。

重组性迁移是重新组合原有认知结构中某些构成要素或成分,调整各成分间的关系或建立新的关系,从而应用于新情境。例如,将已经掌握的字母进行重新组合,形成新的单词;网络+战争+游戏=网络战争游戏;学习一种舞蹈时,我们往往从分解动作开始学起。

(三) 学习迁移的影响因素及培养

1. 学习材料的共同因素

学习迁移的效果在一定程度上取决于学习材料之间的共同因素。由于材料之间存在着共同的因素,就会产生相同的反应,因而在学习中就会产生不同程度的迁移。例如,毛笔字写得好会对写好钢笔字产生迁移。桑代克(Thorndike)认为,相同的因素是指相同的联结,其含义很广,包括目的、方法、普遍原则和经验上的基本事实四个方面。

既然是两种学习材料,它们之间除了具有共同因素之外,必然会有不同的因素。因此,两种材料的学习可能产生正迁移,也可能同时产生负迁移。为了促进学习迁移,防止干扰,在教学中教师应引导学生正确认识学习材料之间的共同因素,并通过比较认识它们之间的区别。

2. 对学习材料的概括水平

概括是迁移的基础。苏联著名心理学家鲁宾斯坦(Rubinstein)认为,在解决问题时,为了实现迁移,必须把新旧课题联系起来并包括在统一的分析综合活动中。两种学习材料之间的共同因素固然是产生迁移的必要条件,但不是充分条件。通过概括,把握一般原理,掌握事物的本质和规律,人就能以不变应万变,产生广泛的迁移。在学校中应加强基本概念和原理的教学,道理就在于此。

3. 教材的组织结构和学生的认知结构

杰罗姆·布鲁纳(Jerome Seymour Bruner)认为,基本结构的概念包括学科的基本知识结构和学习态度、学习方法两方面。掌握学科的基本结构不仅便于学生对教学内容的理解和记忆,而且有利于学习迁移。他主张要给学生提供好的教材结构,它可以简化知识,给学生提供便于获得知识的途径,有利于迁移。他强调组织好的教材结构应注意:① 要注意教材呈现的顺序从一般到个别的不断分化,这样的教材既便于教师的教,也便于学生的学;② 教材的知识结构要从已知到未知逐步系统化。

戴维·保罗·奥苏贝尔(David Pawl Ausubel)接受了布鲁纳的这些思想,更深入地研究了学生的认知结构对学习迁移的影响。他认为,在有意义学习中,认知结构始终是一个关键的因素,现有的学习受原有认知结构的影响,原有的认知结构由于接收新信息而得到改造,这种改造后的认知结构又会影响后继的学习。奥苏贝尔从认知结构的观点看待学习迁移,他对先前学习及其后继学习的影响作了新的解释——认为学习不是经验的一组刺激与反应的联结,而是按照一定层次组织起来的,适合当前学习任务的知识体系。在有意义的学习中,先前的学习并不直接对后继学习产生影响,而是通过原有认知结构间接地影响新的学习或迁移,学习迁移的效果主要不是指运用一般原理于特殊事例的能力,而是指提高了相关类属学习、概括学习和并列结合学习的能力。

4. 学习的指导

学习的指导包括对学生的学习目的、学习态度、学习内容和学习方法的指导,其中学习态度和学习方法的指导,对迁移有重要影响。学习态度是一种比较稳定的心理反应倾向,帮助学生形成良好的学习态度是一项复杂的、长期的工作。学习方法是达到学习目的的手段,是制约学习效果的重要因素之一,学习方法的实质是在头脑中形成的一种认知或解决问题的策略。学生会学习、会解决问题,实际上这也是一种能力,有了这种能力就会明显地促进正迁移。

学生的学习态度、兴趣、技能等可以通过活动,产生迁移而加以培养。教育实践证明,在活动中,由教师预先提供正确答案的指导方式,不如在教师的指导下通过学生自己发现问题、解决问题的学习效果好。因为指导学生自己发现和解决问题,能增加迁移的效能。学习指导可随学生年龄的增大和问题的难易而有所不同。此外,学生在学习新知识或解决新课题时,为了防止学生已形成的学习方法或思维习惯的消极影响,教师也应及时给予适当的指导,以促进学生的正迁移,防止干扰。

5. 定势作用

定势又叫心向,它是由先前的心理活动所形成的一种准备状态,它决定着同类后继心理活动的趋势。人的心理活动的倾向性是由预先的准备状态所决定的。在学习过程中,定势可能促进学习迁移,也可能干扰学习,产生负迁移。因为人的认知策略和解题方法都有一个适用范围,超出一定适用范围,任何一种策略和方法都将是无效的。卢钦斯(Luchins)认为,为了排除定势的消极影响,可采取两种办法:第一,请固守一种方法处理问题的人说出为什么要这样做,然后让他来考虑是否有其他的方法可用;第二,如果尝试无结果,可稍停一会儿。这样可能打破某些特殊的定势,从而提出新观点或找到解决问题的新途径和新方法。

第二节 中学生的认知特点与学习

一个人从出生到16~17岁是认知能力随年龄增长而不断提高的阶段,从16~17岁到40岁,是认知能力发展的高峰期。中学生的认知发展正处在上升和逐渐成熟的阶段,他们对事物的理解达到了更抽象更客观的层次,与此相应,中学生无论在学习活动的性质上,还是在学习内容上,都有别于小学时期。

一、中学生的注意特点与学习

(一)注意的内涵

注意是指心理活动对一定事物的指向性和集中性。指向性是指认知活动总是选择一个或几个事物为当前的认知对象,而排除其他事物;而集中性是指认知活动在进行过程中处于一定的紧张度和强度,从而保证这一活动的顺利完成。

1. 无意注意、有意注意和有意后注意

无意注意也叫不随意注意,是指预先没有目的,也不需要意志努力的注意。生活中我们经常会有无意注意出现,一些有特异性的刺激、强烈的刺激、运动的刺激以及个体感兴趣的刺激、有期待的刺激、需要的刺激等,都会引起人们的无意注意。

有意注意也叫随意注意,是指有预定目标的需要一定意志努力参与的注意。个体的学习和工作更多地依赖这种注意来完成,它是一种积极主动的注意形式,是通过内部言语的形式实现对行为的调节和控制的。

有意后注意是在有意注意的基础上发展起来的,也叫随意后注意,是指有一定目的但不需要意志努力的注意。有意后注意既服从于当前活动的目的和任务,又能节约意志的努力,是教师对学生学习能力培养的一个重要目标。

2. 选择性注意、持续性注意和分配性注意

选择性注意是指个体在同时呈现的两种或两种以上的刺激中选择一种进行注意,而忽略另外的刺激。

持续性注意是指注意在一定时间内保持在某个客体或活动上。如学生在45分钟的上课时间内,使自己的注意保持在教学活动有关的活动上;游戏爱好者在玩游戏时全身心投入在紧张的游戏任务中。

分配性注意是指个体在同一时间对两种或两种以上的刺激进行注意,或将注意分配到不同的活动中。如学生在课堂上一边听讲,一边记笔记;汽车司机在驾驶汽车时,手扶方向盘脚踩油门,眼睛还要注意路标和行人等。

心理测试

怎样知道自己注意力的好坏?[①]

仔细阅读下面的问题,认为符合自己情况的,在括号里画"√",不符合的画"×"

(1) 听别人说话时,常常心不在焉。( )
(2) 学习时往往急于想干另外一项工作。( )
(3) 一有担心的事,便终日萦绕在心。( )
(4) 学习时常常想起毫无关联的其他事情。( )
(5) 学习时,总觉得时间过得太慢。( )
(6) 被别人指责时的情景始终不会忘记。( )
(7) 有时忙这忙那,什么都想干地度过一天。( )
(8) 想干的事情很多,却不能专心干一件事情。( )
(9) 听课时常哈欠不断。( )
(10) 说话时有时会毫无意识地说出其他事情。( )
(11) 在等人时,感到时间长得难熬。( )
(12) 对刚看完的笔记,会重新阅读好几遍。( )

---

① 孙国权,孙崇勇,赵晓光.心理学[M].长春:吉林大学出版社,2009:160.

(13) 读书不能坚持两个小时以上。( )

(14) 一件事做得时间太长后,就会急躁,希望早点结束。( )

(15) 学习时,对周围人说的话听得很清楚。( )

注:把画"×"的问题相加得分,每个"×"为1分。0~3分者为注意力差;4~7分者为注意力稍差;8~11分者为注意力一般;12~13分者为注意力好;14~15分者为注意力很好。

(二) 中学生的注意特点与学习

初中学生有意注意有了进一步发展。注意比较稳定和集中。在注意的分配和转换品质上,初中学生都有一定的发展。他们可以边听老师讲课边记笔记。绝大多数学生具有一定的注意分配的能力。

高中学生注意的集中性和稳定性有了很好的发展。注意的范围一般达到了成人水平。注意的分配品质发展较好,也可以根据任务要求转移自己的注意。对于自己不感兴趣,但又必须记住的材料,他们也能很好地集中自己的注意。

中学生注意发展的整体趋势及学习辅导主要从下面这几方面阐述。[①]

1. 中学生注意稳定性的特点与学习

一些中学生学习成绩不好,往往和注意力不能集中,在学习中分散注意力有直接的关系。从初一到初二年级是学生的注意稳定性迅速发展的时期。教师能在初一到初二学生中进行注意稳定性的教育和培养,这对初中阶段学生有重要的影响。作为教育工作者,应从中找出规律,有针对性地做好工作。

2. 中学生注意广度的特点与学习

研究表明,学生的注意广度同知觉对象的特点有关。注意对象越集中,组成越有规律,越能成为相互联系的整体,那么注意广度就越大;反之,注意广度就越小。所以在教学中要利用以上规律改善教材的呈现方式和知识在课堂上的呈现方式,有利于学生学习水平的提高。

3. 中学生注意分配的特点与学习

研究表明,人的注意分配能力发生较早,但发展缓慢。在中学阶段的各个年级基本处于相同水平上。所以在学习中,教师一贯强调,学生要"专心致志""一心一意",就是为了避免学生在注意分配的过程中出现资源损耗。总之,"一心不能两用"是基本的规律,要想做到"一心两用",必须经过严格的训练,使不同动作之间形成一定的反应系统,使注意需要维持的水平调节到最佳状态,这样才能使注意进行合理的分配。

4. 中学生注意转移的特点与学习

注意的转移是指个体根据任务要求,主动把注意从一个对象转移到另一个对象上;或根据新任务的需要,主动地变换注意的中心,使之符合活动任务的要求。例如,一些初中低年级学生,在课间玩得过于兴奋,重新上课时,心思还在课间的游戏上。教师在讲授新课前,可以利用一至二分钟的时间,将学生的注意力转移到教学内容上来,以便确保每个学生的听课质量。

[①] 姜淑梅等.中学生心理辅导[M].北京:清华大学出版社,2019:107-108.

二、中学生的感知特点与学习

(一) 感知的内涵

感知觉包括感觉和知觉。感觉是指人脑直接作用于感官器官的刺激物的个别属性的反映;知觉是指人脑对直接作用于感官的事物的各个部分和属性的整体的反映,是对感官信息的整合和解释。感知觉是人与世界相互作用的最基本的方式和最原始的条件,是整个认识过程的开端。人们通过感知建立起关于客观事物的最初印象,这些印象又可以进一步加工为头脑中的记忆痕迹,再成为人们驰骋想象的素材,成为抽象思维和解决问题的前提条件。

(二) 中学生感知的特点

1. 初中生感知觉的发展

在知觉方面,首先,知觉的有意性和目的性有了较大提高,能自觉地根据教学要求去知觉有关事物。其次,知觉的精确性、概括性更加发展,出现了逻辑性知觉。在空间知觉上,带有更大的抽象性。比较熟练地掌握三维的空间关系。在时间知觉上,可以更精确地理解较短的单位,如,月、周、时、分等,而对"世纪""年代"这样的历史时间单位,虽然也可以开始理解,但常常不太精确。

在观察力发展上,初中生观察的目的性、持久性、精确性和概括性都比小学生有了显著的发展。初中二年级是观察力概括性发展的一个转折点。在观察中,他们观察细节的感受力、辨别事物差异的准确率、理解事物的抽象程序均在不断地发展。

2. 高中生感知觉的发展

高中学生知觉和观察的水平不断提高,更富有目的性和系统性。高中学生在知觉和观察事物时比以前更全面、更深刻了。他们能发现事物的一些主要细节和事物的本质方面,稳定性、持久性都比初中生有了很大的提高,但并非发展得尽善尽美。在观察时,有时观察的程序不恰当,观察还不够精确,容易过早过快地下结论。

(三) 中学生感知的规律与学习

人的感知是有规律的,感知规律在教学中无处不在,在教学中,教师要善于遵循学生的感知规律,进而提高学生的感知效率和学习效率。具体规律有如下几种。①

1. 强度律

强度高的刺激更容易被感知。例如,人们对雷雨闪电比较容易感知,但对蚂蚁之类的不会发声的昆虫则感知强度很低。因此,在教学和实践中,要适当地提高感知对象的强度,并要注意那些强度很弱的对象。

2. 差异律

差异律是针对感知对象与它的背景的差异而言的。对象与背景的差异越大,对象就越容易被清晰感知;但是,对象与背景的差别越小,对象就不容易被感知。例如万绿丛中一点红、鹤立鸡群就属于这类情形。在教学实践中,对于重点知识一定要重点突出。

---

① 姜淑梅等.中学生心理辅导[M].北京:清华大学出版社,2019:110-111.

3. 对比律

两个显著不同或相对立的事物就容易被清楚地感知。因此,在教学中,要善于用对比的方法,把具有对比意义的材料放在一起,甚至还可以制造对比环境来提高学生的观察力。

4. 活动律

活动的物体比静止的物体容易感知。魔术师用一只手做明显的动作吸引观众的注意力,而另一只手却在耍手段以达到他的目的。所以,在教学中要善于利用活动规律达到提高学生观察的目的。

5. 组合律

心理学研究表明,凡是空间上接近、时间上连续、形式上相同、颜色上一致的观察对象,容易形成整体,并被清晰地感知到。因此,在实际观察中,要把零散的材料或事物,按空间接近、时间连续、形式相同或颜色一致的形式组合起来进行观察,从而找到各自的特点。例如,在一堆杂乱物件中选大小相差不远、颜色相近的若干件排列起来比较,就可看出彼此的差异。

6. 协同律

协同律是指在观察过程中,有效地发动各种感知器官,分工合作,协同活动,这样可以提高观察的效果。学习要做到"五到",即眼到、耳到、口到、手到和心到,目的是要通过多种感知的渠道,提高观察力。

7. 关注律

关注律指养成持久的观察习惯。贝佛里奇说:"培养那种以积极的探究态度关注事物的习惯,有助于观察力的发展。在研究工作中养成良好的观察习惯,比拥有大量的学术知识更重要,这种说法并不过分。"观察力就是在"锲而不舍"的过程中得到锻炼和提高。牛顿通过苹果落地,提出万有引力就是长期关注的结果。

三、中学生的记忆特点与学习

(一) 记忆的内涵

记忆是在头脑中积累和保存个体经验的心理过程,即人脑对外界输入的信息进行编码、存储和提取的过程。人们感知过的事情、思考过的问题、体验过的情感或从事过的活动,都会在人们头脑中留下不同程度的印象,其中有一部分作为经验,能保留相当长的时间,在一定条件下还能恢复,这就是记忆。离开了记忆,学生就什么也学不会,所以了解记忆的规律,有助于提高学生的学习效率和学习水平。记忆可以从不同的角度进行分类:[1]

1. 情景记忆和语义记忆

情景记忆是指根据时空关系对某个事件的记忆。这种记忆与个人的亲身经历分不开,如想起自己曾经去过的地方。由于情景记忆受一定时间和空间的限制,信息的存储容易受到各种因素的干扰,所以,情景记忆不够稳定,也不够确定。

---

[1] 彭聃龄.普通心理学[M].北京:北京师范大学出版社,2019:2015-217.

语义记忆是指人对一般知识和规律的记忆,与特殊的时间和地点无关。例如,对符号、单词、概念、定律、公式和规则等的记忆。语义记忆受一般规则、知识、概念和词的制约,较少受到外界因素的干扰,因而比较稳固。

2. 内隐记忆和外显记忆

内隐记忆是指个体在无法意识的情况下,过去经验对当前作业产生的无意识的影响,有时又叫自动的无意识记忆。例如,广告中的纯接触效应、人际交往中的印象形成等。

外显记忆是指在意识控制下,过去经验对当前作业产生的有意识的影响,他对行为的影响是个体能意识到的,因此又叫作受意识控制的记忆。例如,学生期末考试时测得的记忆就是外显记忆。

3. 感觉记忆、短时记忆和长时记忆

感觉记忆也叫感觉登记,是指当客观刺激停止作用后,感觉信息在一个极短的时间内保存下来。它是记忆系统的开始阶段,储存时间为 0.25~2 秒。

短时记忆是感觉记忆和长时记忆的中间阶段,保持时间为 5 秒到 2 分钟,包括直接记忆和工作记忆两个部分。直接记忆式输入的信息没有经过进一步的加工,容量有限。大约 7±2 个信息单位;工作记忆及输入的信息经过再编码,使其容量扩大。由于与长时记忆中的已储存信息发生了意义上的联系,编码后的信息进入了长时记忆。

长时记忆是指信息经过充分的和有一定深度的加工后,在头脑中长时间保留下来,这是一种永久性的储存。它的保存时间长,容量也没有限制,信息的来源大部分是对短时记忆的加工,也有由于印象深刻而一次获得的。

4. 陈述性记忆和程序性记忆

陈述性记忆是指对有关事实和事件的记忆。它可以通过语言传授一次性获得,但是提取往往需要意识的参与。例如,课堂上学习的各种知识和日常生活常识都属于这类记忆。

程序性记忆是指对如何做事或者如何掌握技能的记忆,包括对知觉技能、认知技能和运动技能的记忆。这类记忆往往需要通过多次尝试才能逐渐获得;这类记忆往往不需要意识的参与,难以用言语进行表述。例如,学习游泳之前,了解到的游泳相关的动作要领属于陈述性记忆,而经过不断练习,把知识变成游泳技能,真正学会游泳,这时的记忆则是程序性记忆。

(二) 中学生的记忆特点与学习

1. 初中生记忆的发展特点

初中生有意记忆日益占主导地位。初一年级学生的无意识记忆常常表现得很明显,对有兴趣的材料记得比较好,对一些困难材料记得比较差。根据教学要求,学生逐步学会使记忆服从于识记的任务和教材的性质,因而有意记忆日益占主导地位。

从识记方法上,初中学生的意义识记能力发展显著。初中一年级学生机械识记方法还起着很大的作用。

从识记内容看,初中生的形象识记和抽象识记都在发展。抽象识记从初一年级开始加大了发展速度。

2. 高中生记忆的发展特点

高中阶段是人的记忆力发展的最佳时期,可以说,高中生的记忆力已达到新的成熟阶段。他们能够按照一定的学习目的支配自己的记忆活动。16 岁左右,记忆已趋于成熟。高中生更多地采用意义识记的方法来识记材料,机械识记的成分逐渐减少。记忆材料时,力求理解教材内容的内在联系,而不是单纯地进行机械识记。

(三) 中学生的记忆与学习①

1. 中学生要明确记忆的目的任务,不断提高记忆的自觉性

提出明确的识记目的和任务对识记的效果极为重要。以往研究表明,提出明确实际目的和任务的被试记忆效果更好,且记忆目标的长期性,也决定着记忆效果的持久性。

2. 中学生识记材料的数量要适当

材料的数量多少,对识记的效果有很大的影响。一般来讲,要达到同样的识记水平,材料越多,识记所用的平均时间和次数也就越多。实验证明,在识记 12 个音节时,平均每个音节需要 14 秒;识记 24 个音节时,平均每个音节需要 29 秒;而识记 36 个音节时,平均每个音节需要 42 秒。所以,指导学生记忆时,要使积累材料的数量适当。

3. 中学生要加强对识记材料的理解

以理解为基础的意义识记在全面性、理解性、准确性和牢固性等方面都比机械识记的效果好。所以在指导学生记忆时一定要对材料进行分析、归类和编码,这样才有助于提高记忆效果。

4. 中学生要掌握正确的识记方法

引导学生掌握科学的记忆方法,对于提高他们的记忆能力具有重要意义,常能收到事半功倍的效果(可参考学习策略部分内容)。

5. 利用遗忘规律正确组织复习

遗忘是记忆的内容不能保持或者提取时有困难。能再认不能回忆,叫不完全遗忘;不能再认也不能回忆,叫完全遗忘;一时不能再认或回忆,叫临时性遗忘;永久不能再认或回忆,叫永久性遗忘。

根据艾宾浩斯遗忘曲线,人类的遗忘进程是不均衡的。遗忘在学习后立即发生,短时间内遗忘比较快,量也比较多,随着时间的推移,遗忘的进程逐渐变慢,到了一定时间,几乎就不再遗忘了。所以要想得到更好的学习效果,必须进行复习。但是。不是任何复习都可以取得良好的效果,需要正确地组织复习,要使复习取得良好的效果,要注意以下几点。

(1) 复习要及时

遗忘的规律是"先快后慢""先多后少",所以想要提高复习的效果,必须在遗忘还没有发生以前及时进行复习。如果学生只重视课上听课、课后做作业,而忽略复习环节,就会使所学知识的系统性、完整性受到破坏,时间一长所学的知识就会模糊、忘却、不系统,最容易忘记的是那些暂时还不理解的知识。所以教师在教学上也要遵循"及时复习"的原则,使复习紧随课堂教学,从而提高教学效果。

---

① 姜淑梅等.中学生心理辅导[M].北京:清华大学出版社,2019:114-116.

(2) 合理地分配复习时间

在分散复习时,休息能使神经细胞恢复工作能力,抑制作用明显减弱。每次复习的材料数量越多,越容易产生前摄抑制和倒摄抑制,干扰增强,影响复习效果。虽然分散复习优于集中复习,但在学习中如何合理地复习要根据材料的多少来确定。一般来说,复习的材料较少,复习的时间可以相对集中些;最初复习时,每次复习的间隔可以缩短些,以后对材料熟悉,每次复习的时间间隔可以逐渐加长。

(3) 阅读与尝试回忆相结合

复习时单纯的一遍一遍阅读的效果并不好,应当在没有完全熟记以前就试图回忆。回忆是一种比阅读更为积极的过程,他要求积极地思考,发现哪些记住,哪些没记住,使整个复习过程更有目的性。另外,尝试回忆又是一种自我检查的过程,可以集中精力掌握难点和改正回忆中的错误。

(4) 复习的形式要多样化,多种感官协同活动

单调的重复容易引起学生的疲劳和厌倦情绪,并降低复习的效果。复习时要尽可能利用多种分析器协同活动来提高复习的效果,即让学生在复习时,手、脑、眼、耳并用,把机体中的多种分析器的积极性调动起来,帮助复习。

四、中学生的思维特点与学习

(一) 思维的内涵

思维是人脑借助于言语、表象和动作而实现的,对客观事物的间接的、概括的反映,是组成人智力的核心。思维也是人区别于其他动物最具有代表性和独特性的认知方式,思维通常与问题解决有关。从不同的角度来划分思维,就有不同的种类。[1]

1. 根据思维的凭借物和个体发展水平分类

动作思维是依赖具体的动作进行的思维。三岁前的儿童是动作思维,其思维是伴随着动作进行的。他们不能离开动作进行默默思考。例如,他们离开搬动手指或摆弄算盘珠的动作,就不能进行数数。成年人仍有动作思维。例如,修手机修电脑常常是一边操作,一边思考;打篮球或者踢足球的过程都是利用动作思维。

形象思维是凭借事物的具体形象和表象的联想来进行的思维。3 到 7 岁的学前期属于形象思维前期。这时期的儿童还不能运用概念进行判断推理,主要依靠具体形象或表象来思考。艺术家和作家主要都是通过形象思维来创造,成人的形象思维是一种较为高级和复杂的思维。

抽象思维是运用概念以判断推理形式进行的思维。它是人类特有的复杂而高级的思维,借助这种思维,能够达到对事物本质属性和规律性的认识。从个体思维的发展来看,学龄儿童已逐步进入抽象思维的时期。

2. 根据思维是否遵循明确的逻辑形式和逻辑规则分类

直觉思维是未经有意识的逻辑推理过程,而迅速对问题的答案做出合理的设想或突

---

[1] 夏凤琴.教育心理学[M].北京:高等教育出版社,2010:107-108.

然领悟的思维过程。例如,敏锐的洞察力,对某些不解的现象突然提出的看法、猜想或假设。它是以实践经验和丰富的知识为基础的。

逻辑思维是指有明确的逻辑形式,遵循一定的逻辑规则的思维。例如,学生解几何题的多步推理与论证;军事指挥员按一定程序分步剖析形势,根据敌我双方的力量对比、行动的条件和后果而做出决策等。

3. 根据思维在解决问题时探寻方法、途径的方向分类

辐合思维,亦称集中思维、聚合思维、求同思维,是指综合问题所提供的各种信息,得出一个正确的答案结论或方案的思维方式。

发散思维亦称辐射思维、分散思维、求异思维,是指沿着不同的方向去探求多种答案、结论或可能性的思维方式。

4. 根据思维是否具有创新成分并导致新事物的出现分类

常规思维是指用习惯的方法、方式、固定的模式来解决问题的思维,例如,学生按照教师交给的解题方法去做题。

创造思维是指打破常规、具有创建性的思维,或者是指重新组合已有的知识找出新的解决方法的思维。例如,发明家仿照生物原型研制出前所未有的仪器、仪表,艺术家进行新作品的构思,学生独立地想出问题的新的解决方法。

(二) 中学生思维的特点与学习

1. 初中生思维的特点

中学生的抽象逻辑思维总体上处于优势地位,但初中学生的抽象逻辑思维,在很大程度上还属于经验型。从初中二年级开始,中学生的抽象逻辑思维开始由"经验型"向"理论型"转化。这种转化大约到高中二年级初步完成。主要表现在下述三个方面:首先是各种思维成分基本趋于稳定状态,基本上达到了理论型抽象逻辑思维的水平;其次是个体的思维差异,包括在思维品质和思维类型上的差异已基本上趋于定型;第三,从整体来讲,思维的可塑性已大大减少,与成人期的思维水平基本保持一致,甚至在某些方面的思维能力还高于成人。

从形式逻辑思维看,初中一年级已开始占优势。初中二、三年级开始能理解抽象概念的本质属性。

从辩证思维发展看,初中一年级学生已经开始掌握该种思维的各种形式,但水平还不高。初中三年级学生的辩证逻辑思维处于迅速发展的转折期,但是辩证逻辑思维尚未处于优势地位。同时初中学生思维的品质尤其是独立性和批判性有了很大的发展,但是很容易产生片面性和表面性。

初中生思维发展的另一个明显的特点就是思维表面性非常明显,主要表现为:他们在分析问题时,还经常被事物的个别特征或外部特征所困扰,难以深入到事物的本质中。如在一个关于儿童青少年获得几何概念的实验中发现,在初中被试所归纳的各种几何概念的性质中,一般都能归纳出某几何概念较为明显而重要的性质,但也容易遗漏一些隐蔽的却是事物的本质内涵。

他们在对某种社会现象或某种道德行为进行评价时也容易表面化。

2. 高中生思维的特点

高中生的思维发展达到了新的水平,具有更高的抽象概括性、反省性和监控性特点。他们能够用理论做指导分析综合各种材料,以不断加深对事物发展规律的认识,抽象逻辑思维趋向理论型。到高中二年级,这种理论型思维发展趋于成熟并基本定型。高中生的辩证逻辑思维发展比较迅速,但只是趋于优势地位,并非达到完美的程度。

就思维品质发展而言,高中生思维具有更大的组织性、独立性、深刻性和批判性。他们一般不盲从,喜欢探究事物的本质,敢于大胆发表自己的见解,喜欢怀疑、争论,有时好走极端,产生片面性、主观性,有肯定一切或否定一切的倾向。

3. 中学生学习中思维的运用

由于中学生思维发展不完善,有个体差异,所以教师要注意发现学生学习问题的真正原因。在教学中,要想真正提高学生的思维水平,就要使学得的知识能真正实现在思维水平上的运用。教育心理学认为,知识一旦获得以后,就能在认知活动中发挥作用,从而对认知活动产生重大影响。但是在运用时存在两个水平:知觉运用与思维运用。在知觉运用水平上运用,通常是运用回忆或再认过程;而在思维水平上运用,才真正对思维的发展产生推动作用。教师在教学过程中不能满足于学生在知觉水平上运用知识,无论在课堂教学,还是作业练习或是考试过程,都要让学生把新学得的知识运用到思维水平上。

第三节　中学生常见学习心理问题与辅导

中学生在学习当中经常会遇到一些问题,常见的学习问题有学习困难、学习倦怠和考试焦虑等。中学生学习心理问题对中学生的学业及身心发展的消极影响是十分严重的。教师应了解这些学习问题的原因及对策,以便及时对学习出问题的学生提供帮助和辅导。

一、中学生的学习困难与辅导

(一) 学习困难的定义与类型

学业困难现象在学校中是很普遍的,其实质是学生的学习结果未能达到教学的基本要求,离教学的基本要求尚有一段差距。值得注意的是,学习困难可能出现在任何智力层次的学生身上。目前国内对于学习困难定义为:学习困难的学生是指感官和智力发展水平正常,与其同年龄的大部分学生相比在学习上有明显的困难,学习效果低下,在各门功课的测试中总是处于班级末位而且多门功课不及格,且学习结果远未达到教学目标要求的学生。一般来说成绩极差的学生,其学业显然是不良的,这类学生常被称为"学差生",也叫"后进生"。

(二)中学生学习困难的原因①

1. 认知过程不完善

学习困难的学生有明显的注意不集中;记忆方面,感觉记忆中的信息编码、提取的速度较慢,短时记忆偏重复述而缺少组织;问题解决能力较差,不知道什么是要解决的问题,也不能有效地计划、监控解题步骤以达到目标;不能灵活地选择相应的策略,也很少有运用策略的意识。有调查表明,学习困难的学生的语言文字的识记和表达能力、数理运算和逻辑思维能力、记忆的技巧和深度、观察事物的方法和策略、空间想象和旋转能力、劳技实验的操作能力,甚至身体与四肢运动时的协调能力,都与其他学生均有差异。

2. 缺乏学习动机

学习困难学生的学习动机主要来自于外部,不是因为对学习本身感兴趣而学习,而是为了父母或者为了老师,为了完成他们的任务或为他们做贡献,或者是因为别人学习而茫然地学习。

3. 元认知水平不高

在研究中发现,学习困难的学生缺少对自己的心理状态、能力、任务、目标、认知策略等方面的知识,所以在学习的时候往往不知道学什么,也不知道该怎样学习。而且,学习困难的学生不能很好地计划自己的学习。他们的学习都是被动的,抱着"做一天和尚撞一天钟""向老师交差"的思想,被动地完成各种学习活动,不善于在自我评价与分析的基础上,判明练习的目标是什么。

4. 缺乏学习策略

学习困难的学生没有符合的有效的学习策略,主要表现为,对自己的学习毫无计划,整天忙于被动应付作业和考试,缺乏主动的安排;学习困难学生也不会科学利用学习时间,有时候忙忙碌碌,但却是碌碌无为;识记的时候往往采用死记硬背的方法;不会有效的阅读,阅读没有目的,也不会带着问题去精读、略读或速读;抓不住重点和难点,总是眉毛胡子一把抓,全面出击,结果分散和浪费了时间与精力;不会科学用脑,学习时不注意劳逸结合,不善于转移大脑兴奋中心,使大脑终日昏昏沉沉。

5. 缺乏良好的意志坚持性

学习困难的学生缺乏足够的坚持力,他们也想要学习成绩好,但是不愿付出艰辛的努力,特别是一旦遇到学习中的困难和障碍,就找各种借口打退堂鼓,不能坚持到底,最终是功亏一篑,前功尽弃。

(三)中学生学习困难的应对策略

学习困难学生的辅导是一项比较复杂而艰苦的工作。一般来说,需要根据诊断分析结果,由教师、家长和学生本人一起制定详细的个案辅导计划,并加以认真的实施,以解决其学习困难,提高自信心,最终提高学习成绩。对于不同类型的学习困难学生,辅导的方法、过程和成效可能不尽相同。

1. 培养学生自学预习的习惯

自学是获取知识的主要途径。就学习过程而言,教师只是引路人,学生是学习的真正

---

① 姜淑梅等.中学生心理辅导[M].北京:清华大学出版社,2019:120-121.

主体,学习中的大量问题,主要靠自己去解决。阅读是自学的一种主要形式,通过阅读教科书,可以独立领会知识,把握概念本质内涵,分析知识前后联系,反复推敲,理解教材,深化知识,形成能力。学习层次越高,自学的意义越重要,目前我国的高考为选拔有学习潜能的学生,对考生的自学能力有较高的要求。提前预习,是培养自主学习的精神和自学能力、提高听课效率的重要途径。提前预习教材,自主查找资料,研究新知识的要点重点,发现疑难,从而可以在课堂内重点解决,掌握听课的主动权,使听课具有针对性。

2. 提高学生注意的稳定性

教与学应该同步,应该和谐,因此学生在课堂上要集中精神,专心听教师讲课,认真听同学发言,抓住重点、难点、疑点,边认真听边积极思考。哪怕是你已经超前学过了,也还是要认真听,要把教师的思路、其他同学的思路与自己的思路进行对比分析,找出解决问题的最佳途径,并在此过程中,尽量多理解记忆一些东西。

3. 帮助学生养成认真观察,积极思考的习惯

对客观事物的观察,是获取知识最基本的途径,也是认识客观事物的基本环节,因此,观察被称为学习的"门户"和打开智慧的"天窗"。每一位同学都应当学会观察,逐步养成观察意识,学会恰当的观察方法,养成良好的观察习惯,培养敏锐的观察能力。要做到观察和思考有机结合,要善于提出问题,要积极思考在学习过程中碰到的问题,积极思考教师和同学提出的问题,通过大脑进行信息加工,总结得出事物的一般规律和特征。我们观察事物,提出问题,思考问题,回答问题,一般要求达到:有根据、有条理、符合逻辑。

4. 帮学生养成善于提问和交流的习惯

积极鼓励学生质疑问题,带着知识疑点问老师、问同学、问家长。学问,学问,学习就要开口问,不懂装懂最终害自己,提问是主动学习的表现,能提出问题的学生是学习能力最强的学生,是具有创新精神的学生。同时,同学之间的学习交流和思想交流也是十分重要的,遇到问题要互帮互学,展开讨论。每一个人都必须努力吸取别人的优点,弥补自己的不足。

5. 培养学生独立作业、反思的能力

做作业的目的是巩固所学的知识,是培养独立思考能力,不是为了交教师的差或是应付家长。有的学生做作业的目的不明确,态度不端正,采取拖、抄、代……会做的马马虎虎,不会做的就不动笔;有的学生好高骛远,简单的是会而不对,复杂的对而不全,这些不良习惯严重地影响了学习效果。所以我们要重视做作业,在做习题时要认真思考,总结概念、原理的运用方法、解题的思路,并且尽量多记忆一些有用的中间结论。同时还要培养自己能从作业、考试中发现自己的错误,反思学习过程及时纠正的能力。

6. 帮学生养成复习归纳的习惯

复习是有规律的,复习必须及时,否则超过了人的记忆极限点再去复习,将要多花几倍的时间,而且效果不好。因此必须有计划地不间断地复习。

每天尽量把当天的东西都复习一遍,每周再做总结,一章学完后再总复习一下。对记忆性知识的复习,每一遍的用时不需多,但是反复的遍数要多,以加深印象。每章每节的知识是分散的、孤立的,要想形成知识体系,课后必须有小结归纳。对所学知识进行概括,抓住应掌握的重点和关键。对比理解易混淆的概念。每学习一个专题,要把分散在各章

中的知识点连成线、辅以面、结成网,使学到的知识系统化、规律化、结构化,这样运用起来才能联想畅通,思维活跃。

7. 养成整理错题集和客观评价的习惯

平时要把有疑问或是弄错的地方随手拿张纸记下,经常看看,看会了、记住了才扔掉。有价值的就用专门的本子记下,并找些可以接受的类型题、同等程度的相关知识点研究一下它们的异同,解题的技巧和办法。

如果考试成绩不理想,要客观地评价自己、评价他人,才能评出自信,评出不足,从而达到正视自我,不断反思,追求进步的目的,逐步形成辩证唯物主义认识观。

二、中学生的学习倦怠与辅导

(一) 学习倦怠的含义

学习倦怠是指学生长期的课业压力或负荷而产生的精力耗损、对学校课业及活动的热忱逐渐消失,甚至因成绩未如预期而对学校课业持负面态度的一种现象。学习倦怠包括一系列的心理变化过程,主要包括三个过程:① 偶然失败阶段:处于这个阶段的学生在认知的基础上,对自己偶然失败的原因、结果、对自己的意义以及自己掌握知识的好坏、偏重程度等客观性和情感性的信息进行加工处理,实现对情感认知、信息的同化与吸收。② 经常失败阶段:在这个阶段,个体对自己的能力产生了怀疑,并影响到个体对失败的归因,那些把失败归为自己努力不够的学生会更努力,但如果学生的认知水平和认知能力下降,学生的学习效率会有不同程度的减弱;那些将失败归为自己能力不足的学生,会丧失学习兴趣,认为再努力学习也没用,因而放弃学业,最终导致学习倦怠。③ 学习倦怠的形成阶段:个体对待学习产生一种冷漠、消极应对的态度,以此作为一种防御机制,抵制来自学习方面的伤害。

(二) 中学生的学习倦怠形成的原因

1. 心理原因

学习者学习兴趣不足,学习动机不强,学习活动过于紧张,学习材料过于复杂,学习内容单调乏味,学习者感到枯燥没意思,心情紧张、压抑等,都容易导致学习者疲惫不堪,产生学习倦怠。

2. 生理原因

学习倦怠的产生直接与大脑皮层的内抑制有关。由于长时间紧张,学习皮层的能量消耗过程逐渐超过恢复过程,工作能力就会下降,兴奋性降低,并出现保护性抑制。大脑皮层若长期处于疲惫状态,就会使学生出现视力衰退、食欲不振、面色苍白、血压增高、大脑供血不足、头晕、瞌睡、失眠、乏力、手足发冷等症状。

3. 社会原因

中学生的学习倦怠现象与社会激烈的竞争有关。学习倦怠与学生长时间陷入学习的苦役之中,学生缺乏合理的娱乐和休息时间、缺乏充足的睡眠、缺少科学的心智训练和适时的心理调适有直接关系。所剩无几的时间连做作业都不够,无奈只好减少睡眠时间。睡眠不足,又导致学生体质普遍较弱,视力下降,心理压力普遍增加,厌学情绪增强。

4. 家庭环境因素

家长对子女过高的期望值和不恰当的教养方式，容易给孩子带来沉重的精神负担，是导致学生对学习产生倦怠、畏难或恐惧心理的原因之一。现在的家长往往把不合理的期望强加在孩子头上，在孩子达不到的时候贬低孩子，待孩子达到的时候，新的期望又产生了。对孩子没有更多的肯定，只有不断的期望，这让孩子觉得自己永远也达不到父母的要求，从而产生学习倦怠。

5. 学校因素

面对中考和高考的压力，学校片面追求升学率，学生的课外活动时间少之又少，校园生活没有趣味，缺乏应有的活力，学生的情感需求无法得到满足，他们的想象力、创造力和个性人格得不到应有的舒展。此外，部分教师教学理念落后、教学方法不当、教学缺乏激情，这也是中学生形成学习倦怠心理的重要原因。

(三) 中学生学习倦怠的应对策略[①]

消除中学生的学习倦怠，是摆在每一个教育管理者和教师面前的一道难题，它需要社会、学校、家庭及学生本人共同努力。

1. 社会方面的支持

要帮助中学生提高对学习意义的认识，使他们充分认识到未来社会的发展有赖于知识的发展，知识的价值将得到逐步体现，从而增强中学生学习的积极性、主动性和自觉性。

2. 学校方面的支援

(1) 加强教师队伍建设，全面提升教师素质。首先，教师应为人师表，这样才会获得学生的充分信任和尊重，才能吸引学生的注意力。其次，教师应充分尊重学生，对学生所做出的成绩要给予鼓励和肯定，学生在学习上获得成就感。再次，教师应尽可能采用教学互助的方式，这样易于消除师生之间的心理距离，有助于促进师生之间信息和情感的沟通，激发学生学习的主体精神。最后，教师应加快现代化手段在教学中的应用，激发学生兴趣，消除其厌学情绪，使学生变"不学"为"要学"，变"苦学"为"乐学"，变"学会"为"会学"。

(2) 改善课堂教学环节。许多研究证明，若教学内容过难过多，超过学生能力的限度则学习难以维持。如果学生理解问题发生困难，需要进行紧张的脑力劳动来死记教材，大脑皮层细胞能量消耗过大就会使学生很容易产生疲劳，注意力分散，进而导致学习倦怠。因此，教学中应贯彻量力性原则，由浅入深，逐步增加练习量。教师还应不断改善教学方法，促进学生学习兴趣和学习积极性的提高。

(3) 合理安排学习课程。研究证明，在正常情况下，大脑两半球各司其职，但又互相补充，用兴奋与抑制交替工作和休息。大脑多功能区域活动也是如此。当大脑半球或某一区域活动占优势时，另一半球区域相对处于休眠状态。若长时间得不到休息，营养物质明显减少，学习就无法继续下去。因此，学校在安排课程时，应根据课程性质的不同交叉安排。在教学方法上，教师应采取灵活多样的方法，使学生学习时多种器官协同活动，使大脑不同部位有机地进行兴奋与抑制的交替和转换，从而防止学习倦怠的产生。

---

① 伍新春.中学生心理辅导[M].北京:高等教育出版社,2016:160-162.

(4) 引导学生参与研究性学习。很多学生出现学习倦怠的重要原因,就是认为学无所用,"学以致用"则能进一步激发学生的学习兴趣。因此,应加强对中学生的学习指导,积极引导学生参与研究性学习,使其认识到知识的实用价值所在,同时通过学生的研究与探索,使他们体验到知识应用成功的喜悦,进而增强其深入学习的信心与决心。

3. 家庭教育方面的配合

未来的时代是一个激烈竞争的时代,而家庭教育是启蒙教育的第一步。家庭教育对中学生的心理发展有着重大的影响,不恰当的教育方式往往会给学生带来沉重的心理压力。因此,优化家庭环境,积极营造良好的家庭气氛,给学生以适当的空间,适当的自由度,有助于预防和消除中学生的学习倦怠。

4. 学生个体的努力

(1) 树立正确的学习目标。目标在人们的生活中具有重要意义,只有树立了明确的目标,才会有前进的动力。学习目标应适当符合发展实际,既不过高也不过低。同时,要把学习活动和远大志向及理想目标结合起来,逐步形成健康的人生观。

(2) 坚定正确的学习信念和理想。学习信念和理想是学习倦怠的最好解毒剂。因此,获得正确的学习观念和积极的学习信念,培养学习的兴趣与需要,增强学习意识,形成积极的学习动机,对防止学习倦怠是至关重要的。

(3) 加强自我锻炼,优化人格特征。人格因素与学习倦怠有着密切的关系。因此,中学生因努力培养和塑造自己健全的人格特征,尤其要注意坚强意志和顽强性格的培养,增强对学习倦怠的耐受力。

三、中学生的考试焦虑与辅导

(一) 考试焦虑的含义

考试焦虑是一种情绪反应,是指学生在意识到考试情景对自己具有某种潜在威胁时产生的一种紧张的内心体验。他通常有以下三种特征:(1) 以担心为特征,由消极的自我评价所形成的意识体验。这是考试焦虑的认知特征。(2) 同自主神经系统增强相联系的特定的情绪反应,如心慌、心率加快、呼吸加促、肠胃不适、多汗、尿频等。这可看作考试焦虑的生理特征。(3) 通过防御或逃避所表现出来的一定的行为方式,如多余动作增加,胡乱答完卷早早离开考场等。这可视为焦虑的行为特征。

考试焦虑与学习成绩之间存在一种倒"U"型关系曲线,即焦虑过度或过低都会使学习受到抑制;只有焦虑水平适当,学习和考试效果才会达到最好。对中学生而言,过度考试焦虑的危害更大,他不仅容易分散学生的注意力,严重影响学生学习的顺利进行;而且长时间的过度焦虑,还会危及学生的身心健康,引起注入神经症、社会适应证、冠心病、内分泌系统紊乱等身心疾病。调查表明,中学生具有中高度焦虑的学生高达40%以上。因此,学校心理辅导要对此问题给予高度重视。

(二) 中学生考试焦虑成因

导致中学生对考试产生焦虑情绪的原因是多方面的,主要包括学生个体、家庭、学校和社会四个方面。

1. 学生个体方面

(1) 对考试的认知不正确

一个人对客观事物认知与评价的正确与否,直接影响人的行为。如考试焦虑的同学认为,这次考试一定会很难,自己能力不行,可能会考得不好,要是考砸了,一切都完了……这些都会使个人紧张,越紧张,头脑越乱,结果真的很难考好。毕业和升学考试对于初中生来说是十分重要的,他们越认为考试重要,考试时情绪反应越强烈。大多数学生片面地把考试分数和未来直接联系起来,成为长远的学习动机。他们学习目的不明确,存在学习就是为了考大学、为了取悦父母等错误认识。

很多学生往往把考试看成是一种威胁,愈临近考试,愈感到恐惧。他们被动地为了客观上的目的(如升学)而接受考试。中学生尤其是初中生对考试分数有着片面的认识,导致他们希望自己的分数能在班中居于前列,为的是满足自己的虚荣心,获得一种成功和自我实现的体验。久而久之,在学生群中就形成了一种畸形的竞争方式。

(2) 个性特点

现在的学生承受着众多来自内部和外部的压力,虽追求成功,但由于目标较高、顾虑过多、害怕失败,或者对新的环境不安、担忧等,往往表现出较高的考试焦虑。有考试焦虑的学生大部分性格内向,不善于与人沟通,自己复杂矛盾的心理活动并不能得到有效的舒缓。而作为一位正值青春期的青少年,他们的耐受力通常也比较差。这使得他们在考试时稍受挫折便产生消极情绪,如焦虑。

(3) 期望和要求过高

心理学研究表明:抱负水准与焦虑成正相关。抱负水准过高、求胜心切的人,考试焦虑则高,反之则低。不切实际的过高期望,会引起考生的信心不足或盲目乐观;而信心不足的考生,往往对失败的可能性及后果的严重性产生高焦虑,使学生学习效率下降,考场上严重失误。

有些学生虽然平时基础扎实,成绩较好,但考试时经常考不出应有的水平。分析其原因,主要是平时对自己希望过高,需求强烈,参加考试动机狭隘,急切希望考出高分,结果一旦在考试中遇到难题就如临大敌,不知所措,致使本可以得到的分数无法得到,而焦虑又不断增加。

(4) 心理压力过大

中学生学习任务重,学习压力大,这种压力不仅来自于自己,还来源于家长的期望和老师的要求以及同学们的竞争。家长都望子成龙,望女成凤,对孩子的期望没有最高,只有更高;学校要成绩,要升学率,家长也不断对学生加压。同学之间也存在激烈的竞争,大家争先恐后,唯恐别人超过自己。

(5) 学习方法不当

有关调查表明,只有46%的高中生有适合自己的学习方法,有一半以上的学生没有自己的学习方法,或学习方法不当。而有学习计划的学生也仅占1/4。缺乏计划和学习方法欠妥的人必然难以对学习树立起信心,心里有一种预期的紧张,对未知的考试结果过分担心、期望和关注。在这种心理支配下,自我调控能力下降,自信心不足,心理总处在一种恐惧和紧张焦虑之中。

还有的考生在考试时见一题做一题,遇到难题不想放过,而难题久攻不下时,自信心受到影响,消极心理随之产生;有的考生考试时不讲究策略,造成考试时间分配失衡,恐慌心理随之而生。

(6) 缺乏良好的情绪和意志品质,不能有效的自我调节

紧张和焦虑并不是对学生没有积极作用,这种感觉可以促进学生进行学习活动,并提高学习效率,但过于紧张和焦虑就会产生副作用,所以需要学生自主进行调节。一些中学生缺乏对自己情绪和意志的调控能力,一点小事也能引起他们巨大的内心震撼,容易心烦意乱,喜怒无常,无精打采,怨天尤人,自然无法摆脱考试焦虑的困扰。

2. 家庭方面

中学生还不能独立生活,无论在经济上还是生活上都依赖家长,因此家长对子女的期望和要求时时刻刻影响着学生本人,他们在不知不觉中受到家长望子成龙思想的影响。现今社会,家长对子女的学习普遍要求较严,期望较高,无形中对子女施加了沉重的压力。

有不少父母只是将孩子的学习成绩作为向亲友炫耀的资本,很少过问孩子心里的想法,只是定期查问孩子的成绩。只要孩子考了好成绩就会在物质上对他百依百顺,发挥不正常就会觉得自己脸上无光,责备孩子。他们在思想上缺乏与孩子的沟通,使得孩子在学习上产生了压力,以至于每逢考试就会焦虑。

3. 学校方面

在目前的应试教育大环境下,学校为了片面追求升学率,频繁组织各种名目繁多的考试,使学生疲惫不堪。

教师也往往偏爱学习成绩好的学生,而学生也十分看重教师的这种"关爱",总希望自己能考出好成绩得到教师的赞赏,既为自己也为老师脸上添光。这种期待心态,无疑会给学生增添几分压力。

4. 社会方面

整个社会的价值取向、国家的政策体制尤其是教育政策体制会影响到学校、家庭的教育方式,影响到学生对考试的态度和认知评价,从而影响到考试焦虑的高低。

(三) 中学生考试焦虑的应对策略

1. 家庭给予学生的压力要适当

作为父母,不仅要关心孩子的衣食住行,还要多关心一下他们的心理状态,对自己的孩子要有一个合理的期望,帮助孩子制定适合自己实际情况的目标。每天尽可能地留一些时间与孩子聊天,既可以让孩子们放松下紧张的心情,也有助于与孩子沟通交流。督促孩子每天坚持进行一定量的体育锻炼,既能强身,又能转移注意力,松弛一下紧张的神经。父母的爱是最好的支持和鼓励,向孩子明确地表示:无论考试成绩如何,在你们的心里,他永远是你的最爱。

当孩子临近中考和高考,作为父母应该保持一颗"平常心",要能够正确地看待孩子,不再向孩子提出过高的要求,要保持正常的期望心理,接受孩子的现实表现、现有成绩,适当地要求孩子,心平气和地对待他们的成绩,顺其自然,不再拔苗助长。把教育的着眼点放在孩子素质的全面发展上,帮助孩子以平稳心态度过紧张的学习生涯。

家长对孩子的期望值影响着孩子的成长。研究表明,在孩子智力水平相仿,生活环

境、就学条件大致相同的情况下,不同家长对孩子有不同的期望值,造成孩子的目标追求和自我要求各异,因此其成长的速度和成熟度也有着显著的差别。家长恰如其分的期望值对孩子成长的促进作用是确定无疑的。

作为父母,不能一厢情愿地考虑目标实现的效价,而是要从孩子的自身情况、学校教育情况等实际出发,考虑目标实现的可能性达到何种程度,据此确定对孩子的期望值。倘若不顾实际,一味与亲友邻居盲目攀比,提出过高的期望值,其结果,除了无穷无尽地埋怨、责怪孩子,造成家庭不必要的矛盾,带来失望的痛苦外,将会一无所获。

另外,家长不要把自己的意愿强加给孩子。处于独立意识增强阶段的初中生,对自己的学习现状比较清楚,也有自己的价值判断标准,他们接受家长的想法会有一个过程,甚至需要经历一定的挫折和教训才能逐渐趋于现实,这需要耐心地等待。家长如果不顾及孩子的思想实际,一厢情愿地把自己的意愿强加给孩子,其结果只能引起孩子的逆反心理,欲速则不达。

2. 学校要重视心理健康教育

(1) 针对如此严峻的环境,学校应适当作为

目前大部分中学生存在着不同程度的考试焦虑现象,这种焦虑心态若不及时解除,特别是对于有着高度焦虑的学生来说,势必严重影响其复习和考试的效率,而且对人的身心健康也会产生危害。学校应积极创造条件,聘请有关心理专家为学生进行集体心理辅导或做讲座,以减轻学生的心理压力。另外,学校应开展一些心理训练活动,让学生掌握解除焦虑的方法,降低或消除焦虑。最后,学校要给学生"减压",把学生从题海之中解放出来,推广素质教育,寓教于乐,这是预防和减轻学生考试焦虑的根本途径。

(2) 充分发挥教师的引导作用

学校考试的形式要多样化,老师对考试结果的评价要客观,在日常的教学中多采取一些竞赛,少一些正规的考试。帮助学生设定适合自己实际能力的目标,建立良好的自我评价标准,形成良好的自我概念。多进行学习方法的交流与研讨,帮助学生"学会学习"。定期进行放松训练或形式多样的活动。发现问题及时与心理咨询老师取得联系,共同帮助解决。

另外,班集体是对学生影响较大的外部环境,学生的心理压力也主要来自于班集体。在教师的积极引导下,形成和谐融洽的班风,有助于同学们在激烈的竞争环境中健康地学习、生活。在此,教师适当地举行班会能够很大程度帮助同学。每个学生都可以对一个问题、一个话题或是一种现象提出自己的看法。因此,召开有针对性的主题班对于消除学生心中的积虑和消极心态往往能起到很好的效果。

针对考试焦虑严重的学生,学校和老师应该重点关注,通过上述各种方式将学生的压力缓解。学校方面要多和家长沟通,共同塑造一个和谐的环境,更多地提供给学生无微不至的关怀,帮助他们走出考试焦虑的阴影。

3. 社会应对此引起足够的重视

教育并非只是学校单方面来完成的,整个社会都要对此引起相当的重视。要想消除学生的考试心理障碍,社会必须营造一个健康积极的学习环境。学生只有在健康向上的环境下才能拥有健康的心理状态和学习动力。

首先，我们需要一个健全的素质教育的质量标准。我认为，我们应当把"应试教育"和"考试教育"观念逐步转变为素质教育观，以德、智、体、美、劳诸方面的发展作为检测教育质量的标准，同时引导学生对考分做出正确的认识。

其次，全社会都要正确对待学生考试的成功与失败，社会舆论和报纸、电视等新闻媒体要尽量多地给予学生们"社会支持"。我们要给学生塑造一个良好的社会环境，让他们能够正确认识到学习的真正目的，改变对成绩、考试和考分的不正确认识，从而调节自身心态。

4. 个体的自我调节

（1）正确认识考试的目的意义和考试焦虑

我们应当让孩子认识到，考试的目的更多的只是在于检查学生的学习情况和教师的教学效果，虽然目前升学、就业都需要通过考试成绩来选拔，但是一次考试并非是决定个人终身命运的生死战，无论在历史上，还是在现实生活中，有很多著名人物、成功人士考试落榜却能够自学成才或另辟蹊径，实现自己的理想，为社会做出贡献。因此应端正对考试的认识和态度，树立正确的应试动机，勇敢地面对考试。

心理学研究表明，中等强度的焦虑状态，可以达到最佳的学习效果。面临考试时出现适度的紧张焦虑对人的身体和心理健康没有害处，反而可以成为"兴奋剂"，使注意力高度集中，大脑运转加快，躯体做出一系列调整，积极地适应环境，发挥出最佳水平；如果完全放松，毫不紧张，持无所谓的态度，也不能取得好的成绩。因此应正确看待考试焦虑，不要谈"焦虑"色变。

（2）调整自我认识，减少心理压力，提高心理素质

在形成学生考试焦虑的因素中，自我认识是非常重要的。当考试情景被学生所意识到时，学生会自觉地对其进行比较、评价，而一旦意识到威胁时，就会唤起考试焦虑。这种对考试的认识主要包括三个方面：对考试的重要性、考试难度的预测以及对自身应试能力的估价。学生对考试的认识程度对其焦虑水平具有直接的影响作用。因此，要克服焦虑心理，首先就应该让学生进行自我认识的调整。

一要正确看待考试的重要性。老师要引导学生正确对待考试的重要性，要想办法让他们明白，各种考试不过是展示和检验学生学习的一种手段而已，它们并不能决定一个人的命运。即使是中考，也仅仅是其中的一次考试罢了，就算失败了，也不足以遗憾终生，因为人生的机遇不是只有中考一次，人生的道路并非只有升学一条。

二要正确对待考试的难度。老师要通过平时的交流暗示学生，平时的考试所要考查的都是基础知识和基本技能，不会有太难的题。升学考试，也许难度会深一点，但是也不用担心，因为这是面向全体学生的考试，其难度对于每一个人来说都是一样的。

三要正确估计自己的应试能力。教师可在考试之前先让学生对自己的学习、复习等情况进行分析，了解自己的长处，找出弱点和漏洞，从而帮助学生制定适当的考试目标和切实可行的复习计划。

（3）学会自我调节，树立考试信心

信心是考试成功的精神支柱，所以在考试前应有必胜的信念。要树立起必胜的信念，可通过一些积极的自我暗示，如"我一定要达到目标；我的体力充沛、精力饱满；我一定能

选出正确答案;重点都已烙在我的头脑中;我有百分之百的必胜把握;这一点难度没关系,他们会比我更难"等。常做一些积极的自我暗示,就能树立信心,有效地消除对考试的紧张感和恐惧感。

考试时如果心理不自觉紧张起来,就应进行心理控制和调节,用积极的言语进行自我暗示,相信自己一定能考好;或采用自我放松技术,使全身肌肉松弛,以缓解心理紧张,保持正常的心理状态,都可以有效地预防和减轻考试焦虑。

(4) 掌握考试技巧,提高应试技能

掌握正确的考试方法,首先必须重视应试技巧的培养。科学的考试是检验学生综合素质和综合能力的重要途径,它不仅与学生掌握的知识有关,而且在很大程度上也受到学生应试技巧的影响。应试技巧贯穿于整个考试过程,包括考前复习技巧、临场发挥技巧和考后调整技巧。掌握技巧是学生考试成功的重要保证。

综上所述可以看出,有许多学生受到了考试焦虑的影响,这是由目前的社会、学校、家庭以及学生自身的各种因素引起的,但考试焦虑其实并不可怕,考试前适度紧张的心理状态是每个人必需的,也是对考试有着积极影响的。只要学校、家庭互相配合,多给予孩子关怀;面对考试,学生调节好自己的心态,意识到考试焦虑的危害,并用正确的方法有意识地控制它,完全可以摆脱考试焦虑的困扰,取得理想成绩。

考试在青少年学生的求学生涯中不可避免,对于考试焦虑,学生和家长都应认真对待,及早预防和治疗,以保证学生在考试过程中处于良好的情绪状态,发挥出最佳水平。

小资料:认知调整

江光荣等人在吸取 REBT 思想观点的基础上,提出了一套自主性的认知矫正程序,用来缓解中学生的考试焦虑,并取得了较好的效果。该程序包含以下几个步骤[①]:

第一,检查自己的担忧。要求学生把自己有关考试的担忧写出来,将担忧项目按程度加以排序。

第二,对担忧进行合理性分析。分析自己所担忧的事项哪些是合理的,哪些是不合理的,从而找出认知错误。

第三,与担忧质辩。要求学生针对担忧的不合理处,用事实、常理予以驳斥,并对不合理的担忧作"危害分析"。

例如辅导题目:怎样进行积极的自我暗示

目的要求:

① 尝试成功的体验。

② 改变不合理的认知。

③ 杜绝不良的心理暗示。

课前准备:

① 写出自己在考试过程中因过度焦虑而使用的语言。

② 检查自己对考试的担忧,写出担忧的理由,并分析哪些是不合理的,哪些是合理的,从而找出认知错误。

---

① 江光荣.中学生考试焦虑及其辅导[J].教育研究与实验,1994(2).

③ 在与担忧质辩后,尝试用积极的语言建立新的认知结构。
④ 学习新的暗示技巧,掌握正向的自我语言。

操作过程(考试焦虑辅导中使用的正向自我语言的训练)

① 面对这些考试中的问题,不需要紧张。
② 我可以应付这个考试,相信自己是有能力和基础的。
③ 记住"不要慌"! 放松一点,慢慢答。
④ 即使错了也没关系,因为其他题我已经做对了。
⑤ 不要紧张,按时交卷就可以了。
⑥ 今天天气好,我的心情也好,一定可以考好。
⑦ 每道题我都会仔细分析和作答,不会有问题的。
⑧ 只要我尽力发挥了,成绩好坏无所谓。
⑨ 把握好每一分钟,做完后仔细检查了一遍。
⑩ 考试是对自己平常运用知识的检验,重要的是"我学会了它",而不是"得了多少分"。
⑪ 这题不会没关系,先把会做的做出来。
⑫ 这个题对我很难,但对别人也很难,道理一样。
⑬ 离交卷,还有时间,不必着急。
⑭ 考试是考自己的水平,不必管其他同学考得如何。
⑮ 可能会遇到难题,但我准备得很充足,难不倒我。
⑯ 监考老师,他看他的,我答我的,不必害怕。
⑰ 我进入考场,不管环境如何,都不会干扰我。
⑱ 太棒了,我又攻下一个难关,又做对了一道难题。
⑲ 我的能力不错嘛,我说我能行。
⑳ 上次考试考得不好,不代表这次也考不好。

放松训练

放松训练就是教会学生有意识地去感受肌肉的紧张和放松。最后将意识集中到身体的放松感上,达到整个人放松的目的。放松训练具有很好的情绪调节作用,通常包括六个步骤:(1) 简要说明放松的道理;(2) 创设舒适的环境:保持环境的安静,座椅或躺椅要舒适;(3) 让学生的穿戴符合放松训练的要求:除去束缚身体的物件,如眼镜、手表,松开领扣、腰带和鞋带儿等;(4) 辅导老师示范放松练习;(5) 引导肌肉放松(指导与可参见下面专栏);(6) 练习后的评估。

肌肉放松指导语[1]

① 利手紧握拳头。"首先考虑你的右臂,特别是你的右手握起右拳,攥得紧一些。感觉右手和右前臂紧张,再感受这些紧张。(暂停)现在松开拳头,放松右手,并将它放置在椅子扶手(或地板)上休息。(暂停)注意紧张和放松之间的差异。(暂停10秒)
② 非利手紧握拳头。"现在左手做相同的动作。紧握左拳,注意到紧张。(暂停5

---

[1] 陶勑恒.小学生心理辅导[M].北京:高等教育出版社,2004.179-180.

秒)接着放松,感受紧张和放松之间的差异。"

③ 一只或两只手腕。辅导者引导来访者同时弯曲两只手腕,或分别弯曲。如果分开进行,可以从利势手臂开始。"现在让手腕向后弯曲,你的手背和前臂的肌肉紧张起来,胳膊不动,让手指指向天花板,感受手臂的紧张,现在放松。(暂停)感受紧张和放松之间的差异。"(暂停10秒)

④ 二头肌。辅导者引导来访者练习两个二头肌或一次一个。如分开进行,则从利势胳膊的二头肌开始。引导语为"现在双手紧握,前臂向肩部弯曲,这时你上臂前面的肌肉变紧,感受这些肌肉的放松。(暂停)现在放松,让你的手臂落下回到身边。注意紧张和放松之间的差异。"(暂停10秒)

⑤ 肩部。通常要求来访者耸起双肩,也可每次只耸一个肩膀。"现在我们向上移动到肩部。想起你的肩部,向耳部靠拢。感觉和保持肩部的紧张。(暂停)现在让肩部放松。注意紧张和放松之间的差异。"(暂停10秒)

⑥ 前额。这个练习和下面的三个练习都是面部肌肉练习。"现在我们来练习如何放松面部肌肉。首先,皱起你的前额和眉骨,感觉到眉头有了皱纹。(暂停)现在放松,前额皱纹,松弛下来。"(暂停10秒)

⑦ 眼睛。这个练习的目的是让来访者能控制和调节眼部肌肉的运动。"现在闭紧双眼,你能感觉到眼睛周围的紧张吗?(暂停5秒)现在放松那些肌肉,注意紧张和放松之间的差异。"(暂停10秒)

⑧ 舌头和咀嚼肌。"现在通过咬紧牙关,并将嘴角向后移动,感觉嘴部肌肉的紧张。(暂停5秒)现在放松,你能区别出嘴部肌肉紧张和放松的差异吗?"(暂停10秒)

⑨ 紧闭嘴唇。最后一项面部练习,包括嘴巴和下巴的肌肉。"现在闭紧双唇。感觉嘴部周围肌肉的紧张。(暂停)现在放松那些肌肉,感受嘴和整个脸部肌肉的放松。(暂停)你的脸像你的手臂肌肉一样放松吗?"(在肌肉群之间进行比较)

⑩ 头。"现在我们移向颈部肌肉。将头紧靠在椅背上。你能感受到颈部和后背的紧张吗?(暂停)现在让头部休息。注意两者的差异,保持放松。"(暂停10秒)

⑪ 下颌向胸靠。这个练习仍然是颈部肌肉,主要是颈前部肌肉。"现在继续注意颈部。头向前伸,看看能否将下巴接触到胸前。感受颈前部肌肉的紧张。现在放松。"(暂停10秒)

⑫ 背部。做这个练习要小心,不要让来访者感到背部酸痛。"现在注意你的后背。将背向后弯曲,挺出胸和腹部。你能感觉到后背的紧张吗?"感觉这种紧张。(暂停)现在放松,注意紧张和放松之间的差异。"(暂停10秒)

⑬ 胸部练习。"现在深呼吸,让气息充满你的胸腔,憋一会儿。"感觉整个胸部和腹部的紧张。(暂停)现在放松自然的呼出气体,感觉放松的感觉。(暂停10秒)

⑭ 腹部练习。"现在将注意力放在腹部,绷紧腹部肌肉。现在放松腹部。(暂停10秒)你的腹部是否像后背和胸部那样放松?"(肌肉群之间的比较。)

⑮ 臀部。肌肉群向下移动到臀部。这组肌肉群可不进行,直接做腿部练习。"现在收紧臀部肌肉,向地板(或椅子)上压。感觉他的紧张。现在放松。"(暂停10秒)

⑯ 腿部。"注意力集中到腿部。伸直双腿,感觉大腿的紧张。(暂停5秒)现在放松。

感受大腿的紧张和放松之间的差异。"(暂停10秒)

⑰ 脚步。"现在注意小腿和脚,将脚尖尽量朝上指,使你的小腿肌肉绷紧,好像有一根线正向上牵拉你的脚尖,你能感觉到这种牵拉和紧张吗?(暂停)现在放松,让你的腿放松。感受紧张和放松之间的差异。"(暂停10秒)①

系统脱敏训练②

系统脱敏训练是在放松训练的基础上发展起来的,对于考试焦虑的辅导很有效。其步骤如下:

① 放松训练:让学生学会进入身心松弛状态。

② 建立恐怖或焦虑等级:教师和学生一起探讨在不同刺激下,感受到的恐怖或焦虑等级的层次。不要探究具体是什么刺激,而是体验在刺激下的感受。这种感受称为主观不适度(简称SUD)。SUD按0—100等级打分,10分一档,分值越高,恐怖或焦虑的感受越强烈。可以发给学生分别标明从10,20……到100分值的10张卡片,请他们写上产生不同的SUD等级时的场景或事件,低年级学生由辅导老师和他们探讨代写。最终建立起一个10—20个不同的SUD的场景或事件的等级表。

一名考试焦虑学生的焦虑等级表:

10 下课走在教室外,听到一个同学说他考试的事情。
20 老师批评学生学习不认真,说到时候考不出来,你就会着急了。
30 老师在课堂上分析上次考试或检测的情况。
40 老师要自己分析考试中的问题,要求自己争取下次再前进几名。
50 老师在课堂上提醒大家,快要考试了,收收心,少玩点,好好复习。
60 父母警示自己,再考不好就怎样怎样,长大没有前途。
70 复习时想起以前考不好时,教师和父母对自己的批评和责罚的情况。
80 明天就要考试了,晚上在家里想起考试场景或考后成绩不好怎么办。
90 考试时有题目,一下子做不出来。
100 监考老师走到自己身旁,俯下身子看自己。

③ 通过恐怖或焦虑刺激:从最低的SUD开始,学生在辅导教师描绘场景或事件的同时练习放松,待学生报告SUD降至0时,再进入下一个等级,直至通过最高SUD的场景或事件,从而达到最终消除考试焦虑的目的。

本章引入的案例辅导方法

① 与刘雅及其家长建立良好的合作关系。有针对性地剖析刘雅因学习压力、考试焦虑引发的心理问题。分析其性格弱点及其家庭教育中存在的问题,制定合理的辅导方案。

② 帮助刘雅调整思维模式,识别非理性信念。在正确认识考试成绩的基础上,帮助刘雅树立自信心,轻装上阵,消除紧张情绪,克服不良心理反应。

③ 指导刘雅父母给刘雅卸压降值,客观地分析刘雅因压力过重、期望值过高带来的行为异常的原因。

---

① 伍新春.中学生心理辅导[M].北京:高等教育出版社,2016:167-168.
② 陶勑恒.小学生心理辅导[M].北京:高等教育出版社,2004.179-180.

④ 指导刘雅掌握应对考试的方法和技巧,掌握自我放松的操作方法,加强积极的自我暗示,树立良好的自信心,调整学习的心态。

⑤ 有针对地进行系统脱敏训练。在引发焦虑的考试中或在引发前和过程中进行模拟考试,逐渐减轻考试情境的恐惧和焦虑程度,保持放松状态。

第九章　中学生的情绪特点与情绪调节

案例导入

小丽是一名初三女学生。性格内向孤僻、不善与人交往、内心自卑、容易自责,总是胡思乱想,有很深的负罪感。路上骑车时,总担心自己会撞到其他人;与同学聊天时,总担心自己的笔芯会戳到同学眼睛;在家里,总担心电器会起火;出门时,总担心没有锁好门。此外,经常反复洗手。

问题:

1. 小丽处于一种什么样的情绪状态?
2. 你将怎样帮助她排解这一情绪?

本章将与你共同探索中学生的情绪发展特点、常见的情绪困扰及其产生的原因以及中学生不良情绪调节的方法。

第一节　中学生的情绪发展特点

我们的日常生活充满着情绪,有时开心、有时愉悦、有时焦虑、有时愤怒、有时悲伤等。这些情绪形成了我们纷繁复杂的心理世界。情绪在日常生活中非常重要,情绪的好坏影响着我们工作和学习的效果,在健康的情绪状态下解决问题时,其结果往往令人满意,但是在心情郁闷、厌烦、紧张、愤怒的状态下解决问题时,则往往出现不良的后果。中学生的情绪最突出的特点是两极性,当取得好的成就时非常高兴,而一旦失败,则陷入极端苦恼的状态,其行为很容易受情绪的控制。可见了解中学生情绪发展的特点,探索中学生不良情绪产生的原因,提出中学生情绪调节的方法显得非常重要。

一、情绪概述

(一) 情绪含义

情绪(emotion)是以个体的愿望和需要为中介的一种心理活动。当客观事物或情境符合主体的愿望和需要时,会产生积极、肯定的情绪,例如,考试取得好的成绩,父母买了比较喜欢的游戏机等。当客观事物或情境不符合主体的愿望和需要时,则会产生消极、否定的情绪,例如,考试成绩不理想,和父母吵架了等。

情绪是一种混合的心理现象,主要由独特的主观体验、外部表现和生理唤醒三种成分组成。

1. 主观体验

主观体验是指个体对不同情绪状态的自我感受。每种情绪有不同的主观感受,可用不同的词描述,如快活、害怕、生气、悲伤、恐惧、愤怒等。例如,许多人都会背诵"锄禾日当午,汗滴禾下土"的诗句,但在炎热的夏日锄过地的人对这一诗句有更深的体验。在文学作品中,人们常用"如朝露""如白驹过隙"来描绘人生的短暂,对这些描述,少年学子和饱经风霜的老人会有不同的感受。黑格尔曾经说过:一句格言,从一个七岁小孩口中说出和从一个饱经风霜的老人口中说出有不同的含义,后者包含了他一生的辛苦经历。

2. 外部表现

情绪的外部表现形式——表情。表情主要通过面部肌肉、身体姿势和语音语调等方面的变化表现出来。如高兴时眉飞色舞、手舞足蹈、语调高昂,沮丧时两眼无光、垂头丧气、语调低沉。表情在情绪活动中具有独特作用,它既是传递情绪体验的鲜明形式,也是情绪体验的重要发生机制。

3. 生理唤醒

生理唤醒是指情绪产生的生理反应(见表10-1)。它涉及广泛的神经结构,如中枢神经系统的脑干、中央灰质、丘脑、杏仁核、下丘脑、蓝斑、松果体、前额皮层以及外周神经系统和内外分泌腺等。例如,害怕时,心跳加速、血压升高、副肾上腺素分泌增加、血糖增高、消化速度减慢以及瞳孔放大等。这些生理反应,通常是不自主的,而且不同的情绪,如兴奋或愤怒,可能都会引起类似的生理变化。

知识窗口:测谎仪

根据情绪发生时,身体内部的呼吸、脉搏、血压、出汗等生理的指标会有变化这个道理设计出来的。过去常用自由联想法,中性词和关键词。现在的方法是直接问一些问题,被试做出"是"和"否"的反应。问题主要是中性的问题和关键的问题。正常人和嫌疑犯在关键问题反应时,引起的生理指标有差别。

表10-1 不同情绪的唤醒模式

情绪	症状
快乐	感到暖和,心跳加快,肌肉放松
恐惧	心跳加速,肌肉紧张,呼吸急促,流汗,感到冷,喉咙堵,胃不舒服
发怒	心跳加快,肌肉紧张,呼吸加快,感到热,喉咙堵
悲伤	喉咙堵,哭,肌肉紧张,心跳加快,感到冷
害羞	感到热,心跳加快,出汗

(二) 情绪的功能

1. 适应功能

情绪是有机体适应生存和发展的一种重要方式。例如,恐惧让动物逃离危险,愤怒让动物奋起抵抗。原始的爱、恐惧、愤怒等是动物和人类适应恶劣的自然环境,求得生存和发展的一种必要的手段。察言观色,了解他人的情绪状态,以便采取不同的交往策略,这种是典型的社会适应。

2. 动机功能

情绪是动机的源泉之一,是动机系统的一个基本成分,能激励人的活动,提高人的活动效率。适度的兴奋可以使身心处于最佳的状态,推动人们有效地完成任务。如适度紧张和焦虑可以成为行为动力,使人积极思考,解决问题。情绪对于生理内驱力具有放大信号的作用,以产生强大动力。如在缺氧环境下,想到自己心脏不好,感到害怕,于是就产生了强大的驱动力量,使自己赶紧脱离现场。

3. 组织功能

情绪的组织功能主要是指情绪对其他心理过程的影响。斯若夫(Sroufe,1979)提出情绪作为脑内的检测系统,对其他心理活动具有组织作用。表现为积极情绪的协调作用:如中等强度的愉快情绪可以提高认知成绩;消极情绪的破坏作用:如恐惧、痛苦等消极情绪水平越高,认知活动成绩越差;积极情绪使行为开放,容易看到事物美好一面,愿意接纳事物。消极情绪使个体感到悲观、失望,接纳程度下降,攻击性增强。

4. 社会功能

情绪在人际间具有传递信息、沟通思想的功能,并通过表情来实现。作为言语交流的重要补充,如语调不同可能表达的信息不同。在一些场合,只能用表情来传递信息。如婴儿只能用表情来表达需要,获得成人关注。

(三) 情绪状态的分类

情绪状态是在某种事件或情境的影响下,在一定时间内所产生的某种情绪。根据情绪状态的强度和持续时间可分为心境、激情和应激。

1. 心境

心境是一种比较微弱、平静而持久的情绪状态。心境具有弥漫性,它不是关于某一事物的特定体验,而是以同样的态度体验对待一切事物。心境是一种持续时间较长的情绪体验,少则几小时、几天、几周多则数月、数年。例如,亲人去世,往往使人产生长时间的悲伤沉郁的心境;中考考上理想的学校,在一段时间内会处于积极、愉快的心境。

引起心境的原因很多。工作中的顺逆境、事业上的成败、人际关系的亲疏、生活条件的优劣、健康状况的好坏、人格特征乃至自然环境(如气候、温度等)的变化等,都可能是导致某种心境的原因。心境对个体的学习、工作和生活均有重要影响。积极的心境使人振奋乐观,既能增强个体克服困难的勇气,提高活动效率,也有益于身体健康;消极的心境则易使人颓废悲观,会降低个体的工作效率,有损于身体健康。

2. 激情

激情是一种强烈的、爆发式的、为时短暂的情绪状态,如狂喜、暴怒、绝望、恐惧等。激情的主要特点有:① 爆发性。激情的发生过程十分迅猛,大量的心理能量在极短时间内喷薄而出,强度极大。② 冲动性。激情一旦发生,个体完全被情绪所驱使,言行缺乏理智,带有很大的盲目性,常出现"意识狭窄现象"。③ 持续时间短。冲动一过,事过境迁,激情也就弱化或消失了。④ 明确的指向性。激情通常由特定的对象引起,如意外的成功会引起狂喜,理想的破灭可导致绝望。⑤ 明显的外部表现。如愤怒时"怒目圆睁",狂喜时"手舞足蹈"。

引起激情的原因是多方面的。对个体具有重大意义的事件(如高考失利、亲人亡故)、对立的意向或愿望的冲突、过度的抑制或兴奋都可能导致激情产生。激情并非都是消极的,它也可以成为激励个体积极行动的巨大力量。但是,我们也必须学会控制激情的消极影响,在任何时候都不能以激情不可控制(如暴怒下伤人)为由来原谅自己的过失。

3. 应激

应激是由出乎意料的紧张状况所引起的情绪状态,是人对意外的环境刺激所做出的适应性反应。例如,突然遭遇火灾、地震、歹徒袭击或面临重大比赛或考试时,个体必须集中自己的经验和智慧,动员自己全部的精力和体力,迅速做出抉择,采取有效行动,此时人的身心就处于应激状态。应激的特点有:① 超压性。无论是危险情境时,还是紧要关头时,个体都会由于客观事物的强烈刺激而承受巨大心理压力,并集中反映在情绪紧张度上。② 超负荷性。在应激状态下,个体必然会在生理上和心理上承受超乎寻常的负荷,因为此时个体必须充分调动体内的各种能量或资源去应付紧急、重大的事变。

应激状态的产生与个体对所面临情境的自我应对能力的评估有关。当个体意识到情境所提出的要求已超出了自己的应对能力,就会处于应激状态。个体在应激状态下的反应有积极和消极之分。积极反应表现为急中生智、力量倍增,个体的体力与智力都得到"超水平发挥",从而化险为夷,转危为安,及时摆脱困境。人们此时常常能够做出许多平时根本做不到的事情。

人在应激状态下,会引起一系列生物反应。如呼吸、心率、肌肉上的变化以维持机体功能的完整性。塞里(Selye)称这种变化为适应性综合症,包括三个阶段:动员阶段,产生生理机能的变化,来进行适应性防御。阻抗阶段,生理机能进一步变化,如呼吸加快,血压升高,以充分动员人体潜能,对付环境突变。衰竭阶段,应激如果依然存在,阻抗继续发生,但适应能力已经用尽,导致适应性疾病。

二、中学生情绪发展特点

青春期是人生的"第二次断乳期"。青少年的情绪表现充分体现出半成熟半幼稚的矛盾性,具体表现为以下特点:①

(一) 情绪活动的丰富性和复杂性

中学生复杂情绪逐步形成,如爱、恨、羞耻、尴尬、鄙视等;随着认识能力的发展,能在深刻认识的基础上把不同的情绪成分联结在一起,形成稳定的情绪结构。随着自我意识的不断发展,新的需要不断涌现,中学生在自我认识的态度上,形成了如自尊、自信、自负以及友谊等方面的多种情绪体验。

情绪活动的丰富性,也导致了中学生情绪更加趋于复杂化,其表现为情绪带上了文饰的、内隐的、曲折的性质,面部表情不再是心理世界的显示器,如有时对某件事感到厌烦,但出于某种原因,既可以表现得不在意,也可以表现出热心;对一个人明明有好感,愿意接

---

① 姜淑梅等.中学生心理辅导[M].北京:清华大学出版社.2019,148-150.

近,却由于自尊心或其他原因,会有意表现出冷淡的态度。

(二) 情绪变化易受环境影响

中学生的自我意识强烈,自尊需要迫切。他们十分珍视荣誉,会付出一切努力保护自尊心。因此,当意识到有某些威胁自尊心的因素存在时,就会产生强烈的不安、焦虑、恐惧。当自尊心受到伤害,马上会生气、愤怒,对别人的嘲笑、蔑视反应非常强烈,对家长、教师的忽视、压制、不公平对待非常敏感。

(三) 情绪体验的跌宕性

中学生对各种事物比较敏感,自我意识迅速发展,心理行为自控能力较弱,因而具有高度的情绪兴奋性、紧张性、冲动性和爆发性。这种冲动性与他们的生理发育,特别是神经活动的兴奋过程强、抑制过程弱有一定关系。一旦激起某种性质的情感,情绪就如火山般猛烈爆发出来,表现出强烈的激情特征,情绪冲垮理智的意识控制,淋漓尽致地显露出他们对外界事物的爱、恨、不满或恐惧、绝望等情绪。具体表现为:他们喜欢感情用事,遇事好激动,对自己认为不良的现象动辄深恶痛绝,对罹难者则多有恻隐之心;他们对外部刺激反应迅速、敏感,高兴时欢呼雀跃,甚至忘乎所以,失败时极端苦闷,悲观失望;有时为了一点小事,或是动怒,与人争吵,有时又会转向反面,变得泄气、绝望;在强烈的感情冲击下,可能会遇事武断,行为固执,不听劝告,我行我素。正因为狂热愤怒和不冷静,而盲目做出一些追悔莫及的事,酿成不可挽回的后果。

(四) 情绪活动的心境化

中学生情绪在时间上比小学生有更长的延续性,一件事引起的反应能够较长时间地留在心头,这种拉长了的情绪则会转为较稳定的心境化。具体表现为:在愉快的心境下,心情舒畅,对周围的人和事都会感到满足,干什么事都有劲,甚至对平时不感兴趣的活动也津津乐道;相反,若心境不佳,则对什么事情都不感兴趣。此外,中学生一方面会因为成功或收获而使快乐的情绪体验延长成为积极良好的心境;另一方面因挫折或失败会使不愉快的消极情绪延长为不良的心境。情绪的心境化和情绪易激动、兴奋这些特点都存在于中学生,这种矛盾正是情绪由不成熟向成熟发展的表现。

(五) 情绪变化的两极性

1. 复杂与简单共存

进入中学以后,随着环境的改变,视野的扩大,知识增多,中学生情绪领域也在不断扩宽。情绪内容日趋复杂,其范围已经发展到对学习、生活、友谊等的体验,以及对一切所热衷的事情的体验。但是,由于诸多因素的影响,中学生的所有情绪体验,尤其是高级情感体验尚存在一定的简单性,如有的中学生对理想的追求仅仅是因为兴趣浓厚,对学习的热情仅仅是为了荣誉,把友谊理解为"义气"等。

2. 强与弱共存

中学生的情绪十分强烈,为一件事或暴跳如雷,或欣喜若狂,或垂头丧气,屡见不鲜。与此同时,他们的情绪还有着温和、细腻的一面,在与知心朋友、所敬重的师长交往时,他们也会表现出温文尔雅、和颜悦色的形象,即使有令人不快的事情发生,有时也能冷静理智地对待和处理。

3. 波动和稳定共存

中学生的情绪波动性表现为情绪的大起大落，往往从一个极端走向另一个极端，顺利时晴空万里，受挫时愁云满天，今天对某人佩服得五体投地，明天又觉得不屑一顾。与波动性相对的是稳定性，中学生在形成一种看法后，有时也会表现出一定的坚持性，不易改变。

4. 微妙的隐蔽性

中学生的情绪不再像儿童那样天真直露、心口如一，其表现具有文饰、内隐的性质，有时会把自己真实的内心情绪世界封闭起来，对自己内心真实想法或真实情绪，是否予以表现也时常依时间、对象、场合而转移。但中学生毕竟阅历较浅，涉世未深，内心深处存在希望被理解的强烈愿望，依然比较直率，当意志不能完全控制情绪时，也会锋芒毕露，遇到知己时也会倾诉真情，所以，情绪的隐蔽性是相对而言的。

5. 学业情绪的发展

学业情绪主要是指在教学或学习过程中与学生的学业相关的各种情绪体验，包括高兴、厌倦、失望、焦虑、气愤等。它不仅包括学生在获悉学业成功或失败后所体验到的各种情绪，而且包括学生在课堂学习中的情绪体验、在日常作业过程中的情绪体验以及在考试期间的情绪体验。

研究发现，积极低唤醒的学业情绪对学业成绩的总效应是显著积极的，具体表现为对掌握接近目标、学业效能、学习策略、学业成就均具有显著积极预测作用，对掌握回避目标有消极的预测作用。

第二节 中学生的不良情绪及其调节方法

一、中学生常见的情绪问题

（一）焦虑症

焦虑是人们对于可能造成心理冲突或挫折的某种特定事物或情景进行反应时的各种状态，同时带有某种不愉快的情绪体验。这些事物或境遇，包括一些即将来临的可能造成危险或灾难的或者需要付出特殊努力加以应付的东西，如果对此无法预计结果，不能采取有效措施加以防止或予以解决，这时心里的紧张和期待就会触发焦虑反应。过度而经常的焦虑就成了神经性焦虑症。焦虑症又叫焦虑性神经症，是一种常见的神经症，患者以焦虑情绪反应为主要症状，同时伴有明显的植物性神经系统功能的紊乱。

青春期是焦虑症的易发期，随着第二性征的出现，个体对自己在体态生理以及心理等方面的变化会产生某种神秘感，甚至不知所措。诸如女孩儿由于乳房发育而不敢挺胸、月经初潮而紧张不安；男孩子出现性冲动、遗精、手淫后追悔自责等，这些都将对中学生的心理和行为带来很大的影响。中学生往往由于好奇和不理解而导致出现恐惧、紧张、羞涩、孤独、自卑等,同时还可能伴有头晕头痛、失眠多梦、眩晕乏力、口干厌食、心慌气促、神经过敏、体重下降和焦虑不安等症状。患者常因此而辗转于内科、神经科求诊,经反复检查并没有发现任何器质性病变,这类病症在精神科通常被诊断为青春期焦虑症。

(二) 抑郁

抑郁是一种感到无力应对外界压力而产生的心情持久低落的情绪状态,常伴有悲观、痛苦、自卑等消极情绪体验。抑郁症严重困扰患者的生活、学习和工作,给家庭和社会带来沉重的负担,约15%的抑郁症患者死于自杀。世界卫生组织、世界银行和哈佛大学的一项联合研究表明,抑郁症已经成为中国疾病负担的第二大病。

抑郁的表现形式一般因人而异,通常情绪表现:心境不良、情绪消沉或焦虑、烦躁、坐立不安;对日常活动丧失兴趣,丧失愉快感;精力减退,常常感到疲乏;认为活着没意思,严重者感到绝望,生不如死,并且易被激怒。认知行为表现:思考能力下降;言语减少,行动缓慢;自疚自责,自我评价过低;动作迟缓,淡漠亲情,严重者不吃、不动、不语;对未来充满悲观,缺乏兴趣,甚至会自杀。身体表现:口干、食欲下降、失眠、胃肠功能减弱、面容忧虑、呻吟、哭泣、有时伴有其他疼痛感。

青少年的抑郁多半是由于学习或生活中各种各样的烦恼造成的。一个人在工作、学习和生活中总会遇到这样或那样的困难和挫折,一旦暂时不能克服这些困难,摆脱挫折的影响,烦恼便会随之而来,如有的人总会觉得"生不逢时",有一种"怀才不遇"的感觉,于是抱怨生活对自己不公平,对一切都觉得不顺心,不满意;有的人将个人的利害关系,荣誉得失看得过重,为一些微不足道的小事,整日患得患失、忧心忡忡,以致心理疲劳,影响正常的工作、学习和生活;有的人甚至庸人自扰,杞人忧天,担心这个,害怕那个,自寻烦恼。

(三) 易愤怒

愤怒是由于主体愿望的实现受客观事物的阻碍所产生的激烈的情绪反应,其程度可以从不满、生气、恼怒、愤怒到暴怒。青春期的中学生比较容易冲动、急躁、爱发脾气,情绪的自我控制能力比较弱,即使轻微的刺激,也容易引起强烈而短暂的情绪反应。如一些鸡毛蒜皮的小事,在别人看来不以为然,而他却犯颜动怒,火冒三丈。

中学生愤怒的原因主要来自父母不良的教养态度和教养方式;学业负担、考试压力、校内人际交往问题等学校因素,以及自制力较差等不良性格特点,是造成愤怒情绪的主观原因。

(四) 挫折心理

中学生常常抱有各种各样的幻想,为了将其变成现实,他们会付出种种努力,甚至刻意追求。当这种追求持续不能得到满足或部分满足时,就容易产生挫折。挫折一般是指需要得不到满足时的紧张情绪状态。如果挫折产生于较为重大的目标,如学业、工作、爱情等,这种挫折可称之为失败;如果挫折的障碍与压力持续时间长、影响范围广,使其处于一种不利于身心发展的位置,则称为身处逆境。挫折、失败和逆境容易给中学生带来失望、压抑、沮丧、郁闷、苦闷等紧张心理状态和情绪反应,心理学上称之为挫折感和挫折心理。

挫折感在中学阶段表现较明显。这个时期的青少年常常会因为对人生的思索、学业的担忧、爱情的烦恼、社交的障碍而体验到令人失意的挫折心理。中学生挫折心理产生的原因大致可分为两类:首先,主客观矛盾是中学生挫折心理产生的主要原因。主观方面是指中学生的自我需求,客观方面则是指满足其需求的现实条件。主客观矛盾的主要表现有,中学生物质生活需要与社会学校家庭有限物质条件之间的矛盾;学业成功、工作出色的愿望与同学或同事竞争的矛盾;自我表现的需要与机遇不平等的矛盾;独立、自主需要与纪律约束的矛盾;社交需要与自己在组织中的地位之间的矛盾等。其次,个体不完善也是中学生挫折心理的重要原因。中学生虽然朝气蓬勃,思想活跃,兴趣广泛,勇于探索,富有创造性,但从社会成熟的角度看,他们个性还不够完善,如情绪不稳定,知识片面,自尊心与好胜心强,理想浪漫,容易偏激,世界观不明晰,缺乏扎实的实践基础,耐力不够等。青少年这种不完善的个性成了挫折心理的一张温床。

(五)逆反心理

逆反心理是指个体彼此之间为了维护自尊,对对方的要求采取相反的态度和言行的一种心理状态。在现实生活中,有的中学生就是"不受教""不听话",甚至经常与老师、家长"顶牛""对着干"。这种与常理背道而驰,以反常的心态来显示自己的"高明""非凡"的行为,往往是逆反心理的表现。这种心理在青少年成长中的每一个阶段都可能发生,而且有多种表现。如对正面宣传做不信任、不认同的反向思考;对先进人物、榜样无端怀疑,甚至根本否定;对不良倾向持认同感,为其喝彩;对思想政治教育消极抵制、蔑视对抗等。

逆反心理产生的原因表现在两个方面:主观上是中学生正处于"过渡期",独立意识和自我意识日益增强,迫切希望摆脱成人的监护。他们讨厌成人将自己当"小孩儿",要求以成人自居。为了表现自己与众不同,他们对任何事物都持批判态度。正是由于它们觉得或担心外界无视自己的独立存在,故用各种手段、方法来确立"自我"与外界对立的情绪。客观方面,教育者的可信任度、教育手段和方法、教育的时机不适当,往往也会导致逆反心理。作为一种反常心理,逆反心理尽管不同于变态心理,但已带有变态心理的某些特征。就其后果而言,它会导致中学生出现对人或对事多疑、偏执、冷漠、不合群的异常性格,使其信念动摇、理想泯灭、意志衰退、学习被动、精神不振等逆反心理的进一步发展,还可能向犯罪心理或病态心理转化。

(六)强迫

强迫主要是指出自内心,虽无意义却反复出现,但有时也能克制和摆脱的某些观念和行为。它属于一种意识上的心理问题,有这种心理问题的青少年,经常莫名其妙地出现某些不必要的观念和行为,所以常常被紧张不安和内心冲突所困扰。造成自我强迫多是由于性格过于内向和拘谨、自我封闭,使心中的想法不能宣泄于外,或是过分注意细节,责任感过强,追求十全十美所致。自我强迫虽然也主要表现为强迫观念和强迫行为,但其严重程度和频率远不如强迫症。强迫观念,主要表现为对自己所做的事情感到不放心,如出门后又回到门前,检查一下门是否锁好;对当前事物常常联想到一些可怕或不祥的情景,如看到安全行驶的汽车,有时会联想到严重的车祸;脑子里常常浮现过去的某段经历;明知没有必要探究,却反复思考,如"世界上是先有鸡还是先有蛋"。强迫行为则是屈从于强迫观念的具体动作,如过度洗手,认为手总是越洗越干净,于是一遍一遍反复洗手。

(七)恐惧

恐惧是指对某种特定对象或境遇产生了强烈、非理性的害怕,而实际上这类引起害怕的对象或境遇,一般并不导致危险或威胁。这种情况多发生于儿童和青少年时期,如怕黑,怕孤独,怕一些小动物等。随着年龄的增长,恐惧感会逐渐减弱或消失。但是,因个人的认知能力和神经系统的耐受性,以及个人生活经验、意志品质等方面的偏差和缺陷,加上某种令人恐怖的刺激情况的强烈且长期作用,也会使一些年龄稍大的青少年仍然存在着不合情理的恐惧心理。当人处于这种恐惧状态时,不仅会出现明显的紧张、焦虑甚至愤怒等情绪反应,有时还常伴有心悸、出汗、头痛、头晕等强烈的生理反应。

恐惧心理有各种各样的表现,对某一特定事物或现象的特殊害怕,是青少年最为普遍的恐惧心理。如一位高中学生,偶然看到一场葬礼,这时他突然想到,总有一天自己也要死,于是,这种对死的恐惧时时笼罩着他。开始只是晚上无人时害怕,后来一天到晚被这种恐惧所困扰,整天感到心里像压了块巨石。严重时大脑昏昏沉沉,并伴有头痛脖子僵硬等现象。虽然他也曾努力控制自己,但这种恐惧却总摆脱不掉,使其身心健康受到很大的影响。

人际交往中出现的恐惧心理也是青少年较为普遍的。青少年由于神经系统功能还不稳定,对心理压力的承受力较弱,再加上为人处事的经验不足、社交技能欠佳,因此在人际交往中难免会遇到这样或那样的问题,受到种种挫折。如有的青少年因与自己的好朋友产生了矛盾,便觉得人与人之间存在太多的虚伪;有的青少年因曾在大众面前受过伤害,觉得丢了脸面,于是在这种心理压力驱使下,回避众人,逃避交往,甚至不出门,将自己孤立起来,不仅拒绝朋友、熟人甚至泛化到陌生人。但是他们在逃避交往的同时,内心又十分渴望与人交往。正是这种矛盾心理使他们倍感苦恼和焦虑,陷于忧郁和痛苦之中。有社交恐惧心理的青少年大多性格内向,并且有不同程度的神经质、自卑或自尊心、虚荣心过强的问题。

(八)孤独

孤独是一种封闭心理的反映,是感到自身和外界隔绝或受到外界排斥时产生的孤寂苦闷的情感。孤独通常表现为心情伤感,伴有比较明显的忧郁情感表现;感到无聊、烦躁,有想发泄的冲动;内心渴望别人关注,但行为表现不太合群;常伴有生活上的不适应。中学生孤独感产生的原因可能是从小生活在缺少温暖、爱和理解的环境中;生活中意外事件的打击;性格内向,习惯独处;错误地看待人际关系;自卑以及自我意识觉醒。[①]

二、中学生不良情绪产生的原因

(一)主观原因

1. 自身性格

性格有内向、外向和介于内向外向之间的。外向型的人性格开朗、活泼,喜欢倾诉和语言表达,有不良情绪时能及时和朋友倾诉。而内向型或偏内向的人则经常自我剖析,做事谨慎,疑虑困惑,交往面窄,害怕困难,为不善与他人交往,不信赖同学,有不顺心的事情也从不倾诉,内心充满压抑、烦闷。也有一些独生子女没有兄弟姐妹互相沟通,父母工作

---

① 姜淑梅等.中学生心理辅导[M].北京:清华大学出版社,2019:142-149.

又比较忙,容易产生孤独感。

2. 自身素质

自身素质包括身体素质、文化素质和心理素质等。自身素质差的学生容易感到自己不如别人,不愿与人交流,容易产生自卑心理。

3. 自身兴趣爱好

一般来说,兴趣广泛的学生可以通过兴趣调节不良情绪;而兴趣少或没有兴趣爱好的学生则可能由于无法排解心中的郁闷和不快而产生不良的情绪。

4. 青春期躁动

由于生活条件越来越好,青春期的第二性征普遍提前,学校对性教育往往重视不够,造成部分学生进入青春期后对性相关的事情过分敏感,或者对男女间的感情过分好奇,而家长和老师对异性喜欢和交往的约束、误解和责罚,容易使他们产生不良的情绪反应。

(二) 客观原因

1. 家庭教育的消极影响

父母是孩子最重要的榜样,父母的言行会影响孩子的发展。研究表明:当父母自己有不良行为习惯,文化教育水平较低;对孩子过分严厉,孩子缺少关怀与支持;父母相信情绪是不可控制的,且任由自己的负性情绪的发展;婚姻破裂或孩子生活在单亲家庭中等情况时,孩子都可能会有更多的不良情绪,也不善于主动地尝试情绪调节。对于一些独生子女,父母的娇纵、溺爱,致使孩子任性、懒惰、自私,生活不能自理,以自我为中心。部分父母希望能"棒槌之下出孝子",对子女教育过分严厉,也会使孩子变得懦弱、自卑、冷漠、充满攻击性。还有的父母忙于工作,或者常年出差在外,只及时满足孩子的物质需要,却缺少与孩子的交流。部分单亲家庭,对子女要么过分溺爱、放纵,要么随意打骂,使孩子缺少温馨的家庭成长环境。

2. 学校教育的不均衡

受中考高考升学压力的影响,很多学校忽视心理健康教育,仅关注学生的学习成绩,有些即使开设了健康教育课,也往往流于形式,形同虚设。部分学校随意指定非专业的老师做心理咨询工作。还有学校对学生教育简单粗暴,随意惩罚,造成学生们产生逆反情绪,对老师的要求漠视或与老师对着干。甚至有些学校取消了音乐、体育、美术等课程,所有时间都用来上文化课,周六、周日还补课;把文化课的分数当成学生教育评价的全部,忽视了对学生健康人格的培养。那些被家长打骂,被老师指责,被同学孤立的学生没有归属感,从而自暴自弃,破罐子破摔。

3. 社会环境的影响

社会上存在着一些不太健康的书籍、影视、网站,还有很多如舞厅、酒吧、网吧、电子游戏厅等不适合中学生去的场所,还有各种直播、快视频、综艺等娱乐性的APP和节目,并且现在老年、中年、青年等很多都在玩这些娱乐性质的APP,中学生在这种娱乐至上的氛围下成长也都会对其造成不良的影响。

4. 缺少温暖的成长环境

有些中学生父母常年在外面工作,从小缺少父母足够的关爱,缺少家庭的呵护,缺乏心灵的慰藉;有些地方学生从小学一年级就开始住校,长期不能和父母一起生活,过着集体生活,即使老师对他们照顾很好,但是老师精力毕竟有限,没有办法像父母一样照顾得那么全面;还有一些即使与父母天天生活在一起,但是白天在学校,晚上忙着写家庭作业,没有时间与父母进行充分的沟通。

三、中学生不良情绪的调节方法

(一)情绪调节的含义

情绪调节是指个体管理和改变自己或他人情绪的过程,通过一定策略和机制,使情绪在生理、主观体验、表情行为上发生一定变化。具体包括以下几方面。

具体情绪的调节包括所有正性和负性的具体情绪,如不光愤怒需要克制,悲伤要转移,同时过分高兴也要克制。当学生在学校里取得好的成绩时,不能表现得过分高兴,以免影响其他同学的情绪。

唤醒水平调节包括个体对过高和过低唤醒水平的调节。如高度紧张、兴奋需要降低,使之不影响认知;同时过分淡漠、抑郁需要提高兴奋水平。所以,情绪调节既包括抑制、削弱和掩盖等过程,也包括维持和增强的过程。

情绪调节不仅保留情绪系统内的调节,包括调节生理反应、主观体验和表情行为,还包括情绪的不稳定性、潜伏期等格调和动力上的调节。例如,情绪紧张或焦虑时,控制血压和脉搏;体验痛苦时,离开情境使自己开心一点;过分高兴时掩饰和控制自己的表情等。

(一)主观方面的调节[1]

1. 找到自己情绪变化的规律

掌握情绪变化的规律,就可以预防不良情绪的产生或者调节不良情绪。分析导致不良情绪产生的原因,写出与这些情绪相关的领域(人)、情境或事件。两周之后,根据记录资料分析自己的情绪,分析的内容包括我们日常生活中积极情绪和消极情绪的百分比、积极情绪体验和消极情绪体验的时间百分比、情绪反应是否适当、情绪发展是否有合适的理由、情绪变化的幅度和时间间隔、是否能意识到情绪的发生发展等。分析时重点考虑愤怒、恐惧、嫉妒、焦虑、抑郁、叛逆、自卑等不良情绪产生的时间、事件和原因。最后分析自己的归因方式,是内归因还是外归因,以及归因方式给自己带来的利弊。

2. 敢于面对不良情绪

逃避引起消极情绪的情境对消除不良情绪是没有帮助的,不仅会加剧不良情绪的体验,还会出现不良的应对方式。直面不良情绪可以从以下几方面出发。

第一,认清有压力的先兆。一般压力都会有一些提前的反应,比如情绪波动、睡眠不稳、内分泌紊乱、体重迅速下降等,都是有压力的先兆,因此要提高自己对消极压力的警惕性。

第二,寻找产生压力的根源。首先,看看自己与家人、同学、老师、朋友等的关系是否融洽,不正常的人际关系往往容易造成消极的压力反应;其次,检查一下自己是否常对自身提出无理要求,如要求自己各方面都优秀,希望自己永不犯错误或不允许自己失败;再

---

[1] 姜淑梅等.中学生心理辅导[M].北京:清华大学出版社.2019,160-169.

次，检查一下自己是否是个爱妒忌、爱追忆不愉快的事的人。妒忌可以无谓地耗尽有限精力，为了自己、为了重新振作，应从充满敌意、对抗和报复的情绪中解脱出来。

第三，积极参加锻炼和保持良好的膳食习惯。锻炼可以使体内释放内啡肽，它与人的信心和自尊有直接关系，影响人们的正常生活，在信心与自尊心的协调下，仍将得到更大的激励。此外，高质量的食品和新鲜的蔬菜也会缓解压力感。

第四，集中精力做一些事情。计划并且做必需的学习活动，集中精力成功地完成一件学习活动可以帮助自己树立信心。

第五，按自己的方式去生活，不要人云亦云，重视自己的选择。人有权形成自己的独立人格和开创自己的学习生活之路，而无须考虑别人的学习生活方式。具有创造意识的人，才能得到机会去创造。同时要树立自己的目标，父母、老师、长辈都认为他们有责任提供帮助，这没有错，但更应该树立自己的目标，该目标应是明确的和可以达到的。

第六，生物反馈法。利用现代生理科学仪器，通过人体内生理或病理信息的自身反馈，使患者经过特殊训练后，进行有意识的"意念"控制和心理训练，从而消除病理过程、恢复身心健康。

第七，系统脱敏法，又称交互抑制法，是由美国学者沃尔帕（Joseph Wolpe）创立和发展的。这种方法主要是诱导求治者缓慢地暴露出导致神经症焦虑、恐惧的情境，并通过心理的放松状态来对抗这种焦虑情绪，从而达到消除焦虑或恐惧的目的。如果一个刺激所引起的焦虑或恐怖状态在求治者所能忍受的范围之内，经过多次反复的呈现，他便不再会对该刺激感到焦虑和恐怖，治疗目标也就达到了。

第八，暴露疗法，又称满灌疗法（flooding therapy），它与系统脱敏疗法正好相反。满灌疗法不需要进行任何放松训练，而一下子呈现最强烈的恐怖、焦虑刺激（冲击）或一下子呈现大量的恐怖、焦虑刺激（满灌、泛滥），以迅速校正病人对恐怖、焦虑刺激的错误认识，并消除由这种刺激引发的习惯性恐怖、焦虑反应。故也称为冲击疗法或泛滥疗法。

3. 认识影响情绪波动的情景，修正认知结构

心理学研究表明，情景刺激并不直接决定情绪的性质，对刺激情境的认知决定情绪的性质。例如，两个同学犯了同样的错误，受到老师的批评，其中一个同学很快认识到是自己做得不好，决心改正，情绪很快恢复了平静，另一个同学则不然，他认为自己倒霉，运气不好，老师偏心，并认为没什么大不了的。久而久之，这个同学就成了不受老师，同学欢迎的人。这种外归因造成他事事在别人身上找原因，人际关系也随之紧张，人际关系进而又影响到他的情绪，周而复始，恶性循环，究其根本原因是要改变其归因方式认知结构，才能从根本预防或者缓解不良情绪。

合理情绪疗法（Rational-Emotive Therapy，简称 RET）是认知行为治疗的方法。该理论认为，人具有非理性的本质：每个人、任何社会与文化都有非理性的成分。心理障碍是由于一个人所持有的非理性的（irrational）、不符合逻辑的思维和信念（belief）引起的，是由错误的自我谈话所引起的。对事件正确的认识一般会引发适当的行为和情绪反应，而错误的认知往往是导致一个人产生不良情绪的直接原因。

A.（activating event）：与情感有关的激发事件，即诱发性事件。B.（beliefs）：对事件的想法和信念。C.（consequence）：情绪反应和后果。现实生活中认为：A 决定了 C，ABC 理

论则认为,同一事件由于 B 的不同而会引起不同的结果。例如,A:父母吵架,C:苦闷、抑郁,B:父母无感情(有感情的夫妻不应该吵架)。

不良的情绪反应,常常并非来自事件本身,而是来自人们对此事件的认识,尤其是不正确的、偏激的认识,人们称之为非理性信念。非理性信念的特征主要表现为(1)绝对化,关键词常为必须、应该、一定、绝对……(2)过分概括化(以偏概全),关键词常为天生如此、绝对不好、绝不可能、总是……(3)糟糕至极(灾难化),关键词常为彻底失败了、世界末日到了、全完了、丢尽了人……

非理性、绝对性信念根源于早年生活经验,儿童早年常被迫接受家庭、朋友、老师的态度、信念与价值观,而这些态度、信念与价值观常常是非理性的,如太多的"必须""需要""完美"与"绝对",从而使儿童产生较多的情绪与行为问题。

ABCDE 的治疗模式:用于治疗时仅 ABC 不够,增加了 D、E

A:诱发事件(activating event);

B:信念(beliefs);

C:后果(consequences);

D:诘难(disputing):对非理性的信念进行干预和抵制;

E:效应(effective):用有效的理性信念或适当的情感行为替代非理性信念、适当的情感和行为。

步骤:第一,从一典型事例入手,先找出激发事件 A;

第二,询问患者对这一事件(A)的感觉及反应,找出 C;

第三,询问患者为什么会有不适当的情绪、行为反应,逐步找出患者不合理的、歪曲的思维方式(B);

第四,辩驳或驳斥患者非理性信念与思维(D),治疗者可直接向病人提问:如你有什么证据证明你的这一观点? 是否别人都应该照你想的那样去做? 或者你有什么理由要求事物都按你所想的那样去发展?

第五,建立新的、更现实也更适应的思维认知方法(E)。

4. 不良情绪产生时,学会合理的宣泄

人的情绪处于压抑状态时应给予合理的宣泄,才能调节机体的平衡,缓解不良情绪的困扰,恢复正常的情绪、情感状态。情绪的宣泄有直接和间接的两种方式,直接宣泄就是针对引发情绪的刺激来表达情绪。当直接宣泄对别人或自己不利时,可用间接宣泄使情绪得到表达。具体的方法有以下这些方面:

(1) 哭泣。有些女学生爱哭,这是因为痛哭作为一种纯真的感情爆发,是人的一种保护性反应,是释放体内积聚能量、排解消极情绪、调节机体平衡的一种方式。因此从某种意义上讲,哭对人来讲是有利的,可以使压抑自己的情绪得到缓解,所以当我们面对消极情绪的影响时,不妨找一个适当时机,在不伤害他人的情况下释放,哭一哭对心理健康是有利的。

(2) 倾诉。当心中有了不平之事时,可以找老师谈话,也可以向同学、家长倾诉。这样,通过感情的充分表露与外界得到的反馈信息,能促进自我评价而改变不适当的行为。

(3) 适当的参加活动。适当的活动可以使郁积的怒气和不良情绪得到发泄,例如,可以跑跑步、打打球、打扫一下卫生、画画、唱歌等,这些方法可以使原本低落的情绪得以改变。

(4) 学会放松训练法。由于身心相互影响,动作也可以创造情绪。采用呼吸放松、肌肉放松、想象放松、音乐放松、催眠放松等方法,不仅可以缓解紧张,还有利于心理健康。例如,当你感觉过分紧张、烦恼、恐惧时,可采用深呼吸的方法放松自己,即深深地吸气,慢慢地呼气,使自己的身心放松。放松的姿势站立或坐卧都可以,闭上眼睛,默念"静、静、静"。然后深深吸气,吸气要缓慢,急了反而不舒服。充分的吸气之后,屏住呼吸几秒钟,然后慢慢呼气。呼气时比吸气速度还要慢,徐徐吐出。反复做三分钟,往往会感到身心放松。每天坚持做三次,效果更好。

(5) 偶尔利用"阿Q精神"。当心理不平衡的时候偶尔的"阿Q精神"可以冲淡内心的痛苦,但是更有效的方法还是要积极主动地去面对,去争取,才能真正达到内心平衡。

(6) 幽默。幽默是精神的消炎剂,能使人更好地适应环境,不良情绪到来时,用幽默去抵挡,你会觉得不良情绪退之千里之外,好情绪悄然而至。

(7) 自黑。自黑是一种自我接纳的表现。有时候当我们越不敢面对不敢承认的事情,这件事情对我们的影响越大。自我解嘲的同时也是一种压力下的自我释放和治疗。

(8) 学会精神转移法。情绪不好时,根据自我要求,有意识地把自己已有的情绪转移到另一个方向上,使情绪得以缓和,进而使自己有冷静地分析和考虑问题的足够时间和机会,可以有意识地通过转移话题或做点别的事情的方法来分散注意力。例如,有人提倡用舌头在口腔里转圈子的方法来分散和缓解紧张情绪时,用看电影、听音乐、下棋、打球、郊游等使其精神得到自慰,从而使自己重新振作起来。

5. 自我控制情绪法

在陷入消极情绪而难以自拔时,有意识地用理智去控制,可以采用以下方式。

(1) 自我暗示。对于让自己紧张的场合或者参加一些紧张的活动时,自我暗示可以降低焦虑情绪,增强自信心。可以用一下积极的暗示语,例如,我是最棒的、我能行、我可以搞定等。

(2) 自我激励。恰当运用自我激励可以给人精神动力,可以使人从困难和逆境造成的不良情绪中振作起来。例如,失败是成功之母,越挫越勇。

(3) 换位思考。站在他人的角度思考分析问题,通过心理换位来体会别人的情绪和思想。当受到老师的批评时,设身处地的想一想,假如我是老师,遇到了此类情况我会怎么做?通过换位思考,能够更好地理解他人对自己的态度,从而使心情平静下来。

(二) 客观方面调节措施

1. 社会支持系统的帮助

当中学生陷入较严重的情绪障碍时,有必要向社会支持系统寻求帮助。社会支持系统是指能在心理方面给予自己支持、帮助的社会网络,如亲人、朋友,或者是专业的社会工作者、心理医生。社会支持系统的存在有多方面的意义:一是作为倾诉的对象,苦恼的人将苦恼向他人倾诉之后,会有轻松解脱的感觉;二是可以提供新的看问题的视角和思路,帮助当事人走出个人习惯的思维模式,重新评价困境,寻找新的出路;三是社会工作者和心理医生可以提供专业意见、建议,运用心理学手段和方法帮助青少年人更有效地解除情绪障碍。

2. 心理咨询教师的帮助

心理咨询教师除了为前来咨询的学生排忧解难外,还要定期开展相关心理健康活动。对于存在思想不求进取、精神萎靡不振、纪律散漫、不刻苦学习、父母离异、心理压力比较大、家庭经济困难、思想负担重及青春期心理等问题的学生重点谈话。心理咨询教师还要为咨询者建立咨询档案,并做好记录和实例分析。负责心理咨询的教师积极参加培训,利用业余时间学习有关知识,不断提高自己的心理健康教育水平。

3. 教师的关爱

教师不仅要教会学生文化知识,也要教会学生如何看待亲情、友情、爱情、两性、成功、失败等。比如,可以采用读书疗法,利用读报时间、班团课传阅讨论,给予个别学生针对性地阅读辅导。教师要教育学生正确认识生活的意义,这样往往就会热爱生活,情绪稳定、充满乐观主义精神、富有事业心。热爱工作的人,在完成一件有意义的工作后,就会体验到满足感和成功感,这种情感有益于身心健康。热爱工作的人具有强烈的上进心,能避免把精力消耗在生活琐事上,因此精神生活充实。热爱工作的人在遇到困难或挫折时,也会正确地对待困难,积极地克服困难;而那些对工作无兴趣的人,整日患得患失,怨天尤人,情绪会苦闷低落。

小资料:

焦虑自评量表[①]

下面的问题能帮助你更好地了解自己的情绪。根据你最近一周的实际感觉,在适当的数字上画"√"表示。1.偶尔或无,2.有时,3.经常,4.持续。

1. 我觉得比平时容易紧张和着急。
2. 我无缘无故地感到害怕。
3. 我容易心里烦乱,或觉得惊恐。
4. 我觉得可能将要发疯。
5. 我觉得一切都很好,也不会发生什么不幸。
6. 我手脚发抖。
7. 我因为头疼、颈痛和背痛而苦恼。
8. 我觉得容易衰弱和疲乏。
9. 我觉得心平气和,并且容易安静地坐着。
10. 我觉得心跳很快。
11. 我因为一阵阵头晕而苦恼。
12. 我有过晕倒发作或觉得要晕倒似的体验。
13. 我呼气、吸气都感到很容易。
14. 我的手脚麻木和刺痛。

---

① 姜淑梅等.中学生心理辅导[M].北京:清华大学出版社.2019,152–153.

15. 我因为胃痛和消化不良而苦恼。
16. 我经常要小便。
17. 我的手脚经常是干燥温暖的。
18. 我脸红发热。
19. 我容易入睡,并且一夜睡得很好。
20. 我做噩梦。

焦虑自评量表采用四级评分法。第5、9、13、17、19项,按照4~1顺序反向计分。其余为正向积分。将得分相加乘以1.25,转换为标准分。50分以上者有焦虑症的可能,分数越高则越严重。

逆反心理自评量表①

请用是否来回答下列问题
1. 你不喜欢按照别人说的去做吗?
2. 你是否认为,绝大多数规章制度是不合理的,应该废除?
3. 如果父母再一次叮嘱同一件事,你就会厌烦吗?
4. 你欣赏与老师对着干的同学吗?
5. 你经常考虑事情的反面吗?
6. 你是否对班干部指手画脚很厌烦而故意不按他的要求去做?
7. 老师和父母越是要你用功学习,你越是不想学习吗?
8. 老师的话,很多都是有漏洞、有问题的吗?
9. 你喜欢与众不同吗?
10. 违反学校里的某些规定,会使你感到快乐吗?
11. 别人的批评常常引起你的反感和愤怒吗?
12. 你是否认为老师有很多缺点和错误?
13. 对别人不敢干的事,你特别想尝试一下吗?
14. 你喜欢搞一些让被捉弄者痛苦或愤怒的恶作剧吗?
15. 你是否觉得父母和老师不应该为一些小事大惊小怪,小题大做?
16. 你蔑视权威吗?
17. 对批评你的人,你都感到讨厌和恼恨吗?
18. 你是否认为冒险是一种极大的快乐?
19. 你习惯上总是按照大多数人说的去做吗?
20. 对你感到没有意思的事,别人怎么说,你也不会好好去干吗?
21. 你特别爱做令人大吃一惊的事情吗?
22. 人们对你很不重视吗?
23. 一旦决定了干一件事,不管别人指出这件事多么不好,你也不会改变主意吗?
24. 你总是对老师表扬的同学感到反感,不想理那个同学吗?
25. 你喜欢干一些,能引起很多同学注意的事吗?

---

① 姜淑梅等.中学生心理辅导[M].北京:清华大学出版社.2019,155-156.

26. 当你被别人说得火冒三丈时,你就故意不按照她说的去做吗?
27. 你讨厌那些当干部的同学吗?
28. 你认为上课时出现一些老师没有预料到的情况,令人开心吗?
29. 对伤了你的自尊心的人,你是否要给他添一些麻烦,让他感到你是不好惹的?

评分规则:

第19题答"是"记0分,答"否"记1分。其余各题答"是"记1分,答"否"计0分。各题得分相加,统计总分。

0~9分:你的逆反心理很弱,这使你只干并且只喜欢该干的,不去干不该干的。10~20:你存在一定的否定倾向,激动时你可能丧失理智,意气用事,有时会做一些不该做的傻事。

21~29:你有相当严重的逆反心理,你所做和所干的事总是与众不同,与习俗和规定不符。如果你不清醒地意识到这一问题,并不努力加以克服,你只能是一个不受大家欢迎的独行者。

深度呼吸训练①

这种训练方法简单易行,不受场所、时间等条件的限制,行、站、坐、卧都可以进行,其目的是通过深度呼吸,使身体各个组织器官与呼吸节律发生共振,从而达到身心放松的效果,下面让我们试做一次看效果怎样。

现在请你放下手中正在做的事情,如果你身边有椅子,请你全身放松地坐在椅子上调整你的坐姿,直到感觉最好最舒服为止。如果你在寝室,请你全身放松,仰卧在床上。如果你身边什么也没有就请你全身放松站在你认为最方便的地方。准备好了,我们就开始做放松训练。

现在请深呼吸,全身放松,体察自己的呼吸与身体各部位的活动情况,注意体会自己的肺部在一张一合、一张一合地呼吸,呼吸频率逐渐变慢,呼吸的深度逐渐加深,身体紧张的部位在逐渐放松。用感觉去体察身体各部位的状况,持续体验一段时间,当你感到身体各部分不那么紧张了,请把注意力再转移到呼吸上来。你似乎在观察自己的呼吸,又似乎没有观察感觉。请用鼻子深吸一口气,再慢慢地、均匀地呼出,呼气时,平和而舒畅。继续呼吸,慢慢地、均匀地、伸长地、平和而舒畅地呼吸。现在让我们数一下呼吸的次数,一、二、三……十;再重新开始。从一数到十,你可以重复数十遍、二十遍,注意一下你身体各部位的感觉,各部位感觉在逐渐地、逐渐地与呼吸节律趋向一致。全身的毛孔在随着肺部的一张一合,有规律地开合、开合……现在你不仅仅是用肺呼吸,而且在用全身来呼吸;吸气的时候,似乎空气从身体的毛孔中吸收,呼气的时候气体又从毛孔中吐出。吸进新鲜的空气,呼出污浊的空气,一次、二次、三次……逐渐地,你会感觉到身体各部位很放松,很通畅,仿佛整个身体融入了大自然之中。

情绪辅导的实例分析②

在情绪辅导的实践活动中,常用的辅导形式和方法有游戏、情景表演、小组讨论及专

---

① 姜淑梅等.中学生心理辅导[M].北京:清华大学出版社.2019,165-166.
② 吴增强.现代学校心理辅导[M].上海:上海科学技术文献出版社.2002,6:114-116.

项训练等。一切游戏辅导皆在一定程度上具有情绪疏导的功能,因为游戏辅导特别能抓住学生的兴趣,使学生全身心地投入到活动中,忘情而自然地表现自己,泄露自己的情绪、情感,促成情绪宣泄;还是学生有机会观察他人的情绪反应,并分享、分担他人的情绪、情感,从而丰富自己的情绪体验。尤其是以情绪为主题的游戏辅导,除了具体有以上的功效外,还能有针对性地促成学生潜意识冲突的外化,促成学生创伤性体验的整合。穆斯塔克斯(Moustakas)曾以敌视焦虑为例,细致地描述了以游戏活动的方式来予以处理的过程:将一个或一组极度焦虑的儿童带入游戏,此时儿童的焦虑情绪泛化,表现为普遍的退缩、害怕甚至恐惧。随着游戏过程中辅导人员的接纳和友善的渗透,以及对活动的引导,儿童的焦虑情绪具体化,然后是消极情绪与积极情绪表现的混合出现,最后是两者的分化并与实际情境一致。此外,小组讨论形式对那些认知偏差所引起的情绪障碍辅导特别有效,它还能通过帮助学生形成正确的认识和评价来加强学生对快乐等积极情绪的体验,增强学生对情绪的自控力和调节、平衡能力。情景表演特别有益于帮助学生增强情绪的感受力、判断力及表达力,有益于丰富学生的情绪体验。另外,有些控制、调节和平衡情绪的能力,需要借助专门的技术手段,加以专项训练才可形成。如对抗弥散性焦虑,可使用肌肉放松技术,该技术需经1~2周的专项训练来掌握。又如个体突出面临重大危机等应急状况时,可通过调节呼吸节奏,采用深呼吸方法自我暗示方法来应对,而这同样需要专项训练。同时有关个体情绪的表达,有时亦可通过模仿、训练加操作的方法来进行辅导。以下以两则情绪辅导活动为例来分析以上这些方法是如何用于情绪辅导中的。

1. 情绪体验与表达辅导

下面是一则为初中生设计的集游戏、作业为一体的小组辅导活动。

活动题目是"了解自己的情绪"。

活动主题为正视并表达自己的情绪。

活动主要目的相应地分为两个方面:一是帮助学生学会承认并正视自己的情绪体验;二是帮助学生认识并表达自己的情绪。

活动主要有以下几个步骤:一是请学生勾勒自己一段时间内的"情绪天气图",主要借助一组情绪词条,让学生理清自己的情绪体验类型及性质。二是借助以"情绪蛋糕"的方式,帮助学生理清以上各类情绪对自己生活的影响程度,即他们分别在你的心中占据了多少时间。以上两个步骤还同时辅之与学生的自我小结及陈述。三是教师小结。

活动特征是:

第一,它采取的形式活泼,具有游戏的性质,容易抓住学生的兴趣。

第二,它给学生的自我小结保留一席之地,有助于学生在游戏中获得的感性认识进一步深化,使学生的情绪认识和体验更清晰明朗。

第三,教师的小结不仅起到点题的作用,亦是教师分享、分担情绪的示范机会,还为学生分享、分担他人情绪提供了观察模型的机会。

此次活动如果能在学生言语表达或图示自己情绪的基础上,教师再辅之以面部表情状态语言等活动,指导效果会更好一些。

2 情绪控制辅导

下面是一则为高中生设计的将情景表演小组讨论及专项训练等形式融为一体的辅导

活动。

活动题目是"自我调控"。

活动主题是学会松弛方法，从而调控自己的情绪。

活动目的是增强学生的情绪调控能力。

活动步骤主要有：一是阅读有关的故事情节及关于情绪调控的基础知识。二是设置一个引发学生紧张情绪的故事情景，让学生关注自己的情绪感受。三是小组交流，分享、分担刚才的情绪感受，并提出问题，面对紧张怎么办。四是教师讲解与专项训练相结合。先是教师讲解情绪自控的策略与技巧，如暗示、转移等，然后借助描述肌肉放松的音像带，现场指导和训练学生借肌肉的放松来阻抗心理的紧张和焦虑。

活动特征在于：

第一，它针对高中生抽象思维能力、表达理解力较强的特点，采用了阅读与讲解相结合的形式，有利于学生全面了解和掌握多种情绪自控的方法。

第二，它采用现场设置刺激情境的方式，不仅有助于增强学生的情绪体验，也很自然地提出了情绪调控问题，显得真实、可信。

第三，专项训练与教师讲解相结合，有助于学生迅速掌握动作要领，而且放松训练音像带的使用亦有助于训练的规范化。

如果此次活动之后，教师制定一个为期两周左右的计划，坚持带领学生进一步练习，直至学生真正掌握这一技术为止，那效果会更好。

本章引入的案例分析与辅导方法

原因：

小丽父母感情不和，经常大吵大闹，长期分居；在她6岁时曾目睹一个小男孩在水中溺亡的惨状；小丽学习成绩不突出，尤其是数理化等理科，经常听不懂，也不敢问老师和同学；认为自己长得不好看，尤其是有很多青春痘。

辅导方法：

① 与小丽建立良好的咨访关系，获得小丽的信任。

② 倾听、探讨引发小丽自责、负罪感等情绪问题和强迫问题的原因，分析小丽的性格弱点及其家庭教育中存在的问题，制定合理的辅导方案。

③ 调整小丽思维模式，识别非理性信念。在正确认识父母不和、小朋友溺亡、考试成绩和青春期特有的青春痘的基础上，帮助小丽纠正错误的认知观念，构建合理的信念。

④ 指导小丽父母解决好夫妻沟通和相处的问题，对孩子多关爱，多倾听孩子的心声，多陪伴孩子的成长。

⑤ 指导小丽与家长、老师和同学多沟通交流，掌握沟通的方法和技巧。

⑥ 通过绘画、正念冥想等方法转移注意力、宣泄情绪、缓解压力。

第十章 中学生的问题行为与应对

第一节 中学生问题行为概述

儿童青少年的发展对其人格的成长具有重要的作用,尤其是在人生较早阶段。良好行为习惯对于个体意识的发展都具有长远的影响,处于青春期的青少年生理发育加速,但是心理的发展速度却相对缓慢:自我意识开始发展,独立意识增强,但实际解决问题能力有限,容易引起心理发展史的各种矛盾,并可能表现为各种问题行为,诸如说谎、偷盗、攻击行为等。

一、问题行为的界定

由于青春期的特殊性,中学生在发展过程中会做出一些不符合社会准则与行为规范的行为,或者发生一些适应不良的行为,从而给社会、他人或自己造成不良影响,这些行为就是问题行为。最早对问题行为进行界定的是 1928 年美国心理学家威克曼(Wickman),他认为问题行为是个体行为与社会对行为的规范和要求之间发生了冲突。1988 年,世界卫生组织将问题行为定义为一种持久的、反复发生的、反社会的、侵犯性的或反抗性的行为。1994 年,美国精神病学会将其定义为,在严重程度和持续时间上都超过年龄范围、社会道德准则所允许的异常行为,这些异常行为包括偷盗、逃学、欺凌、身体攻击等 16 项。

20 世纪 80 年代后,我国学者也开始了对问题行为进行本土化研究,并对这个概念进行了进一步的拓展和具体化。我国学者孙煜明(1992)强调了儿童问题行为的危害性,他认为儿童的问题行为是指那些阻碍儿童身心健康、影响儿童智能发展,或是给家庭、学校、社会带来麻烦的行为①。郑日昌(2001)把问题行为界定为个体所表现出的行为与社会期望和要求有一定的差距,对个体的生理或心理产生困扰,为了减轻困扰,个体启动一定的

---

① 孙煜明.试谈儿童的行为问题[J].南京师范大学学报,1982(04):13-18.

防卫机制,导致最终形成对环境不良的适应①。池丽萍(2001)把问题行为定义为正常儿童和青少年违背社会公认的行为规范、情绪管理、道德准则以及社会适应不良方面的表现行为②。这里对问题行为的定义为:在儿童和青少年发展过程中出现的,不符合或违反社会准则与行为规范、妨碍其人格的良性形成、学习能力的正常发展、身心的健康成长,给家庭、学校、社会带来各种麻烦的各种内外部行为。③

关于问题行为的内涵,还要认识到这几点:(1)问题行为多出现于儿童和青少年中,是个体发展过程中出现的现象,问题行为可能随着青少年学生心理上的成熟和心理水平的发展、认知能力的提高、行为控制能力的增强而逐渐减少。(2)学生的问题行为不同于犯罪行为,可以通过学校、家庭、社会、心理、教育角度的干预加以预防和解决,而犯罪行为是从法律意义上对扰乱和违反社会准则行为的判定,行为的严重性及稳定性的程度较高,在一般的教育条件下难以取得良好的效果。(3)问题行为不能等同于神经、生理方面的病态行为,神经生理方面的病态行为治疗多需要心理治疗,而问题行为的干预多通过行为和环境的干预。(4)有问题行为的学生并不意味着其就是问题学生。问题行为是针对该学生的某一行为而言的,是学生发展过程中的正常而普遍的现象;而问题学生一般是在品德、学习态度、心理等方面存在较为严重的问题的学生,主要表现为学习动力不强、学习态度不端正、个性心理失调、行为习惯嚣张、价值观存在缺陷,问题学生往往表现出多个方面的严重问题。

二、问题行为的分类

由于不同学者对问题行为内涵的理解有所差别,侧重点不同,导致对问题行为的分类也各不同。下面仅列举几中常见的问题行为分类法。

(一)二分法

问题行为的分类应用得最为广泛的是二分法,它是按照问题行为的倾向性进行划分的。例如,儿童和青少年心理病理学通常把问题行为分为两大类:内化问题和外化问题。内化问题主要由自责型的情绪所带来的困扰,表现为羞怯胆小、沉默寡言、神经过敏、过度焦虑、孤僻、回避与他人接触等;而外化问题主要是对他人有伤害或破坏性的行为,如行为粗暴、不遵守纪律和规则、破坏公物、欺骗或偷窃等。但是,外化问题较难矫治,容易发展为成年期的病理心理状态;而内化问题的矫治比外化问题容易。

也有的研究把问题行为分为攻击型问题行为和退缩型问题行为。攻击型行为具有明显的扰乱性、破坏性和对抗性,容易引起他人的烦恼和厌恶,比较外显,相对容易被家长和教师识别;而退缩型问题行为以消极、顺从的形式表现出来,比较内隐,不容易引起他人的

---

① 邓世英,刘世湘,郑日昌.西方有关父母教养方式与青少年问题行为关系的理论及其研究综述[J].心理发展与教育,2001:50-54.
② 池丽萍,王耕.婚姻冲突与儿童问题行为关系研究的理论进展[J].心理科学进展,2002(04):411-417.
③ 王瑶.中学生心理健康与指导[M].北京:北京师范大学出版社,2015:156-176.

注意,但对学生的身心发展的不利影响比前者更加严重,更需要家长和教师的格外注意。

尤其是在我们教育过程中,班级人数较多,强调集体规范重于个人表现,内倾问题和退缩型行为问题就更容易被忽视,甚至,有时部分此类学生将其人际退缩转向追求学业成绩,在高考万能的偏颇思想指导下,不但不被视为有困扰的学生,反而成了教师和家长心中的模范生。当他所积累的适应问题导致太大的心理压力,终至出现拒绝上学或自杀时,教师和家长仍然搞不清学生内心的状况。因此,我们学校心理健康教育不仅要关注那些捣乱、违纪、不听话的孩子,也要同样关注那些看起来温顺、听话,但是内心抑郁、焦虑和行为退缩的学生的心理健康,多与他们沟通交流,早发现早干预,促进中学生心理健康成长。

(二) 四分法

我国学者左其沛等人根据问题行为产生的内部动因、外部环境、心理活动状态、个性特点、行为方式及其特点、行为后果、自我评价及体验性质程度七个指标,将问题行为分为四种类型:(1) 过失型:指较轻的品德纪律行为,是由青少年不正当或不合理的需要,或者由其好奇心、好动、试探、畏惧等心理引起的,因青少年缺乏知识经验或认知能力不足,从而采取了不适当行为方式而导致的问题行为。这种问题行为具有情境性、偶发性、盲目性等特点,如迟到、拖欠作业等。(2) 品德不良型:较严重的品德纪律行为,是由青少年不良需要引起的,并且受其不良意识倾向或个性特点所支配而产生的违反道德规范,损害他人或集体利益的不良行为。这种问题行为具有经常性、倾向性、有意性等特点,如偷盗、流氓性等。(3) 攻击型:由青少年遭受挫折造成的愤怒、不满等情绪所引起,并受一定的情感、性格所制约,如与他人发生冲突时易产生的发泄、对立、反抗、迁怒等攻击行为。这类行为一般具有公开性、爆发性等特点,如顶撞师长、故意扰乱课堂等。(4) 压抑型:由青少年遭受挫折所引起的焦虑,它受一定的情绪、性格的制约,在挫折持续作用的情况下所产生的逃避、消极、自暴自弃的行为。这类问题行为一般带有隐蔽性、持续性特点,如胆小、孤僻等。前两种问题行为属于思想品德方面的问题行为,而后两者属于心理方面的问题行为。

(三) 五分法

日本心理学家古泽赖雄把问题行为分为五种类型:(1) 神经质问题行为,是由心理原因引起的问题行为,如间歇性抽搐、咬手指、紧张盗汗等;(2) 人格问题行为,是由不良的性格特征和不良品性问题引起的,在教育中性质十分恶劣,比较难教化,如反抗,下意识地说谎欺骗、惯性偷窃等;(3) 智力活动上的问题行为,是指青少年学生自身智力问题,导致其在智力活动行为上出现的不良行为,如智力不能适应学习、学习成绩不良、逃学等;(4) 精神问题行为,这类问题主要是由不良情绪所引起的行为异常,如紧张焦虑、行为冲动、易爆易怒、精神恍惚等问题行为;(5) 社会问题行为,这类问题分为轻度社会问题行为以及重度社会问题行为,其中,轻度社会问题行为主要指人际关系不良、处理方式不当等行为,而社会问题行为则指对他人、集体利益有损害的问题行为,如违法犯罪、角色越级等。

美国教育界把问题行为分类为:(1) 学校学习不适应状态;(2) 人际关系不良;(3) 不适应的行为和情感表现;(4) 身心成长发展过程中的无力感、抑郁和痛苦感;(5) 与学校压力有关的身心症状。

除了上述几种对问题行为的分类方法之外,还有根据问题行为的严重程度将其分为轻度、中度和重度问题行为；根据问题行为发生的场所分为学校问题行为、家庭问题行为和社会问题行为等。

三、问题行为的测量

问题行为有很大的情境性，许多学生在不同的环境下表现出不同的行为，经常会有这样的学生，在学校表现出问题而在家没有，或反之。不同的评定者由于观察角度的不同，很可能观察到不同的行为现象。因此，在评估中，需要结合家长、老师及自身主观评价三个方面对个体的问题行为进行评估。

中学生的问题行为主要是通过问卷测量，一般可由父母和教师他评以及学生的自评两个方面来评估问题行为。目前国内外常用的量表有 Achenbach 儿童行为量表、Conners 儿童问题行为量表和中学生问题行为自评量表。Achenbach 儿童行为量表适合于 4~16 岁儿童和青少年，用于调查儿童的社交能力、情绪和行为问题。量表包含能力和问题两个子量表，能力部分包含七个题目，问题部分包含九个维度，分别是焦虑/抑郁、退缩、躯体主诉、社会化问题、思想问题、注意力问题、违规行为、攻击行为以及其他问题。根据报告对象的不同，儿童问题行为量表分为父母评价量表、教师评价量表和青少年自我评价量表。Conners 儿童问题行为量表包含三部分，分别是父母问卷、教师问卷和父母教师问卷，适用于 3~17 岁儿童，该量表包含了常见的儿童问题行为，是使用最为广泛的量表之一。另外，由我国研究者崔丽霞和郑日昌（2005）编制的中学生问题行为量表也广泛应用于我国中学生的问题行为，它适用于 12~18 岁，包含了学习适应不良、攻击行为、违纪行为、退缩、神经质以及考试焦虑六个因子，其中内倾问题行为维度包括退缩、神经质和考试焦虑，外倾行为问题维度包括攻击行为和违纪行为[①]。

需要注意的是，不同的观察者对行为问题的敏感性和判断标准往往会影响到观察的结果。教师认为是问题，家长不一定这样认为；教师和家长认为是问题，而学生本人未必同意。与学生互动水平的不同，也会影响对问题行为的评估。另外，儿童进入中学后，基于以下几个原因，使得自我评定显得越来越重要。首先进入中学后课程和任课教师的增多使得教师很难整天都观察到他们；其次进入青春期中学生倾向于独立于父母的小团体活动，特别是一些不为父母支持的反社会的一些活动。而像焦虑、抑郁等内倾的问题行为随着儿童独立性和自我管理能力的提高越来越不易为父母所发现，他们本人也不愿意让父母知道。但是由于问题行为表现的复杂性、评定者偏见的影响及互动方式的不同，使得多视角评定的研究成为必然趋势，必须借助于多视角评估模式才能确定是学生本人的因素、环境因素还是周围人态度的因素，从而做出科学的诊断，制定出科学的干预方案。

---

① 崔丽霞,郑日昌.中学生问题行为的问卷编制和聚类分析[J].中国心理卫生杂志,2005(05)：313-315.

第二节 问题行为的影响因素

问题行为的成因极其复杂,它既受家庭环境、学校教育及社会环境的影响,也与儿童青少年身心发展水平有关,是生理、心理等内在因素和环境、教育等外在因素相互作用的结果。引起中学生问题行为的外在因素,包括家庭因素、学校因素、同伴群体因素和社会文化因素等;引起中学生问题行为的内在因素,既涉及遗传或生理因素,又涉及情绪、性格等心理因素。要想清楚地解析学生的问题行为,就应该从学生主体、学校和家庭等各个主要因素入手。

一、青少年自身的影响因素

(一) 生物因素

在中学阶段,由于青少年机体第二性征的出现和性激素的产生,对脑垂体的正常活动产生了影响,使得其神经系统的兴奋和抑制呈现交替不稳定,有时甚至产生急剧变化,导致兴奋过程比抑制过程强,降低了大脑皮层上第二信号系统对行为活动的调节作用。因此,这种生理特点会导致中学生容易冲动,自控能力较差,容易产生过激言行。在学校生活中,会表现出不守纪律、打架、攻击等问题行为。例如,研究发现人体应对压力的神经内分泌系统 HPA 轴(下丘脑-垂体-肾上腺皮质轴,hypothalamic-pituitary-adrenal cortex axis,HPA 轴)活动失调与儿童的问题行为相关。[①]

(二) 心理因素

首先是认知因素。中学生独立思考能力迅速发展,对事物的认识开始有自己的见解。开始用怀疑和批判的眼光来看待周围一切事物,也喜欢探索、辩驳和提出一些新奇的想法,但其发展还不完善,容易产生一定的片面性和表面性,表现在行为上就会出现偏激,容易走极端等现象。研究发现个体感知到的歧视会影响其问题行为的发生,感知到的歧视水平越高,其问题行为也越多[②];同时中学生自我同一性的发展越好,问题行为也就越少。

其次是情绪情感因素。中学生的情绪尚不稳定,情绪的两极化比较突出,极易出现高强度的兴奋、激动或是极端的愤怒、悲观、绝望,而且常常稍遇刺激即刻爆发,出现偏激情绪和极端的行为方式,冲动性强,理智性差。

再次是人格因素。不少学生的问题行为与其不良人格有密切关系,表现出问题行为的中学生大多具有很强的逆反心理以及冲动、偏执、自私、冒险等人格缺陷。在某种程度

[①] 聂瑞虹,许颖,韩卓.皮质醇日常节律与儿童问题行为及心理社会因素的关系[J].心理科学进展,2015,23(04):591-601.

[②] 朱倩,郭海英,潘瑾,林丹华.流动儿童歧视知觉与问题行为——心理弹性的调节作用[J].中国临床心理学杂志,2015,23(03):529-533.

下,这些不良人格特点是学生产生问题行为的潜在因素,一旦他们受到外界不良因素影响,就很有可能诱发其问题行为的产生。

二、外部环境的影响因素

(一) 家庭因素

通常,青少年问题行为可以追溯至家庭,家庭为子女的人格及行为模式奠定基础。精神分析的创始人弗洛伊德就非常重视个体的早期经历,他甚至认为"6岁定终身",认为个体6岁以后的行为,只是重复6岁以前形成的行为模式。对于儿童青少年的成长和发展来说,家庭环境的作用大于社会环境。

1. 父母的教养方式

父母教养方式是父母在教育孩子时所体现出来的教育观念、对待子女的态度以及在此过程中的言行举止。Arrindell等人(1999)强调父母教养方式应考虑儿童的亲身感受,据此分为积极和消极两种教养方式,积极的父母教养方式下个体表现出积极乐观、情绪稳定、自我肯定和较少的攻击行为,而消极的父母教养方式的孩子表现出更多的自卑、焦虑、抑郁、退缩、较多的攻击行为和反社会行为。[1]

另外,父母对子女适度的监管和温暖的教养方式会减少孩子问题行为的出现。研究表明,如果父亲采用缺乏情感温暖和理解、过分惩罚及过度保护的教养方式,或者母亲采用缺乏情感温暖和理解、过分干涉、保护、拒绝否认和惩罚严厉的教养方式,这样的中学生更容易表现出问题行为,其中父亲对子女拒绝与否认和母亲对子女过分干涉和保护是青少年产生问题行为的决定因素。尤其是父母采用严厉惩罚型的教养方式,青少年更有可能产生问题行为。

2. 家庭结构及家庭氛围

不完整或不和睦家庭的家长往往无法全心地照顾孩子,使孩子长期处于家庭的纷争中,体验不到家庭的温暖和关爱,没有安全感,因而比较容易出现孤僻、自卑、抑郁等内向型的问题行为和打架、违纪等外向型的问题行为。研究发现[2],单亲、离异家庭学生的问题行为的检出率高达40.21%,其中男生为36.17%,女生为44%,显著地高于健全家庭孩子的检出率。

家庭氛围主要是指夫妻关系和亲子关系。夫妻关系是家庭中最重要的关系,他在很大程度上就预定了家庭的基础特征,夫妻关系是否良好决定了家庭的氛围。父母关系不良对儿童青少年的行为适应、情绪、健康和学业成绩等方面都会产生不利影响,青少年感知到的父母冲突水平显著预测了其问题行为的水平。生活在家庭氛围不良环境中的孩

---

[1] Arrindell WA, Sanavio E, Aguilar G, Sica C, Ende JVD,. The development of a short form of the EMBU: Its appraisal with students in Greece, Guatemala, Hungary and Italy. Personality and Individual Differences[J]. 1999, 4(27): 613-628.

[2] 王丽敏,王达,刘爱书,陈晓慧.初中生行为问题的家庭影响因素及其干预对策的研究.中国儿童保健杂志[J].2002,4(10):243-245.

子,出现问题儿童的概率相当于甚至大于离异家庭的概率。

3. 父母的受教育程度及家庭经济状况

父母受教育程度高低会表现在对子女教养方式上的差异。受教育程度较高的父母,与子女有更多的沟通交流,在处理子女问题时,也更多地采用说服教育的方式;而受教育程度较低的父母,与子女交流较少,在处理子女问题时,更多采用严厉打骂或批评等简单粗暴的方式,孩子容易从父母那里习得武力解决问题的方式,在与同伴发生冲突时,容易出现攻击行为。父母受教育程度与自身素质和修养呈正相关,父母自身的修养和文化素质会通过世界观、人生观、价值观,以及良好的学习习惯和生活作息习惯直接或间接地影响他们对待子女的教育方式和态度,进而影响其问题行为。

另外,家庭经济水平低的青少年会从事抽烟饮酒、滥用大麻或者其他的危险活动,并且成绩不良、情绪抑郁。家庭经济状况比较差的父母,比较容易抑郁,从而与孩子的积极互动很少,并且容易比较粗暴地对待孩子,导致青少年较低的自尊、不稳定的情绪,即暴力倾向。另外,家庭的经济压力还会导致父母间的冲突,父母在其冲突中所表现出的不良行为,容易成为孩子模仿的榜样,继而反映到同伴的交往中,表现出欺凌别人或毁坏东西等问题行为。有研究发现,即使是间歇性、暂时的贫困对儿童日后的外化问题也有比较持久的影响,而在贫困家庭经济状况得到改善后,儿童的问题行为明显下降。

(二) 学校因素

学校是学生成长的第二环境,它在青少年发展中也起着关键作用。除了家庭,中学生大部分时间都是在学校度过的,在学校,他们逐渐建立起师生关系、同伴关系,学校的教育指导思想、班级氛围、教师教育态度等因素都会影响青少年问题行为的发生。

1. 学校的教育指导思想和班级氛围的影响

学校教育的指导思想对青少年学生的心理健康产生极大影响。一个学校越是过分强调竞赛、等级积分和学习胜任力等表面指标,学生越可能出现各种问题行为。另外,对学生实施强制性和严苛的纪律惩戒的学校比实施协商纪律管理的学校容易导致学生出现问题行为。因为强制性的纪律惩戒使学生把老师看成使用管理权力的独裁者,造成反抗性强的学生更加逆反,内向的学生更易出现社会性退缩行为。

中学生都处于班级之中,在一个和谐、温馨、愉快、公平公正、相互尊重、理解、被关心和关注的班级环境中学习和生活,更容易形成良好的身心健康状态,产生较低的问题行为。如果在一个杂乱、体罚、嘲讽、侮辱、打斗、骂人的班级环境中学习,更容易产生问题行为和情绪问题,也不利于学生个性、社会适应性的发展。另外,有研究提示,进入初中二年级以后各种问题行为呈上升趋势,这可能跟中学生的学校适应、思维和情绪发展、同伴交往等因素有关,家长和教师应更多关注初二学生的问题行为。

2. 教师教育态度和师生关系的影响

教师不恰当的纪律观、学生观,欠妥的教学设计、教学方法都会导致问题行为的产生。教师在教学中的失策,是引发学生问题行为的主要原因。例如,放弃管教的责任,采取不闻不问的态度,放任学生;或是对学生的问题行为做出过敏感应,处处设防等。不良的教学态度,会损伤学生的自尊心和上进心,产生不良情绪或问题行为。

师生关系民主化,打破了学生与教师不对等的关系,另外也会较少出现师生冲突。不能妥善化解冲突的教师,会感到教师威严受损,容易采取高压方法,胁迫学生服从。这样的处理方法,将恶化师生关系,导致学生以不良方式抗拒。不良的师生关系则可能使学生产生孤独感、对学校的消极情感,在学校环境中表现出与老师同学关系的疏远、攻击行为、说谎、逃学等问题行为。

另外,教师的情绪状态、心理健康程度和人格是否健全也会直接影响青少年的发展,教师积极情绪的表达,会对学生产生积极影响,较少出现问题行为。心理健康的教师更可能给学生营造一个愉快、阳光、积极、舒适、温馨、良好的学习环境,而心理不健康的教师更容易造成学生偏执、敏感多疑、焦虑及神经质等心理问题①。

还要注意的一点是,学校教育和家庭之间的有效配合是预防青少年问题行为发生的关键因素。据调查,大多数有问题行为的青少年,其父母与教师之间的沟通是令人不愉快的,并且其父母一般不愿意与教师解释和沟通,他们对孩子的教育目标常常与学校不一致,也不太重视对子女的教育,从而加剧了青少年的问题行为。

3. 同辈群体的影响

同辈群体的影响从儿童期开始,其影响力随着年龄的增长呈增加趋势。15~20岁时达到顶峰。处于青春期的学生,同伴对青少年的行为有很大的影响,且比父母的影响更易导致青少年的问题行为。美国心理学家 Urberg 等人的研究发现,不良同伴关系会影响个体产生种种问题行为,如抽烟、喝酒、行为不良等。许多研究表明,同伴排斥是青春前期外向型问题行为的原因。因此,学校及家长还要关注孩子的交友情况,提高学生人际交往能力,帮助中学生逐渐树立正确的交友观。

(三) 社会因素

1. 社会环境

随着社会改革的不断深入,人们对周围的政治、经济、道德、文化、观念等进行了重新审视,其中掺杂了以不健康的世界观、人生观、价值观为基点的判断准则,这对中学生的成长有着消极影响。中学生由于生活阅历不足,心理不稳定容易发生变化,并且缺乏判断能力,往往会受到社会不良风气的影响,并进一步导致学生产生不良行为。另外,一些不当的娱乐场所、电子游戏室,对诱发中学生问题行为起到了推波助澜的作用。

2. 大众传媒

在各种社会因素中,需要重点关注的是大众传媒对中学生问题行为的影响。随着国民经济的飞速发展,大众传媒与家庭、学校、同辈群体等,都对青少年发展产生重要影响。家庭、学校和同辈群体对青少年的影响是深刻而持久的,但它们常带有地域性;而大众传媒面向的是社会公众,它的影响是广泛的、巨大的。尤其是随着电脑、手机、互联网等信息技术的发展,使得网络上可随时随地获取信息,大量网络信息的涌入,心理尚未成熟的中学生还不完全具备鉴别能力,尤其容易受到不良网络信息的影响,进而产生上网成瘾、网络暴力、交往障碍、情感问题等各种问题行为。

---

① 金东贤,邢淑芬,俞国良. 教师心理健康对学生发展的影响. 教育研究[J]. 2008,(01):56-59+98.

三、内外环境的相互作用

儿童青少年的问题行为不是与生俱来的,而是在其成长过程中逐步形成的。中学生正处于生长发育的高峰期,其生理和心理发生了诸多变化,是人生成长的"危险期",他们在心理上追求独立性、自尊心、成人感,但在现实生活中又具有很大的依赖性。由于这种矛盾的心态,他们很容易在学习生活中遭到挫折和失败,往往会出现问题行为[①]。

青少年的问题行为同正常行为一样,也是个体同环境相互作用的结果。个体如果同环境相适应,就表现出良好行为,否则就会出现问题行为,问题行为的产生不外乎个体与环境两方面的因素,这两方面之间的关系可以用图10-1 表示。

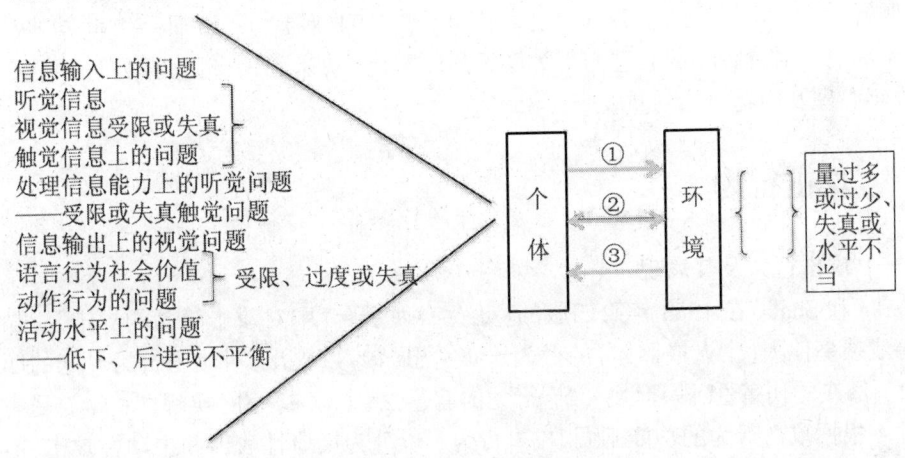

图 10-1 问题行为产生的影响因素

从图 10-1 中可以看出:(1)产生问题行为的主要因素在个体方面,由于青少年自身的因素导致他们在与环境接触时的方式发生变化或采用不良的方式。(2)如果青少年所处的环境不良,他们置身其中,就更容易受不利因素的影响,从而出现问题行为。(3)问题行为不仅受青少年个体或环境单方面的影响,由于二者相互作用,问题将会表现得更加严重。也就是说,青少年个人自身的生理、情绪和人格特征与所在外部环境之间相互影响、相互作用,共同影响青少年行为的发生。

第三节 问题行为的预防与应对

自开展儿童青少年问题行为研究以来,问题行为一直颇受世界各国的普遍关注。中学生时期易发、多发问题行为,且这些问题行为会给家庭和社会带来种种不良后果,但由于初中生的认识有很大的潜在性和可塑性,如何对其心理和问题行为进行预防和矫治,也

[①] 陈金定.青少年发展与适应问题理论与实务[M].华东师范大学出版社,2009:25.

成为国内外心理学家和教育学家着重研究的领域。

国内外的研究均显示,随着社会的发展,儿童青少年的问题行为呈上升趋势,20世纪70年代,国外报道学龄儿童的问题行为检出率为5%~15%,80年代后,已高达10%~20%。90年代初美国流行病学调查显示,中学生曾饮酒的占89.2%,曾吸烟的占67%,吸食大麻的占45%。我国一项对22个省市的调查发现,儿童青少年行为问题的检出率为12.97%,在学习适应、情绪稳定和人际关系方面的问题尤为突出。中国疾病控制中心对我国多省市的中学生健康行为调查结果显示,18.9%~29.7%的中学生曾经尝试吸烟,其中规律性吸烟者占5%左右,超过50%的中学生曾经饮酒。随着网络的普及,中学生网民占总网民的17.3%,网络成瘾发生率达到10%以上。1994年徐萍调查苏州市12~18岁的中学生869人,其早期问题行为的总检出率达19.1%。在之后的相关研究中显示,问题行为发生率呈不断上升的趋势。因此,在2004年10月10日——世界神经卫生日,卫生部门针对青少年的心理与行为健康问题提出"快乐心情,健康行为"的主题,唤起对青少年心理及问题行为的重视。

一、攻击行为

(一)攻击行为及其表现

Parke和Shaby在1983年第四版的《儿童心理手册》中对攻击行为的界定是:那些旨在伤害或损害他人(个人或群体)的行为。布雷恩(1994)提出,对攻击行为界定的四个条件:(1)潜在的伤害性、毁坏性;(2)行为的有意性;(3)身心的唤醒性;(4)受害者的厌恶性。根据攻击行为的功能不同,攻击行为可以分为反应性攻击和主动性攻击,前者是指个体对所受挫折、威胁或挑衅做出的冲动和情绪化的伤害他人的行为;而后者是一种工具性攻击,是个体为了达到其内部产生的一种预期目标或为了显示自己的优越感和支配地位而故意伤害他人的一种行为。

此外,中学生攻击行为的表现是多方面的、复杂的,根据其行为的动机与方式,中学生的攻击行为主要有以下几种表现:① 取乐性攻击行为:以言语、身体或工具直接或间接攻击他人,以获得心理快乐。有些中学生会以"取外号"、嘲笑、制造或传播他人的谣言、进行身体功能等方式攻击他人,目的是为了取乐。② 习惯性攻击行为:多次发生攻击行为而没有得到有效控制,从而养成了习惯,频频发生。习惯性的攻击行为与其自身的抑制控制能力以及环境中他人(尤其是父母和教师)对中学生行为的约束有关。③ 迁怒性攻击行为:由于犯错误受到成人批评,将怒气发泄到其他对象身上的攻击行为。按照弗洛伊德的精神分析理论,人们为了降低焦虑水平就会无意识采取一些自我防御机制,其中"移置或替代"就是将得不到目标物的冲动发泄到别的人或别的事上。从这个角度来讲,迁怒性攻击行为也是自我防御方式中的一种。④ 报复性攻击行为:为了报复而采取的"以眼还眼,以牙还牙"的攻击行为。这也是中学生较为常见的一种攻击行为方式,中学生感知或感受到他人的敌意、不公平对待、嘲笑、攻击等不良刺激时,也可能会产生报复性的攻击行为。⑤ 模仿性攻击行为:模仿别人的攻击行为而向他人施以攻击行为。在现实生活中,个体可以通过观察父母、同伴或其他的攻击行为,进而模仿习得攻击行为;同时,个体还可能通过观看影视作品、小说、暴力游戏中虚构的故事脚本,模仿其攻击行为。⑥ 需求性攻击行为:需求得不到满足时而产生的攻击行为。当个体需求得不到满足时,往往容易产生愤怒情绪,进而产生攻击行为。其中,这些需求既包含一些物质方面的需求,如衣服、书、奖学金等,也包含一些精神方面的需求,如父母的关爱、老师的关爱、同学的喜欢等。

(二) 攻击性行为发生的原因

导致青少年攻击行为产生的内外部因素很多。具体而言,导致中学生产生攻击行为的原因有以下几个方面①。

1. 共情能力

共情(empathy),也称之为移情,同理心,同感等,是指个体由真实或想象中的他人的情绪情感状态引起的并与之一致性的情绪情感体验,是一种替代性情绪情感反应能力。共情是个体亲社会行为产生和发展的重要驱动力,共情发展较好的青少年更多地表现出利他、分享、慷慨等行为;共情水平低的青少年不能预见自己行为可能会给对方带来伤害,在日常生活中会更多地采取攻击行为来达到自己的目的。由于缺乏基本的移情能力,青少年往往深知受欺凌者的痛苦而又不愿停止自己的攻击行为。

2. 认知加工

从个体对外界信息的感知到攻击行为的发生,中间经历了一系列认知过程。Wilkowski 和 Robinson(2010)提出了攻击行为发生的综合认知模型(Integrative Cognitive Model,ICM)(如图 10-2),该模型解释了个体从敌意情境刺激到愤怒,再到攻击行为之间

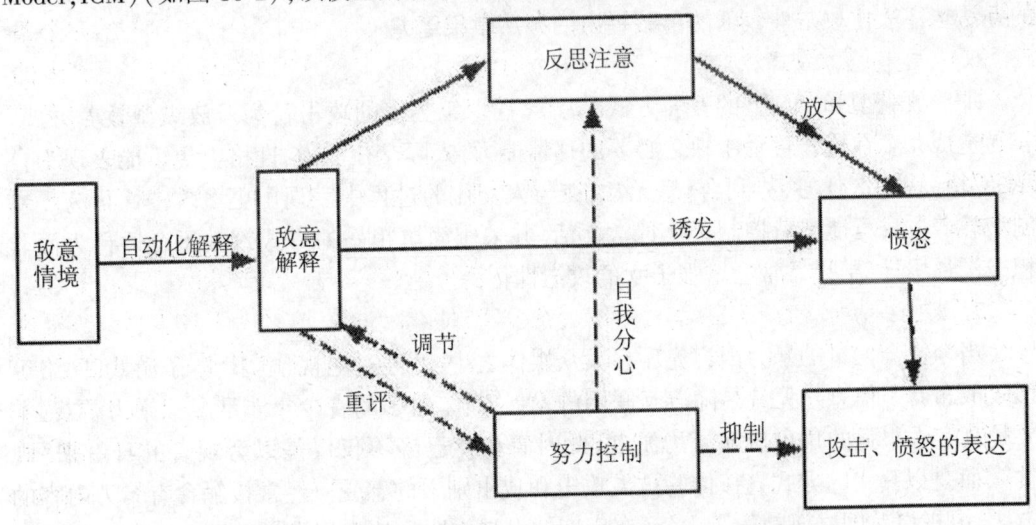

图 10-2 综合认知模型图(Wilkowski&Robinson,2010)

认知加工过程机制的统一认知模型②。敌意归因偏向是一种模棱两可的信息知觉,为攻击信息的认知加工偏向,而努力控制是个体主动地、有意识地控制自己的一种能力。敌意

---

① 李维国.中学生问题行为的诊断与矫正[M].陕西师范大学出版总社有限公司,2011:263-266.

② Wilkowski, B.M., Robinson, M.D. The Anatomy of Anger: An Integrative Cognitive Model of Trait Anger and Reactive Aggression. Journal of Personality [J]. 2010, 78(1):9-38.

归因偏向和努力控制能力都会受到外界环境的影响,研究发现个体早期的虐待经历会增加其敌意归因偏向,降低自己的抑制控制能力。因此该模型能更好解释攻击行为的发生机制,以及外界环境如何影响青少年攻击行为的发生。

3. 愤怒情绪

当个人的意愿或需求受到阻碍时容易产生愤怒情绪,进而诱发较强的攻击行为。综合认知模型说明了对情境的敌意解释偏向会引起愤怒,进而引起攻击行为。的确,对学校攻击行为的研究发现,攻击者情绪的不稳定性较高,对冲动性的自我评价远超于一般学生,冲动性强的攻击者存在情绪调节缺陷。愤怒情绪会导致个体较高的情绪唤醒水平,而较高的情绪唤醒水平又与个体的攻击行为有关。

4. 人格特点

青少年的某些稳定的人格特质与其攻击性存在相关,如特质愤怒、社会人格、冷漠无情特质等都与青少年的攻击行为呈正相关。攻击者的脾气多急躁,易被激惹,价值观与社会相悖,进而形成其特殊的情绪特点和攻击行为模式。

5. 社交技能水平

处于青春期的中学生处处要求以成人自居,看到许多长辈吸烟饮酒,便认为"只有吸烟饮酒才是大人样"的应对方式与攻击行为呈显著相关,积极应对与攻击行为呈负相关,而消极应对与攻击行为呈正相关①。同时,理查德(Richard)等人的研究发现,与受欢迎的学生相比,攻击性高的男孩对冲突性社会情境的解决办法较少,并且其解决社会性争端的办法也往往比攻击性较低的男孩提出的办法效果更差。

6. 父母教养方式

那些放纵型和专制型的教养方式会引起青少年更多的攻击行为。放纵型教养方式,容易造成儿童在成长过程中缺乏必要的移情能力,人际交往能力,性格上更可能表现为自私、专横、缺乏责任心,势利,喜怒无常,在与人交往的过程中表现出更多攻击性行为。专制型教养方式可能严苛控制子女日常生活,并采用简单粗暴的方式管教不合适行为而非积极沟通引导,结果常常会增强子女的攻击性行为。

7. 媒体暴力

当今社会大量的暴力内容充斥在大众媒体之中,并通过电视、电影、电子游戏、网络等形式散布暴力信息。尤其是随着互联网的发展,越来越多的青少年涉足虚拟暴力游戏,主要是真实性很强的角色扮演暴力游戏,此时青少年已经不仅仅是以旁观者的身份来"观赏",而是以真实的方式直接体验被人攻击和攻击别人的感受。经常接触含有暴力内容的电影、电视以及网络游戏的青少年,在后期的发展中明显地表现出暴力倾向于攻击性。

(三)攻击行为的预防及应对策略

1. 课程化的社会性发展干预

课程化的社会性发展干预主要通过课程化心理训练来改变学校气氛,从而减少或消除攻击行为,提高社交技能及问题解决能力。例如,通过心理健康课程介绍心理学方面的

---

① 方永慈.中学生父母控制,应对方式与攻击行为的关系.中国心理健康杂志[J].2019,27(12):1875-1879.

知识,认识愤怒情绪,懂得对自己的愤怒情绪负责,不能把自己的负性情绪的产生归咎于他人。

2. 适当的情绪发泄

家长和教师要为中学生提供适当的情绪宣泄途径,让他们潜在的愤怒得到宣泄。例如,教师可以在班上让学生表演个体在愤怒、恐惧、悲伤等情绪发生时的状态、体验和表现,然后组织学生进行分析评价,让学生明白哪些情绪反应是无益的或有害的。帮助中学生合理表达自己的情绪,使其既不带有攻击性,又能使自己的情绪得到宣泄,帮助其正确认识自己负性情绪产生的原因,并共同找出合理宣泄负性情绪的有效途径,如运动。

3. 角色扮演(换位思考)

角色扮演是指运用戏剧性表演的形式,将中学生暂时置身于其他人的处境中,按照他人所处境遇行事,增进中学生对他人的社会角色及自己原有角色的理解,从而学会更有效地履行自己角色的心理学技术。通过角色扮演、叙述可以体会攻击者当前的痛苦感受,增强中学生对他人的感同身受能力,从而降低其攻击行为。通过角色扮演等方法对中学生进行共情训练,提高其共情水平。另外,在角色扮演过程中,中学生还可以将自己积压的负性情绪宣泄出来,也能够起到情绪稳定的作用。

4. 净化青少年成长环境

社会环境中对青少年攻击行为产生影响的一个重要因素是大众传媒。因此,在社会方面,要净化青少年成长环境,尤其是对媒体节目的选择要严格把关,避免不良思想和行为的传播。同时还要适当增加媒体中亲社会行为内容节目的传播,改变青少年对暴力等攻击行为的认知偏差,进而减少攻击行为,增加亲社会行为。另外,在学校方面,要对良好行为进行大力宣传表彰,对不良行为进行严肃处理,创造一种积极向上的学校氛围。在家庭环境方面,家长应该反省自身的教养方式,一方面,要多关爱孩子,给予孩子更多的情感抚慰,避免过度的武力惩罚,防止学生模仿学习家长的不良行为;另一方面,一旦发现孩子有问题,要及时给予必要的教育,使孩子从小就有是非观念,但要避免对孩子动用武力,而应该遵循科学、民主的教育方式,为孩子健康成长创造一个温馨的家庭环境。

5. 及时鼓励正性行为

为了减少青少年的攻击行为,家长和老师还应该及时鼓励学生的正性行为。当个体能够抑制愤怒情绪,减少攻击行为,以积极的态度面对挫折情境时,及时给予鼓励和表扬,这样可以强化学生的正性行为,增加未来个体的积极应对方式。

二、偷窃行为

(一) 偷窃行为的界定

偷窃在法律上的定义是,用不合法的手段秘密盗取他人钱物的行为。作案者行事隐秘,不希望被他人发现。14~18岁是偷窃行为的易发期。青少年偷窃行为虽不是违法行为,但确实是违反社会道德规范的一种常见行为。如果任其发展,听之任之的话,偷窃的恶习就会加深,从而由偷窃行为转变为偷盗行为,并很容易发展为其他类型的犯罪,如抢劫甚至杀人等。

（二）偷窃行为产生的原因

1. 青少年自身的因素

首先是青少年道德法律意识的欠缺。中学生偷窃,绝大多数是因为缺乏正确的道德观念。法律意识淡薄,具有强烈的自我中心主义,有的青少年没有充分认识到自身偷窃行为的性质,往往肤浅地认为"拿了别人的东西并没有什么"。

其次是青少年的各种不良心理。例如,由于攀比心理或妒忌心理,有的中学生看到其他同学拥有名牌的衣服和高档的用品,而自己的条件不允许,又想满足虚荣心,只能通过偷窃满足私欲。还有的青少年,出于捉弄别人的心态,会做出一些偷盗的行为,还有的青少年偷窃是为了发泄自己对他人的不满情绪,而又找不到合适的排遣途径,为了报复而偷走他人的财物。

最后是心理缺失。精神需求满足低导致中学生的不良行为。其实偷盗行为与心理缺失有很大的关联性。对青少年来说,他们希望得到来自父母、师长、亲友的关心,避免孤独的负性情感体验。当缺乏关爱时,他们会企图通过偷窃行为补偿这种心理缺失。

2. 环境因素

家庭因素是影响青少年偷窃行为发生的重要因素。如果父母对子女教育不当,不过问学生的思想和心理状况;家庭残缺,无暇关心子女的品德教育;家长外出务工,家庭教育缺失;更有个别家长本身就品行不正,给孩子树立错误的榜样,这些因素都会造成青少年养成偷窃等不良习惯。

其次是学校环境的影响。在目前应试教育制度下,学校教育过程往往把教育的中心放在抓升学率和分数上面。相对比较忽视对学生的品德、法制教育,从而造成学生品德、法律意识薄弱。认识不到自己偷窃行为的错误性和不良后果。另外,有的教师教育方式简单、粗暴,对所谓的问题学生冷眼相看。在这种冷漠态度下生活,学生可能会产生各种消极心理乃至采取抵制行为,甚至采取偷盗行为对抗老师。

最后是社会环境的影响。随着社会的发展,学生接触社会面越来越大,而现实生活中,社会上的道德失范随处可见,在不知不觉地影响着在校的学生。还有互联网等媒体,也经常有一些负面的、消极的信息传播影响着学生的健康成长,更有少数同学非常乐于模仿从这些渠道学到的各种不良行为,其中就包括偷窃。

（三）偷窃行为的预防和矫正

1. 了解青少年偷窃的动机

首先是协助青少年认清自己的偷窃动机是什么,有什么不能满足的需要,了解原因:是缺乏法制观念,是物质需求缺乏,是精神需要不能满足或是对某人的不满与对抗……针对青少年偷窃的动机,采取相应的对策。同时,对于青少年的偷窃行为,不要轻易定位为"偷"。这种标贴可能会增加他人对学生的偏见,增加行为改善的阻力,增加个体对"偷"的认同。

2. 加强价值观教育和法制教育

对于青少年的偷窃行为,最主要的方法就是教育。学校和家长要共同加强中学生的价值观教育和法制教育。价值观教育就是通过价值辨别的方法,让有偷窃行为的中学生改变认识上的错误,能深刻认识偷窃行为的危害性。法制教育主要是针对偷窃行为从法制的角度进行分析,提高他们的法律意识,使青少年理解法律的严肃性、权威性和不可违反的特点。此外,青少年更要加强自我教育,认识到偷窃是一种违反法律与道德的行为,不但损人而且损己。

3. 自我管理

对于青少年偷窃行为的偏差观念,认知疗法和行为改变技术是经常使用的方法。使用认知行为治疗方法矫正偷盗行为时,"自我管理方案"是可使用的技术。在协助青少年找到自己的偷盗动机后,帮其找出最易导致其偷窃行为产生的情境,然后帮助青少年找出克服偷窃行为的方法。例如,让老师和同学提醒,请父母随时检查。利用自我检查、自我酬赏、自我契约及刺激控制等自我管理策略来改变偷窃行为。

4. 满足青少年的心理需求

个体由于精神需求不能满足产生的较强的物质欲望是导致偷窃行为的心理基础。当青少年的财物在生活上遗失或被盗时,他们会感到自己的财物安全受到威胁,有的青少年就会采取"以眼还眼,以牙还牙"的方式挽取自己的财物损失,更重要的是挽回自己丢失的安全感。青少年特别希望得到同辈群体的承认,以获得归属感。当青少年不能拥有同辈人所拥有的东西并为此深感困扰,错误地认为阻碍自己加入同辈群体的障碍物就是这样东西时,他们就有可能采取偷盗的方式,设法取得他们想拥有的东西。另外,青少年还希望得到来自父母或师长的关注和关心,特别是当必要的物质需要得不到满足时,或者父母由于工作繁忙,只关注满足孩子的物质需要,而对其精神和心理需要不关心,青少年有可能通过偷盗行为补偿得不到爱的心理缺失。

需要注意的是,在矫正青少年偷盗者的问题行为之前一定要有调查环节,先了解青少年的偷盗行为是偶发性的还是习惯性的。如果偷盗行为是偶发性的、偷盗动机比较单一,是一时的冲动行为,只要让偷盗者认识到偷窃的后果和危害并加以反省,一般再犯的可能性较小。对于习惯性的偷盗行为,在进行矫正时要特别注意调查偷盗者的家庭背景和成长环境。

三、吸烟喝酒

(一) 烟酒对青少年的危害

中学生正处于儿童向成年人的过渡期,他们对成年人的世界表现出强烈的好奇心,往往不能正确判断是非,易受外界不良因素的影响,凡事都想跃跃欲试。有些学生还错误地认为吸烟喝酒能解愁提神,于是,在学习、生活中遇到了挫折就感到失落和烦闷,进而模仿成年人借酒消愁。

我国是世界上最大的烟草受害国,青少年吸烟喝酒给中学生的身心健康带来了恶劣的影响。烟酒皆是容易上瘾的物质,上瘾后则需长期使用,对青少年来说,长期使用这些物质不仅需要花费大量的金钱,同时还会影响其精神状态,如饮酒后容易诱发个体的打架斗殴等危险行为。

(二) 青少年吸烟喝酒的原因

中学生吸烟喝酒的行为并不是天生的,主要受到青少年自身心理发展特点和环境的影响。

1. 自身心理发展的特点

中学阶段,学生对外界的好奇心强,看到别人吞云吐雾、怡然自得,便想亲自体验一回。同时,中学生还存在一定的逆反心理和侥幸心理,一些正面的宣传或家人老师的劝阻反而使得一些学生更想尝试;中学生还有较强的侥幸心理,尽管他们知道吸烟喝酒的危害,但觉得这些危害未必会发生在自己身上。

2. 环境和他人的影响

中学生容易受到外界环境的影响,如大众媒体中出现的吸烟喝酒的场景,成人及家长通过吸烟喝酒进行社交的场景,同学朋友吸烟喝酒的场景。这些场景都可能成为中学生模仿的对象,进而增加中学生不良的行为。另外,家长对待孩子使用烟酒的态度也会影响其相应的行为,如果家长认为吸烟和喝酒是孩子(尤其是男孩子)未来社交必不可少的工具,甚至会鼓励孩子使用烟酒,那么孩子使用烟酒的可能性更大。同样,在同伴中,中学生重友情,讲义气,朋友都抽烟,若自己不应酬,便觉得"掉价",于是在同伴的影响下就开始吸烟喝酒。

3. 现实中的挫折情境与无聊感

一些中学生在学习、生活中受到挫折,如失恋、考试落后、人际关系紧张等,因为没有更好的应对方式,就可能借饮酒吸烟来寻求解脱,以此借酒消愁解忧,逃避现实。另外,有些中学生常在无聊时喝酒或抽烟,上厕所时抽支烟,看书写作时借抽烟提神,或满足一时乐趣、刺激,以获得充实感等,久而久之,则成为陋习。

(三)青少年吸烟喝酒的干预

1. 开展健康知识宣传,开展禁烟禁酒活动

吸烟有害身体健康,饮酒不仅损害学生的健康,还可能诱发校园暴力事件。统计资料显示,74%的青少年犯罪是从吸烟饮酒开始的。同时,在学校开展禁烟禁酒活动,此活动以学生为参与主体,让学生自愿参加,并增加活动的趣味性。如开主题班会等。教师要以身作则,而且要注意及时疏导学生心中的烦闷。

2. 谋求家长的积极配合

家长对烟酒的态度会影响中学生的吸烟喝酒的行为,若父母觉得男孩子吸烟喝酒是未来必要的应酬,那么他们的孩子更可能发生吸烟喝酒的行为。因此,学校还可以定期召开家长座谈会,增加沟通,建议家长在孩子吸烟喝酒问题上采取积极干预的态度。

3. 全方位的自我矫正

首先是调整学生的认知,消除其对研究的非理性观念,改变对吸烟喝酒的错误态度和行为情绪模式,强化戒除的动机、决心和毅力。其次,提高中学生积极应对困难的能力,学会放松,消退通过烟酒而回避困难的想法。最后,改变行为。可采用系统脱敏、厌恶疗法等行为矫正技术,帮助学生戒除烟酒,以健康青春创造人生。

四、说谎行为

(一) 说谎行为及类别

早在 20 世界初期,皮亚杰认为儿童的谎言是顽皮的话,不符合事实的一种断言和任何有意图的错误陈述。判断谎言必须具备两个要素:① 确实是谎话,② 明知道不是真的,希望听的人认为是真的,即有明确的意图性。

我们可以按照不同的标准对谎言分类,根据说谎动机的性质,可以分为恶意谎言,习惯谎言,玩笑谎言,正规谎言;根据认知的角度,可以分为无意说谎和有意说谎两类;根据说谎的原因,可以分为自我导向的谎言和他人导向的谎言。而说谎的表现又可以分为外显、内隐和错误信念理解三种形式。还有研究者依据意图,分为黑谎(逃避惩罚)和白谎(无伤害意图)。

(二) 中学生说谎的主要原因

说谎的主要原因是中学生自身内部的原因,主要由以下几个方面:

1. 虚荣爱面子心理

一般来说,中学生的自尊心比较强,害怕自己面子上受到伤害,为了保护自尊心,可能采用说谎的方式来保住自己的面子,满足自己的虚荣心。另外,如果以前的说谎行为曾给青少年带来了相应的好处,尝到了不少甜头,就会刺激其进一步通过这种方式获得更多的满足。

2. 侥幸心理和刺激心理,"狼来了"

有的中学生往往心存侥幸,希望通过说谎得到物质利益,心理满足和精神愉悦,总是希望自己的谎言不被人发现,事先做出一厢情愿的大胆设想,对说谎的后果估计得过分乐观。还有一些中学生说谎是为了寻求刺激,就像是"狼来了"的故事。

3. 掩盖错误,逃避惩罚

有的中学生用谎言欺骗老师和家长,是为了掩盖自己的错误。尤其是当自己犯错会受到严厉的批评时,为了逃避老师与家长的批评和惩罚,便欺骗他们。有的中学生害怕承担责任,为了推卸责任,便编造理由,为自己开脱,因而出现欺骗行为。

(三) 对青少年说谎行为的应对

面对中学生的说谎行为,不管是家长还是教师都首先应该洞悉学生在不同情况下的说谎动机,针对不同的说谎动机采取不同的处理措施。

1. 检查成人管教方式的偏差

成人过度严厉、过高标准、过于粗暴的管教方式可能是儿童青少年说谎的一个重要原因。当学生犯错时,为了推卸责任、逃避惩罚,可能采取说谎的方式来应对。因此,面对孩子说谎,成人首先要检查自己的管教方式,如果过度严厉,需改善自己的管教方式,鼓励孩子面对问题,诚实表达自己。

2. 创设一个愿意诚实表达的环境

总体来说,要改变青少年说谎的问题行为,需要创造一个让青少年愿意诚实表达的环境。保持诚实的立场是需要冒险的勇气的,因此,成人要允许青少年犯错。事实表明,对学生所犯错误的谅解和宽容,往往给学生提供了反思和改错的机会。

3. 发现青少年说谎时,要及时进行指正

当发现青少年说谎的时候,要及时进行指正。此时,要特别注意避免完全对青少年进行否定,应该通过晓之以理、动之以情,客观地批评,如此才能唤起青少年承认错误、改正错误的信心。同时,要引导青少年勇于诚实地表达。对做错事主动承认的青少年,应对其坦诚的态度和行为给予肯定,同时对其犯的错误进行教育,使之既承担错误的后果,又得到被理解、被包容和改正的机会。

4. 适当降低知情范围,保护孩子的自尊心

进入青春期,个体的内心世界逐步丰富复杂,开始有了私人空间的要求,他们不再像小学生一样"无所顾忌"地谈论自己的理想和"心里话"。他们开始把自己的日记本藏起来,与此同时,青少年又希望别人能够给予他们更多的理解和支持。因此,家长和老师要适当地降低知情范围,给孩子一定的私人空间,同时,给予孩子充分的尊重,保护其自尊心。

五、校园欺凌行为

欺凌是中小学人际交往中比较普遍的一个现象,而校园欺凌行为的普遍性及其严重后果已经引起许多国家教育界和公众的关注。调查显示,在初中阶段,欺凌者和受欺凌者分别为2%和12%。

(一)校园欺凌行为及其危害

欺凌行为是一种特殊类型的攻击行为。它是指力量相对较强的一方对力量相对弱小或处于劣势的一方进行的攻击,通常表现为以大欺小,以众欺寡,以强凌弱①。欺凌行为具有以下几个特征:(1)未受激惹,即欺凌行为是由欺凌者的挑衅引起的;(2)反复发生,欺凌者和受欺凌者会在较长的一段时间内形成稳定的欺凌和受欺凌关系,受欺凌者会重复成为被攻击的对象;(3)双方力量的不均衡,受欺凌者在身体或心理上处于弱势,不具备报复的手段和条件;(4)多样性:校园欺凌的形式多种多样,如辱骂、中伤、殴打、上供等;(5)行为隐蔽性和难以判断性,一般来说,在校园欺凌中,不论是欺凌者还是被欺凌者都不愿意告诉家长和老师,对于被欺凌者来说,一般会受到欺凌者的威胁和恫吓,不敢将受欺凌的情况告诉他人,而欺凌者自然也不会跟他人讲自己的行为,因此校园欺凌行为具有很强的隐蔽性,这也使得它能够长期持续,不容易被家长和老师发现。

校园欺凌行为的危害:校园欺凌对学生的身心健康有很大的危害。(1)受欺凌者自尊心和自信心降低,情绪抑郁、焦虑、孤独、甚至会自杀;不愿上学。学生会因害怕受欺凌而不愿上学,对学校失去兴趣,甚至逃学、辍学。(2)欺凌者,把欺凌当成手段而长期使用,形成攻击性人格特点,犯罪可能性增加。中小学阶段是欺凌行为发生频率较高的时期,因此,关注青少年的欺凌与受欺凌是教师和家长共同的责任。

---

① 许思安.青少年十种常见问题行为的矫治[M].广州:暨南大学出版社,2008:78.

(二) 产生校园欺凌行为的原因

影响校园欺凌行为发生的因素可以从三个方面分析：

1. 欺凌者和受欺凌者的特点

一方面，学生身体力量的悬殊是产生欺凌行为的重要因素。一般来说，双方在身体力量上存在显著的差距，欺凌者在身体力量上处于优势地位，身体强壮；而受欺凌者一般身材矮小，瘦弱。

另一方面，欺凌行为跟欺凌者和被欺凌者的认知特点有关。就欺凌者而言，他们更认同欺凌行为，他们把支配和控制他人看作社会生活的要求。欺凌者偏激地认为，要想不被人欺凌，就必须去欺凌和控制别人，或者通过攻击和欺凌别人可以使自己显得厉害，从而获得同伴的崇拜。而受欺凌者通常由于身体力量等客观条件上存在一些不足，容易否认自己，对外界感到无能为力，表现为容易服从他人等，而受欺凌者的经历又会反过来进一步加重其消极认知。另外，受欺凌者往往会受到欺凌者的威胁、恐吓，害怕说出后会遭到更大的报复，便将欺凌事件隐藏在自己的心里，结果往往是这种隐忍助长了欺凌行为的再次发生和升级。

2. 家庭方面

不当的家庭教养方式会影响校园欺凌行为。通常，欺凌者的父母在处理孩子的问题时，更多使用粗暴的方式惩罚孩子的不良行为，孩子就会从父母的身体惩罚及其后果中得知，可以运用身体力量迫使别人来服从自己，进而控制他人。而受欺凌者的父母往往对孩子表现为溺爱、拒绝或期望过高，如果父亲表现出对孩子的严厉与疏远、母亲表现出对孩子的过度保护或拒绝，都会导致孩子成为同伴交往中的受欺凌者。

另外，家庭背景也会影响校园欺凌。国内外的研究都表明家庭背景与学生遭受欺凌之间存在关系，那些来自弱势家庭背景的学生可能会遭受更多的校园欺凌。一方面弱势家庭背景的孩子可能遭到更多的嘲笑和歧视，另一方面，弱势家庭环境也更可能影响孩子的自信心，当受到他人欺凌时，更容易接受自己被欺凌的认知。

3. 学校方面

学校轻法制也会增加校园的欺凌行为，学生缺乏对一些欺凌行为法律后果的认识，会增加学生使用欺凌行为来解决遇到的人际问题。学校过于重视成绩教育而轻德育也会助长校园欺凌行为。

4. 师生关系

同伴群体也会助长欺凌行为。欺凌通常是发生在同伴群体中，群体中的个体在互动中会互相强化群体中其他人的行为。青少年在同伴群体中频繁互动并形成自己的文化，中学生尤其容易受到同伴群体的影响，表现出欺凌。研究表明，美国中学生的同伴群体在欺凌方面有明显的同质现象，有欺凌行为的学生通常纠集成团伙。如果欺凌者共同实施欺凌行为，学生会因为有很多人参与欺凌行为而降低自己对事件的责任感，这种责任的分散会减弱学生对欺凌事件产生的凌罪感，最后导致群体欺凌的产生。

(三) 校园欺凌行为的干预及辅导

1. 建立同伴小组

同伴支持小组是由严重受欺凌者提名建立的一个支持团体，一般由4~6名学生组成,其中包括在欺凌行为发生的欺凌者,旁观者和支持者。由于团体成员成分的不同,提名者不知道被选中的原因,团体的任务是帮助提名者在学校更愉快的生活,让团体成员理解提名者的心情,并提出帮助建议,同时要求成员每周汇报一次他们的进展,把进展归功于他们的建议和帮助,鼓励他们继续帮助提名者。对欺凌进行干预的一个基本指导思想是在改善外部环境的同时,创设学生间相互尊重,彼此接纳的情境和氛围,通过互动引起学生间积极的同伴互动,是学生在认知、情感、行动各方面均受到影响,进而促进其人格特征的改善,从而使欺凌干预达到较好效果。

2. 班级层面的干预

班级是校园生活中由学生直接组成的小集体,在班级中的行为互动更直接地体现了个体人格倾向与具体欺凌情境之间的整合效应。班级干预内容除了营造良好的班级氛围之外,更主要的是针对欺凌者和被欺凌者共同特点设计一系列有意义的班级活动,在引导学生形成健全人格的同时,教学生学会正确应对发生在自己身上或自己身边的欺凌行为。因此,班级层面干预的核心在于,通过在班级中鼓励每个学生参与制定反欺凌规则,并将这一规则公之于众和监督执行,共创良好班级氛围。通过相关活动使学生尽可能广泛地与伙伴形成相互依赖和相互尊重的关系。

3. 学校层面的活动

学校可以开展丰富多彩的活动,减轻中学生在学校中的压力,促进同学间的交流;鼓励并组织学生的社交活动,学习交往技巧,提高应对人际冲突的能力;制定明确的校规校纪,加强对学生的监督和管理,对欺凌行为严加处理。

4. 有针对性的心理训练与指导

增强受欺凌学生的自信心,但不鼓励以暴制暴。当成人发现学生受到欺凌时,要鼓励学生说出事情的真相。告诉学生不要害怕欺凌者,要树立信心,相信父母和学校都是他的坚强后盾。对欺凌者进行自我控制训练。训练的主旨是要求学生遵循"三思而后行"的基本原则,将不符合道德法规与校纪校规的行为减少到最低限度。在具体操作过程中,指导者要求学生通过一些简单、固定的自我命令,逐步掌握自我行为控制。

六、课堂问题行为

(一) 课堂问题行为及表现

课堂问题行为是指课堂教学中发生的,违反课堂规则、妨碍及干扰课堂活动正常进行或影响教学效率的行为,简言之是学生在课堂上引起麻烦的一种行为[1]。这些问题通常包括对教师与学校的对抗态度(如骂人、发脾气),破坏课堂纪律(如随意走动、干扰别人、惹是生非),不参与课堂活动(如上课不专心、懒散、做小动作),以及课堂退缩行为(如畏畏缩缩或虚怯胆小)等。课堂问题行为主要是在不良的环境和教育影响下形成的,包括那些影响课堂秩序和集体活动的惹麻烦行为,如小动作、不遵守纪律,以及那些由于情绪上和社交上在成熟方面引起的忸怩、缺乏信心等行为。

---

[1] 袁莎.中学生课堂问题行为的归因分析与矫正策略研究.东北师范大学[学位论文].2008.

课堂问题行为的危害：① 课堂问题行为影响教师课堂教学活动的顺利进行。费特勒（F.Feitler）等人通过对教师的调查研究表明，在被调查的教师中，有58%的教师把"学生捣乱"一项排列为工作压力的首位，认为学生的管理问题是其工作不满意的主要原因和教师主要压力的来源。当一个学生的问题行为波及他人甚至全班时，教师往往会中断或终止课堂活动，训斥学生的不良行为来维护课堂秩序，而这种做法本身就干扰了正常的课堂教学，有时则可能导致与有关学生的更激烈的冲突，从而引起更大的课堂混乱，使课堂教学活动无法顺利进行。② 课堂问题行为影响学生课堂学习活动的顺利进行。课堂问题行为的学生频繁参与与学习无关的活动，因此学业成绩更差；同时课堂问题行为的学生还会影响其他学生的学习。③ 课堂问题行为影响学生个性社会化的发展。课堂是学生在求学过程中最重要的学习场所，也是人格与社会化发展的主要情境，青少年学生正式通过课堂这个情境，完成他们早期的社会化。通过课堂，学生塑造自己的行为，学会与同伴进行有效的协作，按照社会所认同的行为标准形成自身的行为模式。一个缺乏良好纪律性和自控能力的青少年极易在外界不良刺激的诱惑下出现有害社会的越轨行为。④ 课堂问题行为影响师生关系的融洽。

(二) 课堂问题行为产生的原因

学生课堂问题行为的形成一般不是由某种单因素造成的，主要是其学习、生活环境、社会风气等诸多因素相互作用的结果。学生课堂问题行为的产生主要涉及三个方面。

1. 教师教育失策

教师教育失策会影响学生的问题行为，表现为教师事业心不强、教学态度不端正、功利主义的价值取向、专业基础理论不扎实、课堂管理的行为失范、教学方式操作偏差、教师的课堂管理工作太封闭等。

2. 学生的身心因素

学生的问题行为表现出性别的差异。相对于女生而言，男孩精力旺盛，活动量大，又喜好探究，而他们的自我控制能力相对较低，集中注意的时间也更短，故而会更容易产生问题行为，特别是外向性问题行为。

心理缺失也是构成学生课堂问题行为的重要原因，它主要反映在焦虑、挫折和个性等方面。学习焦虑往往导致个人的自尊心受到威胁，进而表现出灰心丧气、顾虑重重、徘徊不定等退缩性问题行为，也会出现烦躁不安、无理发怒等逆反性问题行为。学习挫折引起的愤怒和恐惧情绪也可能会导致说谎、公开顶撞、故意发泄等攻击性行为以及压抑、退缩、逃避等行为反应。

3. 环境因素

家庭是学生社会化的重要环境。研究表明，父母不和、经常打闹的家庭的孩子，在课堂上也经常表现出孤僻退缩、烦躁不安，甚至挑衅滋事。单亲家庭的孩子更容易表现出自制力差、记忆冲动的对抗逆反行为。另外，家长的娇惯溺爱、纵容放任的教育方式，使子女容易养成玩世不恭、放荡不羁的行为，而家长粗暴严厉的教养方式容易使子女养成弄虚作假、消极对抗、冷漠孤僻的行为。这些都会影响其子女在课堂的问题行为。

课堂内部环境，诸如课堂内的温度、色彩、课堂气氛、课堂座位的编排方式等都会对学生的课堂行为产生十分明显的影响。课堂中温度适宜、色彩明亮、气氛融洽，学生就可能产生一种愉悦的感受和积极的情绪,从而减少课堂问题行为。相反,如果课堂环境恶劣,气氛紧张,学生就可能会昏昏沉沉,形成懒懒散散的消极情绪,从而增加问题行为产生的可能性。

另外,随着年龄的增加,中学生受到校外大众媒体的影响也逐渐增加。一些影视作品中出现的违反课堂纪律以及其他暴力、色情内容也会延伸到课堂中,增加学生课堂上的问题行为。

(三) 课堂问题行为的应对策略

1. 提高教师素质

首先,教师要更新教育观念,树立正确的教育观、教学观和学生观。全面了解学生的身心发展特点,充分尊重学生的自尊心、情感、需要、兴趣,为学生的全面发展创造一个宽松和谐的活动环境和心理环境。其次,强化师德意识,增强事业心,责任感,增加教师对学生的情感投入,增强师表意识。再者,提高教学技能,优化教学行为,以生动有趣、活泼多元的方式引导学生学习。最后,变革课堂管理,在充分尊重学生的前提下建立教师的权威。

2. 因材施教,培养学生的自我管理能力

课堂行为管理的最终目标是使学生能够控制和调整自己的行为,以达到课堂教学的要求,因此要促进学生积极的自我概念的形成,明确学生的行为标准、加强学生的自我控制能力。积极自我概念的行为需要教师和家长引导学生在学习和生活中不断探索发现自己,发现自己的兴趣和能力,培养自己的意志力;同时教师应明确课堂的行为规范,并适时地将这些标准转化为课堂程序和常规。

3. 加强学校和家庭的沟通

作为儿童的第一任教师,家长也要以身作则,同时还要热心参与学校教育,学习教育专业知识并尊重教师的意见,与孩子保持亲密和谐的亲子关系,对他们进行爱而有度、言而有信、自立自强的教育。教师也要系统、有计划地与家长沟通,使家长成为可贵的资源。教师在与家长沟通时,切忌单纯数落学生的缺点,给予学生更多的关怀、鼓励、接纳与支持,以正面态度培养他们自我肯定和解决问题的能力,减少问题行为的发生。

4. 优化育人环境

保持建设性的课堂环境。在物理环境方面,校舍布局应规范合理、整洁卫生、安静幽美,在班级教学环境中,应注意妥善安排桌椅,保持行间畅通,教学器材、设备都应维持在良好状态,照明、通风良好,做好防止噪音的措施;同时做好班级座次安排。在课堂心理环境建设方面,应加强校风班风建设,形成既紧张又活泼的心理环境;营造一个良好的课堂心理气氛,培养和谐的师生关系。

知识链接

问题行为改变的新斯金纳模式

行为主义斯金纳认为,行为的塑造源于行为本身的结果,行为后若紧跟着强化物,该行为就会被强化,从而更可能在今后的情境中出现。新斯金纳模式是其追随者综合其观念和主观糅和而成,它主张有计划地安排环境刺激,操纵后果,以加强学生现有的良好行为,并培养学生良好的新行为,削弱并完全终止常出现的问题行为。当学生每次表现出更

多的可接受行为时,教师就赞许强化这种行为。该模式将整个行为反应过程分为几个步骤,学生按照这些步骤,按部就班地完成,从而养成良好适应的行为。其实施的基本步骤是:(1) 明确目标行为。即教师要确定建立学生的哪种行为,去除学生的哪种行为,并且目标行为是可观察、可测量的。(2) 确定基线。一旦确定了目标行为,教师就可以通过记录时间、记录时长、记录时段、时间抽样等方法来观察该行为在某单位时间内所发生的次数和持续时间的长短,检验矫正效果;(3) 选择强化物。强化物是多种多样的,既可以是积极的,也可以是消极的,强化物可以使行为变得更牢固,坏的行为不再继续,好的行为出现可能性增加。(5) 效果评估。教师对学生行为的改变和塑造是否有效,以及究竟取得了多大的效果,必须经过评价才能做出决定。

第十一章　中学生人格的完善和发展

案例导入

梅梅是一名重点中学的高三学生。在最近举行的县级"优秀学生干部"评选中,梅梅落榜了,而她的同桌陈倩是梅梅最有力的竞争对手却被评上了。最让梅梅郁闷的是,陈倩的学习成绩没有她好,班级职务也没有她高,凭什么陈倩评上,而她却落选了呢?梅梅怀疑陈倩在背后搞了鬼。现在,梅梅开始怀疑身边的同学,不敢轻易相信他们的话。比如看到他们在一起,梅梅就会怀疑他们是不是在说她的坏话。现在,梅梅的人际关系变得越来越糟糕,心里越来越烦恼了。

面对这个忧心忡忡的梅梅,你知道她的问题出在哪里了吗?你会如何帮助她呢?

第一节　人格概述

现实生活中,有人泼辣开朗,有人性情温柔,有人冲动莽撞,有人畏惧退缩,有人公而忘私,有人自私自利,有人思维灵活,有人思考固着……这些差异都是人格方面的差异。那么什么是人格?为什么人们常说"人心不同,各如其面"?人格的形成与发展受到哪些因素的影响?人格都有哪些类型?本节课将简单介绍这几个方面的问题。

一、人格的界定

人格一词源于希腊语中的 persona,当时是指演员在舞台上戴的面具,与今天戏剧舞台上不同角色的脸谱相类似。后来心理学借用这个术语,用来说明每个人在人生舞台上各自扮演的角色及其不同于他人的精神面貌。

到目前为止,不同研究者从不同角度对人格进行了界定,美国心理学家奥尔波特综合前人关于人格概念的理解,形成的人格定义为"人格是一个人的内在心理生理系统的动态组织,它决定了此人对其环境的独特适应。"我国学者黄希庭(1998)认为"人格是个体在行为上的内部倾向,它表现为个体适应环境时在能力、情绪、需要、动机、兴趣、态度、价值观、气质、性格和体质等方面的整合,是具有动力一致性和连续性的自我,是个体在社会化过程中形成的给人以特色的心身组织。"①相对于奥尔波特对人格的定义,该定义还强调了人格发展上的连续性。彭聃龄(2011)认为人格是构成一个人思想、情感及行为的特有统合模式,这个独特模式包含了一个人区别于他人的稳定而统一的心理品质②。

人格定义的多样性反映了其内涵的丰富性,每个定义都看到了人格的某一方面或某种功能,每个"人格"定义都是有价值的。综上所述,人格(personality)是个体在特定遗传素质的基础上,在社会化过程中形成稳定的心理特质和习惯化了的行为方式的总和。

从内容上讲,人格被认为是性格和气质的综合。性格(character)是一个人在对现实的稳定的态度和习惯化的行为方式中表现出来的人格特征。它表现在个体对自己、对他人、对事物的态度和所采取的言行上,是个人结构中的社会成分。一方面,性格是在长期生活实践中塑造出来的,一经形成便比较稳固。这种比较稳固的对现实的态度和行为方式,贯穿在人的全部行为活动中,在类似的、甚至在不同的情境中都会表现出来。如一个诚实的学生,他在对班级集体、对同学的态度上表现出实事求是、公正无私的品质;对学习和工作也会严肃认真;对待自己也敢于严格解剖自己。这种现实的稳定态度和习惯化了的行为方式所表现出来的个性特征才是性格。那种一时性和偶然性的态度和行为,不能称为性格上的特征。另一方面,性格是个性中具有社会评价意义的部分,在个性的诸多心理特征中占有核心的地位。性格是个别性和典型性的统一。在一定的经济、政治、文化条件中,形成性格的典型性,即共同性。但因每个社会成员所处的具体条件不同,又形成了性格的个别性,即独特性。性格的个别性与典型性是有机地结合在一起的。典型性存在于个别性之中,个别性表现典型性。

性格是由各种各样的心理特性构成的,要了解个体的性格特征,可以从态度特征、情绪特征、意志特征和理智特征四个方面进行分析③。首先,性格表现在对现实的态度上,即表现在处理各种社会关系方面的性格特征上。人对现实态度的性格特征主要表现在:对社会、集体、他人的态度,对学习、劳动、工作的态度,对自己的态度等方面。性格的情感特征指情绪强度、稳定性、持久性及主导心境等方面的特征。人的情感状态影响其全部活动,可以以是否爱激动、情感是否稳定、是否任性、爱好有何特点等为指标来进行调查研究。性格的意志特征主要表现在个体对自己行为的自觉调节方式和水平方面的个性心理特征,性格意志力的个体差异表现在意志力的四个品质上,即自觉性(如独立性、目的性和纪律性等)、果断性(如镇定、勇敢、顽强等)、自制力和坚持性(如毅力、坚韧、恒心等)。性格的理智特征主要表现在两个方面:一个是思维和想象的类型不同,有艺术型(偏形象)、理论型(偏抽象)、中间型(混合状态);另一个表现在智力品质的差异上,如思维的深刻性、灵活性、独创性、批判性和敏捷性等方面所表现出的差异。

气质是一个人心理活动稳定的动力特征④。气质表现在心理活动的强度、速度、灵活性与指向性等方面,是遗传因素在人格中的表现。(1)气质的动力性特征:心理活动的强

---

① 黄希庭,郑涌.个性品质的形成:理论与探索[M].北京:新华出版社.2004.
② 彭聃龄.普通心理学(第五版)[M].北京:北京师范大学出版社.2019.
③ 赵国祥.心理学概论[M].北京:光明日报出版社.2007.
④ 赵国祥.心理学概论[M].北京:光明日报出版社.2007.

度,指情绪的强度、意志努力的程度等心理过程的强度。心理活动的稳定性,指情绪的稳定性、注意的集中性等。心理活动的灵活性,指思维的灵活性、注意转移的灵活性等。心理活动的指向性,指心理活动是倾向于外部世界,经常从外界获得新印象,还是倾向于内心世界,经常体验自己的情绪,分析自己的思想和印象。例如,有的人脾气暴躁,容易发火;有的人遇事沉着,不动声色;有的人活泼好动,能说会道;有的人则多愁善感,胆小怕事。这些都是心理活动的动力特征即气质的表现。气质只决定人的心理活动的方式,不决定人的精神生活内容。它与人的动机、兴趣、理想、信念、价值观没有多大联系。(2)气质的天赋性:不同于性格,气质较多地受到神经系统先天特性的影响,因而具有先天性。婴儿一出生,气质就表现出差异来,有的活泼好动、大哭大叫,有的酣睡不止,有的比较安静等。(3)气质的稳定性与可塑性:由于气质是个体神经系统最基本的特性,因此它表现出较多的稳定性,它不依赖于人的活动的具体目的、动机和内容,如一个具有某种气质特征的学生,在受到老师表扬时,往往兴高采烈、喜形于色;在文娱表演或体育比赛前常常坐立不安;在考试时容易心慌意乱;与同学讨论问题时,也显得言辞激烈、情绪激昂。日常生活中所说的"江山易改,禀性难移"就是指的气质的稳定性,当然,气质也并不是一成不变的,在生活环境和教育条件的影响下,气质可以被掩蔽,也可得到相当程度的改造。如一个个性孤僻内向的学生,若长期当班长从事管理工作,也会变得谈吐自如、交往娴熟。

二、人格的基本特征

(一) 人格的独特性

"人心不同,各如其面。"这句俗语很好地描述了人格的独特性。人格的独特性表现在人与人之间的差异,核心人格的研究就是针对个体的独特性而言的,例如,林黛玉的多愁善感与心高气傲、薛宝钗的外冷内热与圆滑世故、王熙凤的尖酸刻薄与心狠手辣、贾宝玉的离经叛道与任性妄为。人格的独特性还体现在具有相同特质的个体在程度上的差异,比如外向的人存在着外向程度上的不同。人格的独特性源于人格的形成受到先天遗传、后天的环境与教育等多种因素交互作用的影响,不同的遗传、生存与教育环境形成了各自独特的心理特点。

强调人格的独特性并不排斥人格的共同性。人格的共同性是指某一文化、某一民族、某一阶层、某一群体的人们所具有的相似人格特征,如中华民族是一个勤劳的民族,这里的"勤劳"品质就是共同人格。

(二) 人格的稳定性

"江山易改,禀性难移"这句俗语很好地描述了人格的稳定性。人格的稳定性反映在三个方面:① 在人格形成方面,某种人格特征一旦形成之后就相对稳定下来,想要改变它是非常困难的事情。因此,无论是家长还是老师,从小注重培养学生积极而健康的人格品质非常重要,因为消极人格品质一旦形成就很难改变。② 在人格表现方面,人格特征在不同时间和空间上的一致性。俗语中的"三岁看老"描述的正是人格在时间上的稳定性。③ 在人格特征方面,只有个体经常表现出来的稳定的心理行为特点才称为人格,那些偶尔发生的、一时性的心理特征不能称为人格。

强调人格的稳定性并不应忽视人格的可变性,随着生理的成熟和环境的改变,人格也可能产生或多或少的变化。例如,胆小腼腆的性格可能受到工作环境的历练而变得健谈外向。

(三) 人格的整体性

人格不是单一的特质,更不是多个特质或特征的简单堆砌,而是多个身心特质之间相互密切联系的一个有机整体。决定个体行为的并不是某一个单一的特质,而是多个特质之间的共同作用,我们对一个人的判断不能仅仅依赖某个单一特质,而应该从整体上把握。例如,努力工作、勤劳、有良心、谨慎这几个特质之间往往是高度关联的,它们反映了个体尽责性这一更高层次的特质,但尽责性与聪慧、随和等特质并不相关。

人格是由多种成分构成的一个有机整体,具有内在的一致性,受自我意识的调控。当一个人的人格结构各方面彼此和谐一致时,他的人格就是健康的,否则就会出现适应困难,甚至出现分裂人格。

(四) 人格的社会性

著名作家诺曼·文森特·皮尔(Norman Vincent Peale)曾说过"性格决定命运,态度决定一切"。这句话反映了人格与个体生活适应和工作成就密切相关。例如,面对失败与挫折,坚强者奋发拼搏,而懦弱者可能一蹶不振。

人格对认知和智力的影响也是心理学中重要的课题,一些研究者发现,同样聪明的儿童,由于人格不同而在挫折后的问题解决成绩明显不同。控制定向(mastery oriented)儿童将问题看成是一种挑战,在遇到困难时他们更能采取坚持的态度;而无助定向(helpless oriented)儿童倾向于自我中伤,产生消极情绪,在困难中屈服。因此,控制定向的儿童会出现"失败后的成功",而无助定向的儿童则会出现"失败后的失败"。这一研究结果说明,不同特征会影响到人的思维方向,进而影响到人的行为结果。

三、人格形成的影响因素

人格的形成和发展受到多种因素的影响,它受到先天遗传物质和后天环境的共同影响,同时受到自我调控能力的影响。这些影响因素之间相互作用,对人格因素的影响随着人格特征的不同而不同。

(一) 生物遗传因素

由于人格具有较强的稳定性特征,因此人格研究更注重遗传因素的作用。双生子研究(twin studies)是研究人格遗传因素的最好方法,它通过比较同卵双生子和异卵双生子的差异来推论遗传和环境因素对人格的作用。同卵双生子基因相同,尤其是被分开抚养的同卵双生子,他们之间的差异可归结为环境因素;而异卵双生子的基因不同但生长环境相似,他们之间差异可能是由遗传因素决定的。20世纪80年代,明尼苏达大学对成年双生子的人格进行了比较研究(1984,1988),有些双生子是一起长大的,有些双生子则是分开抚养的,平均分开的时间是30年。结果是同卵双生子的相似性比异卵双生子高很多,分开抚养的与未分开的同卵双生子具有同样高的相关。

遗传对人格的作用,是学者们一直在研究也上争论较多的复杂问题,现有的研究对遗传的作用如是①：第一，遗传是人格不可缺少的影响因素。第二，遗传因素对人格的作用程度随人格特质的不同而异。通常在智力、气质这些与生物因素相关较大的特质上，遗传因素的作用较重要；而在价值观、信念、性格等与社会因素关系紧密的特质上，后天环境的作用可能更重要。第三，人格的发展是遗传与环境两种因素交互作用的结果。人既是一个生物个体，又是一个社会个体。人在胚胎状态时，环境因素的影响就已经开始了，这种影响会在人的一生中持续下去。后天环境的因素是多种多样的，小到家庭因素，大到社会文化因素。这些因素对人格的形成和发展都有重要的影响。

（二）社会文化因素

社会文化对人格具有塑造功能。每个人都处于特定的社会文化中，社会文化塑造了社会成员的人格特征，使其成员的人格结构朝着相似性的方向发展，这种相似性具有维系社会稳定的功能，也使得不同文化的民族有其固有的民族性格，如生活在中原地区的民族，长期的农耕生活，使得他们平和、协作、亲和；而游牧民族则勇敢、开朗、彪悍。这种共同的人格特征又使得个体稳固地"嵌入"在整个文化形态里。

社会文化对人格的影响力因文化不同而不同，社会对顺应的要求越严格，社会文化对人格的影响力越大。社会文化对人格影响力的强弱也与其行为的社会意义不同而不同，对于不太具有社会意义的行为，社会包容性较强；但对于社会功能十分重要的行为，社会文化的制约作用就越大。如果一个人极端偏离其社会文化所要求的人格特质，不能融入社会文化环境之中，就可能被视为行为偏差或患有心理疾病，正如难以想象在中国朋友见面中出现贴面礼会是什么样的情形。

（三）家庭环境因素

家庭是社会的细胞，家庭不仅具有其自然的遗传因素，也有着社会"遗传"因素。这种社会遗传因素主要表现为父母按照自己的意愿和方式教育孩子，使他们逐渐形成某些人格特质。孩子的人格是在与父母持续相互作用的过程中逐渐形成的，攻击行为通常得到的是攻击反应，友好行为得到的是友好的回报。

伴随着身体的发育与心理的成熟，中学生已经具有了较强的独立生活的能力。他们既想摆脱对父母的依赖，同时又希望得到父母的支持与鼓励。如果父母能够较好地适应孩子的成长需求，就会延续之前良好的亲子关系，并对中学生的人格发展产生积极的影响。如果父母不懂得放手，继续像小学生一样对待中学生，就有可能激起中学生强烈的反抗，加剧这一时期本来就容易出现的逆反心理，亲子关系的破坏会对人格形成产生消极影响。

（四）童年的早期经验

从整个人生的心理发展来说，儿童期是人格发展的关键期。中国有句俗话："三岁看大，七岁看老。"人生早期所发生的事情对人格的影响，历来为研究者所重视。斯毕兹（Spitz，1945）对孤儿院里的儿童进行了研究，发现这些早期被剥夺母亲照顾的孩子，长大

---

① 彭聃龄.普通心理学(第五版)[M].北京：北京师范大学出版社.2019.

以后在各方面的发展均受到影响①。许多孩子患了"失忆"性忧郁症,其症状表现为哭泣、僵直、退缩、表情木然。彼得森等人(Peterson 和 Yates)的研究也指出,在儿童早期,父母的忽视和虐待对子女的心理有明显不良的影响。鲍尔毕(Bowlby,1951)受世界卫生组织的委托,对在非正常家庭成长的儿童和流浪儿做了大量的调查,结果发现婴儿和年幼儿童与母亲建立的一种和谐而稳定的亲子关系是儿童心理健康的关键。

早期经验对人格的影响可以从以下三个方面理解:① 人格发展的确受到童年经验的影响,幸福的童年有利于儿童发展健康的人格,不幸的童年也会使儿童形成不良的人格。但二者不存在一一对应的关系,溺爱也可能使孩子形成不良的人格特点,逆境也可能磨炼出孩子坚强的性格。② 早期经验不能单独对人格起决定作用,它与其他因素共同决定着人格的形成与发展。③ 早期经验是否对人格造成永久性影响因人而异,对于正常人来说,随年龄的增长及心理的成熟,童年的影响会逐渐减弱,其效果不会永久持续。

(五)学校教育因素

学校是一种有目的、有计划地向个体施加影响的场所。教师对学生的人格发展具有指导定向的作用。古代孟母三易其居就含有这样的道理。

教师的言传身教对学生产生着巨大的影响。教师自己的风格可以为学生设定一个"气氛区"。在不同的气氛区中,学生会有不同的行为表现。有研究发现:在性格冷酷、刻板、专横的老师所管辖的班集体中,学生的欺骗行为增多;在友好、民主的教师气氛中,学生欺骗减少。教师的公正性对学生也有非常重要的影响。研究表明:学生非常看重教师对他们的态度是否公正和公平。教师的不公正态度会使学生的学业成绩和道德品质下降。学生需要老师的关爱,在教师的关爱下,他们会朝着教师期望的方向发展,即教育中的"皮格马利翁效应"。

学校同时是同龄人汇聚的场所,同伴群体对学生人格具有巨大的影响。少年同伴群体之间的关系、气氛对个体的人格形成非常重要。在这样的群体中既有上下级关系的"统领者"和"服从者",也有平行关系的"合作者"和"互助者"。青少年在这样的群体中尝试学习待人接物的礼节与团体规范,了解什么是团体易于接纳的人格品质。他们也从榜样和同伴中互相学习模仿。因此,学校、家长及社会要用强有力的、积极健康的教育手段帮助学生形成良好的人格品质。

(六)自然物理因素

生态环境、气候条件、空间拥挤程度等这些物理因素都会影响到人格的形成和发展。拜瑞(Berry)关于阿拉斯加州的爱斯基摩人和非洲的特姆尼人的比较研究验证了生态环境对人格形成的影响。因纽特人以渔猎为生,夏天在船上打鱼,冬天在冰上打猎,以帐篷遮风避雨,过着流浪生活。这个民族是以家庭为单元,男女平等,社会结构比较松散,除了家庭约束外,很少有持久、集中的政治与宗教权威。在这种生存环境下,父母对孩子的教养原则是培养其能够适应成人生活的独立生存能力。男孩由父亲在外面教打猎,女孩由母亲在家里教家务。儿女教育比较宽松、自由,不打骂孩子,鼓励孩子自立,使孩子逐渐形

---

① Spitz, R.A. Hospitalism; an inquiry into the genesis of psychiatric conditions in early childhood. Psychoanal Study Child [J]. 1945, 1:53-74.

成了坚定、独立、冒险的人格特征。而特姆尼人生活在灌木丛生的地带,以农业为主,种田为生。居住环境固定,形成300~500人的村落。社会结构紧固,有比较分化的社会阶层,建立了比较完整的部落规则。在哺乳期内,父母对孩子很疼爱,断奶后孩子就要接受严格的管教。这种生活环境使孩子形成了依赖、服从、保守的人格特点。

另外,气温也会提高人的某些人格特征的出现频率。如热天会使人烦躁不安,对他人采取负面的反应,发生反社会行为。世界上炎热的地方,也是攻击行为较多的地方。早在20世纪初,德国一位精神病学者就发现了一种与寒冬有关的精神障碍,命名为"冬季抑郁症"。每当寒气降临,冰封大地时,许多人就抑郁沉闷,无精打采,注意力分散,工作效率明显下降。

但自然环境对人格所起的作用并非决定性的。在生活中,人们还发现,即使处在相同的物理环境中,人们还会表现出不同的行为特点,暗示了其他影响因素的存在。

(七) 自我调控

人格的自我调控系统是人格发展的内部因素,上述讲到的因素都是人格形成的外因,而外因要通过内因起作用。具有良好自我调控能力的个体,能客观分析自己,不会把遗传或生理方面的局限视为阻碍个人发展的因素,而会有效利用个人资源,发挥个人长处,努力改变自己和完善自我。例如,澳大利亚演讲家尼克·胡哲,他一生下来就没有双臂和双腿,只在左侧臀部以下的位置有一个带着两个脚趾头的小"脚",他妹妹戏称为"小鸡腿",因为尼克家的宠物狗曾经误以为那个是鸡腿,想要吃掉它。但尼克并没有受到这些生理方面的局限,他不仅完成了大学学业,而且还将更多的正能量传递给世界。依靠自我调控系统去完成的自我塑造将伴随人的一生,需要一个人不懈地努力去完成。

综上所述,人格是先天与后天的合金,是遗传与环境相互作用的结果。在人格的形成过程中,各个因素对人格的形成与发展起到了不同的作用。遗传决定了人格发展的可能性,环境决定了人格发展的现实性,其中教育起到了关键性作用,自我调控系统是发展的内部决定因素。

第二节 中学生健全人格的培养

人格从内容来说包括气质与性格,气质更多受先天因素的影响,但也会受到环境的影响。性格受到后天环境的影响更多,中学阶段是性格定型的重要阶段。发展心理学家常把性格形成的复杂过程划分为三个阶段:第一阶段是学龄前儿童所特有的、性格受情境制约的发展;第二阶段是小学儿童和初中的少年所特有的、稳定的内外行动形成阶段;第三阶段是内心制约行为的阶段,在这个阶段里,稳固的态度和行为方式已经定型,因而性格的改变就比较困难了。一般来说,初中生性格的态度特征、意志特征、情感特征和理智特征还处于不稳定阶段,而到了高中阶段性格基本定型。因此,教师和家长要抓住性格成熟前的"塑造"时机,根据中学生性格的外部表现,培养中学生良好的人格。本节介绍中学生人格发展的特征,以及理想和健康人格的标准,为中学生健全人格的培养提供建议。

一、中学生的人格发展特征

中学生在身体、认知和社会性等方面的迅猛发展,使得这一阶段个体的人格具有显著的年龄特征[①]。

(一) 自我意识发展,追求独立自主

中学阶段,学生开始确定自我,回答"我是谁"这个问题,形成良好的自我意识。中学生开始产生了"成人感",并表现出强烈的自我意识,更加愿意倾听自己内心的声音而非完全听从父母和朋友的意见,此时中学生开始想要寻求自我认同并尤为看重自尊心与自尊感,不仅想要展现出自己的与众不同,同时开始在乎外界的评判,尤其是对他人的评价异常敏感。

中学时期是个体从幼儿向成人过渡的时期,是一个半幼稚、半成熟的时期,也是一个从依赖到叛逆,最终走向独立的时期。由于自我意识的发展和成人感的产生,中学生更谋求独立,希望从父母及其他人那里获得独立。当受到压力的影响时,他们更加倾向于一种极端展示自我的方式,喜欢通过反抗父母和教师等方式表现出自己的"独特个性"。

(二) 社会性

中学时期,个体活动范围增加,使得中学生开始超越家庭和学校,将自己的触角延伸到社会这个大环境中。这一时期,中学生学习成人,适应成人社会,形成社会适应能力,价值观、道德观逐渐成熟,其中价值观和道德观的成熟是社会化成熟的重要标志。

(三) 闭锁性

青少年期的特质之一是闭锁性,个体的内心世界逐渐丰富复杂,从开放走向封闭,开始有了私人空间的要求,他们不再像小学生一样"无所顾忌"地谈自己的理想和"心里话"。他们开始学会不轻易表露内心活动,开始将自己的日记本藏起来,如非向某人倾诉内心世界的秘密不可时,这个人不是父母,而是同性朋友。与此同时,在情感支持方面,中学生又希望别人(父母和老师)能够给予他们更多的理解和支持,表现出一定的矛盾性。

(四) 动荡性

青少年的思想较为敏感,容易出现极端思维,有着强烈的好奇心和较差的自我控制能力。因为生理发育和神经活动的兴奋性关系,中学生情绪激荡,容易激怒,加之社会经验缺乏,导致这一时期容易染上不良的生活习气,如抽烟、喝酒、打架斗殴、飙车等,严重的甚至出现青少年犯罪,给个体一生的发展蒙上一层阴影。

二、理想人格与健全人格

理想人格和健全人格都是高层次的人格发展状态,前者主要是心理学家依据自己的理论模型而提出的,而后者主要是各种积极人格特质的良好整合。二者内容上并不冲突,能让我们更好地理解良好人格发展状态的特点。

[①] 林崇德.发展心理学[M].北京:人民教育出版社.2009.

（一）理想人格

理想人格是指人格研究的学者依据自己的理论模型所提出的人格发展的最高层次或者所能达到的最佳状态。尽管在现实生活中，很少有人能达到理想人格所界定的状态，但理想人格是心理学家从积极的视角描述人所能达到的最优状态，是人格发展和人格教育的终极目标。

罗杰斯和马斯洛是积极心理学的重要代表人物，他们对理想人格做出了自己的解释。罗杰斯认为世间所有生物都具有一种发展其所有能力和潜能的倾向。同时人类还具有一种特有的倾向，即自我实现。自我实现是一个人实现其潜能，成为一个充分发挥其作用的人的过程。自我实现的目标就是"成为真正的自我"，成为一个充分起作用的人，即成为"功能的充分发挥者"。

马斯洛认为只要社会条件允许，个体的需要就会从低级不断向高级发展，最终达到自我实现。自我实现是指一个人通过充分发挥自己的潜能、能力和才干，并在自己胜任的工作中总能做到最好。他认为人们都具有一种实现自己潜能的倾向，都需要善待自己的本性，听从自己内心的声音，不断努力，成为完美的自己。但在日常生活中，真正达到自我实现的人却很少，自我实现是一种理想的人格状态，是我们人格养成的最终追求。

马斯洛十分细致地描述了自我实现者的人格特征[①]：(1) 全面而准确地知觉现实，对事物具有正确的判断力和较强的推理能力。(2) 接纳他人和自我，不会为自己或他人的缺点所困扰或感到不安，能坦然接受自己的现状，包括自己的需要、水平、愿望，同样也宽容地对待他人的弱点和问题，从容地生活，很少使用防御机制。(3) 自发、坦率和真实，能真实地对待自己的感情，并坦诚地说出自己的感受，不掩饰自己，自然而单纯地表现自己。(4) 以问题为中心，倾向于关心问题，专注于某项工作，热情地献身于自己的工作，把谋生与现实自我融合为一，以努力工作为快乐。(5) 具有超然于世的品质和独处的需要，不回避与人接触，不依赖他人为自己拿主意，做决断。(6) 具有自主性和独立性，不受所谓尊重、地位、报答、金钱、名望、爱等需要的影响，他们的满足来自于自身内部，可以不受环境而自主生存。(7) 具有持续的感悟世界的能力，能欣赏生活，有持续的新鲜感。(8) 高峰体验，进入一种天人合一，物我两忘的境界，沉浸在一篇纯净而完善的幸福之中。高峰体验的重要性是它具有改变人格的伟大力量，能使人得到一种启示，一种觉醒，使人性趋于完善，减少忧虑和焦虑。(9) 对人充满爱心，对人有同情心，能关心他人，帮助他人。(10) 具有深厚的友谊，能发展与他人深刻的交往关系，具有很强的交往能力。(11) 具有民主精神，能以平等的态度待人，随时准备听取别人的意见，虚心向任何有见识的人学习。(12) 区分手段与目的。自我实现者尽管有着明确的目的，但他们不会为了目的而不择手段，他们注重结果，但同样注重过程，因为自我实现者总是能够体验到活动本身带来的乐趣。(13) 具有创造性，在所从事的工作中，时常体现创新精神。(14) 具有幽默感。自我实现者善于洞察世间的种种荒诞和不协调的现象，并用一种幽默的方式加以表达。(15) 不盲从。在遵守社会习俗与规范的同时，自我实现者能坚守自己的价值体系和行为

[①] 卜长莉.自我实现的人——马斯洛的健康人格模型.北华大学学报（社会科学版）[J].2002,3(4):36-39.

方式,保持内在超脱,能抵制现实的压力和束缚,是内引导性的人格特征。

(二) 健全人格

心理健康可以分为心理疾病或心理障碍、心理机能正常和人格健全三个层次①。心理疾病或心理障碍属于不健康的个体具有明显的人格缺陷,不能有效地适应环境。心理机能正常是一种低层次的心理健康,以适应为基本特征,通常表现为能消除过度的紧张不安而达到内部平衡状态,对周围环境顺从,内心无冲突,甚至上下讨好,左右逢源。人格健全则属于高层次的心理健康,表现为有高尚的目标追求,发展建设性的人际关系,从事具有社会价值的创造,渴望生活的挑战,寻求生活的充实与人生意义。

健全人格(perfect personality)是各种积极的人格特质在个体身上的良好整合,属于高层次的心理健康。从内容上来讲,健全人格包括自我(个体与自身的关系)、个体与他人的关系、个体与环境的关系三个层面。另外,健全人格不仅仅是指人格的静态特征,还体现在个体具有不断发展和完善人格的倾向与能力,即健全人格的动态或发展特征。依据上述三个层面和两个维度,健全人格应该具有如下九个特征。

表 11-1 健全人格模型

	静态特征	动态特征
自我	1. 清晰的自我意识 2. 自我接纳	3. 自我探索
个体与他人的关系	4. 和谐的人际关系 5. 适度的人际距离	6. 构建人际关系的能力
个体与环境的关系	7. 找到适合自己的位置 8. 独立自主	9. 积极有效地营造有利于自身发展的环境

1. 清晰的自我意识

自我意识是个体认识自我的能力。自我意识清晰的人能够准确地觉察自己的行为和心理,清晰的自我意识有助于个体获得客观的自我认知,并以此为基础构建准确有效的自我概念,使自身和环境之间保持有效的连接。

2. 自我接纳

接受自己已有的特质和生活习惯,把自己的缺点视为自身的一个组成部分。接受不完美的甚至是犯了错的自己,直面自身的不足。

3. 自我探索

健全人格能够不断地改正和弥补自身的缺点和不足,完善和优化自己的人格。健全人格者往往会在认识自我、接纳自我的基础上,勾画理想自我,并以理想自我为指引,不断拓展自我、丰富自我,形成新的人格品质和新的适应性的行为方式。

4. 和谐的人际关系

人际关系最能体现一个人人格的健全程度。人格健全者乐于与人交往,能够有效地处理各种人际关系,与他人和谐相处。

---

① 王瑶.中学生心理健康与指导[M].北京:北京师范大学出版社.2015.

5. 适度的人际距离

人格健全者不仅有良好的人际关系,能够与朋友保持亲密的关系,同时他们有在一定程度上保持自我的独立性,给自己、给朋友相对独立的空间。

6. 构建人际关系的能力

个体的生活环境是不断发展变化的,人际关系和环境也同样发生着变化。人格健全者会主动选择适合自己的朋友,有效地处理人际交往中出现的矛盾和冲突。他们有能力结交自己喜欢的新朋友,有能力构建并维持新型的人际关系。

7. 找到适合自己的位置

人格健全者善于在人际关系和组织情境中找到适合自己能力和身份的位置,并在合适的位置上充分地展示自我,将自己的能力充分发挥出来。

8. 独立自主

人格健全者在面临选择的情境中会保持冷静的头脑,依据自己的标准进行判断,并能坚持自己的判断,而不是人云亦云,随波逐流。

9. 积极有效地营造有利于自身发展的环境

人格健全者并不是一味地顺应环境,他们在有效利用环境中的各种因素促进自身发展的同时,还能够在一定程度上通过自己的努力改变环境中的不利因素,使之向有利于自身的方向发展。人格健全者会通过自己的努力去影响周围人。比如,积极主动地与人沟通,从而改变他人的态度,为自身的发展创设更为有利的人际关系。

三、中学生健全人格的培养

(一)树立正确的人生价值观

人生价值观是指人的生活事件对于社会和个人所具有的作用和意义,是人们从价值角度考虑人生问题的依据。人生价值观是各种人生选择的内在依据,也是健全人格的重要组成部分。不成熟或不正确的人生价值观会使个体随机选择、随大流,甚至受到诱惑而误入歧途。中学阶段是人生价值观形成的关键期,家庭、学校和社会要抓住这一关键期对中学生进行正确人生观和价值观教育。

家庭和学校是青少年接触最多的环境,青少年的价值观念会受到家长和教师价值观念的影响。因此,家长和教师首先要树立正确的人生价值观念,通过不断自我学习,提高自身人格修养,以德育人,为孩子树立良好的榜样。同时,家长和教师还要运用科学的教育方法进行人生价值观教育,从具体生活事件出发,给中学生自己思考和探索的空间,给予适度的指导和建议,切忌空洞的说教。

大力宣扬社会主流文化,提高媒体传播素养,净化中学生人格培养的人文环境。社会文化、大众媒体、网络传播等对中学生的价值观教育具有重要作用。社会主流文化所宣扬的价值观要被社会成员认可和接受才能对人格塑造起到主导作用。在当前市场经济转型,外来文化与本土文化冲突,传统文化与现代文化碰撞的情况下,更应该大力宣扬社会主义核心价值观,提升社会主流文化的影响力。政府相关部门应当规范社会文化传播,提高媒体素质,尤其是网络媒体资源,建立符合初中生年龄特点的媒介体系,对消极反面信息严惩不贷、激浊扬清,进而不断净化中学生健全人格的培养环境。

(二) 提高中学生人际交往的能力

如何看待他人和如何看待自己是影响人格的重要因素,而这些关于他人和自我的认识都需要从人际交往的过程中去获取。个体会因为缺乏必要的沟通技巧和交往能力,导致人际关系紧张,由此对周围的人产生误解和不正确的看法。

作为中学生的重要交往对象,教师和家长应提供有效的互动方式。通过交流,教师和家长应接纳中学生的行为,了解中学生的内心世界,要聚焦问题而不是逃避问题、要针对问题而不是针对人,采用有效的问题解决策略。在这种互动方式中,中学生觉得被肯定、被接纳、被温暖对待,进而肯定自己、信任他人、学会珍惜人际关系。

同时,还要教会中学生如何选择同龄朋友。随着年龄的增长,中学生与同龄人的相处时间远超出父母和教师,同伴关系和同伴团体对他们的影响也在中学阶段达到顶峰。中学生的许多不良行为习惯如抽烟、饮酒、打架等都可能受到同伴群体的影响。因此,父母和教师要积极创设交友情境,引导中学生结交良好同伴。

(三) 培养中学生延迟满足的能力

延迟满足是指个体为了追求更大的目标,获得更大的享受,有效地克制自己当下的欲望,放弃眼前的诱惑。延迟满足能力是一个人自我控制能力最为重要的表现,对个体未来的发展具有重要的预测作用。延迟满足能力强的儿童,在追求自己的目标时,能够抵制各种诱惑,有利于实现长远的、更有价值的目标。

培养中学生延迟满足能力可以从几个方面着手:(1)帮助青少年确定目标。要树立明确的生活或学习目标,让中学生明白目标的意义,最好能够用生动形象的方式描绘这一远景目标。(2)制定合理的计划。制定合理的计划能够有效改变中学生对任务难度的认知,有利于目标的完成。(3)家长和教师可以在中学生动摇之时给予适当的提醒和帮助,督促他们按计划进行。(4)掌握一些抗拒诱惑的具体策略,如注意力转移,良好的生活习惯等。

(四) 培养中学生整合各种人生经验的能力

人格是个体长期生活习惯和心理活动积累的产物,个体通过整合自己所获得的各种经验,不断地修正自己人格中的缺陷或不足。中学生生活领域的扩展为其提供了丰富的人生经验,认知能力的提升也为其整合人生经验提供了基础。

冲突经验为中学生提供了解世界多样性的机会。例如,中学生与其好友同时使用相同的策略解决问题,但却得到不同的结果。冲突经验为中学生提供了面对和处理冲突的方式,也为其人格的进一步整合和分化提供了条件。

挑战经验是拓展人格的重要途径。接受新挑战,不管成功还是失败,都会拓展中学生的视野,为其提供不同于以往的生活经验。中学生能从挑战成功的经验中看到自己的力量,为今后不断探索新的自我和建构新的人格提供积极的内在信念。

负面经验是个体经历失败后所获得的人生经验。对于中学生而言,挫折和失败在所难免,但在消极生活事件后,有些个体可能会变得更为脆弱,出现"敏化效应";而有些个体则对类似事件产生了耐受性,产生了"钢化效应"。教师和家长要允许中学生犯错误,在错误中积累人生经验,形成正确的认识,给予中学生更多的思考和探索空间,重视中学生对待失败和挫折的方式,并有效地帮助中学生在负面经验中产生钢化效应,避免敏化效应,以此为基础塑造健全的人格。

第三节　中学生人格发展不足与对策

中学阶段是个体心智和行为发生极大变化的时期,从不成熟、不完善向相对成熟、相对完善过渡。在这个特殊的人生阶段,中学生的人格会表现得不成熟、不完善,存在这样那样的不足,这有可能因为中学生的认知能力还不够完善,也有可能是因为中学生的意志力不够健全,还有可能源于社会经验不够丰富,甚至还有一些不足是由消极人生经验所致。人格发展不足是指由中学生的年龄特征所造成的、人格发展的特定阶段易于出现的人格问题。它可能会随着年龄的增长而得到解决,也会随着个体有意识的弥补而得以改善。但如果任由其发展,就可能转化为人格中的稳定成分,甚至发展成为人格障碍。

一、妒忌

(一) 妒忌及其危害

妒忌是个体因为意识到别人拥有某些自己不具备的品质或物品时体验到的一种消极感受,是一种包含自卑、敌意和怨恨的混合情绪。妒忌同时会带来羡慕的含义,不过羡慕被认为是一种抽离了敌意之后的善意妒忌,而敌意对于妒忌来说是必要成分。妒忌产生于个体与他人比较的过程中,身份和地位越相似,越容易引发强烈的妒忌[1]。

妒忌会对中学生多个方面产生危害:首先,妒忌可能会影响个体的人际关系。另外,妒忌会影响人的情绪。再者,妒忌还容易引起对他人的偏见。最后,妒忌还可能会影响个体的身心健康。

中学生嫉妒心理的特点:(1)认识片面。中学生处于自我意识高涨期,有着强烈的反抗意识,其反抗心理的表现之一就是反抗的迁移性。即一旦对一个人的某些方面的能力产生妒忌,引起对他的反感时,容易发展为对整个人的方方面面的排斥,甚至将此人全部否定。所以初中生往往不能正视存在的优缺点,更看不到自身的差异,还不懂得自我反省。中学生认识的片面性使得他们容易产生妒忌心理,而中学生的片面性也是他们妒忌心理的表现之一。(2)层次的相同性。初中生妒忌的对象往往是与自己条件都相当的人。在年龄、学识、受教育条件等答题相当的情况下,当一个人处于优势而另一人处于劣势时,内心就很容易不平衡,妒忌心理也就随之产生。(3)言行的对抗性。中学生情绪不稳定,易采用极端的方式来解决问题,说话不管分寸,只有冷嘲热讽、公开诋毁妒忌对象后才能平息心中的怒火。初中生的神经生理上的特点是神经兴奋度较高,但却仍不平衡,所以他们控制想法和行为的能力仍比较低,性格仍比较单纯、直率。中学生妒忌心理的这种

---

[1] 王瑶.中学生心理健康与指导[M].北京:北京师范大学出版社.2015.

特点也容易被人们发现,这就要求广大教育工作者要时刻通晓中学生的心理变化,以便及时采取措施来帮助初中生调控、疏导。(4) 存在的长期性。中学生的妒忌心理具有顽固性的一面,它一旦产生,就会长期占据着中学生的心灵,正如培根所说"妒忌是不知休息的",因此中学生的妒忌心理具有长期性。

(二) 克服中学生的嫉妒心理

1. 正确认识自己

善妒的人往往有一种"毫无道理"的优越感,似乎别人做什么都应该不如自己。其实每个人只要努力,就会取得好的成绩;一旦松懈,就会被别人超越。同时,个体还应该认识到每个人都有其优缺点,都有自己的优势和劣势,不能仅看到别人的优势或长处,以及自己的劣势和短处,应更全面地看待他人和自己,接纳他人和自己。

2. 学会比较

妒忌的产生源于个人比较,这种比较常常是个体跟身边比较熟悉的、与自己比较相似的某个人进行比较,个体可以将自己放到一个更为宽广的群体中进行比较,而不是某一个具体的人,这样可能会减少个人比较而产生的妒忌情绪,而更多地关注未来目标。另外,个人在与他人比较时,还要注意不要将自己的短处与别人的长处进行比较,也不要试图各个方面都要比别人强。要知道,生活中没人是全能冠军,最关键的是,中学生要学会跟自己比较,只要按照自己的计划每天进步一点,通过不断地日积月累,不断接近自己的目标,总有一天会超越自己,成为某些方面的佼佼者。

3. 见贤思齐

中学生好胜心强,事事都想做得比别人好,这本身并不是一件坏事情,而且通过比较,我们还可以提高自我认识、促进自我发展。发现他人优势的时候,不要总是妒忌,要看到别人成功背后所付出的努力和艰辛,提醒自己努力向他人学习,提高自己。

4. 正确对待妒忌

妒忌是普遍存在的心理现象,有了妒忌心并不可怕,可怕的是不知道如何对待妒忌。中学生由于不够成熟,往往通过较为直接的方式去干扰甚至伤害他人,来应对自己妒忌的煎熬。殊不知,这样做只能图一时之快,不仅给自己、给他人带来伤害,还会助长妒忌心理,让自己在这些痛苦中越走越远。因此,一定要教会中学生用正当的方式与途径与他人竞争,将对他人的妒忌转化为行为的动力,通过不断努力提高自身的竞争,以正当的方式和途径取得竞争的胜利。

二、羞怯

(一) 羞怯及其原因

羞怯是一种伴随着行为抑制的主观社会焦虑,是由对人际关系的评价和期望所引发的。羞怯主要发生在人际关系中,羞怯者有明显的生理症状,如心跳加速、脸红、思维混乱、语无伦次、举止失常等。紧张是羞怯的主要反应,而脸红是最常见的外部表现。当遇到权威人士、心理暗恋的异性或身处大庭广众之下时,羞怯更容易发生。羞怯者总是认为自己做错了事或有什么不得体的地方,别人一定都看在眼里。

羞怯的发生与生物因素和后天环境因素有关。双生子研究发现,羞怯是所有人格特质中最可遗传的,儿童期同卵双生子比异卵双生子在羞怯、腼腆等行为上的表现更为相似。生理因素会诱发气质型羞怯,但后天的教养方式在羞怯的形成中同样发挥着重要作用。母亲的严厉管教和父亲的过度保护会助长羞怯,而父亲的情感温暖会减弱孩子的羞怯感。

另外,中学阶段可能是一生中羞怯感最强的时期,这可能与中学生本身的心理发展特点有关。进入青春期,随着身体的发育和第二性征的出现,同时自我的觉醒和自我意识能力的提高,个体开始关注自己身体和心理变化,产生一种神秘感。他们对这些变化感到好奇和不理解,同时也不知道如何交流这些身体和心理的改变。过多的心理关注和缺乏交流必然导致青少年的紧张不安。在面对他人的时候就更容易产生羞怯,出现所谓的青春期羞怯感。

(二) 应对羞怯

第一,家长要注意对子女的管教方式,切忌过于严苛或过于溺爱,父亲应该积极参与孩子的成长,多给予孩子一些鼓励。

第二,阅读一些关于青春期生理发育的书籍,了解人的身体变化的过程,将自己身体的变化视为一种规律,是人人都会经历到的,而不是个案,从而缓解自己心里的紧张和不安。

第三,讲究谈话的技巧。在连续的讲话中不要担忧中间的停顿,因为停顿一会儿是谈话中的正常现象。在谈话中,当你感觉脸红时,不要试图用某种动作掩饰,这样反而会使你更加脸红,更为羞怯。

第四,主动把你的羞怯告诉别人。向他人坦承自己的紧张和不安,能释放紧张感,放松情绪,同时也能获得他人的理解,给予自身精神上的支持,你的信心和勇气就会增加。

第五,学会控制自己的身体。个体可以通过深呼吸等方式来调节自己的紧张情绪,从而将更多的注意力集中在事情本身,而不是自己的情绪上。

三、怯懦

(一) 怯懦的表现

怯懦包括胆怯和懦弱,指胆怯、怕事、懦弱、拘谨的人格特征。怯懦的人在行为层面上表现为胆小怕事、遇事退缩。与人交往时,委曲求全,逆来顺受,不会拒绝别人的过分要求。在心理上,意志薄弱,情感脆弱,性格软弱,缺乏勇气和信心。怯懦的人总是寡言少语,行动拘束,多一事不如少一事。怯懦常被人视为性格内向,只有在人际交往或处理具体事务的时候,这种人格缺陷才会显露出来。

(二) 战胜怯懦

第一,学会说不。如果你不同意别人的提议或要求,一定要有勇气说不,这样做不仅维护了自身的权益,表现出对自己的尊重;更重要的是,合理的拒绝会让同伴开始考虑你的感受与意见,给予应有的重视和尊重。

第二,建立自信、采取行动。许多学生之所以怯懦,无非是缺乏自信,不相信自己的能力,认为自己不能完成某项任务,不能拒绝他人,不敢行动。越不敢行动个体就会越怯懦,形成恶性循环,要战胜怯懦就要打破这个恶性循环,建立自信,采取行动。

第三,不怕失败。采取行动就有可能失败,要学会正确地看待失败,从失败中看到自身潜藏的能力,为以后的行动积累经验。

四、猜疑

(一) 猜疑及其危害

猜疑是指个体总是毫无根据地怀疑他人,认为他人做事都是针对自己。猜疑是一种不符合事实的主观想象,是一种消极的自我暗示。猜疑心比较重的人往往在主观上假定某一看法,然后把许多无关联系的现象都通过"合理想象"拉扯在一起,来证明自己看法的正确性。

猜疑者整天疑神疑鬼不仅不利于自身的心理健康,还会影响人际关系的正常发展。跟猜疑心重的人相处是一件很累的事,你对他热情,他会觉得你别有用心;你对他冷淡,他就会认为你在孤立、排斥他;你表扬他,他会认为你想利用他;你批评他,他又会认为你在故意找茬。

中学生产生猜疑的可能原因包括①:(1) 家庭教育的失衡。在家庭教育中,有的家长缺乏耐心,方法简单粗暴,认为不打不成才,使得孩子变得对他人不信任,形成了较强的防范心理;还有的家长,过分呵护孩子,使孩子独立自主的需求得不到满足,严重缺乏克服困难的勇气,在同学面前感到自卑,甚至怀疑自己的能力。(2) 学校教育失当。教师在处理问题时,因为不同的期待会不自觉地以不同方式对待学生,老师这种不能一视同仁的行为,也会伤害学生的自尊心,形成猜疑心理。(3) 自我防护意识过度。个别学生在交往过程中,担心受到他人的伤害,这种过高的自我防御意识也会造成他人不愿与其交往,甚至遭到冷落排斥。这种排斥环境下,个体容易产生心理压力,内心的焦虑和痛苦会加剧猜疑心理的形成。

(二) 化解猜疑

第一,增强对他人的信任感。猜疑形成的主要原因是对环境、他人缺乏信任。猜疑者总是将自己置身于道德的高地,用消极的方式看待周围的人。其实将心比心,你就会发现周围绝大多数人都像你一样,心地善良并希望与人为善。

第二,加强沟通和交流。猜疑者总是揣测他人的目的和意图。其实,如果将自己的猜测和疑虑公之于众,或者面对面地与被猜疑者推心置腹交流,这样会增加信任,消除隔阂,排除误会。

第三,学会分析自己的"合理想法"。当我们开始猜疑某个人时,不要仅凭一些"蛛丝马迹"进行推断,要能够抛开自身的主观臆断,将自身置于一个客观的立场去分析他的行为。另外,还可以通过人格分析去判定被猜疑者是一个什么样的人,这些有助于将无端的猜疑消灭在萌芽状态。

---

① 邓公明.走出猜疑拥抱快乐[J].高中生之友.2009:6.

五、孤僻

(一) 孤僻及成因

孤僻主要表现是不愿与他人接触,对周围的人常有厌烦、鄙视或戒备的心理。孤僻的人内向,沉默寡言,喜欢独处。孤僻的人总认为别人瞧不起自己,凡事表现出漠不关心、盛气凌人的样子。其实孤僻的人内心很脆弱,很害怕别人的伤害,为了保护自己那点可怜的自尊心,于是就把自己禁锢起来不与他人交往。孤僻的人往往外表孤傲,但内心孤独、寂寞,容易出现抑郁和各种身心疾病。

孤僻性格的形成往往与早期个体的家庭生活有关。当代中国有许多还是独生子女,他们缺乏与同龄人交往的经验。如果父母也缺少与孩子的沟通,那么孩子容易缺乏与他人交往的技巧,容易在交往中遭到拒绝或打击,使得他们本来就不高的自尊心受到伤害,便把自己封闭起来。

(二) 走出孤僻

第一,正确认识自己。孤僻者对自己的认识和评价存在较大的偏差。他们要么过于自卑,交往中怕被别人讥讽、嘲笑、拒绝,只好把自己紧紧地包裹起来,保护着脆弱的自尊心;要么总想着自己的优点、长处,总盯着别人的缺点、短处、自命不凡,不屑于与其他人交往。

第二,培养交往能力。孤僻的人并非不愿与别人交往,而是因为缺乏交往的能力和技巧。可以先学习交往沟通的技巧,并试着和自己比较亲近的人交往,在这个过程中逐步培养自己的人际交往能力。

第三,学会表达和分享。孤僻的人生活在自己的世界里,缺乏对自己内心世界的有效表达。在人际交往中观点的碰撞、情感的共鸣往往能够瞬间拉近两个人之间的距离。学会将自己的感受和心情表达出来,学会与朋友分享自己的喜悦和收获,就能够收获真正的友谊,体验到交往的乐趣,从根本上改变孤僻的性格。

六、拖延

(一) 拖延及其原因

拖延是指延期、推迟实施任务或做出决定的特质或行为倾向。拖延是指个体在无正当理由的情况下,由个体的主观因素所引起的后果不良的、非理性地回避现实、无所作为的行为。拖延的主要特征是可以完成的事而不及时完成,今天推明天,明天推后天。

拖延受个体内部因素的影响,完美主义、自我概念、自我效能感、自我控制能力以及个体对于行动目标的评价等因素都会影响拖延行为。非适应完美主义者因为担心出错,在行为上更容易出现拖延;自尊水平比较低的学生,在学业方面也更容易产生拖延;自我效能感更高的个体拖延行为更少。

拖延还受到外部因素的影响,任务的性质、任务的难度以及父母的教养方式也会影响个体的拖延行为。人们倾向于躲避那些会给人们带来痛苦体验的刺激,如果不能躲避,就会尽量推迟去做;除了任务的厌恶程度外,那些个体无法控制的、重要的和有反馈评估结果的任务,都有可能增加个体选择回避某项任务的可能性。Pychl 等人(2002)的研究发现,孩子拖延行为的产生与其父母教养方式有关,母亲专断式的教养方式与子女学业拖延行为存在负相关,父母言行深刻影响子女拖延习惯的养成。

(二) 应对拖延

第一,确定一个可操作的目标,并将目标分解为若干小目标。拥有一个明确的目标是功课拖延的前提条件,很多人就是因为目标不清楚,不知道自己究竟要做什么,从而导致拖延。所确定的目标必须是具体可行的,同时还要将较大的较难实现的目标进行分解。很多人之所以拖延就是因为目标过于远大,自己当下做与不做似乎对目标的实现没有什么影响。在这种情况下就需要把大的目标任务分解为一个个的小目标。

第二,做一个日程安排表。日程安排表可以帮助你有效地规划每一天的生活,没有一个很好的计划表是人们拖延的主要原因。因为你容易忘记你要干什么,并且计划表可以让你对自己的行为负责,不会迷失目标方向。

第三,养成立即行动的习惯。有了想法就要立即去做,有了计划就要立即去试试,不要满足于做思想的巨人,只有想法和计划但不去行动最终会沦为行动的矮子,立即行动会让你很快知道自己的想法或者计划是否可行,需要做出什么样的调整。

第四,给任务设置一个最终期限。拖延者总是习惯于把一个任务完成的时间不断地延迟到明天来完成,所以在制定任务或计划的时候,一定要给出完成的最终期限。一个没有最终完成期限的任务很可能在"今天推明天,明天推后天"的不断推迟中不了了之。

第五,建立一种监督机制。如果拖延者能够让自己的朋友或者亲人监督自己,在出现拖延的时候提醒自己,并给予相应的鼓励或者惩罚,这将非常有助于攻克拖延。

知识链接

蔡元培的人格说

人性的完满实现在于发展人格[①]。"人性何由完成? 曰:在发展人格"。蔡元培认为,人格是人之为人的主体资格,是人区别于动物之所在。"盖吾人既非木石,又非禽兽,则自有所以为之品格,是谓人格。""人格之价值,即所以为人之价值也。世界一切有价值之物,无足以比拟者。"

关于人格发展与完善,蔡元培认为,"人格之发展,在洞悉夫一身与世界种种之关系,而开拓其能力,以增进社会之利福"。首先,人格的发展是人自身的完整发展:"发展人格者,举知、情、意而统一之光明之谓也";其次,发展人格就必须坚守自己的理想、信念和精神自由:"人格之可贵如此,故抱发展人格之鹄者,当不以富贵而淫,不以贫贱而移,不以威武而屈。死生亦大矣,而自昔若颜真卿、文天祥辈,以身殉国,曾不踌躇,所以保全其人格也。人格既堕,则生亦胡颜;人格无亏,则死而不朽"。再次,责任是意志自由的题中之意,也是发展人格之力所在:"发展人格之法,随其人所处之时地而异,不必苟同,其致力之所,即在本务……对于自己、若家族、若社会、若国家之本务皆是也"。蔡元培还特别指出,个体人格的完善不能离开社会:"其间所尤当质疑者,为人与社会之关系。盖社会者,人类集

[①] 黄长健.蔡元培健全人格教育思想研究.南京师范大学[硕士学位论文].2005.

合之有机体。故一人不能离社会而独存,而人格之发展,必与社会之发展相应……岂知人格者,谓吾人在社会中之品格,外乎社会,又何所谓人格耶?"

人格的发展与社会发展相适应,并随社会的发展呈现出一定的历史类型。蔡元培从社会历史发展的角度考察了人格的演进,他认为在"家族主义时代","所教训者,夫妇、亲子、兄弟之关系,孝悌亲睦而已。及其进而为家族的国家主义,则益以君臣、朋友二伦,所扩张者犹是人与人之关系",此阶段个体在社会中被置于一个强大的伦理关系网中,"个人职业教育之自由犹被限制",无疑,在这种状况下人是不自由的,没有自己的独立性和个性,处于依附性人格阶段。"进而为立宪的国家,一方面认为个人有思想,言论,集合之自由,是为个性的发展;一方面有纳税、当兵之义务,对于国家而非对于君主,是为群性的发展。于是有所谓国民教育者。两方面发展之现象,亦以渐分明。"也就是说,在现代民主社会里,群性与个性得以和谐发展,个体得以挣脱封建罗网,才有了自由的可能,从而有人格的独立,但蔡元培追求的理想人格超越了政治国家,把自己视为整个人类的一分子,使个性与群性取得完全一致,即"为群伦不为小己,为将来不为现在,为精神之愉快而非为体魄只享受"的自由人格。

第十二章 中学生自我意识的发展

作家刘同在《谁的青春不迷茫》中曾写道:"我曾谈过一段恋爱,分手理由是因为我不够有钱,后来我拼命赚钱,却再也没有遇见过那个人。我曾被同事排挤,因为我不懂规矩。后来我懂了规矩,但是我再也不会用这个理由去刁难新同事。我一直在和父母抗争,因为他们一直觉得我不那么好。后来我过得越来越好,我才知道他们只是怕我一个人过得不好。这些年我一直在试着了解:了解这个世界,了解更完整的自己。"进入青春期后,青少年会开始思索关于自我的问题,如"我是怎样一个人?""我怎样才能得到别人的喜爱和肯定?"而且,青少年开始渴望有自己的独立空间,不再喜欢盲目听从父母和老师的安排和要求……这些行为就标志着青少年自我意识的觉醒。

第一节 自我意识概述

一、什么是自我意识

自我意识是个体对自身及其与周围世界关系的认知、情感和意志的心理表象,是在社会化过程中逐渐发展起来的,是个体对于自我全部思想、情感和态度的总和。具体来说就是,个体对自己身心活动的认识,包括认识自己的生理状态(外貌和身高等),认识自己的心理特征(爱好和性格等),以及认识自己与周围他人的关系(名望和责任等)。自我意识是人的个性特征的重要标志之一,因此,自我意识的积极发展是衡量个体人格健全的标准之一。

自我意识的心理结构是从知、情、意三方面分析的,包括自我认识、自我体验和自我调控三个子成分[1]。

自我认识是自我意识的认知成分,包括自我感觉、自我分析、自我概念、自我评价、自我印象等[2]。其中自我评价是个体对自己能力、品德、行为等方面社会价值的评估,最能

---

[1] 王瑶.中学生心理健康与指导[M].北京:北京师范大学出版社,2015.
[2] 姜淑梅等.中学生心理辅导[M].北京:清华大学出版社,2015.

代表个体自身自我认识的水平。自我体验是自我意识的情感成分,主要表现为个体对自己的悦纳程度和满意程度。以自尊心和自信心为自我体验的主要内容。自尊心指个体在社会比较中获得的与个体自身价值有关的积极的评价和体验。自信心是个体对自身能否胜任所承担的任务的自我体验。自我体验在自我意识中起到"动力"作用,在自我体验的驱动下,个体可以正确对待和调节自己的感受,以便获得积极的自我体验。自我调控是自我意识的意志成分,是对个体的心理、行为和态度的监控和调节,主要包括自我监督、自我塑造、自我教育和自我克制等。自我调控是自我意识中直接作用于个体行为的成分,起到"执行者"的作用,是自我意识能动性的表现。自我调控包括两层含义:一指自己对自己的设计,如自己应该做什么;二指自己对自己的指导,如自己能做什么。良好的自我调控对个体维持较好的健康水平、获得成就感和幸福感以及提升环境适应性尤为重要。

二、自我的分类

(一) 内容维度

心理学家詹姆士(W. James)在1890年首次将自我分为主观自我(I)和客观自我(me)[1]。主观自我指自我中积极地知觉和思考的部分,而客观自我指自我中被注意和被观察的部分。主观自我和客观自我相互作用,共同影响着个体的行为倾向。并且,詹姆士进一步指出客观自我可分为物质的客观自我、社会的客观自我和精神的客观自我。因此,根据内容,当前我们将自我意识分为物质自我、社会自我和精神自我[2]。社会自我高于物质自我,精神自我又高于社会自我。

物质自我的核心部分是身体,指身体与周围事物发生的关系,可分为躯体自我和躯体外自我。躯体自我不仅包括自我身体本身,还包括个体对自己身体的看法和态度,如对自己的身体和外貌是否满意。躯体外自我指个体关注并投入较多时间和资源,与之建立情感联系的人或物。如父母对子女的关注,个体对祖国、家乡甚至常用的物品所建立的情感联系。物质自我是与生俱来,并在社会活动中通过不断与他人进行交往和学习而逐渐发展成熟的,它让个体可以把自我和非我区别开来。

社会自我是个体对自己在社会生活中所担任的各种社会角色的认同,包括对各种角色关系、角色地位、角色技能和角色体验的认知和评价。在社会生活中,个体参与不同的社会活动时扮演不同的社会角色,基于自己对自己是否胜任角色所要求的社会责任的评价,以及自己在他人心目中的形象,形成社会自我。个体在社会生活中担任多少社会角色就有多少社会自我,如在家庭中是父母、子女和爱人等,在学校是老师和学生,在商店是商人和顾客。

精神自我指内部自我或心理自我,是个体根据自身的经验对自己的心理状态和心理特质的认识,包括对自己的意识状态、心理倾向、能力等方面的认识。精神自我因涉及个性方面的内容,是个体最持久和私密的部分。

---

[1] [美]乔纳森 布朗.自我[M].陈浩莺等译.北京:人民邮电出版社,2004:2.
[2] 崔丽娟,才源源.社会心理学[M].上海:华东师范大学出版社,2008,2:62-63.

(二) 人际关系维度

根据人际关系,可以将自我分为个体自我、关系自我和集体自我。个体自我倾向于表现自我,关注自身的独特性。个体自我不仅包括个体自身的人格特质和事件经验,还包括个体觉察到自己与周围他人不同的一些独特属性。关系自我注重自身与他人的亲密程度,指在一定情境下个体与特定的或重要他人相关的自我概念。关系自我表明个体会将亲近他人(如父母)纳入自我图式中。集体自我关心个体与所属团体的关系,指个体与所属团体成员共享某些特质。

(三) 时间维度

根据时间,可以将自我分为过去自我、现在自我和未来自我。根据埃里克森(Erik H Erikson)提出的同一性概念,个体需将"过去我是谁""未来我会怎样"以及当下的自我评价和自我认识相互整合,知觉到自己是连续、统一且不同于他人的独特存在,因此,自我在时间上呈现出连续性发展,即个体将过去、现在和未来不同时段进行有意义的连接,从而达到始终是同一个自我的认识。

三、自我意识的特点

自我意识的特点表现为矛盾性、情绪化、形象性和自我中心性。

(一) 自我意识的矛盾性

自我意识的矛盾性主要表现在理想自我与现实自我之间的矛盾。理想自我是个体在自我概念中定位我应该是个什么样的人,是自我定位的标准和目标。它是个人对"应该是"或"必须是"等的理想状态。现实自我是个体对当前现实生活中个体的真实情况,即目前的心理、生理、社会等方面真实的表现,也包括目前别人眼中的个体是什么样的情况。理想自我是个体期望达到的自我状况,而现实自我是个体对当前自我状况的认识和评价。当理想自我和现实自我之间差距比较大时,个体会产生消极的情绪体验,如自卑或好高骛远。但是,如果个体能够为了实现理想自我明确自己的目标,认真努力弥补现实自我和理想自我之间的差距,这种矛盾则会成为个体进步和完善自我的动力。

(二) 自我意识的情绪化

自我意识的情绪化主要体现在个体自我体验上。青少年自我体验敏感、丰富、强烈,情绪变化的特点是短暂、易变和爆发性,所以情绪状态好时自我评价往往比较高,自信心高,而且自我控制能力较强,但是情绪状态不好时,往往自我评价比较低,易陷入自卑和自责的情绪中,做事情表现出拖延等问题。

(三) 自我意识的形象性

美国社会心理学家库利(C. H. Cooley)认为每个人对自己的认识是在与他人交往的过程中,根据他人对自己的评价逐渐发展形成的。据此,库利把个体通过社会上他人对自己的认识和评价形成的自我形象称为"照镜子",提出镜像自我理论,认为观点采择过程是个体自我概念形成的重要方法。自我意识的形象包括以下三个因素:(1)被他人看到自己的姿态的自我觉察;(2)他人对自己所做的判断与评价的自我想象;(3)对自己产生的自卑或自尊的情感①。

（四）自我意识的自我中心性

随着个体成长，个体独立性得到较大发展。个体对他人的评价不再盲目听从，而是根据自己的判断看待自己，对自己的态度也慢慢脱离了他人的评价，在行为上表现为"我行我素"。但是由于社会经验不足，青少年对事物的评价往往比较片面，不善于从不同的角度全面分析问题。而在处理问题时往往不考虑他人感受和看法，从自我满足出发，不善于理解别人，对父母和老师的要求和评价往往呈现抵触甚至反抗的态度。

四、自我意识培养的重要性

自我意识的培养和发展对个体成长有重要意义。

首先，自我意识是个体区分我和非我的前提条件。一个人的自我意识从发生、发展到相对稳定、成熟要经历三个阶段。人在刚出生时并不能区分自己和非自己的东西，生活在主客体未分化的状态。但是，在2岁左右自我意识开始萌芽，其行为是一种以自我为中心的行为，以自己的想法和情感来认识和投射外部世界。因此这一时期的自我意识被认为是生理自我时期，是自我意识最原始的形态。从3岁到青春期，个体通过在游戏、学习、劳动等活动中不断地练习、模仿和认同，逐渐习得社会规范，形成各种角色观念。在这一阶段，个体虽然也积极关注自己的内部世界，但他们主要依据别人的观点去评价事物、认识他人，对自己的认识也服从于权威或同伴的评价。这一时期的自我意识被认为是社会自我时期，也被称为客观化时期。随着个体对自己所处社会关系、人际关系中角色的认识、评价和体验的深化，个体开始全面认识和改造自己的主观世界，进入心理自我的发展时期，这一时期也被称为自我意识的主观化时期。个体通过正确认识外界客观事物完成对自我的探索，促进个体自我的成长。

其实，自我意识有利于推动自我教育。自我教育就是要个体自己教育自己，自己管理自己，因此培养个体自我认识、自我监督和自我评价的能力有利于促进个体进行自我教育②。个体只有正确认识自己的长处和不足时，才不会产生自卑或自傲的情绪，才会积极发展自己的优点，克服自己的缺点，这样个体才能获得自我教育自我改善的积极效果。

再次，自我意识有利于个体人格健康发展。健全的人格是以正确地认识自己、评价自己和调控自己为基础的，因此自我意识对人格的发展起到反馈和调节的作用。生活中，人们需要不断反思自己，朝着对自己有益的方面发展个体的人格。如果一个人不能正确认识自己，不能积极地接纳自己就会产生心理冲突，从而引起心理障碍。如一个人高估自己的能力，一旦在现实生活中受挫，高傲的自尊心让他无法接受自己的失败，自尊心受挫，使他们无法有效调控自己的情绪体验，从而产生抑郁等心理问题。

---

① 姜淑梅等.中学生心理辅导[M].北京:清华大学出版社,2015.
② 冯春芳.自我教育的概念界定及特征分析[J].前沿,2004(3).

第二节 中学生自我意识的发展

一、中学生自我意识的觉醒

个体的生理发展和心理发展是密切联系的,在我们成长过程中,生理发展和心理发展处于一种协调的状态,个体身心发展是平衡和谐的。但是,青春期的中学生处于一个比较特殊的阶段,生理迅速发展,在两三年时间内可以迅速成长为一个成人的模样,但是心理发展相对缓慢,仍处于从幼稚向成熟的过渡期。这就导致中学生的身心发展处于一种不平衡不和谐的状态,这种身心发展的矛盾使得中学生自我意识的发展也发生变化。这种变化的原因主要在于个体快速成长的生理变化和由生理变化带来的心理变化。随着个体身体的发育、认知的发展和经验的积累,自我意识在青春期之后逐渐走向成熟。

生理原因主要是身高体重的增长和性成熟。进入青春期后,随着生长激素和性激素的释放,个体身高和体重迅速增长。青少年身高的增长主要表现在下肢,所以这个时期的中学生,特别是男生,常显得个子瘦高。在体重方面,女生在11~14岁体重增长最快,而男生在13~15岁体重增长最快。性成熟主要表现在第一性征和第二性征的发育。第一性征指男女两性生殖器官的发育,以男性的遗精和女性的月经为性机能发育成熟的标志。第二性征指性发育外部的表现,如男性的喉结突出,女性的乳房隆起等。这一变化是中学生从未体验过的,从而使中学生对自身产生了浓厚的探索兴趣,促进了自我意识的发展。

青少年身体发育对个体自我意识发展的影响包括以下几点[①]。

第一,身体发育增加了个体对自我的关注。个体对自己的身材相貌和第二性征的发育有不同的自我评价和自我体验。他们开始"为悦己者容",开始在意自身的形象。外在形象好则沾沾自喜,外在形象不好则会产生自卑等心理,甚至有中学生会不满意自己的容貌而整容。中学生会越来越关注自身的生理变化,喜欢照镜子,进入"镜前期",他们会观察和评价镜子中的自己。他们对自己的高矮胖瘦,肤色,甚至体毛的多少都非常敏感。

第二,身体发育使个体独立性逐渐增强。身体外貌上的成人感使个体越来越渴望有自己的独立空间。而且,他们不再盲目听从父母和老师的要求,有了自己的思考和判断,并始出现强烈的自我表现心理和反抗心理。但是这个时期的中学生往往眼高手低,自我评价过高,听不进别人的建议。

第三,身体发育增强了青少年的自尊。青少年期的中学生自尊心敏感又脆弱。他们既希望获得父母的理解和支持,也希望获得同伴的赞许和肯定。青少年会以各种方式表现自己寻求别人的关注,甚至会通过打架斗殴和搞恶作剧的方式满足自身的需求。如果个体的自尊心长期得不到满足,则会产生低自尊和抑郁等心理问题。

---

① 王瑶.中学生心理健康与指导[M].北京:北京师范大学出版社,2015.

第四,身体发育重塑了青少年的自我意象。自我意象是个体对自我的能力、价值、目标和潜能等的评价。个体最初出现的自我意象总是关于自己身体和外貌的意象。青春期身体的发育所造成的中学生在身高体重和外貌形体上的变化,影响了中学生对自身的评价。而且,不仅早期的自我评价影响自我意象,他人的评价也会影响自我意象的形成。中学生外形的变化会改变与父母、师长和同伴的交往模式,也会影响他人对自己的态度和评价。这些变化就为中学生自我意象的重塑奠定了基础。

二、中学生自我意识的增强

进入青春期后,个体的思维从具体形象思维逐渐向抽象逻辑思维发展。抽象逻辑思维的出现是中学生认知发展的重要标志。随着抽象逻辑思维能力的发展,中学生的自我认知从身体外貌逐渐过渡到对自身存在的思考和探索。另外,中学生认知能力的发展还体现在元认知能力的发展。美国心理学家弗拉维尔(J.H.Flavall)指出元认知是个体对思维和学习活动的认识和控制。元认知的实质就是对认知活动的自我意识和自我调节。因此,元认知的发展使中学生逐渐学会控制和调节自己的思维活动,进而使个体问题解决能力得到较大的发展。

中学生认知的发展对个体自我意识发展的影响包括以下几点。

第一,认知的发展提高了个体自我认识能力。进入中学阶段后,学生会把对自己的评价从外在行为逐渐过渡到个体内在品质,开始对人的内心世界、内在个性品质感兴趣,并尝试从抽象的、整体的层面了解自己。他们会对关于"我"的问题进行反复思索,如"我是一个怎样的人?"随着抽象逻辑思维的发展,知识经验的丰富,中学生逐渐学会了全面、客观和辩证地看待自己,自我评价的能力也日趋深刻,表现出自我评价的全面性。另外,青春期的中学生的自我评价也有了独立性,喜欢评价自己、别人和一些社会现象,甚至表现出对社会和现状的强烈不满。但是,中学生自我评价的独立性是相对的,中学生对他人的评价非常敏感,往往非常在意来自权威人物和亲密同伴的评价,表现出一定的依附性。

第二,认知的发展促进了自我意识的分化。当中学生开始对发生在自己身上的可能性进行思考和比较时,自我就开始发生分化。当他们憧憬未来的自己会是什么样子,对自我未来进行设想,就是理想自我。另外,对现实的思考使中学生学会"应该自我",根据当前自我的能力进行人生规划。同时,中学生能够将自己眼中的自己和别人眼中的自己区别开来。自我意识的分化是一种成长,自我意识的分化在不断丰富自我的同时,也为自我的统一奠定了基础。

三、中学生自我意识发展特点

(一)独立性和依赖性并存

中学生身体的快速成长使他们"成人感"意识越来越强,强调个人的独立性,希望父母师长能够把自己看作独立的个体,尊重和理解他们。但是青少年身心发展不稳定不成熟,对父母尚存较大的依赖性。特别是遇到困难和挫折时,心理上会渴望父母的帮忙和扶持。

（二）人际交往和心理闭锁的矛盾

中学生渴望朋友，关注自己在群体中的位置，在意他人对自己的看法和评价。他们需要在学习和生活中进行交流和互动。但是中学生内心世界会越来越封闭，对个人隐私越来越看重。在情绪表达上呈现文饰和内隐的特点，对某些情绪体验不好意思或不愿意与父母和老师进行交流，甚至会故意隐藏起来。

（三）自我控制能力提升

随着中学生生活经验的增加和独立意识的增强，他们对自己进行自我控制的意愿和能力也逐渐增强。在行为上，盲目性较少，计划性增多，判断能力相应增强，并对行为结果有一定预见性。

（四）性意识萌芽

中学生阶段，生理的发展使他们开始有了性意识，而且随着年龄的增长，性意识会越来越强。青春期初期，中学生总想避开异性，以少女表现尤为明显。但是中学生又会对某些在体育、文艺、文化等表现突出的异性产生仰慕之情。

四、影响中学生自我意识发展的因素

（一）个人因素

中学生生理发展使他们对自己的外貌体形比较关注，这会影响他们对自我评价的积极性或消极性。认知的发展也使中学生对自己的评价日渐成熟，对自己的评价日益抽象化和概括化。自我评价从片面性向全面性逐渐发展，从表面特点向内心品质转化，而且自我评价的独立性越来越强，越来越少受到他人评价的影响。

中学生自我意识的发展不是直线型变化，而是呈波动型发展[1]。初中阶段，初二是自我意识发展的加速期，呈倒 V 型发展。高中阶段，女生前期发展相对平缓，高三发展迅速，而男生从高一开始一直呈上升状态。另外，中学生自我意识的发展存在性别差异，女生对自我的评价随着年龄增长呈下降趋势，而男生对自我的评价则相对稳定。

（二）家庭因素

家庭的结构、家庭的社会经济地位、家庭的教养方式等都对中学生的自我意识发展有较大影响。有研究发现父母之一过世的单亲家庭中的孩子自我意识最高，父母健全的家庭次之，父母双亡的家庭中的孩子自我意识最低[2]。这可能由于单亲家庭的孩子很多事情需要自己亲力亲为，但同时又能得到至亲的爱护，自我意识相较同龄人发展较快。而父母双亡的家庭，孩子缺少关爱，同时缺少父母的督促，会错过或失去很多锻炼机会。这种特殊的成长环境使这些孩子自我意识得不到充分的发展。另外，非独生子女的自我意识水平显著高于独生子女。非独生子女家庭中同伴的存在促进了同龄人的沟通交流，而且他们更易得到父母和周围他人的评价，这对他们更好地认识自己、认识自己和周围他人的

---

[1] 伍新春.中学生心理辅导[M].北京:高等教育出版社,2010.
[2] 尹晓晓.初中生自我意识的影响因素探析[J].汉字文化,2019.

关系是有利的,可以很好地促进他们自我意识的发展。

家庭经济状况影响中学生的自我意识水平,家庭经济状况好的中学生自我意识水平也比较高。研究发现城镇孩子的自我意识水平显著高于农村家庭①。当然父母的文化水平也会影响中学生自我意识水平,农村的家庭中父母的受教育水平不高,主要集中在小学和初中学历。父母自身认识的限制导致他们不重视家庭教育对孩子的影响,导致农村家庭的中学生自我意识发展受限。

父母对孩子的教养方式也深刻地影响着中学生自我意识的发展。父母对孩子的情感和关注持积极态度则可以提高孩子的自信心,对孩子成长起到良性促进作用。父母拒绝,从父母这里得不到期待的爱和支持,中学生的自我意识发展将会有所滞后。但是父母过度保护与孩子的自我意识发展呈负相关,验证了"过度保护是害不是爱"的说法。另外,有研究指出父亲的教养态度对孩子的影响远大于母亲。

(三) 人际关系因素

教师态度和同伴关系也影响中学生自我意识的发展。虽然中学生自我评价独立性有所提高,但是权威人物(如老师)对自己的态度和评价依然影响较大。教师给予学生积极的肯定,学生对自己的评价也会比较高,反之,教师给予学生消极否定的评价,学生对自己的评价也会比较低。教师态度对中学生自我意识发展的影响同时也取决于学生的应对方式。学生采用积极的应对方式,愿意接受老师的鼓励则会产生促进作用,反之,中学生采取消极的应对方式,即使教师态度良好也不会有预期的效果。

另外,进入中学阶段,同伴在中学生中的作用越来越重要,中学时代的孩子更乐意与同龄人交往。在与同伴交往过程中,如果有特别信任的同伴他们就愿意袒露心扉,自我体验比较积极。而且在与同伴的互动中,中学生在自我评价和他人评价中不断反思,使自我概念获得更好地发展。

(四) 社会文化因素

自我意识的发展受个人主义和集体主义文化的影响。受个人主义文化影响的个体持独立型自我观,受集体主义文化影响的个体持互依型自我观。以中国人为代表的东方人更倾向于持互依型自我观,更看重社会关系,在意别人的评价②。社会文化对个体自我意识的影响是潜移默化的。

第三节 中学生自我意识偏差及辅导

人类普遍存在自我正面偏向,个体常把自我相关信息与积极情绪相联系,并倾向于把正向结果归因于自我内部稳定的人格特质。中学生对自己的认识和评价尚不全面,更易

---

① 罗艳红.农村中学生自我意识的影响因素调查研究[J].创新创业理论研究与实践,2019(11):22.
② 朱湘茹,张艳,杨苏勇,伍海燕,王丽丽,古若雷.母亲与自我具有相同的动机等级:来自结果评价的 FRN 证据[J].心理学报,2015(6):807-813.

出现自我正面偏向①,认为自己比别人更聪明,更重要等。这种现象被称为"自我偏差",指自我认识和自身现实之间的差距过大,以致影响个体社会适应的情况。自我认识和自身现实之间都存在一定差距,这种差距是个体进行自我提高和改善的动力,但是如果自我认识和自身现实之间的差距过大,则会对个体社会适应带来消极影响。

一、中学生自我意识偏差表现

中学阶段的自我意识偏差主要表现在过度自我关注,自我评价上的自负或自卑,自我体验上的自尊感过强或过弱,自我控制上的要求过高或过低。

(一) 过度自我关注

这个时期的中学生依然表现出自我中心倾向。自我中心是瑞士心理学家皮亚杰(Jean Piaget)针对儿童心理发展提出的,指只从自己的观点和立场去认识事物,而不会从客观的、他人的观点认识事物和判断事物。中学生的自我中心思维依然存在,特别是身体发育带来的变化引起他们对自身的高度关注。而且现在的青少年在家庭中备受宠爱,这就导致当代中学生表现出具有时代特征和年龄特征的自我中心倾向。

青春期的自我中心包含两个维度——假想观众和个人神话。假想观众指青少年表现出他人像自己那样关注他们、评价他们,并对他们的想法和行为都感兴趣。青少年这种感觉自己被他人注意、观察和评价的表现就好像自己站在舞台的中央,是在舞台上表演的主角,个人聚焦了所有人的注意力,个人的一言一行都被别人看在眼里。因此这种自我关注导致的自我聚焦的错觉也被称为"聚光灯效应"。假想观众或者聚光灯效应会使个体在人前紧张不安,说话结巴,因此,青少年为了维护个人良好形象,必须时刻保持警觉以避免做出可能导致尴尬、嘲笑或拒绝的行为。另外,这种过度的自我关注对中学生的人际交往和自我展现都会产生消极的影响。

个人神话指青少年过分强调自己的情感和独特性,认为自己是与众不同的和不可战胜的。青少年的个人独特感表现在他们认为没人能够真正理解他们的感受,而青少年的不可战胜感则表现在他们认为糟糕的事情每天都在发生,但是自己是幸运的,这些事不会发生在自己的身上。正是这种独特感和不可战胜感使这些中学生往往容易做出一些轻率的行为,如使用毒品、发生性行为等。在日常生活中,青少年的个人神话主要表现是撒谎,包括自我欺骗和欺骗他人。

青少年对自我的关注还表现在对自我身体的关注,如高矮胖瘦等。如果过度关注自我生理的发育则可能导致一些社会适应不良症状,如有些女生为了保持身材过度节食而患上了厌食症。

青少年的自我关注还表现在自恋,自恋指自我陶醉的行为和习惯。自恋一词来自于古希腊神话,美少年那西斯在水中看到了自己的倒影后便爱上了自己,每天茶饭不思,憔悴而死。那西斯死后湖边长出一朵小白花,后人称之为水仙花。以弗洛伊德为代表的

---

① 王瑶.中学生心理健康与指导[M].北京:北京师范大学出版社,2015.

精神分析学派认为自恋的人在早期经历中经受过人际关系的创伤，使他们觉得自己爱上自己才是安全的，是一种人格障碍。但是，20世纪80年代后，心理学家指出自恋可分为健康的自恋和不健康的自恋。适度的自恋是健康的，有助于提高个体对生活的满意度。有研究发现喜欢在朋友圈晒自拍照的人往往心理体验更积极。健康的自恋个体爱自己，也爱他人，尊重自己，也尊重他人，能够平等、友好地与他人相处。但是极端的自恋是不健康的自恋，他们不会为他人着想，他们在夸奖别人的同时，总是要表明自己更优秀，甚至不惜贬低他人来标榜自己。不健康自恋的人在日常生活中总是对批评的反应强烈，过高估计自己的重要性，夸大自己的成就和才能，损人利己，善于嫉妒，因此，他们一般心境抑郁，自信心不足，经常为自己如何行事和别人怎样看待自己而苦恼，对他人的评论十分敏感。

（二）自我评价上的自负和自卑

自信是个体的自我肯定和对自己能力的相信，是个体对自己能成功应对一件事情所持的积极信念。孔子曾言："吾心信其成，则无坚不摧"。自信是一种良好的品质，培养青少年的自信对个体健全人格的形成有重要意义。但是过度的自信就是自负，自信心不足则表现为自卑。自负和自卑都是自信的两个极端，对个体的自我意识的发展起消极作用。

自负是个体对自己盲目自信，或对自己能力的过分夸大。自负的中学生缺乏自知之明，缩小自己的缺点，放大自己的优点，对自己评价过高，对别人评价过低，自高自大，固执己见。这种人往往好大喜功，取得一点成绩就认为自己了不起，成功时完全归因于自己的主观努力，失败时则完全归咎于客观原因。而且自负的中学生往往并不具备他所认为的能力，因此总是眼高于低，会经历挫折和失败。面对这样的结果，他们要么推卸自己的责任，要么开始贬低自己，从自负滑向自卑。要注意的是自负和看不起人是不一样的，虽然有时候自负也可能表出现看不起人，但是主要是对自己的过高评价。

自卑是自信的另一个极端，是一种自我否定，低估自己的能力，觉得自己各方面都不如人。因此，自卑的中学生往往对自身整体评价都较低，会产生惭愧、羞怯、畏缩甚至灰心丧气的消极情感体验。长时间的自卑，不但会造成心理上的不健康，也会导致生理上出现亚健康状态。在心理上，自卑会使人情绪低沉，郁郁寡欢，常因害怕别人看不起自己而不愿与人来往，缺少朋友，而且自卑的人缺乏自信，做事优柔寡断，毫无竞争意识，抓不住稍纵即逝的各种机会，享受不到成功的欢愉。在生理上自卑则会导致免疫系统功能下降，出现各种病症，如头痛、乏力、焦虑和记忆力减退等。心理学家阿尔弗雷德·阿德勒认为自卑是所有人都具有的正常感觉状态，也是人努力奋斗的源头。正视自己的缺点，努力克服自卑，正是实现超越自我的过程。

（三）自我体验上的自尊感过强或过弱

自尊是通过社会比较形成的，是个体对其社会角色进行自我评价时产生的情感体验，受他人评价和自己做事成败的自我评价影响。中学生自我意识得到较大发展，渴望得到别人的认可和肯定，有强烈的自尊需要。自尊有强弱之分，自尊感过强或过弱都会对中学生的认知、情感和行为产生消极影响。

自尊感过强的人往往不能客观认识自己，对自己评价过高。中学生渴望在集体生活中被关注，得到重视和较高的评价，最怕别人看低自己，因此在学生生活中喜欢表现自己，甚至争强好胜。适度的高自尊对个体成长是有益的，他们一般表现比较自信，在遇到挫折时也有较高的意志力去克服困难。但是,自尊过高的中学生在犯错误时也听不进别人的意见,固执己见,而且自尊过高的中学生容易产生虚荣心,过于强调自我的价值而忽视同学的利益,会对人际关系带来不利影响。另外,自尊过低的中学生对自己评价通常较低,认为自己"技不如人",是无价值的,容易出现妄自菲薄、自暴自弃的情况。

(四) 自我控制上要求过高或过低

自我控制指个体的自我调节行为。个体的自我调节是自我意识发展的重要一环,在实现自我意识发展的过程中个体会表现出自我调节要求高或低。自我要求高的中学生往往有明确的目标和较高的自我价值追求,为了达到目标,他们会严格控制自己的行为,并将自己所有的时间和精力都聚焦到要完成的目标上。但是自我要求过高,会给个体带来压力,而且他们会有完美主义倾向,做事情要尽量尽善尽美。特别严重的人会出现强迫症症状,会对自己有"绝对化"要求,如"我必须……我一定要……"但是自我要求低容易满足现状,放任自流,对自己的未来没有规划。由于自我控制能力比较低,在做事情的时候容易受一些无关的事情干扰,分散注意力,从而导致计划失败,目标不能完成,然后就会产生消极沮丧的情绪。自我控制要求低的中学生为了避免消极的自我评价,总是会把失败的原因归因于外在的干扰事件,而不是自身因素。

二、中学生自我意识偏差的辅导

(一) 客观地认识和评价自我

正确地认识自我是自我意识健康发展的基础。个体生活在社会群体中,可以通过多种途径获得关于自我的信息,从而帮助自己形成客观的自我认识。正确认识和评价自己的途径主要有:(1) 善于内省,通过自我观察和自我反思检视自己的行为和习惯,全面剖析自己,认识到自己的优点和缺点,学会扬长避短。(2) 多于同伴进行交流。有些情况总是"当局者迷",同伴作为观察者可以客观地进行评价。从他人的评价中,中学生可以看到同伴对自己的态度,从而加深对自己的认识以及自己在团体中的地位。如果有不当行为要及时改正,总结经验和教训,在不断自省中获得成长。(3) 学会与他人比较。中学生自我意识发展中遇到的很多问题都与不当的社会比较有关,因此要学会正确地与他人比较。如可以与同伴们在性格、能力、学习、人际关系等方面进行比较,然后寻找到自己的特点,有针对性地改变自己的优势和劣势,以达到取长补短的目的。(4) 使用心理测验量表。心理学家制定的心理测验量表可以有效地帮助学生增进对自己的了解。如艾森克人格问卷、韦克斯勒智力量表和霍兰德职业兴趣量表等。

(二) 积极地悦纳自我

悦纳自我是发展健康的自我体验的关键。积极地悦纳自我要求个体不仅要学会接纳自己的优点,也要学会接纳自己的不足。承认自己是优秀的是人们都乐于接受的,但是人们会从内心排斥自己消极的一面。如果不能逃避,则可能采用歪曲或美化的方式进行心理防御或心理保护。但是金无足赤,人无完人,世界上每个人都存在不完美的一面,因此,中学生要学会客观全面认识自我,对自己的优点充分发挥,对自己不足正确对待。一般来说,一个人的不足主要包括两种:(1) 可改变的,如不良习惯、脾气不好等;(2) 不可改变的,如其貌不扬、身体残疾等。对于可改变的不足,一个人如果一味逃避,可能可以获得暂时的安宁,但是不能从根本上提高自我的体验。只有敢于直面自我的不足,才能有意识地进行自我矫正。对于不可改变的,则要学会面对现实,接受自己的缺憾。另外,悦纳自我也意味着善待自我。与人交往的时候通常要求"严于律己,宽以待人",但是中学生的自我认识尚不完全,在宽于待人的同时也要学会宽于待己,学会自己和自己相处。

(三) 科学地设计自我

科学地设计自我是在个体全面认识自我接受自我的基础上,充分考虑自我发展的可能性,自觉规划行为目标,主动调节自身行为,积极探索理想自我的过程[①]。首先要认识到中学生的可塑性是比较高的,他们有能力通过自我探索找到既符合社会需要又能满足自我要求的理想自我。其次,青春期这个阶段的中学生正是充满对未来幻想的年龄,要鼓励他们在理性分析的基础上选择有实现可能的理想自我。再次,要关注中学生内在的兴趣和价值观念,鼓励他们按照自己意愿构建理想自我。对于自己的选择,中学生是愿意承担责任的,当遇到困难和挫折时,他们能有更强的意志力坚持下去。最后,要帮助中学生实现理想自我和现实自我的统一。要让中学生在确定理想自我的基础上,正确认识理想自我和现实自我的差距,并制定计划去努力缩小这个差距,最终实现行为目标。

(四) 积极改善外部环境

虽然中学生自我评价的独立性有所提高,但是还是会关注和在意他人的评价,特别是父母师长的评价,因此家长和老师在改善和提高中学生的自我意识上也要做些调整。

从家长方面说,首先要给孩子提供和谐的家庭氛围,良好的亲子关系可以让孩子在家庭中感受到被爱、被需要、被欣赏和被接受,有助于孩子建立自信有爱的自我认识和良好的人际关系。如果家庭关系紧张,家庭成员之间关系冷淡,无爱的环境容易让孩子不相信别人,也容易产生自我否定的自我认识。其次,家长要构建民主型的家庭教养方式。有研究发现孩子自我意识的发展中多个因子与民主型的父母教养方式呈正相关,与严厉型的父母教养方式呈负相关[②]。民主型的父母常以积极肯定的态度对待儿童,尊重并鼓励孩子表达自己的观点,因此,民主型家庭中的孩子通常自我意识发展水平比较高,孩子表现出较多积极的心理品质,如自信心强、独立性强、喜欢与人交往等。再次,家长要正面教育孩子,多给予孩子肯定和接纳,给他们平等的发言权,给予他们更大的包容。

从教师方面来说,首先教师要给予学生积极的期待。教师积极的期待可以让学生养成积极的学习态度和行为习惯。教师对学生的影响是"润物细无声"式的,通过说话语气、表情和行为以微妙的形式传递给学生,而且教师要注意积极期待的合理性和长久性。其次,教师要有意识去培养学生自我评价的能力。这有助于培养学生独立思考的能力,增加自我评价的独立性和掌握自我调控的技能。再次,教师要突出学生的主体性。教师把学生放在主体的位置,可以和学生平等交流,让学生体验到被尊重和重视,使学生更愿意积极主动去思考,有助于调整师生关系,而且可以帮助在心理发展中遇到

---

① 王瑶.中学生心理健康与指导[M].北京:北京师范大学出版社,2015.
② 伍新春.中学生心理辅导[M].北京:高等教育出版社,2010.

挫折的学生走出困境。最后,教师要鼓励学生进行自我教育。自我教育就是要培养受教育者自我认识、自我监督和自我评价的能力,因此鼓励学生进行自我教育有助于调动学生自身的积极性。中学生通过自我教育可以在自我探索的过程中进行自我监督,从而实现自我意识的发展。

第十三章 中学生的人际关系

林肯曾说:"人生最美好的东西,就是他同别人的友谊。"人在社会生活中,由于向群心理需要总是会与人产生直接或间接的交际活动,这是人类赖以生存和发展的基本需要。中学生的心理发展正处于从幼稚向成熟的过渡时期,非常期待得到父母、教师、同伴和社会的认可,因此中学生会表现出强烈的人际交往意愿。但是中学生社会经验较少,还没有掌握与他人交往的正确方法,人际交往需要得不到满足就容易产生人际交往困扰,影响中学生的心理健康。

第一节 人际关系概述

一、什么是人际关系

社会学认为人际关系是人们在生活或生产中所建立的一种社会关系,这种社会关系会影响人的心理,会在人的心理上产生某种距离感。心理学家认为人际关系是人与人相互交往过程中形成的心理关系,可以通过语言符号系统和非语言符号系统进行交流。语言符号系统包括口头语言和书面语言。非语言符号系统包括手势、面部表情、身体姿势和服饰等身势语言,人际距离和音质、音调、语速等辅助语言系统。虽然在日常生活中人际交流主要借助语言符号系统,但是非语言符号系统的作用也是不可替代的,特别是在情感传递的过程中。

人际关系包含三种成分:一是认知成分,反映了个体对人际关系状况的了解程度,是人际关系形成、发展和改变的前提和基础,属于理性条件;二是情感成分,反映了交往双方在情感上的满意程度和亲疏关系,是人际关系的核心要素,是与人的交往需要相联系的一种体验;三是行为成分,反映了交往双方在交流过程中表现出的举止和风度等表现个性和传达信息的行为,是建立人际关系的重要条件,也是反映人际关系状况的重要依据。认知、情感和行为三种成分是相互作用,不可分割的。

二、影响人际关系的因素

我国著名心理学家丁瓒教授曾说:"人类的心理适应,最重要的就是对人际关系的适应。"良好的人际关系既有利于个体自我发展,也有利于个体身心健康,而和谐融洽的人际关系都是以人际吸引为契机的。人际吸引是人际关系的一种肯定形式,是人与人之间在情感上的相互喜欢、相互需要和相互依赖的状态。影响人际关系的因素主要有个人因素,人际因素和社会与文化因素。

(一)个人因素

在当今"颜值即正义"的时代,个人外貌对个人的吸引力有着不可忽视的影响。虽然我们都知道不可以以貌取人,但是美丽的外表更易给人留下美好的第一印象。容易被美的事物吸引,是人的天性,因此外貌有优势的人在生活上也总会享有一些优待,如更易找到心仪的工作。特别是当两个人各方面条件都相同时,外表漂亮的个体会更被人青睐。外貌和人际吸引存在相互影响,吸引力会增加喜欢,喜欢也会增加吸引力。而且,美也是有光环的,一个外表漂亮的人可能被认为拥有与外貌毫不相干的优秀品质,如健康、智力等。另外,个人外貌还具有"美丽辐射效应",即人们认为跟一个外貌有吸引力的个体在一起对自己是有益的,可以提升自己的社会形象。

但是要注意的是,个人外貌对人际关系的积极影响通常只在交往初期有效,随着人际交往的深入,外貌的吸引力会逐渐下降,个体的性格和能力这些稳定的人格特质开始发挥作用,并成为相对稳定的影响因素。美国心理学家安德森(Anderson)的一项调查发现最受人欢迎的人格特质包括真诚和诚实,最不受欢迎的人格特质包括撒谎和虚伪[1]。在吸引人的个人品质方面男性和女性存在着差异。男性吸引人的优秀品质有真诚、果断、勇敢、理智、忠诚和坚强等;而女性吸引人的优秀品质有开朗、活泼、温柔、体贴、善解人意和随和等。另外,个体能力与被人喜欢的程度,在一定限度内成正比例关系。但并不是能力越高越受人喜欢,这是因为一个人能力太高,表现过于优秀,会让人产生距离感和"己不如人"的挫败感,才能所造成的压力就成了主要的作用因素,使人倾向于逃避或拒绝。如果这个才华横溢的人犯一点错误,让人看到他平凡的一面则会拉近与人的距离,心理学家称这种现象为"犯错误效应"。

(二)人际因素

人际关系的建立还受地理位置的影响。通常时空距离越近的人交往的频率越高,越能增加被别人喜欢的可能性。俗话说"远亲不如近邻"。人际吸引的接近吸引率认为在交往早期,时空距离越近的人,越有可能成为朋友。这是因为时空距离近的人见面机会多,容易熟悉,彼此了解。随着戒备心的解除,经常接触增强了彼此的正面情感。1968年,扎琼克(Zajonc)进行了一项熟悉是否引起喜欢的实验。他首先向学生们展示了12张陌生的男性面部照片,有些图片被呈现达25次之多,有些则仅仅被呈现一次。结果发现,一个人的照片被呈现次数越多,学生对照片就越喜欢,对照片上的人也是越喜欢。由此,

---

[1] [美]S.E.Taylor,等.社会心理学(第十版)[M].谢晓非等译.北京:北京大学出版社,2004:263.

扎琼克提出曝光效应,认为个体会随着对某个事物熟悉程度的提高而增加对它的好感。但是,要注意的是,"久聚难为别,频来亲也疏",交往频率与喜欢程度的关系呈倒U型曲线,过低与过高的交往频率都不会使彼此喜欢的程度提高,中等交往频率时,彼此喜欢程度较高。

另外,交往双方存在相似性或互补性也容易产生人际吸引。"物以类聚,人以群分",相似性可以增加彼此交往的动机。相似性主要包括信念、性格和价值观的相似,兴趣、爱好等方面的相似,社会背景和社会经济地位的相似,经历和经验的相似。实际的相似性很重要,但更重要的是双方感知到的相似性。正所谓"惺惺相惜""知音难觅",相似性有助于形成良好人际关系。除了相似性,如果双方能够满足彼此的需要,二者相互弥补,也有助于增强人际关系。如生活中粗心大意的人往往和细致谨慎的人可以成为好朋友。

(三) 社会与文化因素

社会因素是影响人际关系的客观外在因素。社会经济发展水平、社会风气和人们的生活方式等都直接或间接地影响人际关系。一般来说,社会经济繁荣,人民生活富足,社会风气好,人际关系就密切;相反,如果社会动荡,人心不稳,人际关系就恶化。另外,交往双方语言、价值观以及双方受教育程度的差异可能导致沟通困难,易产生误解和矛盾,对人际交往产生障碍。

三、人际关系的建立

1973年,奥尔特曼和泰勒根据其研究提出,良好的人际关系的建立和发展,一般需要经过定向、情感探索、感情交流和稳定交往四个阶段[①]。

(一) 定向阶段

定向阶段包含着对交往对象的注意、抉择和初步沟通等多方面的心理活动。在万千世界中,人与人之间是否会有交集,能否引起个体的注意是有条件的,只有那些具备某种能引起我们兴趣的人才会被特别注意。注意本身反映着某种需要倾向,是自发的,非理性的。但是抉择是一个理性的选择过程,通过选择决定是否进行交往,是否保持良好的人际关系。初步沟通是在确定交往对象之后,为了进行初步了解,明确彼此之间的人际关系发展而尝试进行的沟通。人际关系定向阶段根据时间可以分为相见恨晚型和自我防御型。相见恨晚型的人,在第一次见面就一拍即合,彼此信任,有明确的交往意愿。自我防御型的人会有比较强的戒备心,需要多次的接触和沟通才能确定交往意愿。

(二) 情感探索阶段

情感探索阶段是双方探索彼此在哪些方面可以建立信任和真实的情感联系。在此阶段,双方的沟通会变得更广泛,自我暴露程度增加。尽管有一定程度的情感交流,但仍会注意自己表现的规范性,避免触及别人私密性的领域,自我暴露也不涉及自己的根本方面。

---

① 章志光.社会心理学[M].北京:人民教育出版社,2007.

(三) 感情交流阶段

在感情交流阶段双方关系的性质开始出现实质性变化,双方的表现已经超出正式交往的范围。此时双方在人际关系安全感已经得到确立,谈话内容开始广泛涉及自我的许多方面,并有较深的情感卷入。人们会相互提供真实的评价性的反馈信息,提供建议,彼此进行真诚的赞赏和批评。如果关系在这一阶段破裂,将会给人带来较大的心理压力。

(四) 稳定交往阶段

稳定交往阶段人们心理上的相容性会进一步增加,自我暴露也更广泛深刻。此时,人们已经可以允许对方进入自己高度私密性的个人领域,分享自己的生活空间和财产。但在实际生活中,很少有人达到这一情感层次的友谊关系。许多人同别人的关系并没有在感情交流阶段的基础上进一步发展,而是仅仅在感情交流阶段的同一水平上简单重复。

四、人际关系的原则

(一) 相互尊重原则

人与人之间是相互独立的,都有自己的尊严,都有自己的价值观,在交往的过程中要相互尊重。在交往中不因家庭经济状况、父母的社会地位以及个人能力的高低而产生居高临下或歧视的态度和行为。我们应该采用平等的态度进行交往,平等交往也是相互尊重的表现。

(二) 心理相容原则

相容是指交往过程中融洽相处的关系。在人际交往中,我们首先会被对方的优点所吸引,但是人无完人,对于别人的缺点要持宽容、包涵和接纳的态度。如果看不到别人优点,只会挑剔别人问题的话,就会引人厌恶。因此要做到心理相容首先要学会欣赏对方,找到别人身上的闪光点;其次,要心胸开阔,宽以待人,即使对方犯了错,冒犯了自己,也要避免因小失大,伤害自己;再次,对于朋友的选择不要盲目,要寻找共同的兴趣和爱好。

(三) 真诚守信原则

真诚守信指一个人诚实、不欺骗、遵守诺言,从而取得他人的信任。在交往的过程中,要以诚待人,热情友好,不矫揉造作,并且言必行,行必果。学会正确对待朋友,两个人的友谊才能处的长久。真诚待人不意味着处处迁就。我们首先要理解别人的需要,理解他的言行,但是对于一些不好的行为习惯,要及时制止,不要碍于情面包庇纵容。"忠言逆耳",朋友可能会生气,但是真正的挚友应该相互监督,共同进步。真诚赞美朋友的优点,严肃指出朋友的缺点,才是正确对待朋友的方式。

(四) 自我保护原则

人际交往其实是社会交换,即每个人都期待人际交往是有价值的,在交往过程中得大于失,或至少得等于失。这就要求要谨慎择友,选择志同道合的朋友,选择真诚守信的朋友。而对于青春期的中学生,自我保护还要注意与异性交往的距离。要培养正确的异性交友态度,把握适度原则,尽量广泛交友,避免个别接触,交往也要自然大方。但是在相互尊重的基础上进行的异性交友还是值得推崇的,有利于满足青少年对异性的好奇,增进对异性的了解,促进青少年身心健康发展。

第二节 中学生主要的人际关系

一、中学生人际关系特点

中学生的身心发展也体现在人际关系的变化中,使中学生人际关系呈现出新的特点。具体表现在:(1)同伴交往占据着十分重要和特殊的地位;(2)小团体现象突出;(3)师生关系有所削弱;(4)易与父母产生隔阂;(5)虚拟网络人际关系建立[①]。

(一)同伴交往占据着十分重要和特殊的地位

友谊是个体在社会化过程中发展起来的一种重要人际关系,是为了避免孤独,满足社会需要,实现个人价值而建立的较密切的非亲缘的情感关系。在小学阶段,个体最大的情感依赖对象是父母,其次是老师,但是,到了中学阶段后,随着身心发展和知识阅历的增加,这种情感依赖逐渐转向同伴,并日益增强。

(二)小团体现象突出

中学生中"结伙"的现象特别突出,虽然学校内有班集体学习小组、课外活动小组、共青团等,但是中学生仍常常因兴趣、爱好、性格等加入一些非正式的小团体中。这些小团体形式松散,但是因基于共同的动机和行为倾向,又表现出行动协调。青春期的中学生渴望得到同伴的认同,需要被尊重,小团体成员间的互动正好满足中学生人际交往的需要。另外,小团体成员之间的关系带有明显的情绪或情感色彩,以个人的喜爱、兴趣、需要等心理相容为基础,维系的力量来自成员间情感和利益的一致,或者志向、个性和思想的相似,因此小团体情感维系和心理凝聚力较强。但是,由于中学生认知和情感发展的局限,中学生在交友过程中常以快乐满足感取代了对交友对象的客观、冷静和全面分析,再受到"哥们儿义气"的影响,以及团体内的忠诚性要求,使得中学生中常出现非理智性行为,而且只要团体中有一个人有犯罪意识,就容易相互影响。目前青少年犯罪中团伙犯罪的比例增长很快。未成年犯罪时的心态是:一个人胆小如鼠,两个人气壮如牛,三个人胆大包天,四个人横冲直撞。这是因为受责任分散的影响,团伙犯罪降低了个体的心理压力;在团体中个体为了表现自己的勇敢和忠诚,以确立在团伙中的地位和形象,使得青少年做出一些恶劣行为。

(三)师生关系有所削弱

中学生开始有了自己的评价能力,不再相信老师有至高无上的权威,他们对老师开始有新的认识。他们对教师的态度带有批判性和选择性,教师对学生的影响减弱。中学生

[①] 伍新春.中学生心理辅导[M].北京:高等教育出版社.2010.

师生关系存在"初二、高二"现象①,即初二、高二是师生关系发展的特殊阶段,这个时期师生关系表现得更不亲密,有更多冲突,关系更疏远。

(四) 易与父母产生隔阂

中学阶段的亲子关系主动权还掌握在父母手里,如果父母开明宽容,不随意挑剔和指责孩子,亲子关系就比较和谐。但是,很多家长却不懂得适时放手,这就会导致孩子的叛逆。当今中学生接受新思想,更加独立,更有见解,无论在价值观念、交友方式还是生活习惯上都与父母存在分歧,这就容易与父母产生摩擦,与父母的心理隔阂不断加剧。

(五) 虚拟网络人际关系建立

随着网络的普及,现在的交友已不受时空距离的限制,微信、QQ等沟通软件使新型的人际关系正在形成。中学生群体的交友也不仅限于校内的同学,校外的同辈群体、网络上的陌生人都已成为中学生的交往对象。特别是在现实生活中得不到关注和尊重,不能满足交友需求的时候,中学生对网络上的虚拟人际关系会产生依赖。这一方面有助于中学生社会化的实现,对中学生社会交往能力和社会成熟水平的提高具有重要意义,但另一方面中学生尚缺乏自制力和分辨力,容易在网络上产生灰色交往,遭遇网络诈骗等,危害较大。

二、中学生主要人际关系与辅导

人际关系包括夫妻关系、亲子关系、同事关系、朋友关系、恋人关系、战友关系、领导与下属关系等,但是中学生的人际关系主要包括亲子关系、师生关系和同伴关系②。

(一) 亲子关系

亲子关系指父母和子女的关系。亲子关系是我们人出生后面临的第一种人际关系,对个体的身心发展有重要作用,而且亲子关系质量也会影响其他人际关系的表现形式。因此,亲子关系有其独特的功能:(1) 亲子关系中,父母对子女提供了最早、最基本、最具有奠基性的教育、指导和训练,是孩子成长的基础;(2) 父母培养孩子规范的信念、态度和行为模式,这是孩子走向外部世界的条件;(3) 父母对孩子无条件接纳、支持和关爱,提供了安全感;(4) 父母根据社会要求对孩子进行约束和控制,是孩子社会化的渠道;(5) 父母对孩子无条件提供的一切养育事项和资源是子女生存的保证。

处于青春期的中学生,心理自主性有较大发展,主要表现在两个方面:一是行为自主,指青少年需要获得独立自由,不再过于依赖他人指导的情况下独立处事;二是情绪自主,指青少年抛弃了儿童期那种情绪情感上对父母的依赖③。但是,由于父母习惯性采用对待儿童的方式对待青少年,而青少年的独立性增强,这种控制和独立的矛盾会使中学生出现不同程度的逆反心理,如果父母不能够理解和正确对待这个时期孩子的逆反态度,就很

---

① 张磊.中学生师生关系的特点及其与学校适应的关系研究.北京师范大学硕士学位论文,2003:11-19.
② 王瑶.中学生心理健康与指导[M].北京:北京师范大学出版社,2015.
③ 雷雳.发展心理学(第2版)[M].北京:中国人民大学出版社,2013:198.

容易产生亲子冲突,甚至造成亲子关系不良。

增进亲子关系的策略包括:

(1) 采用民主的家庭教养方式,给予孩子更多自主权。
(2) 建立支持性的亲子关系,进行协商沟通。
(3) 调整青少年与父母的期望,实事求是。
(4) 协助青少年建立良好的同伴关系,缓冲亲子关系。
(5) 帮助青少年正确认识和了解自我,学会为自己成长负责。

(二) 师生关系

师生关系是指教师和学生在教育教学过程中结成的相互关系。教育关系是师生关系中最基本的表现形式,是在教育过程中为完成一定的教学任务而产生的,也是师生关系的核心。师生之间不仅有正式的教育关系,还有因情感的交往和交流而形成的心理关系。心理关系是师生为完成共同的教学任务而产生的心理交往和情感交流。在儿童时期,教师的权威常高于父母和同伴,儿童与教师能够保持良好的师生关系。但是,学生进入青春期后,师生关系就开始发生明显的变化了。首先,教师的权威性减弱,中学生开始用评价性和批判性的眼光审视教师,教师的影响力和感染力下降。其次,青少年对教师的依赖性下降,中学生对教师的交流更多是关于学习的,情感交流较少,心里话不愿再跟教师讲,与教师的心理距离拉大。再次,青少年对教师有明显的选择性和评价性,对喜欢的教师更加亲密和崇敬,对不喜欢的教师则保持一定的心理距离,甚至出现疏远和逆反。

建立和谐师生关系的策略:

(1) 更新教育理念,将自己角色转变成学生的引导者和合作者。
(2) 采用微信、QQ等新型社交方式与学生进行沟通。
(3) 尊重学生,给予学生充分的选择和自由,发挥学生主体性作用。
(4) 学生要客观全面认识评价老师,不要求全责备。
(5) 学生要尊敬、理解和信任老师,共同成长。

(三) 同伴关系

同伴关系是指年龄相同或相近,社会地位或心理水平相当的儿童之间,为了分享思想,交流情感和信息而进行的一种平等互惠的人际关系。这种关系能给学生提供学习技能或交流经验的机会,在儿童发展和社会适应中发挥特殊作用。同伴交往具有交往的自愿性、平等性和"性别分离"性。同伴交往对中学生的影响主要表现在:(1) 同伴交往有利于满足中学生的交往需求。在学校受到同伴的接纳和欢迎能够增加中学生的归属感,受到同伴的排斥和孤立则会降低中学生的归属感。(2) 同伴交往有利于促进个体社会化。赫洛克(E.B.Hhunlock)认为,同伴交往对中学生的积极意义在于同伴交往可以给中学生带来稳定感、快乐经验和和谐相处的经验,并有利于提高宽容度和共情能力,获得社会经验和获得批评他人的能力,以及在求爱行动中可形成诚实品行。(3) 同伴交往有利于促进中学生社会技能的发展。同伴之间的冲突可以促进中学生社会观点选择能力的发展,同伴之间的争论可以促进中学生道德判断能力发展。(4) 同伴交往有利于促进中学生自我概念的形成。良好的同伴交往可以帮助中学生形成正确的自我认知,被群体拒绝则会导致中学生自卑等心理障碍。

培养良好同伴关系的策略:
(1) 树立正确的交往目标,扩大自己的心理相容度,把接纳对方作为交往的目的。
(2) 克服交往中的闭锁、自卑和自我中心等不良心理。
(3) 培养乐观的心态,从积极的角度理解他人的动机和言行。
(4) 开展课外活动,给予学生更多锻炼机会和交流机会,让学生学会理解他人。
(5) 加强个性修养,培养积极热情的健康人格。

三、中学生培养良好人际关系的重要性

良好的人际关系对中学生深化自我认识和实现人生价值有重要意义[1]。

(一) 良好的人际关系是中学生保持身心健康的重要途径

人际关系处理不好,会使人精神紧张,感到抑郁,容易导致各种身心疾病;人际关系良好,则可以减轻心理压力,缓解紧张情绪,保持身心健康。

(二) 良好的人际关系有助于中学生形成健康的人格

健康的个性总是与健康的人际交往相伴随,心理健康水平越高,与别人交往越积极,则与别人的关系越和谐。心理健康者乐于同别人交往,身上具有很多有利于人际交往和建立良好人际关系的个性特点,如真诚、友好、可靠、温厚、诚挚、信任等。一个人如果长期缺乏与别人交往,缺乏稳定而良好的人际关系,就可能出现狭隘、自私、敏感、孤僻、冷漠、缺乏安全感等性格缺陷。

(三) 良好的人际关系有助于中学生获得安全感

人人都需要安全感,如果没有安全感,便会引发紧张情绪,社会心理学家所做的大量研究表明,与人交往是获得安全感的最有效途径。当人进入一个新的环境时,也会缺乏安全感,情绪紧张,如果这时候能积极与他人交往,顺利与他人建立情感联系,就会获得安全感,从而缓解内心压力。

(四) 良好的人际关系有助于中学生认识自我,完善自我,确立自我价值

就中学生的自我形成轨迹来说,一般是通过与他人,更确切地说是通过同龄群体、教师以及家长对自己的看法来勾画自身形象的,或者说在人际交往过程中塑造自己。一个人从产生自我意识的那一天起,就开始用一定的价值观来进行自我评价。当自我价值得到确立时人在主观上就会产生一种自信、自尊及自我稳定的感受,这就是自我价值感。人的自我价值感一旦得到确立,生活就会富有意义。

(五) 良好的人际关系有助于中学生的社会化

社会化即个人学习社会知识、生存技能和文化,从而取得社会生活的资格,并不断发展自己的过程。人际交往是个人社会化的起点和必经之路。对于青少年来说,良好的人际交往,不仅有助于培养他们成熟而理智的情感品质,增强彼此合作的有效性,而且还有助于个体在交往实践活动中学会面对现实,合理地对待自我需要,是形成健康人格的基本源泉。

---

[1] 王瑶.中学生心理健康与指导[M].北京:北京师范大学出版社,2015.

第三节　中学生阶段的人际困扰

一、中学生人际交往中常见的人际困扰

中学生对人际交往有较高的需求，交友范围不断扩大，交友方式逐渐增多，但是由于经验不足，在人际交往过程中依然会存在一些不适应的现象。人际关系困扰指在交往过程中，因各种因素导致的人际关系不协调，经常伴有焦虑、抑郁、自卑等消极情绪体验。林崇德（2003）指出人际关系困扰的产生取决于个体能否满足自身的社会需求；是否对他人有客观的认识；交往过程是否有满足感；交往过程能否保持自己作为独立个体的完整性；交往双方能否产生相互吸引五个方面。中学生中常见的人际困扰有社交焦虑、社交羞怯、社交褊狭、社交猜疑[1]和异性交往。

（一）社交焦虑

社交焦虑也被称为社交恐惧，主要指在人际交往中担心出现尴尬、难堪的情况而在交往中出现紧张不安、无所适从的表现。中学生的家庭环境较差（如家庭经济地位比较低，家庭教育简单粗暴，缺乏情感温暖），个人存在性格缺陷（如有自卑、焦虑或完美主义倾向），以及在成长过程中经历过挫折、嘲笑或拒绝时，更容易出现社交焦虑。

（二）社交羞怯

社交羞怯指人际交往中紧张、难为情、脸红和退缩的表现。羞怯是一种正常的情绪反应。中学生重视自尊，害怕丢面子，在公众场合前有害羞、脸红、语无伦次的表现是正常的。一般的羞怯心理引起的生理反应是短暂的，无损于身心健康，但是，如果中学生多次反复经历社交羞怯，则会引起恶性循环，引起中学生的交往恐惧。

（三）社交褊狭

社交褊狭就是通常所说的心胸狭窄。当代中学生大多有比较高的自我中心倾向，心理比较脆弱，只听得赞美听不得批评。而且中学生认知上存在片面性，看问题容易出现绝对化和极端化，固执己见，听不进别人意见，也不能接受和自己意见不一致的人。社交褊狭非常影响人际交往，存在社交褊狭的中学生常感到孤独烦闷不愉快。

（四）社交猜疑

社交猜疑就是社交中存在不信任，总以一种怀疑的态度对待别人。存在社交猜疑的中学生敏感多疑，不能与人正常交流。当人夸赞他时，他觉得别人是另有企图，别有用心；当人善意提醒他时，他觉得别人故意找茬……这就会导致中学生产生自我封闭，在人际交往中产生自卑、消极和被动。而且有猜疑心理的中学生，喜欢捕风捉影，传播小道消息，影响人际和谐。

---

[1] 刘晓明.中学生常见心理问题解析与辅导[M].北京:世界图书出版社,2008:219-230.

(五) 异性交往

进入青春期后,中学生性别角色和性意识有了较大发展,开始对异性同伴产生好奇和渴望。正常的男女生交往是建立友谊的合理需要,有利于学生的身心健康,父母和教师应给予理解和支持。但是,中学生缺乏与异性交往的经验,也没有接受与异性交往的正确指导,不易把握好异性交往的尺度,使得中学生异性交往不能自如应对,而陷入一些青春期的苦恼中。

二、中学生产生人际交往困扰的原因

中学生出现人际关系不良主要原因在于中学生对人际交往的认知偏差、不良情绪、不良个性以及缺乏交往技巧。

(一) 人际交往的认知偏差

中学生在人际交往中存在自我中心的思维,使中学生对自己的外貌体形十分关注,对周围人的评价非常敏感,在交往过程中不能正确合理、及时有效地对交往的主客体之间的关系进行感知和理解。中学生的人际交往的认知偏差主要表现在对人际关系好坏界定的认知偏差,对他人评价的认知偏差,对自我评价的认知偏差。认知偏差导致的直接问题是人际排斥,影响人际交往状况。

(二) 人际交往中的不良情绪

在人际交往中不良情绪会给人际交往带来消极影响。同伴中出现争吵和冲突很常见,在争吵和冲突中出现愤怒等不良情绪会造成人际关系的裂痕,如果能够正确对待和处理,人际关系尚能缓和,但是如果问题进一步加深,则会造成恶性循环,严重的会出现心理障碍。嫉妒也是个体在交往中产生的消极情绪体验,是对别人的优势产生的怨恨和恼怒等带有破坏性的负面情绪,可能产生造谣、诬陷和伤人等不良行为。

(三) 人际交往中的不良个性

人格的差异会带来人际交往中的矛盾和冲突,人格的不健全则会直接造成人际冲突。当代家庭长辈容易溺爱孩子,产生一些不良个性,如自私、骄横、孤独和依赖等。而且,不同个性的人的行为习惯和处理问题的方式也存在差异,容易造成相处中的误会和隔阂。如自卑的个体在与同伴交往时是紧张的,被动的,害怕出错而被别人看不起,容易在交往中出现行为退缩。

(四) 人际交往缺乏交往技巧

中学生的社会经验不足,缺乏有效的社交技巧,需要正确引导中学生,教给他们一些社交技巧,如了解人际交往存在首因效应,留下美好的第一印象;懂得患难见真情,主动关心帮助别人。

三、提高人际交往的策略

良好的人际关系会给人带来幸福感,而不良的人际关系则给人产生困扰。中学阶段良好的人际关系是为个体进一步社会化做准备。因此,要教会中学生适当的人际交往策略,促进其良好人际关系的形成①。

(一) 提高自我认识能力,客观地悦纳自我

不能正确认识自我,对自己估计过高或过低都会阻碍中学生正常的人际交往。因此首先要让中学生学会多方面、多途径地了解自我。其次让学生学会从周围世界获得有关自我的真实反馈,避免自己的主观理解带来误差,导致自傲或者自卑心理的产生。另外,还要让学生学会悦纳自己,只有先悦纳自己,才会爱他人并能体验和接受他人的爱,尊重自己,同时更要尊重他人,以奠定平等交往的心理基础。

(二) 认识他人,理解他人

人际交往过程涉及交往主体和交往客体。除了要提高中学生认识自我的能力之外,还要培养中学生认识他人和理解他人的能力。只有对交往双方都有一定的认识和了解,才能保证人际交往的顺利进行,才会有利于良好人际关系的建立。要想提高对人的认知能力,要细心用心。在交往过程中,要仔细观察他人的言行举止,用心体会他人在交往过程中传递出来的各种语言和非语言信息。要能够体察到对方在交往中的想法和需要,及时给予反馈,这样可以让对方感受到自己的诚意和关心,有助于人际交往的顺利展开和良好人际关系的形成。

(三) 促进人格的完善和能力的提高

研究发现那些品格良好、成绩优秀、知识面广、待人热情的中学生往往受大多数学生的喜欢,并且大家愿意与之交往。通常人缘颇好,人际适应力特别强的青少年一般都具有以下人格特征:(1) 关心别人,乐于助人;(2) 包容他人,懂得谦让;(3) 具有健全的人格。健康健全的人格往往成为人际交往成功的基石。因此,促进中学生健全人格的形成有助于形成良好的人际关系。

(四) 学习人际交往的技巧

第一,要注意自己的形象,人的第一印象是相当重要的,给人留下鲜明、深刻的好印象是人际交往成功的第一步。第二,要选择好人际交往的距离,尤其是心理距离。青少年在交往中彼此的心理距离并不是越近越好。交往的时间、地点、场合不同,人与人在交往中要保持的距离也是不一样的。第三,在人际交往中要学会倾听,善于倾听。学会倾听是有效沟通的开始,对于维持良好的人际关系有重要的作用。第四,要学会换位思考。通过换位思考,中学生在同伴交往过程中产生冲突时,可以从对方的角度进行思考,从而更好地解决冲突。第五,要学会感谢。中学生在家中已经习惯了父母为自己所做的每一件事,认为是正常的、理所当然的,缺乏对父母的感激之情。他们也会把这种习惯带到同伴交往中,认为朋友为自己做点事情是理所当然的,不需要感谢。实际上,在同伴交往中当同伴或朋友给予自己帮助时需表达自己的感谢,这有助于同伴交往和良好同伴关系的形成。

(五) 学习正确的恋爱观

青春期中学生性别意识产生,要帮助中学生了解青少年不同阶段及不同性别的恋爱关系特征。中学生恋爱的特征包括朦胧性、单纯性、盲目冲动性和逆反性②。另外,教师

---

① 王瑶.中学生心理健康与指导[M].北京:北京师范大学出版社,2015.
② 刘视湘,郑日昌.中学生心理健康教育[M].北京:开明出版社,2012:106-107.

和家长都要正确对待青少年的恋爱关系,不要一味压制和回避,这反而可能激起中学生更强的好奇心。对于中学生也要了解中学生的爱情并不是真正的爱情,有其幼稚性和脆弱性,尽量避免早恋和失恋产生的消极影响。

  青春期的中学生随着生理的发育,性意识也开始萌芽,需要教会中学生健康的异性交往方式。首先,可以通过家长示范健康的亲密关系,使其明白爱是建立亲密关系的前提。其次,家庭和学校需要给中学生提供必要的两性教育和性教育。

后　　记

根据教育部颁布《教师教育课程标准(试行)》教师〔2017〕60号文和教育部印发《普通高等学校师范类专业认证实施办法(暂行)》教师〔2017〕13号文，河南大学教师教育学院调整了全校的教师教育课程设置。调整后的教师教育公共课程包括教师职业道德与专业发展、教育哲学、中学生认知与学习、班级管理与心理辅导和现代教育技术应用五门课程。课程实施近一年来，授课教师进行了卓有成效的探索，形成了课程讲义等系列成果。在课程讲义的基础上，授课讲师们根据专业心得和授课体会增加了一些内容，教材建设工作水到渠成。

《班级管理与心理辅导》这部教材共有13章，由8位授课老师共同完成。主要分工如下：王晋编写第一章《班级管理导论》；姚松编写第二章《班集体建设》和第三章《班级文化》；孟艳编写第四章《班级活动开展》和第六章《家校合作的理论与实践》；王洪席编写第五章《走班制教学及实施》；宫火良编写第七章《心理健康概述》；李慧娟编写第八章《中学生学习心理与应对策略》和第九章《中学生情绪特点与情绪调节》；邢小莉编写第十章《中学生的问题行为与应对》和第十一章《中学生人格的完善和发展》；王丽君编写第十二章《中学生自我意识的发展》和第十三章《中学生的人际关系》。全书由王晋教授统稿。课程助教刘丹、王雪静、孙增洋和汪露四位研究生同学在整理书稿的过程做出了贡献，在此一并感谢。

感谢河南大学出版社的厚爱，感谢李亚涛编辑的工作。

虽然在编写过程中付出了大量心力，但由于水平有限，本书难免有疏漏之处，期望广大读者提出宝贵意见，以便日后不断修正和完善。